U0692726

抗日战争档案汇编

吉林省档案馆藏日伪奴役与镇压劳工档案汇编

5

吉林省档案馆 编

中華書局

本册目录

三、劳工反抗与日伪镇压（续）

三、劳工反抗与日伪镇压（续）

阿尔山独立宪兵分队长关于军事工程的「勤劳报国」队员结伙逃跑致日本关东宪兵队司令部等的报告（通牒）
（一九四三年五月二十九日）

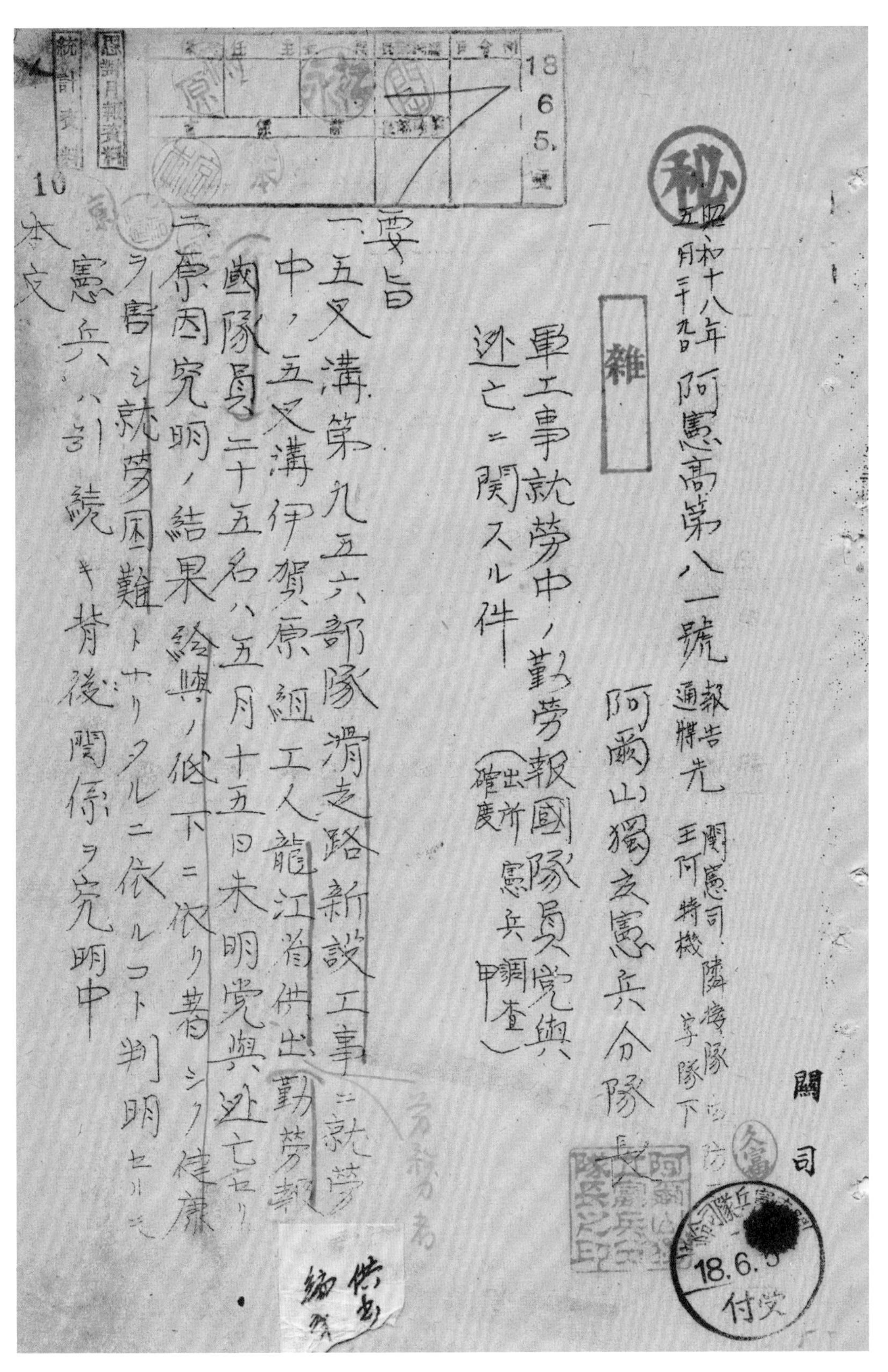

秘

昭和十八年五月二十九日 阿憲高第八一號

報告 關憲司
通牒先 王阿特機 隣接隊 字隊下

阿爾山獨立憲兵分隊長

雜

軍工事就勞中ノ勤勞報國隊員党與逃亡ニ関スル件

（出所 憲兵調査 確度 甲）

要旨

一、五叉溝第九五六部隊滑走路新設工事ニ就勞中ノ五叉溝伊賀原組工人龍江省供出勤勞報國隊員二十五名ハ五月十五日未明党與逃亡セリ

二、原因究明ノ結果給與ノ低下ニ依リ著シク健康ヲ害シ就勞困難トナリタルニ依ルコト判明セルモ憲兵ハ引續キ背後関係ヲ究明中

關司

18.6.5 付受

本文

一、逃走日時場所

イ、日時　昭和十八年五月十五日未明

ロ、場所　興安南省五叉溝

二、逃走者

五叉溝第九五六部隊就労

五叉溝伊賀原組

龍江省供出勤労報國隊員

趙興振

以下二十五名ニシテ本籍氏名年令別表ノ如シ

三、逃走前後ノ状況

イ、五叉溝伊賀原組ニ於テハ龍江省龍江縣ヨリ供出セラレタル勤労報國隊員四五〇名ヲ五叉溝第九五六部隊滑走路新設工事ニ就労セシメアリタルカ五月八日以降ニ至リ白[illegible]

子第九五六部隊本部ヨリ支給セラレアリ
工人用糧秣カ貨車ノ都合ニ依リ到着セス
主要糧食ノ補給途絶セル為五月九日ヨリ
高粱包子（高粱ヲ引粉ニセルモノ）白麺一袋ニ馬
糧用豆粕一枚（二十七瓩）ノ割合ニテ支給シアリ
テ副食物等全ク支給シアラス之カ為最近
腹痛患者多出ノ傾向ニアリシカ
2．十四日二十一時第二中隊員趙興振カ同中隊
長代理揚自興ニ対シ「斯ノ如キ状態ニテハ就
労不能ノ為休日多キヲ以テ皈郷ニ於ケル持
皈金モ少ク且自分達ノ健康状態モ悪化シ
ツヽアル現況ナルヲ以テ速ニ皈郷セシメラレ度
ト申出タルモ同中隊長代理揚自興ハ自分
達ハ普通ノ工人ニアラス県当局ヨリ勤労

報國隊員トシテ指定募集セラレテ来レルモノナレハソレ位ノ事ニテ勝手ニ帰郷スル事ハ不能ナリトト諭シ就寝セシメタルカ

3 翌朝四時頃ニ至リ附近ニ喧噪スルヲ以テ不審ニ想ヒ楊自興カ起上ラントシタル際前記趙興振カ「スコップ」ヲ持ッテ目前ニ立チ「オ前等カ帰ルナト言ッテモ俺達ハ此ンナ所テハ就労不能故勝手ニ帰ルカ若シオ前カ喧イタリ又事務所ニ報告ニ行クナラ直チニ之ニテ打殺スソ」ト威嚇シタル為楊自興ハ恐怖ノ餘リ其ノ儘床中ニ入リ寝タ振リヲナシ居リタルカ逃走者全員出舎シタル後（約二十分後）伊賀原組現場事務所ニ急報シタルモノナリ

四 逃走ノ原因動機

12

募集當時ニ於ケル給與條件ト著シク相違セル給與ヲナシ之カ爲就勞工人ノ健康狀態ヲ悪化セシメ將來ノ就勞ニ對シテ危惧ノ念ヲ生セシメタルニ因ル

五、就勞工人ニ及ホシタル影響

龍江縣ニ於ケル募集當時ノ給與條件ハ白麺又ハ高梁ヲ支給ストノ條件ナルモ著シク相違セル給與ヲ爲シタル爲工人間ニ相當ノ不平不滿アリテ今回ノ逃走ニ對シテハ相當動搖アリタルカ伊賀原組ニ於テ部隊本部トノ交涉支給糧秣ノ補給ヲナシ給與ノ改善向上ヲ計リタルタメ目下平穩ニ推移シアリ

六、處置

1、伊賀原組ノ處置

伊賀原組ニ於テハ逃走ノ原因カ給與ニ依ルモノナルコト判明セルヲ以テ長谷川現場代理人ヲ白城子第九五六部隊本部ニ出頭實情ヲ具申速ニ支給糧食ノ補給ヲ計ルト共ニ工人ニ対スル給與ノ向上改善ヲ實施セリ

二、部隊側ノ處置

伊賀原組ヨリノ報告ニ接スルヤ實情ヲ白城子本部ニ連絡速ニ糧秣ノ補給ヲ計ルト共ニ其他一般就勞工人ノ逃走及動搖防止ニ努メタリ

三、憲兵ノ處置

憲兵ハ伊賀原組ヨリノ通報ニ接スルヤ直チニ關係者ニ就キ實情ヲ調査セシ處前記状況判明セルヲ以テ同組及部隊側ヲシテ糧秣

補給及工人ニ對スル給與向上ノ處置ヲ講セシムルト共ニ工人ニ對シテハ糧秣補給ノ現狀ヲ説明宣撫ヲナシ一方工人間ニ於ケル動搖防止並ニ逃走波及防止ニ努ムルト共ニ引續キ背後關係究明中

七、其他參考事項

1、五叉溝第九五六部隊滑走新設工事ハ九月下旬迄完了ノ豫定ニテ相當急速ナル作業ヲナシアリ

2、伊賀原組ニ於テハ部隊ヨリ支給セラルヽ工人糧食トシテハ相當ノ不足ヲ來タシアル現況ナル為更ニ馬鈴薯ヲ購入一日一人二五〇瓦宛支給シ之カ不足ヲ補ヒアリ

八、所見

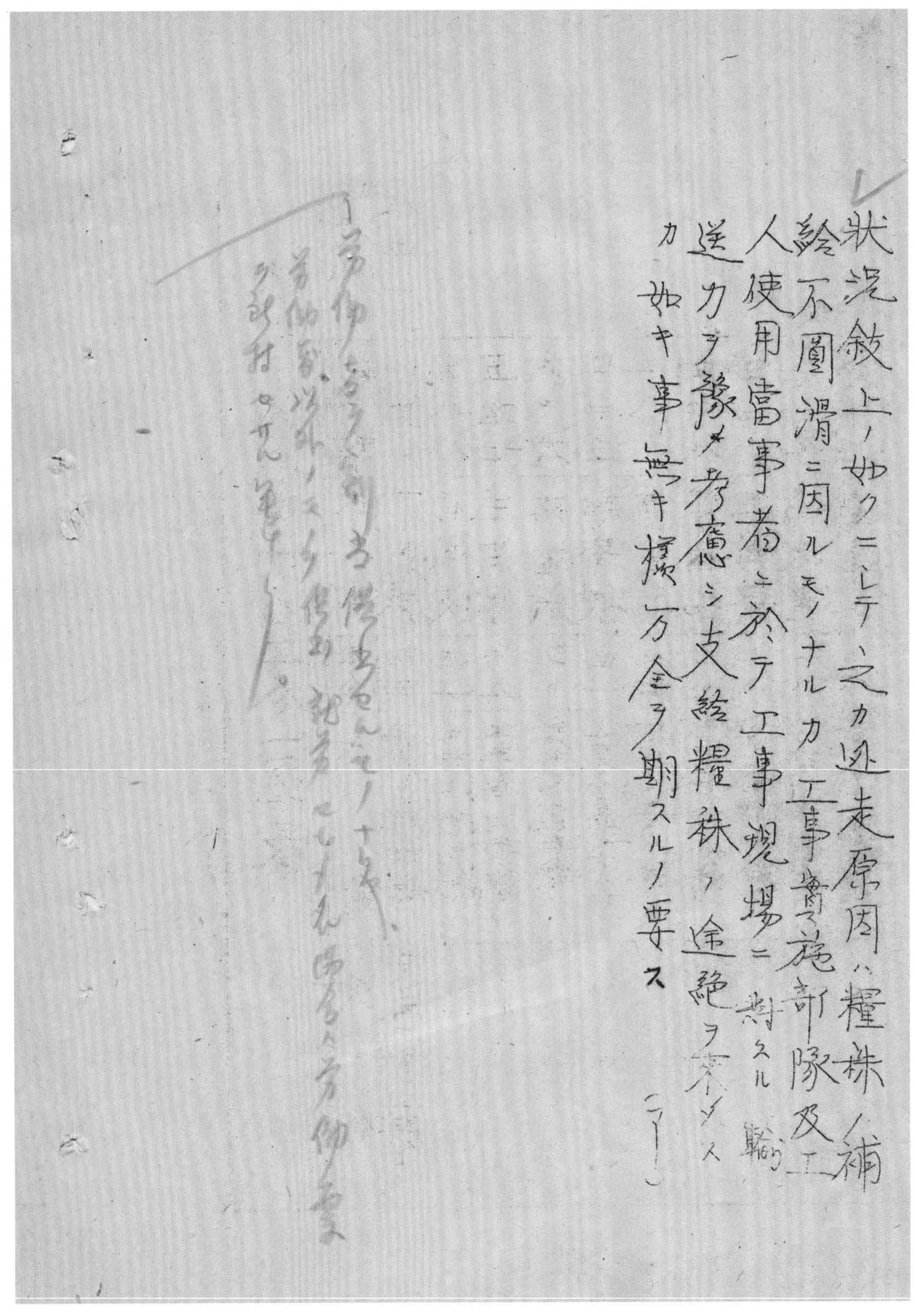

状況叙上ノ如クニシテ之カ逃走原因ハ糧秣ノ補給不圓滑ニ因ルモノナルカ工事實施部隊及工人使用當事者ニ於テ工事現場ニ對スル輸送力ヲ豫メ考慮シ支給糧秣ノ途絶ヲ來サシムカ如キ事無キ様万全ヲ期スルノ要ス

（了）

14

逃走工人本籍氏名年令一覧表

逃走月日　一八、五、一五

番號	氏名	年令	本籍	供出地
六四二	高延発	四三	安東省桓仁県	竜江省竜江県
五八八	自風岐	三一	吉林省楡樹県	
五九七	王自昇	二五	四平省四平県	
六〇六	胡福栄	四〇	奉天省蓋平県	
四二五	趙興振	四一	山東省泰安県	
三八八	馮國山	三四	河北省安平県	
四二八	翟國昌	三七	奉天省鉄嶺県	
四二一	王國興	三八	山東省武成県	
四一九	馮洪臣	二八	河北省清苑県	
四六九	楊作山	二八	奉天省開原県	

一八、五、一五

四三五	孟金発	二五	竜省竜江縣
四二四	関長山	二四	〃
四七〇	趙福興	二五	河北省灤房縣
四〇二	高富倫	四五	奉天省遼陽縣
五八二	趙清山	四五	〃
五八五	董風之	三一	奉天省鉄嶺縣
五八一	李桐茂	三〇	奉天省興平縣
五九〇	呉士忠	二七	奉天省遼陽縣
五九五	于道昌	三六	〃
五九三	徐増善	三九	奉天省興京縣
六〇〇	刘長海	四一	四平省梨樹縣
六〇四	郎之成	四一	安東省桓仁縣
六二八	刘永発	三三	四平省梨樹縣
六四五	楊慶財	二三	奉天省錦縣

孙吴宪兵队长关于军事工程劳工结伙逃跑致日本关东宪兵队司令部等的报告（通牒）（一九四三年六月三日）

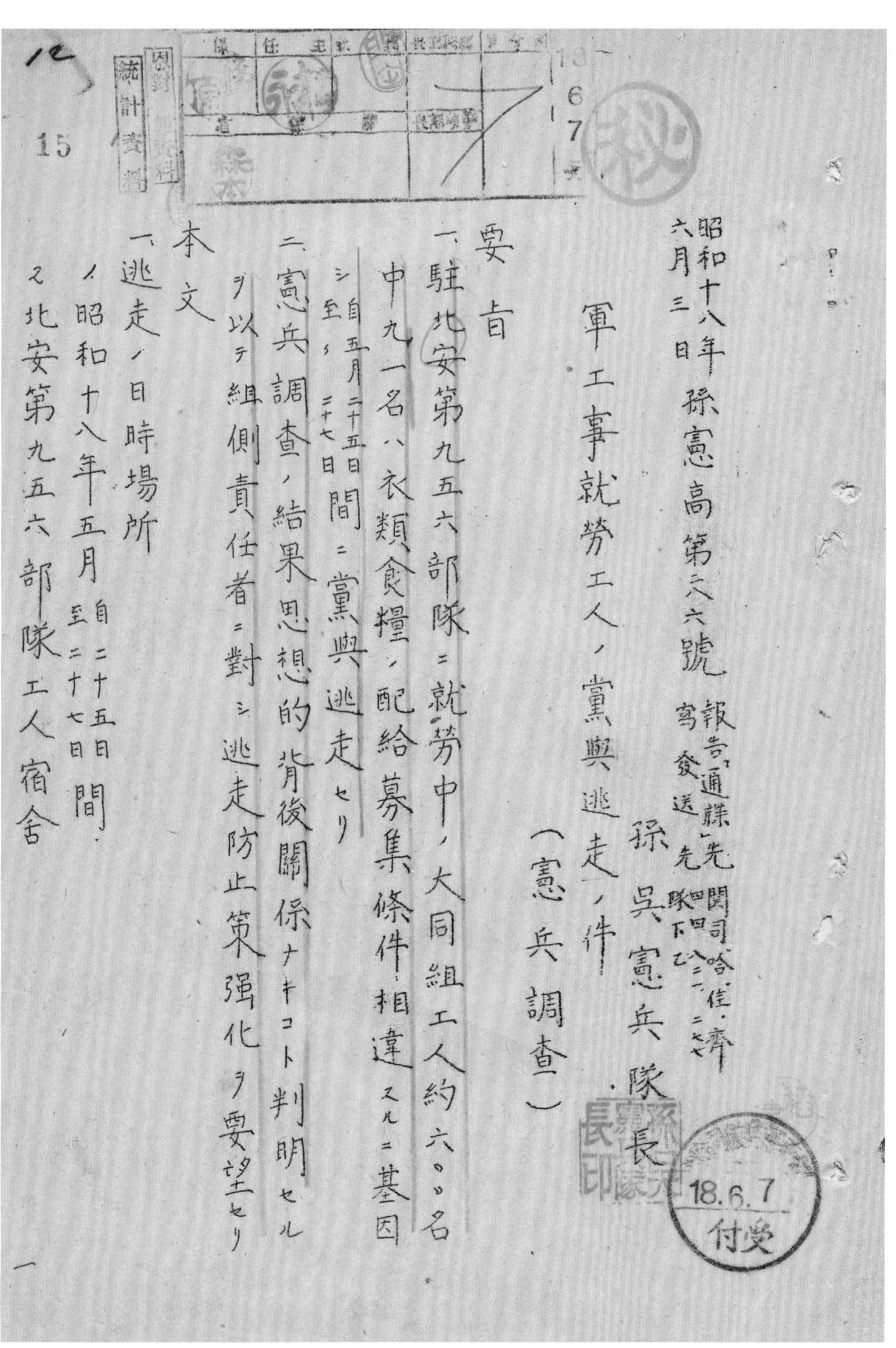

秘

昭和十八年六月三日　孫憲高第二八六號

報告（通牒）先　関司・哈・佳・齊
写　送　先　四四六二〇二部隊
発

孫呉憲兵隊長

軍工事就勞工人ノ黨與逃走ノ件
（憲兵調查）

要旨

一、駐北安第九五六部隊ニ就勞中ノ大同組工人約六〇〇名中九一名ハ衣類、食糧ノ配給募集條件ト相違スルニ基因シ自五月二十五日至ル二十七日間ニ黨與逃走セリ

二、憲兵調查ノ結果思想的背後關係ナキコト判明セルヲ以テ組側責任者ニ對シ逃走防止策強化ヲ要望セリ

本文

一、逃走ノ日時場所

ノ昭和十八年五月自二十五日至二十七日間

ヌ北安第九五六部隊工人宿舍

一

二、逃走者

新京大同組北安現場

小把頭　謝振花

以下九十一名

三、逃走前後ノ状況

大同組ニ於テハ本年五月中旬北安及齊々哈爾方面ヨリ工人約六〇〇名ヲ募集北安第九五六部隊軍工事ニ就勞セシメアリタルカ募集時「軍ニ於テ就勞セハ食糧及衣服靴等ノ配給圓滑ナリ」ト宣傳セラレアリタルニ事實ハ食糧一日一人當リ七五〇瓦ナル爲馬鈴薯ヲ以テ補充シ衣類靴等ハ配給セサル爲募集條件ニ反シアル點ヨリ工人間ニハ將來ノ賃金不拂ヲ臆測シ五月二十日頃ヨリ動揺ヲ來シ不平不滿ノ言動ヲ洩スモノ多發シアリタルカ組側ニ於テハ適切ナル處置ヲ講セサル爲二十五

16.

日一時頃二三名二十六日二十三時頃四〇名二十七日二時頃二八名夫々黨與逃走セリ

四　原因

◉募集時ニ於ケル契約不履行

◉食糧ノ不足

◉賃金不拂ニ對スル不安

五　組側ノ處置

組側ニ於テハ關係機關ニ手配スルト共ニ把頭ヲシテ北安街ノ捜査ニ任セシメ殘余工人ノ宣撫ニ努メアリ

六　憲兵ノ處置

組側ノ報告ニ基キ關係機關ニ通報捜査ニ任スルト共ニ原因調査ノ結果叙上ノ如ク思想的背後關係ナキコト判明セルモ逃走者ノ續發ニ鑑ミ組側責任者ニ對シ逃走防止策强化ヲ要望セリ

伪满警务总局长山田俊介关于军用劳工与伪警察的对抗事件致日本关东宪兵队司令官的特务情报（第四二五报）（一九四三年六月三日）

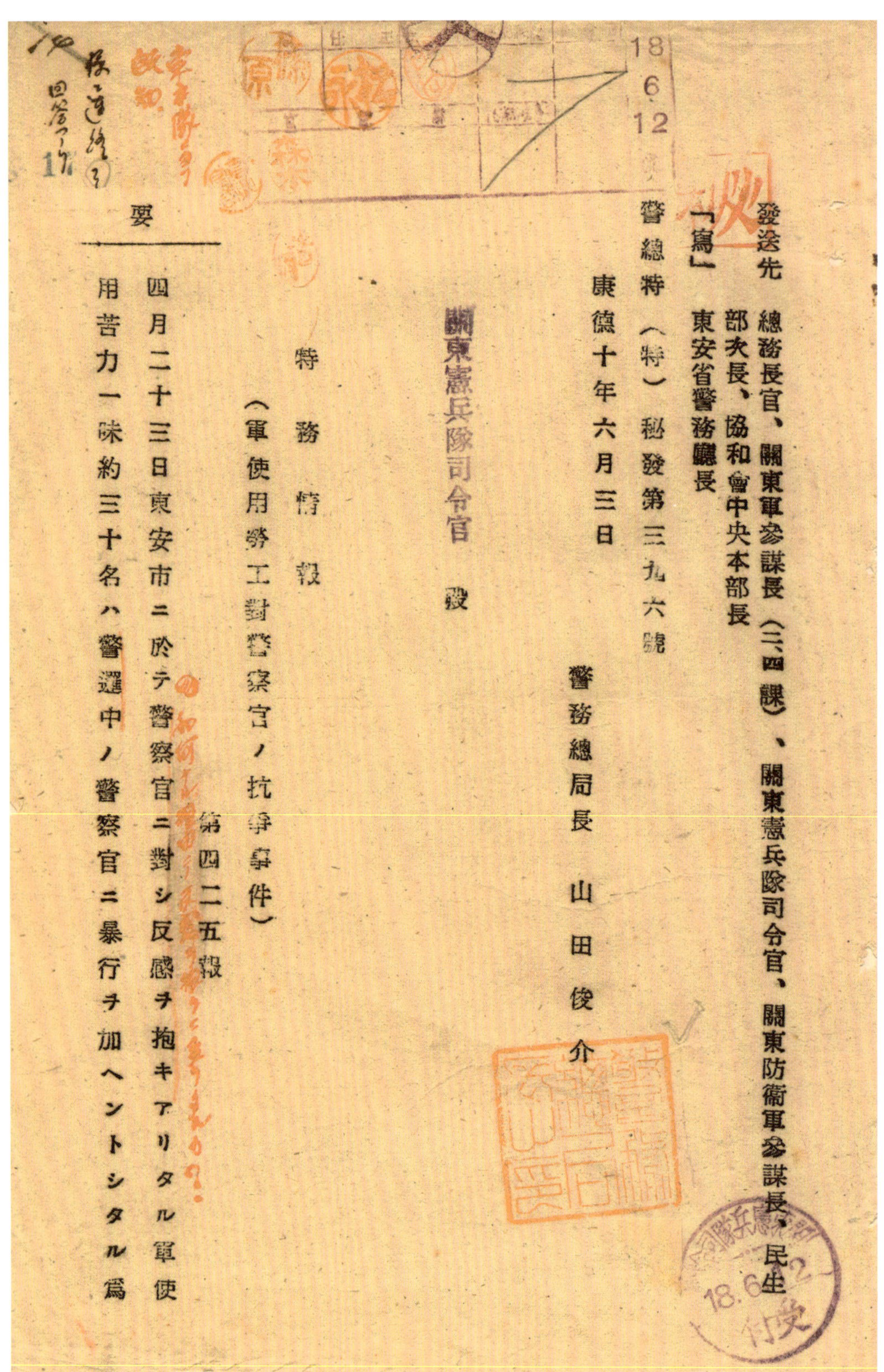

發送先 總務長官、關東軍參謀長（三、四課）、關東憲兵隊司令官、關東防衛軍參謀長、民生部次長、協和會中央本部長

「寫」東安省警務廳長

警總特（特）秘發第三九六號

康德十年六月三日

警務總局長　山田俊介

關東憲兵隊司令官　殿

特務情報

（軍使用勞工對警察官ノ抗爭事件）

第四二五報

要

四月二十三日東安市ニ於テ警察官ニ對シ反感ヲ抱キアリタル軍使用苦力一味約三十名ハ警邏中ノ警察官ニ暴行ヲ加ヘントシタル爲

15

18

之ヲ阻止セントシテ威嚇發砲シ過ッテ苦力一名ニ銃劍（創）他ノ一名ニハ

旨

刺傷ヲ負ハシメタリ

一、事件發生ノ日時場所

四月二十三日二十一時四十五分、東安市觀樂街「大陸春飯店」

二、受傷者所屬、氏名

東安憲兵隊本部　馬夫　遲　福（當三十三年）

（左大腿部貫通銃創）

東安滿洲第二一一部隊武田隊　雜役夫

斬　元　良（當二十六年）

（左上膊部銃創）

三、關係警察官所屬氏名

東安國境警察隊大和隊　警士　泰　德　財（當二十四年）

東安國境警察隊警備隊　警士　趙　俊　林（當二十四年）

外四名

四、事件ノ概要

四月二十三日東安國境警察隊大和隊勤務森警士ハ警邏勤務ニ赴カントシタル際軍使用苦力等多數棍棒等所持シ警備隊員ヲ探索シ居ルトノ報ヲ受ケタル爲警備隊ニ連絡シ趙警士外二名ノ應援ヲ得テ觀樂街ニ至リタル處棍棒所持ノ苦力多數ヲ目撃シタルヲ以テ「大陸春飯店」ニ逃避シタルニ苦力約三十名ハ「今入リ込ンダ警察官ヲ出セ」ト連呼シツツ押寄セ來リ內五、六名ハ矢庭ニ進入暴擧ニ出デントシタル爲拳銃ヲ擬シ威嚇シタルモ止マラズ已ムナル銃口ヲ土間ニ向ケ發砲セリ依ツテ一時ハ屋外ニ逃レタルモ更ニ勢ヲ得テ再ヒ侵入シタルヲ以テ同樣威嚇發砲シ過ツテ「邇周」ニ貫通銃創ヲ負ハシメタリ事態ヲ目擊セル「大陸飯店ボーイ」ノ急報ニ依リ警備隊日系警長以下七名現地ニ急行シ一味ヲ取押ヘントシ反抗逃走セントスル「靳元良」ニ過ツテ刺傷ヲ加ヘタリ

五、事件發生ノ原因

20

從來軍使用苦力間ニハ警察官ニ對スル優越感ヨリ之ガ取締ニ對シ屢々反抗的態度乃至ハ口論等ヲ爲シアリタルモ近時各所ニ於テ賭博開帳中ノ苦力ヲ檢擧セルニヨリ反感ヲ抱キタル一部首謀者ノ煽動ニヨリタルモノト認メタル

下線箇所ノ處分未通知　十二之

鸡宁临时宪兵队长关于特殊工人逃跑致日本关东宪兵队司令部等的报告（通牒）（一九四三年六月十一日）

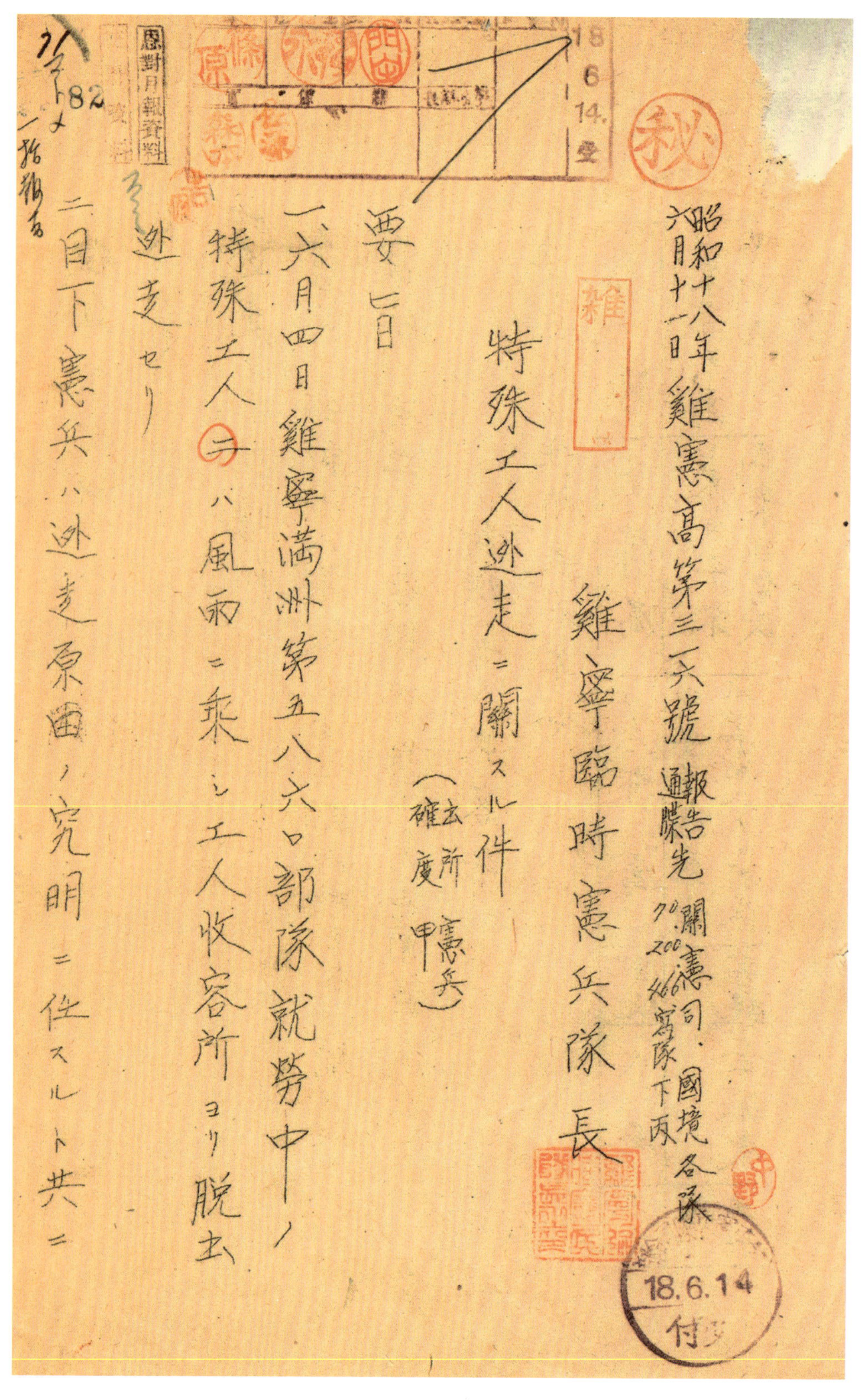
秘

18 6 14. 受

關對月報資料

昭和十八年六月十一日 雞憲高第三一六號

報告 通牒先 關憲司、國境各隊 クロ200、466 寫 隊下丙

雞寧臨時憲兵隊長

特殊工人逃走ニ關スル件

（出所 憲兵 確度 甲）

要旨

一、六月四日雞寧滿洲第五八六〇部隊就勞中ノ特殊工人（二）ハ風雨ニ乘シ工人收容所ヨリ脫出逃走セリ

二、目下憲兵ハ逃走原因ノ究明ニ任スルト共ニ

18.6.14 付

捜査手配中ナリ

本文

一、逃走ノ日時場所

イ、日時　昭和十八年六月四日　自三時 至四時三十分ノ間

ロ、場所　東安省雞寧縣恒山街山南區　特殊工人收容所

二、逃走工人ノ住所氏名年令

本籍	元所属	現所属	元階級	氏名	年令
山東省平原第四區	山東省平原民衆自衛隊	東安省雞寧滿洲第五八六七部隊	書記	金振東	二一

32

83

		寺尾作業隊			
同右	同右	同右		魏連知	二六

三、逃走前後ノ狀況

逃走者両名ハ五月六日寺尾作業隊特殊工人トシテ来維部隊道路工事ニ従事中ノモノナルカ六月四日拂曉當時ノ風雨ニ乘シ前記工人收容所ノ警戒網ヲ脱出逃走シタルモノナリ

四、原因

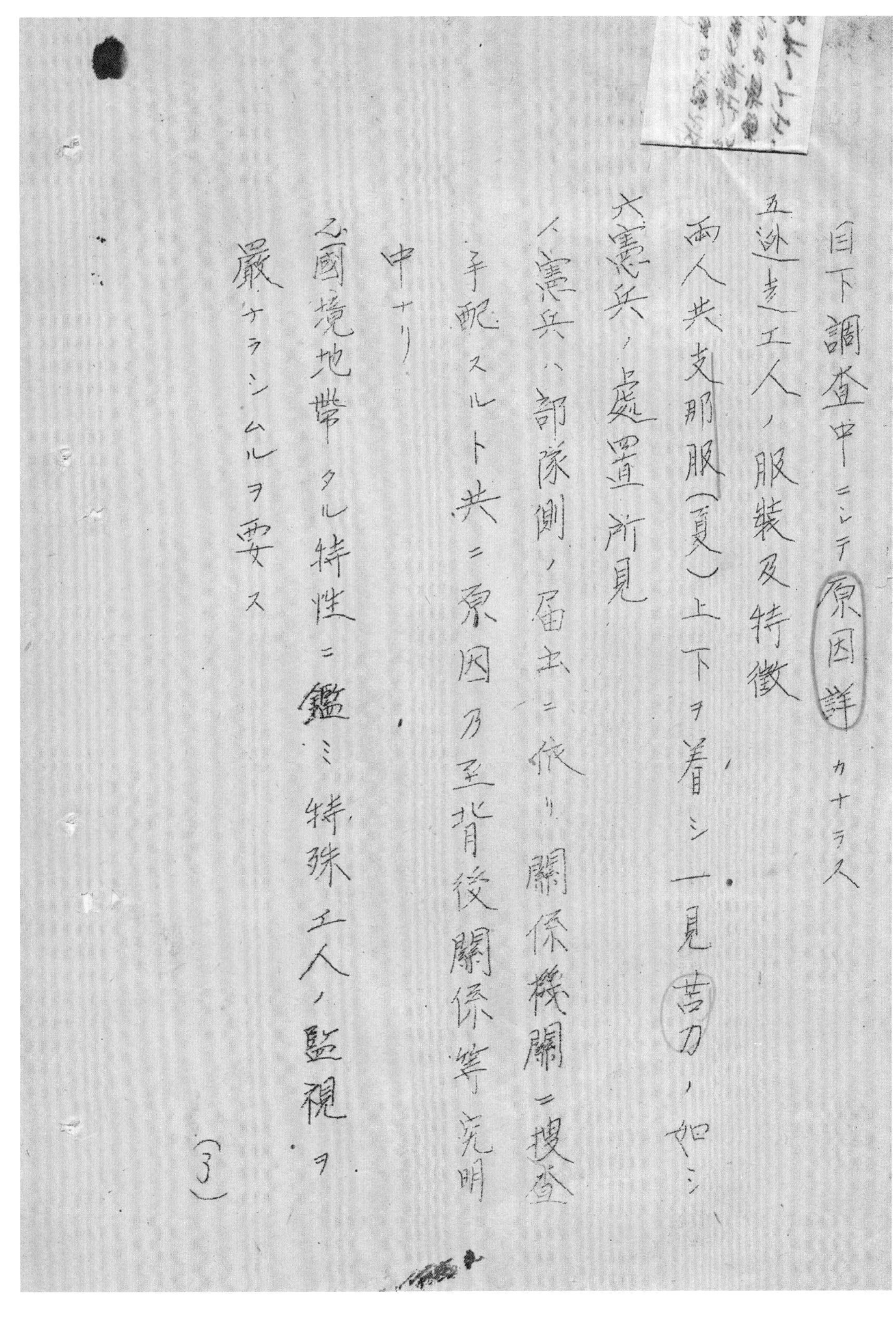

目下調査中ニシテ原因詳カナラス

五、逃走工人ノ服裝及特徴

両人共支那服（夏）上下ヲ着シ一見苦力ノ如シ

六、憲兵ノ處置所見

イ、憲兵ハ部隊側ノ届出ニ依リ關係機關ニ捜査手配スルト共ニ原因乃至背後關係等究明中ナリ

ロ、國境地帶タル特性ニ鑑ミ特殊工人ノ監視ヲ嚴ナラシムルヲ要ス

（3）

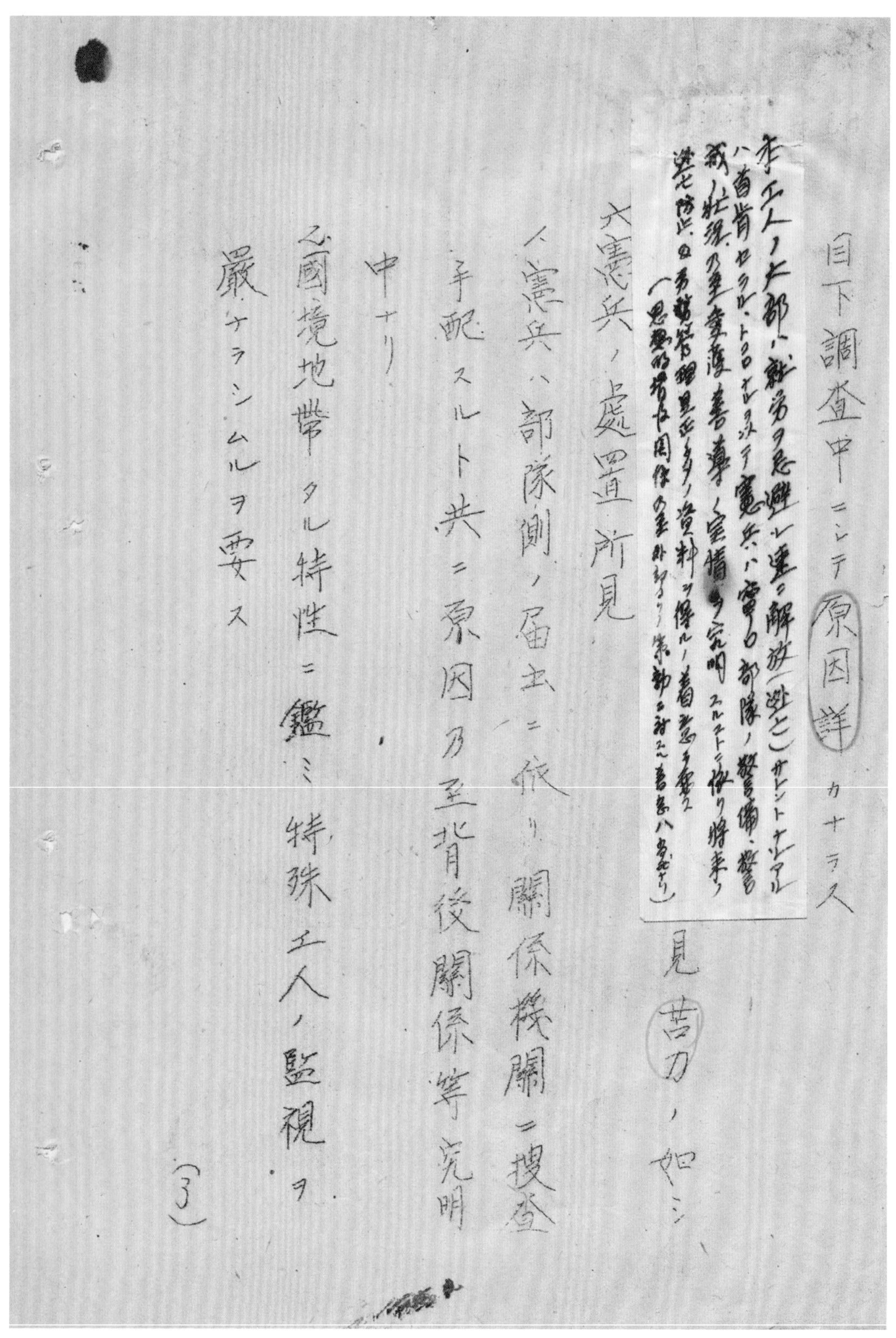

目下調査中ニシテ原因詳カナラス

本工人ノ大部ハ就労ヲ忌避シ速ニ解放（逃亡）サレントナルアルハ首肯セラルヽトコロナルヲ以テ憲兵ハ當面部隊ノ警備、警戒ノ状況乃至改善指導ノ実情ヲ究明スルコトニ依リ將来ノ逃亡防止ノ為ノ管理其他多クノ資料ヲ得ルノ着意ヲ要ス（思想的背後関係乃至外部ヨリノ策動ニ対スル着眼ハ勿論ナリ）

見 苦力ノ如シ

六、憲兵ノ處置所見

イ、憲兵ハ部隊側ノ届出ニ依リ關係機關ニ捜査手配スルト共ニ原因乃至背後關係等究明中ナリ

ロ、國境地帯タル特性ニ鑑ミ特殊工人ノ監視ヲ嚴ナラシムルヲ要ス

（3）

东宁宪兵队长关于特殊工人结伙逃跑致日本关东宪兵队司令官的报告（通牒）（一九四三年六月十四日）

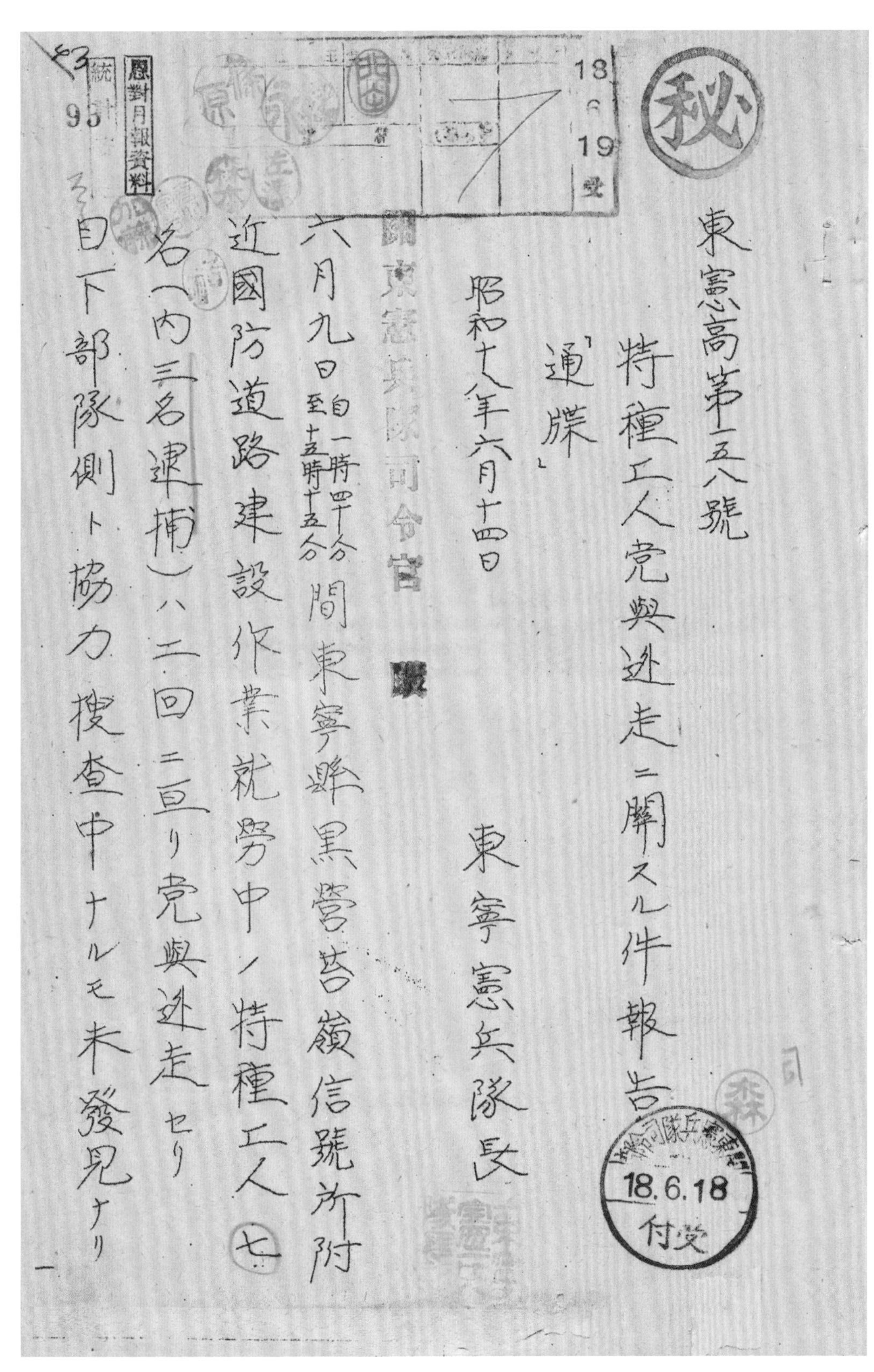

秘

18 6 19 受

思對月報資料

統計 93

東憲高第一五八號

特種工人党與逃走ニ關スル件報告

「通牒」

昭和十八年六月十四日

東寧憲兵隊長

關東憲兵隊司令官 殿

六月九日自一時四十分至十五時十五分間東寧縣黒營嶺信號所附近國防道路建設作業就勞中ノ特種工人七名（内三名逮捕）ハ二回ニ亘リ党與逃走セリ

目下部隊側ト協力捜査中ナルモ未發見ナリ

18.6.18 付受

状況左記報告「通牒」ス

左記

一、逃走日時・場所

1、第一回（第二次作業隊）

日時 昭和十八年六月九日一時四十分頃

場所 東寧縣老黒山黒營第二次作業隊宿舍

（黒營西南方六粁）

2、第二回（第一次作業隊）

日時 昭和十八年六月九日十五時十五分頃

94

場所　東寧縣老黑山黑營部嶺信號所第一次作業隊現場（黑營西南方十粁）

二、逃走者ノ状況

別紙ノ如シ

三、逃走ノ原因動機

第一回逃走者中三名ヲ逮捕取調タルニ就勞當初ヨリ工人間ニ敗國時期ノ不明ヨリ将來ヲ杞憂シアリタル折柄偶々首謀者郭奎平ノ煽動ニ雷同党與逃走セリ

二

尚第二回逃走者ノ原因モ同様ト認メラル

四、逃走前後ノ状況

イ、第一回（第二次作業隊）

逃走者五名（内三名逮捕）ハ五月八日昼間作業ヲ終了二十一時頃就寝セルカ翌九日一時四十分頃任錫武（工人）不寝番立哨中逃走者五名ハ夫々毛布一枚ヲ背負ヒ「俺達ハ用便ニ行クカ若シ大隊長ニ報告シタラ殺スゾ」ト威嚇東方ニ向ケ逃走任錫武ハ恐怖

95

ノ余リ之ヲ報告スルコトナク五時三十分日朝點呼ニ依リ始メテ逃走セルコト判明セリ

2. 第二回（第一次作業隊）

逃走者二名ハ六月九日同僚工人九十九名ト共ニ工人警備隊原田上等兵以下三名ノ監督警戒下ニ道路擴張作業ニ従事十五時ヨリ十五分間ノ休憩中用便ニ赴クト稱シ山地ニ降リタル儘歸來セス附近一体ヲ捜索セルモ發見スルニ至ラス逃走

三

セルコト判明ス

五、部隊側ノ處置

部隊ニ於テハ逃走事實判明ト同時ニ附近ヲ捜索スルト共ニ兵力ノ増援ヲ求メ残餘工人ノ監視ヲ嚴重ニシ且宣撫ヲ實施シ逃走防止對策ノ强化ニ努メタリ

六、其ノ他參考事項

ノ逃走者七名ハ入老以来日淺ク作業場以外ニ逃出セルコトナク附近ノ地理ニ疎シ

2. 逮捕工人三名ヲ取調ノ結果鐵道沿線（興寧線）ヲ目標ニ山中ヲ南進シタルコト判明

註「五月十日八時二名同十一日一名ヲ興寧線道芬隧道中間山中ニ於テ取押フ」

七、憲兵ノ處置所見

1. 憲兵ハ部隊ヨリノ通報ニ依リ下士官以下二名ヲ作業現場ニ派シ逃走原因ノ究明ニ努ムルト共ニ部隊ニ協力各關係警務機關ニ手配極力捜査中ナリ

2、斯種工人事ニハ環境上就労長期ニ亘ルニ従ヒ漸次望郷ノ念萌芽シ逃走者續出シ虞レアルヲ以テ将来適切ナル宣撫ト相俟テ嚴戒取締ヲ要ス

（了）

發送先

關憲司、牡丹江、雞寧、新京、間島、奉天、通化、錦州、大連、11、402、1271各隊　寫隊下乙

奉天宪兵队长关于乱石山军事工程劳工逃跑致日本关东宪兵队司令官的报告（通牒）（一九四三年六月二十一日）

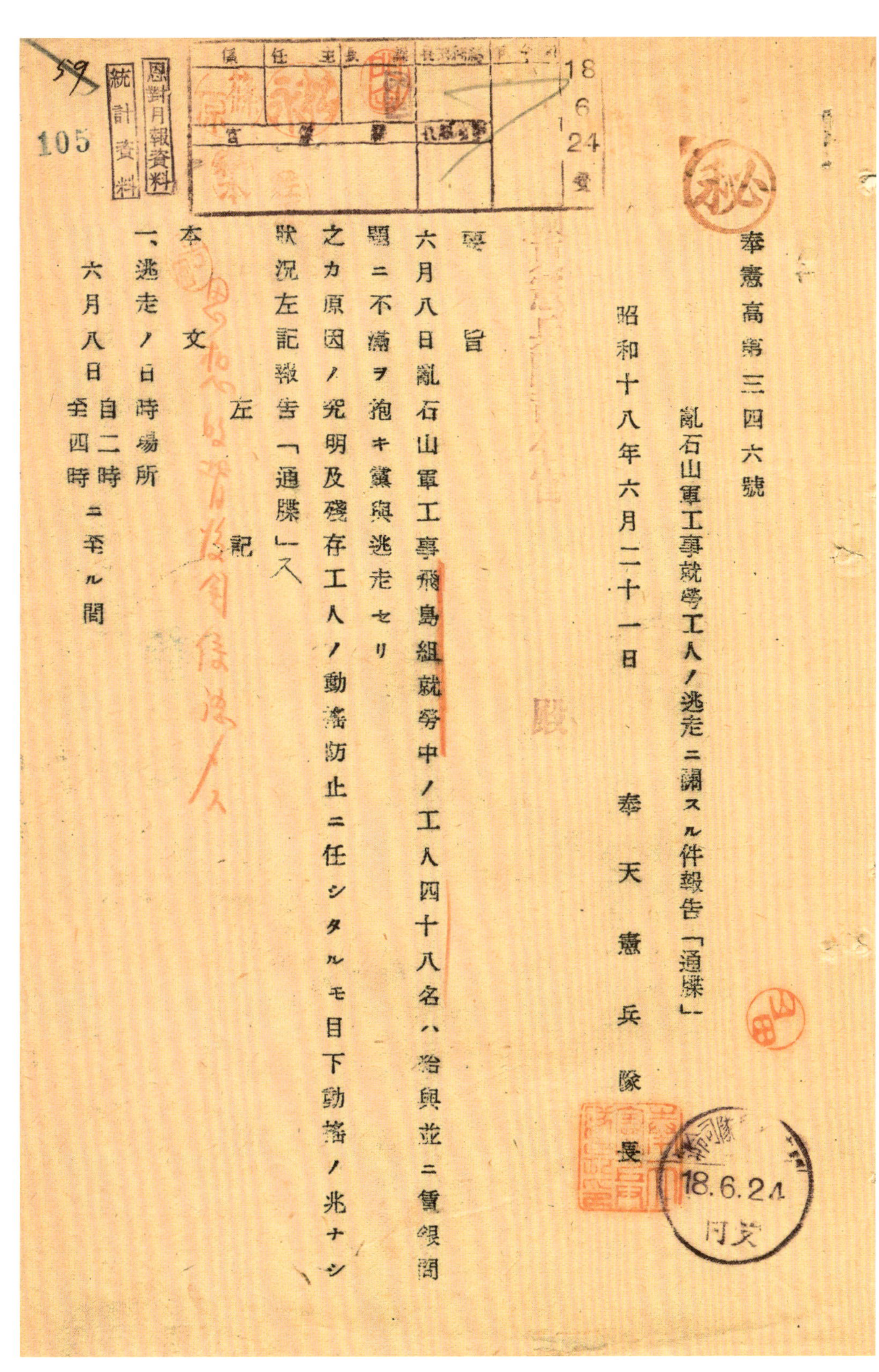

秘

奉憲高第三四六號

亂石山軍工事就勞工人ノ逃走ニ關スル件報告「通牒」

昭和十八年六月二十一日　奉天憲兵隊長

殿

要旨

六月八日亂石山軍工事飛島組就勞中ノ工人四十八名ハ給與並ニ賃銀問題ニ不滿ヲ抱キ黨與逃走セリ

之カ原因ノ究明及殘存工人ノ動搖防止ニ任シタルモ目下動搖ノ兆ナシ

狀況左記報告「通牒」ス

本文

左記

一、逃走ノ日時場所

六月八日自二時至四時ニ至ル間

於亂石山軍工事場內飛島組工人宿舍

二、逃走者

本籍　四平省開原縣嵩山村小白廟屯

所屬　滿洲飛島組

土工　王銘海　當四十九年

以下　四十八名

（逃走工人名簿別紙ノ如シ）

三、逃走前後ノ狀況

前記王銘海以下五十名ハ本年四月二十一日飛島組ニ於テ開原縣ヨリ縁故募集ニ因リ入場爾後土工トシテ稼働中ナルカ平素ヨリ組側ノ給與乃至ハ賃金問題ニ對シ疑懼ノ念ヲ抱キアリ、六月七日組側ニ於テ工人ニ對スル一部賃金ノ支拂後翌八日二時ヨリ四時ニ至ル間組側警備員ノ隙ヲ覘ヒ一齊ニ廠內東方地區ノ電流柵ヲ越ヘ逃走セリ

此ノ際工人一ハ感電死亡シ之ヲ現認セル同僚工人一ハ恐怖ノ念ニ驅ラレ逃意ヲ中止シ歸宿セリ

60

106

四、逃走ノ原因

歸宿セル工人一ノ言ヲ綜合スルニ給與乃至ハ賃金等ニ不滿ヲ抱キ他ニ轉出ヲ企圖シ逃走セルモノト認メラル

五、組側並ニ憲兵ノ處置

1. 組側ノ處置

組側ニ於テハ素質低下セル緣故募集ナル爲其ノ儘放置シ殘存苦力ニ對シ宣傳宣撫等ヲ實施シ以テ動搖防止ニ任スルト共ニ他面夜間警戒ヲ至嚴化シ逃走苦力ノ絶無ヲ期シアリ

2. 憲兵ノ處置

派遣憲兵ハ殘存工人ノ動搖防止ニ任スルト共ニ組側ニ對シ

(一)工人宿舍周圍ニ對シ速カニ有刺鐵線ニ依ル外柵ノ作製

(二)周圍外柵線ニ對スル照明具及警報板ノ設置

(三)柵內ニ警備所ヲ設ケ警備力ヲ增大シ常時警備ヲ至嚴化ス

(四)日人監督ノ下ニ警備員ノ勤務狀態ヲ監督スルコト

等ヲ即時勵行セシメタリ

六、所　見

工人ノ逃走ハ工事ノ進捗ヲ阻碍スルノミナラス不逞分子ニ乗セラルル虞大ナルヲ以テ厳ニ監視ノ要アリ

（了）

發送先　關憲司、新京、錦州、大連、通化、一三六

寫　隊下乙

勞働者逃走名簿

逃走月日	勞働登録番號	氏名	年齢	本籍	逃走ノ主ナル原因
六月八日		趙國清	一九	四平省開原縣松山村下土口子屯	調査中
〃		吳安順	三〇	〃	〃
〃		朱小七	一五	〃	〃
〃		朱小八	一二	〃	〃
〃		黃奎	二三	同縣同村小白廟屯	〃
〃		代長英	四〇	〃嵩山堡屯	〃
〃		張相山	五四	〃保和村單揆臺屯	〃
〃		趙玉文	四四	〃孫臺站長勝街	〃

〃		張國棟	二四	〃嵩山村下土臺子屯	〃
〃		張國祥	四五	〃	〃
〃		張國瑞	二四	〃	〃
〃		張國華	二二	〃	〃
〃		趙廷新	二五	〃	〃
〃		趙奎元	三〇	〃	〃
〃		端木慶來	四六	西豐縣泊淼村	〃
〃		焦永元	二七	〃	〃
〃		鳳柱林	三四	〃	〃
〃		趙清山	三八	〃	〃
〃		密龢法	五三	〃	〃

〃		窖清山	一九	西豐縣拍榆村	調查中
〃		窖清林	一六	〃 〃	〃
〃		鳳法林	二二	〃	〃
〃		鳳喜林	一九	〃	〃
〃		曹德利	一八	〃	〃
〃		王德喜	一九	〃	〃
〃		王勝武	三五	〃	〃
〃		王輝玉	一八	〃	〃
〃		李同春	二七	〃	〃
〃		王維振	一九	〃	〃
〃		卜双珍	四〇	海城縣小河村	〃

〃		卜占珍	二四	〃	〃
〃		那忠文	三六	西豐縣拍榆村	〃
〃		焦永清	二五	〃	〃
〃		石法	四五	梨樹縣石嶺村	〃
〃		石建	三五	西豐縣拍榆村	〃
〃		劉印法	四七	梨樹縣拍榆村	〃
〃		龐連學	一八	西豐縣房甲村	〃
〃		龐孝明	三五	〃	〃
〃		隨化英	四七	〃	〃
〃		王惠民	四一	四平省開原縣蒿山村小白廟屯	〃
〃		王銘海	四九	〃下土口子屯	〃

〃		朱海山	二九	〃小白廟子屯	〃
〃		朱海洪	二九	〃	〃
〃		朱海峯	三四	〃	〃
〃		張國富	三〇	〃	〃
〃		張國林	三三	〃	〃
〃		周仁修	三五	西豐縣柏榛村	〃
〃		張德泉	一九	〃李家屯	〃

东安宪兵队长关于缉捕逃跑特殊工人致日本关东宪兵队司令部等的报告（通牒）（一九四三年六月二十五日）

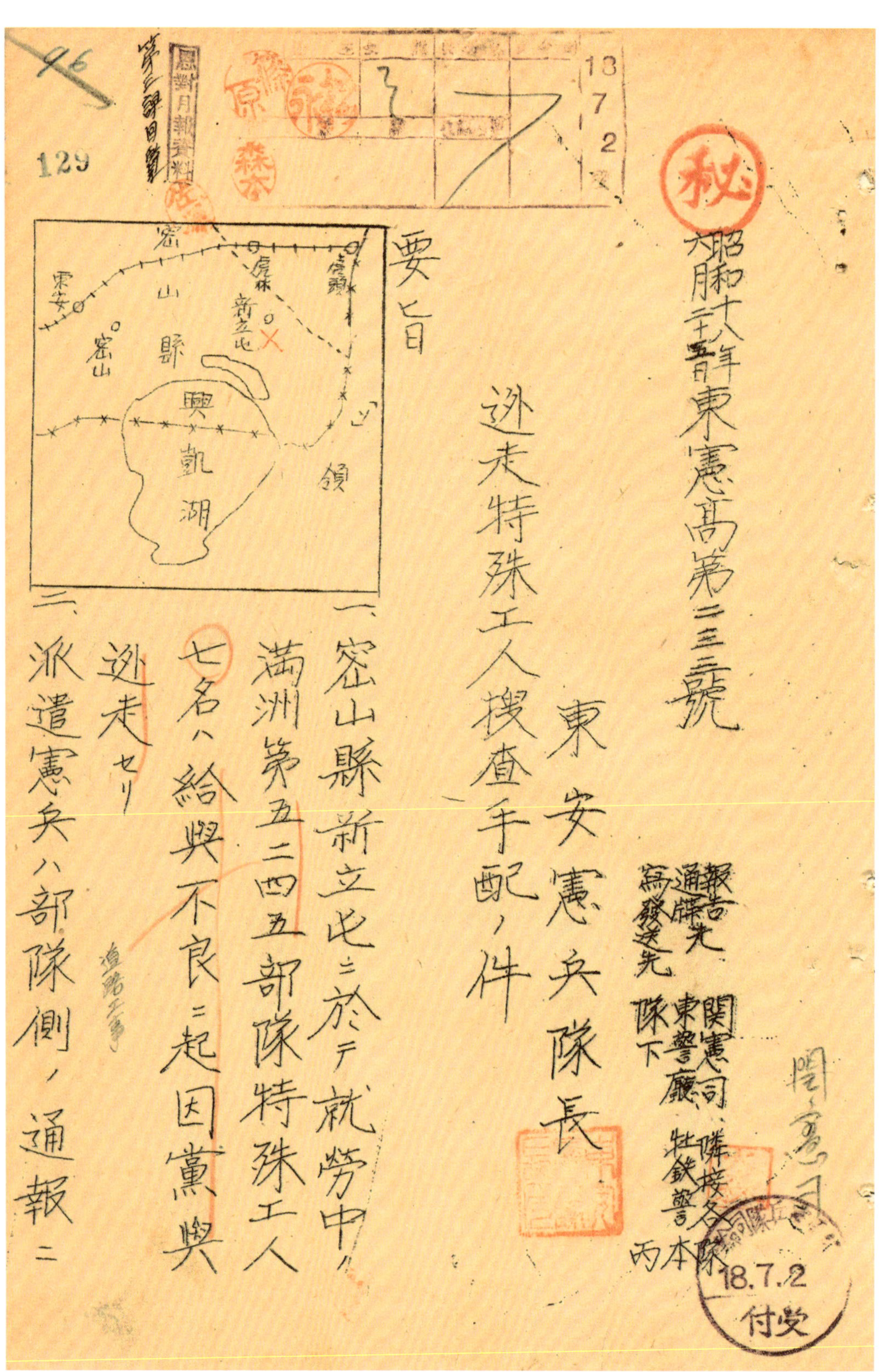

129

憲對月報資料

第三課目覺

18 7 2

秘

昭和十八年六月二十五日 東憲高第二三二號

報告先 關憲司

通牒先 東警廳、隣接各隊

寫發送先 隊下 牡鉄警 丙本隊

東安憲兵隊長

逃走特殊工人捜査手配ノ件

要旨

一、密山縣新立屯ニ於テ就労中ノ満洲第五二四五部隊特殊工人七名ハ給與不良ニ起因黨與逃走セリ

二、派遣憲兵ハ部隊側ノ通報ニ

18.7.2 付受

依リ部隊側ト協力捜査中ナルモ未發見ナリ

本文

一、日時場所

昭和十八年六月九日及十二日

東安省密山縣新立屯満洲第五二四五部隊特殊工人宿舎

二、逃走者ノ本籍住所元官等級氏名年令摘要

本籍	住所	元官等級	氏名年令	摘要
河北省長城縣	満洲第五二四五部隊高橋隊工人宿舎	元中尉	王光龍 三七年	六月九日二時二十分上記場所ヨリ逃走

130

籍贯		原官阶	姓名・年龄		
東省汐縣	右 仝	元少尉	王志成 二八年	右	仝
河北省長垣縣	右 仝	元准尉	李光輝 二四年	右	仝
河南省西川縣	右 仝	元中士	郭秀德 三〇年	右	仝
山西省曲沃縣	右 仝	元一等兵	楊萬發 二六年	右	仝
山西省普城縣	右 仝	元一等兵	毋小堆 二六年	右	仝
山西省穆山縣	右 仝	元上尉	王順祥 三五年	五月二十五日逃走五月二十九日憲兵逮捕六月八日所屬隊身柄移牒膺懲ノ為衛兵所ニ繫留中六月十二日零時三十分逃走	

三、逃走原因

王光龍外五名ハ給與ニ對スル不滿並規律アルノ起居ヲ嫌忌シタルト目下濕地作業中ナル爲工人ノ大部ハ腰部迄漬水、就勞セシメアル等ヨリ就勞ヲ厭忌シタルモノト認メラル

尚王順祥ハ曩ニ逃走シ逮捕サレシ者ニシテ嚴罰ヲ虞レタルモノト認メラレ背後關係ナキモノノ如シ

四、逃走當時ノ狀況

131

ハ六月九日二時二十五分頃勤哨ハ工人宿舎ヲ巡視セルニ「王光龍」「郭秀德」ノ両名不寝番勤務ニ服シ又氏名不詳ノ二名屋外便所ニテ用便中ナルヲ認メタルモ異状ナク約十米離レタル他ノ工人宿舎ヲ巡視シ約五分後前記工人宿舎ニ引返シ屋内ヲ点検セルニ不寝番不在ナリシヲ以テ衛兵司令ニ報告人員点呼ノ結果六名逃走シアルコト判明セリ

2. 逃走王順祥ハ五月二十五日不寝番勤務中逃

走五月二十九日東安ニ於テ憲兵逮捕六月八日
身柄ノ處置ヲ所屬部隊ニ一任セルカ仝隊ニ
於テハ見セシメノ爲衛兵所横ニ後手ヲ縛リ繫
留中六月十二日二十四時三十分監視ノ隙ヲ窺ヒ破
繩逃走セリ

五、憲兵ノ處置

右通報ニ接シ直チニ捜査班二ヶ班ヲ編成部隊側ニ
協力捜査續行中ナルモ未發見ナリ

（了）

齐齐哈尔宪兵队长关于在军队劳动的实习童工擅自结伙返乡致日本关东宪兵队司令部等的报告（通牒）（一九四三年六月二十八日）

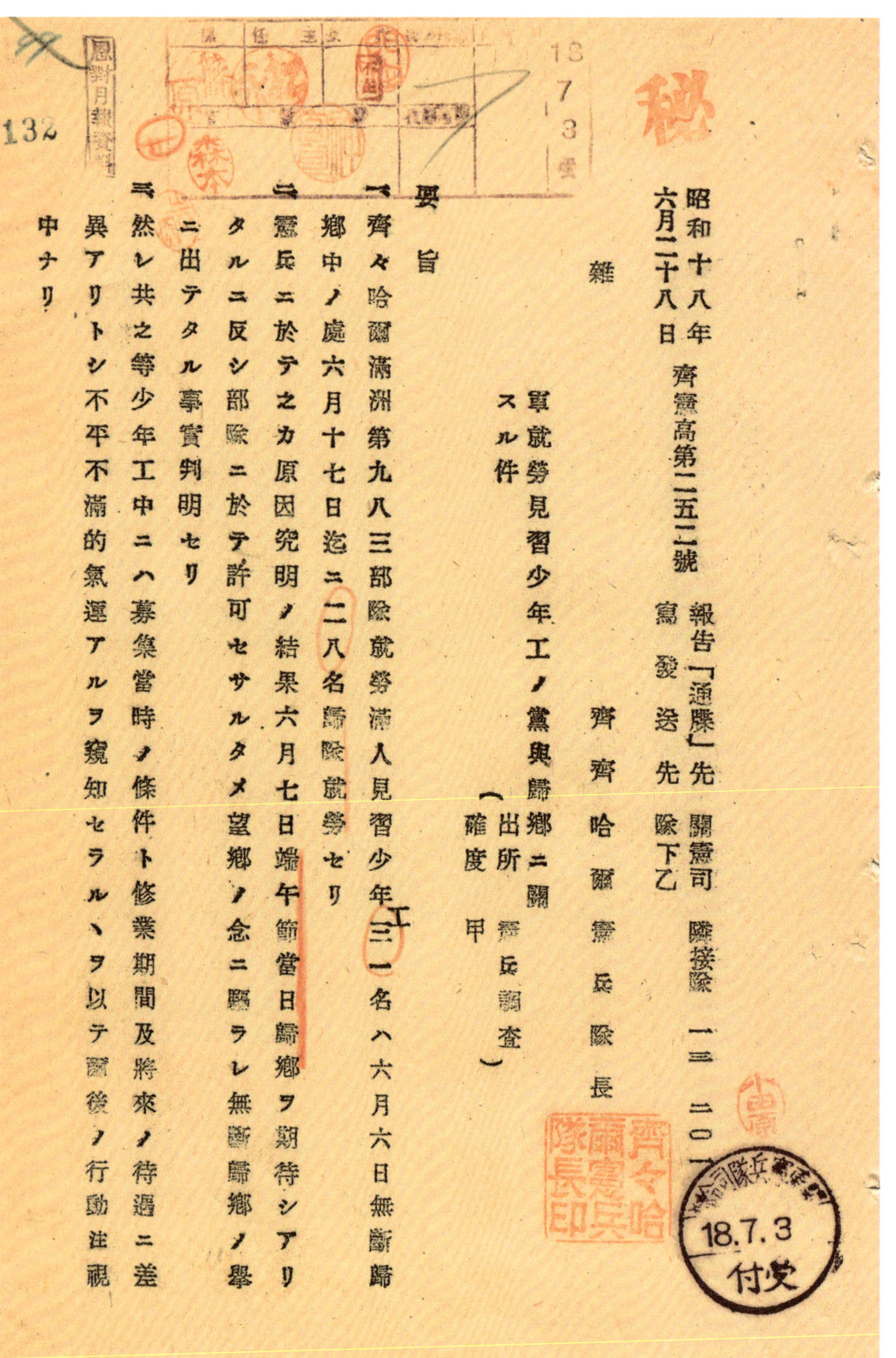

秘

昭和十八年六月二十八日　齊憲高第二五二號

報告「通牒」先　關憲司　隣接隊　一三　二〇一

寫發送先　隊下乙

齊齊哈爾憲兵隊長

雜

軍就勞見習少年工ノ黨與歸鄕ニ關スル件

（出所　憲兵調查）

確度　甲

要旨

一、齊々哈爾滿洲第九八三部隊就勞滿人見習少年工三一名ハ六月六日無斷歸鄕中ノ處六月十七日迄ニ二八名歸隊就勞セリ

二、憲兵ニ於テ之カ原因究明ノ結果六月七日端午節當日歸鄕ヲ期待シアリタルニ反シ部隊ニ於テ許可セサルタメ望鄕ノ念ニ驅ラレ無斷歸鄕ノ擧ニ出テタル事實判明セリ

三、然レ共之等少年工中ニハ募集當時ノ條件ト修業期間及將來ノ待遇ニ差異アリトシ不平不滿的氣運アルヲ窺知セラルヽヲ以テ爾後ノ行動注視中ナリ

本文

一、無斷歸鄉ノ日時場所

1、日時　六月六日　自七時至十九時間

2、場所　齊々哈爾滿洲第九八三部隊工人宿舍

二、無斷歸鄉者

齊々哈爾市　一〇名

洮南縣　九名

訥河縣　五名

白城縣　七名

計　三一名

三、歸鄉前後ノ狀況

1、齊々哈爾滿洲第九八三部隊ニ於テハ昨年十二月一日龍江省下各縣ヨリ滿人見習少年工一三〇名ヲ供出セシメ五月三十一日ヲ以テ六ケ月ノ教育期間ヲ終了シタルカ一部少年工ノ間ニハ募集當時ト其後ノ待遇條件等ニ差異アリトシ

○吾々ハ教育期間六ケ月後軍屬工員トシテ採用セラレタルモ未タ常傭トシテ活動シアリ云々

○被服ハ全部部隊ニ於テ貸與セラル募集條件ナルカ作業衣ノミ貸與セラレアリ云々

○就退職ハ自由ノ條件ナルニ拘ハラス五ケ年ノ義務アリ云々

○兵役免除ノ條件ナルニ部隊ニ於テハ保證セラレス云々

（以上少年工多數）

等ノ不平不滿的言動ヲ洩シアリタリ

2. 偶々六月七日端午節ニ際シ當然部隊ヨリ慰勞休暇歸省ノ許可アルモノト期待シアリタルモ期待ニ反シ許可セサルタメ豫テヨリ待遇問題ニ付部隊側ノ處置ニ不滿ヲ抱キアリタル洮南縣出身富福禎（一七）ハ歸郷方部隊ニ願ヒ出スルモ所詮許可セラレサルニ依リ此ノ儘無斷歸省スヘシト六月六日同縣供出八名ト協議シ無斷歸省スヘク決意シ他出身者ヲモ誘導外出ヲ装ヒ無斷歸郷シタルモノナリ

3. 無斷歸郷者三一名ハ端午節後逐次歸隊シ六月十七日迄ニハ洮南二白

城子一計三名ノ未歸還者ヲ除キ全員歸隊就勞シアリ

四無斷歸省ノ原因

端午節ニ當リ年少者ノ望郷ノ念ニ驅ラレ休暇ヲ期待シアリタル所歸省許可セラレサルニ不滿ヲ抱キタルニ因ル

五就勞者ニ及ホシタル影響

部隊一般就勞者ハ六月六日（日曜日）翌七日（端午節）ノ兩日休暇アリタル爲少年工ノ無斷歸郷ヲ感知セサリシカ少年工ノ歸隊後之カ事實ヲ知得セル狀況ニシテ一部就勞者間ニハ寧ロ少年工ニ對シ同情シアリテ特ニ影響トシテ認ムヘキモノナシ

六處置

1部隊側ノ處置

部隊側ニ於テハ本事象ノ發生ニ鑑ミ煽動者ト目サルヽ前記宮福禎ニ對シ嚴重訓戒ナスト共ニ未歸還者ニツイテハ夫々縣ニ通報歸還方手配シ爾後ノ監視ヲ嚴重シアリ

2憲兵ノ處置

134

派遣憲兵ニ於テ調査ノ結果背後關係ナク叙上ノ状況判明シタルヲ以テ部隊側ト協力爾後ノ動向注意中ナリ

七、其他参考事項

見習少年工ハ五月三十一日ヲ以テ教育期間終了シ將來何レモ職工トシテ引續キ部隊ニ就勞セシムルモノナリ

八、所見

状況叙上ノ如ク本件ハ年少者ノ望郷心ニ驅ラレ無斷歸省セルモノト雖モ一面募集當時ノ條件ト採用後ノ待遇ニ不滿ヲ有シアル状況ニ鑑ミ爾後勞務管理ヲ適切ナラシメ將來斯ル事象ノ絶無ヲ期スルト共ニ此等特ニ煽動者ノ動向ニツイテハ今後注視ノ要アリト認ム

（了）

东宁宪兵队长关于特殊工人结伙逃跑致日本关东宪兵队司令部等的报告（通牒）（一九四三年六月二十八日）

司令部

昭和十八年六月二十八日 東憲高第一六四號

報告先 關憲司、隣接各隊、新京憲兵隊長
通報先 大連、錦州、11、402、123、1271 憲隊下逃

東寧憲兵隊長

特殊工人黨與逃走ニ關スル件

要旨

六月二十五日自三時至五時間道河驛西方約三十粁山中關東軍後方演習道路建設作業就勞中ノ特殊工人五名ハ黨與逃走セリ

目下憲兵ハ逃走原因ノ究明ニ任スルト共ニ部隊並關係機關ト協力捜査中ナルモ未發見ナリ

18.7.5 付受

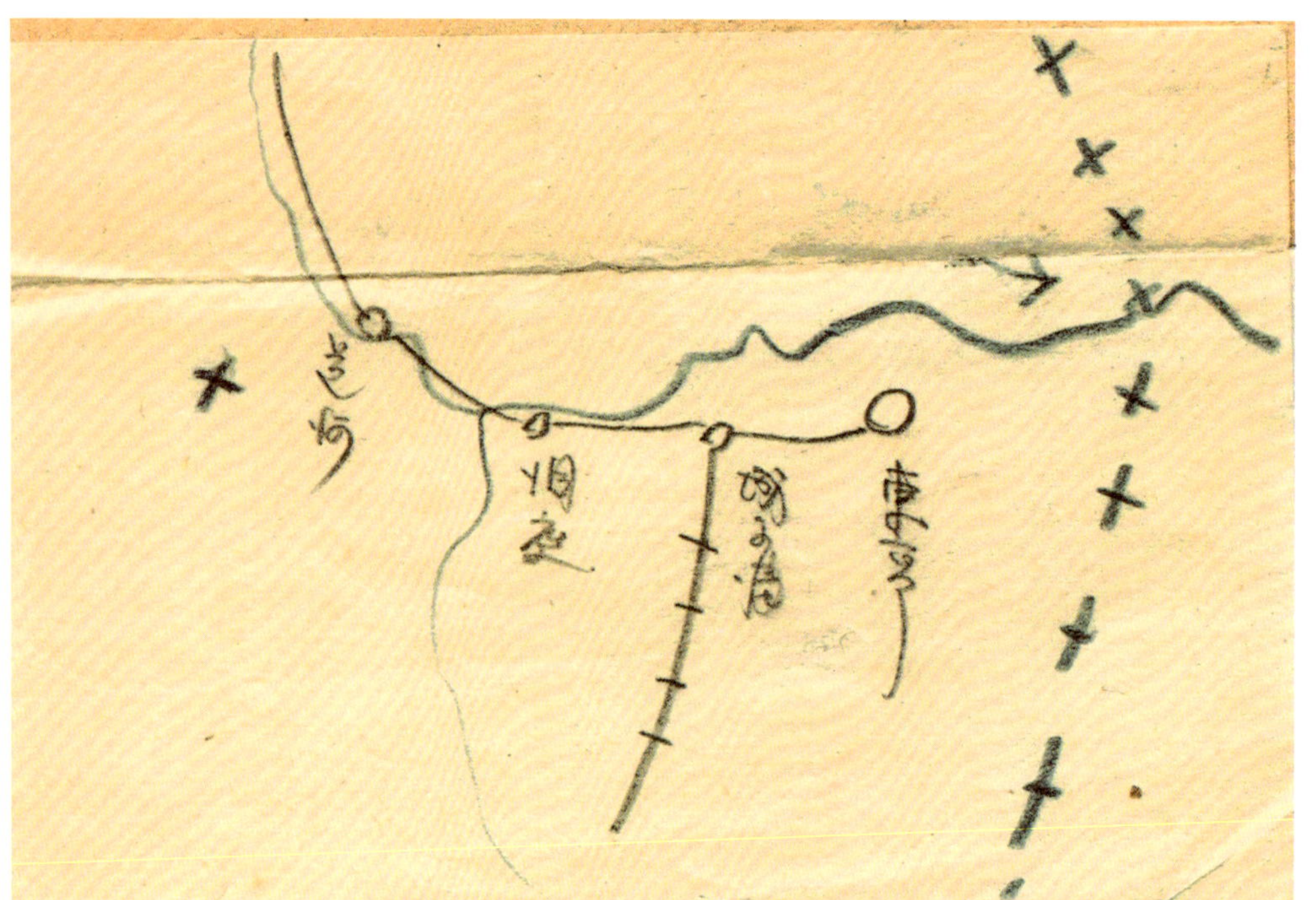

本文

一、逃走日時場所

日時　六月二十五日自三時至五時間

場所　東寧縣道河驛西方約三十粁山中

（關東軍後方演習地）

二、逃走者ノ狀況

別紙ノ如シ

三、逃走前後ノ狀況

逃走者ハ五月七日及五月二十三日東寧滿洲第一

139

二七一部隊特殊工人トシテハ〇五名配屬セラレ道路工事ニ從事中ノ處六月十五日ヨリ關東軍後方演習參加部隊ニ臨時配屬六月二十五日東寧縣道河（東寧西方約二三、五粁）西方二十粁地點ヨリ南方四十五粁山中ニ進出ノ為移動中逃走セリ

四、部隊及憲兵ノ處置

1、部隊ニ於テハ逃走事實判明ト同時ニ附近ヲ捜索スルト共ニ殘餘工人ノ監視ヲ嚴重ニシ且宣撫ヲ實施シ逃走防止對策ノ強化ニ努メタリ

2、憲兵ハ作業隊派遣憲兵ヲシテ逃走原因ノ究明ニ努メシムルト共ニ部隊ニ協力各関係警務機関ニ手配極力捜査中ナリ

（了）

附：逃跑特殊工人名簿

6/11

140

別紙

氏名年令	本籍	元所屬部隊及職業	一連番號
王金三 當二四年	山東省恵民縣	山東保安第一團 商業	三一九
周硯會 當三二年	山東省東光縣 志波里村	農業	一八四
趙立庭 當三三年	山東省東完縣 叔子安莊	商業	一八六
趙祥 當二七年	河北省南羅縣 一区福善村	農業	一九九
尹王林（任綬林） 當二八年	撥近縣撥迎平莊	農業	一九一
備考	一、人相服裝詳細不明ナルモ服裝ハ黒色支那服（上下）ニシテ地下足袋ヲ穿チアリ 二、逃走者ハ若干ノ食糧ヲ携行シアルカ如シ		

奉天宪兵队长、日本关东宪兵队司令官、日本关东军总参谋长、第四四部队参谋长关于辅导工人在输送途中逃跑情况的文电（一九四三年六月至八月）

奉天宪兵队长致日本关东宪兵队司令官的报告（通牒）（一九四三年六月二十九日）

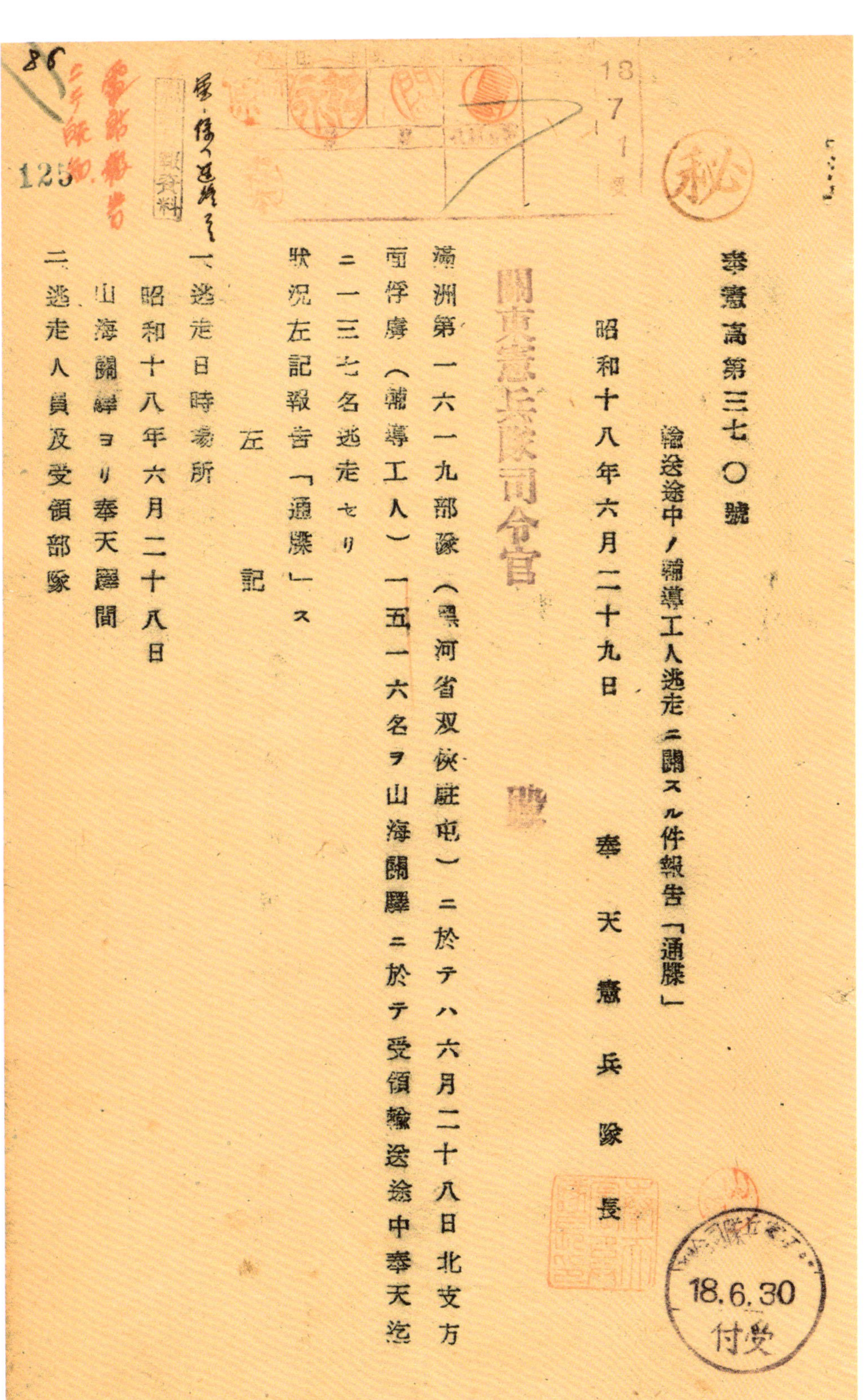

秘

奉憲高第三七〇號

輸送途中ノ補導工人逃走ニ關スル件報告「通牒」

昭和十八年六月二十九日　奉天憲兵隊長

關東憲兵隊司令官　殿

滿洲第一六一九部隊（熱河省双俠駐屯）ニ於テハ六月二十八日北支方面俘虜（補導工人）一五一六名ヲ山海關驛ニ於テ受領輸送途中奉天迄ニ一三七名逃走セリ

狀況左記報告「通牒」ス

左記

一、逃走日時場所

昭和十八年六月二十八日

山海關驛ヨリ奉天驛間

二、逃走人員及受領部隊

○一五一六名中　一三七名

内　譯

1.北支德縣俘虜收容所　七四名

2.北支方面軍俘虜收容所　六三名

○熱河省双灤駐屯滿洲第一六一九部隊

輸送指揮官　同右部隊

陣平少尉以下六〇名

（含哈爾濱憲兵分隊門田伍長同乘）

三、逃走俘虜ノ服装

1.德縣收容所ヨリノ者

支那軍服及支那服着用氏名不明

2.北支方面軍ヨリノ者

支那軍服着用、茶褐色夏衣袴、内半袖ノ者アリ、氏名、帽子、靴

等ノ有無不詳

四、逃走當時ノ状況

受領部隊ハ山海關驛ニ於テ北支軍ヨリ受領シ第二五一八、二〇七三混合列車ニテ指揮官陣平少尉以下六十名警戒ノ下ニ輸送途中二十八日二十一時三十分頃新民驛附近通過時前部ヨリ二十一輛目ニ乘車ノ者ハ窓ヲ破壞數名逃走シ奉天驛着迄約二十四名（內奉天驛到着直前一名）逃走セルヲ現認同日二十三時四十分奉天驛着ト同時ニ人員點呼ノ結果一三七名ノ逃走者アルヲ發見セリ

「註」逃走者中二十四名ハ現認セルモ他ハ新民驛迄ノ間ニ逃走シタルヤハ不明ナリ

五、處置

1. 憲兵

奉天及鐵西分隊ニ於テハ取敢ヘス管內沿線各警務機關及錦州憲兵隊ニ電話手配スルト共ニ管內ノ搜查續行中

2. 警務機關

新民縣警務科ニ於テハ搜查班（五ケ班）ヲ編成（部落自衞團ヲ含ム）鐵道沿線ヲ中心ニ搜查中ナリ

六、其他參考事項
1、逃走發見時ハ列車運行中ナルト夜間ナルヲ以テ逃走防止ノ爲拳銃射擊セリ
2、二十九日九時三十分迄ニ判明セル處ニヨレハ附近ニ於テ五名ヲ逮擧セルカ中二名ハ列車飛ヒ降リニヨル負傷ニヨリ死亡セリ

（了）

發送先　關憲司、關各隊、一三六
寫　隊下乙

奉天宪兵队长致日本关东宪兵队司令官的报告（电话记录）（一九四三年六月二十九日）

84

127

秘

電話

六月二十九日　奉天隊長

司令官宛

輸送途中ノ特殊工人逃亡ノ件

一、逃亡日時場所、人員

イ、六月二十八日

ロ、山海関——奉天駅間

ハ、一三七名

二、要領左ノ如シ

陸軍

黒河省双勝第三六一九部隊

三、逃亡状況

本八日午前一時三十分孝千至ル新民駅附近通過

時前方ヨリ二十一輛目貨車中ノ特殊工人数

名ハ窓ヲ破リ逃亡 華千駅到着迄ニ二十四名

ニ達セル（現認）ヲ以テ同日二十三時四十分華千

駅着ト共ニ人員点呼セル結果逃亡者一三七

昭和十七、四（峯監納）

88

128

アルコト判明セリ

三、措置

イ、奉天憲兵隊ハ直チニ、奉天、鐵西分隊ヲシテ捜査セシメルト

共ニ関係機関ニ捜査手配セリ

ロ、新民縣警務科ニ於テハ捜査班五ケ班（約五〇〇名）ヲ編成目

下捜査中

四、其他参考事項

陸軍

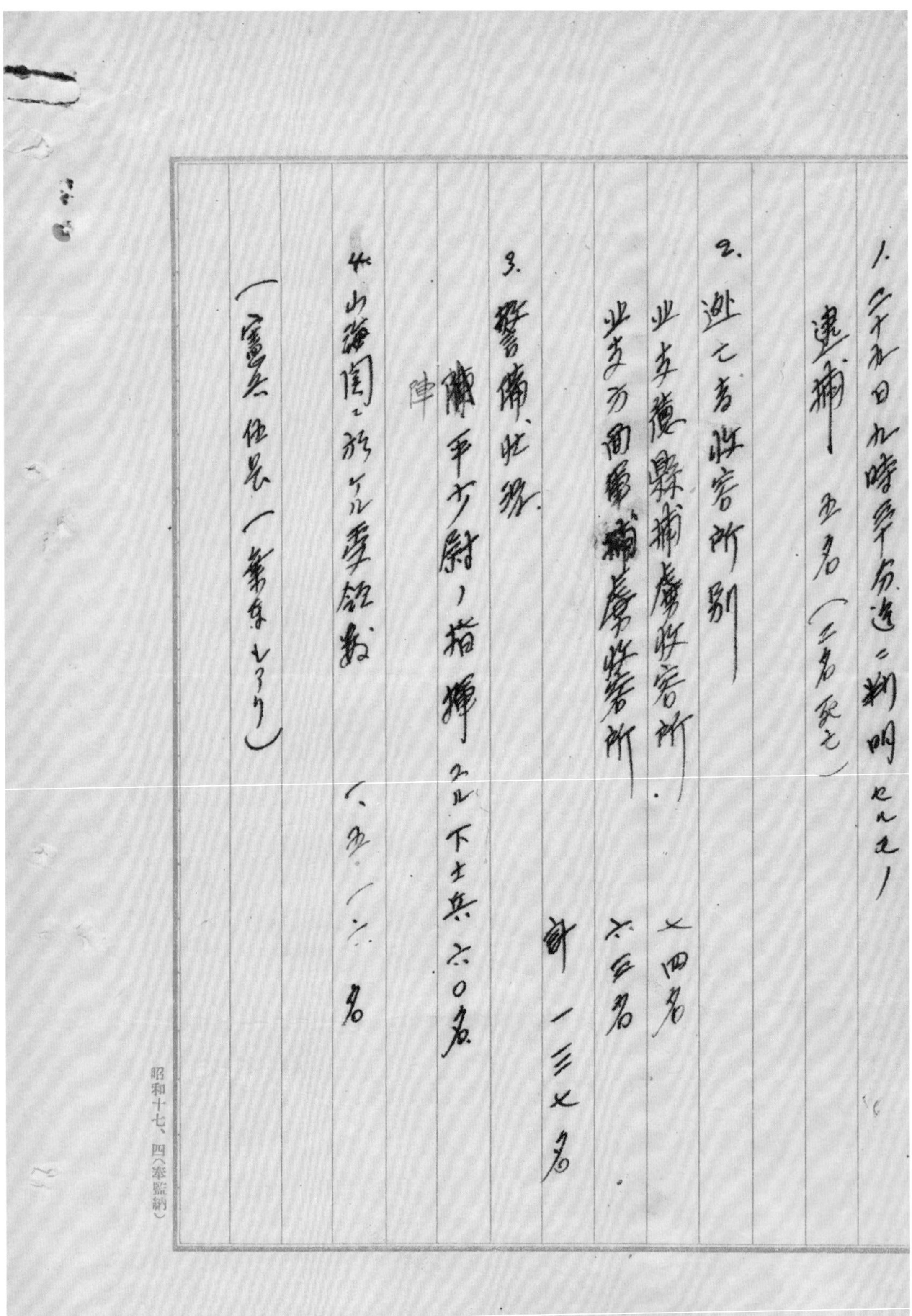

1. 二十五日九時半頃逃亡ニ判明セルモノ

逮捕　五名（二名死亡）

2. 逃亡者収容所別

北支德縣捕虜収容所　七四名

北支方面軍捕虜収容所　六三名

計　一三七名

3. 警備状況

陣

藤平少尉ノ指揮スル下士兵　六〇名

4. 山海関ニ於ケル受領数　一、五一六名

（憲兵伍長一兼乗セアリ）

昭和十七、四（奉監納）

奉天宪兵队长致日本关东宪兵队司令官的报告（通牒）（一九四三年七月十四日）

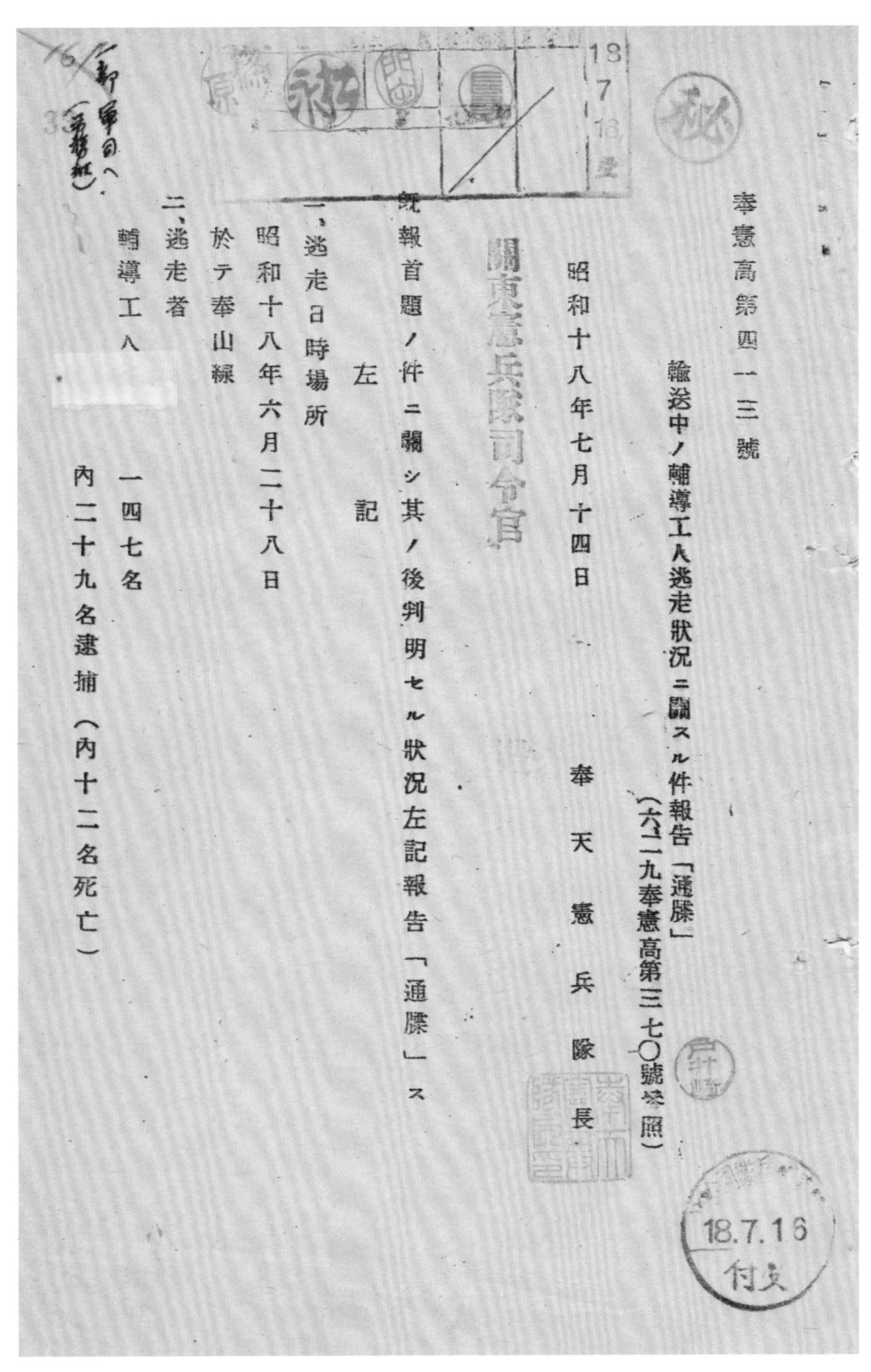

秘

奉憲高第四一三號

輸送中ノ輔導工人逃走狀況ニ關スル件報告「通牒」

（六、二九奉憲高第三七〇號參照）

昭和十八年七月十四日　奉天憲兵隊長

關東憲兵隊司令官

既報首題ノ件ニ關シ其ノ後判明セル狀況左記報告「通牒」ス

左記

一、逃走日時場所

昭和十八年六月二十八日

於テ奉山線

二、逃走者

輔導工人　一四七名

内二十九名逮捕（内十二名死亡）

三逃走ノ狀況

滿洲第三六一九部隊工人輸送指揮官以下ハ北支軍ヨリ山海關ニ於テ工人ヲ受領シ六月二十八日第二五一八列車（十四時四十五分發）ニテ同地發輸送途中同日二十一時三十分（新民驛通過直後）頃前部ヨリ二十一輛目ニ乘車中ノ工人數命カ貨車小窓ヲ破壞逃走セルヲ監視者現認セルモ夜間且運行中ナルヲ以テ拳銃射擊ヲ以テ逃走防止ノ外他ニ策ナク其ノ儘同日二十三時四十分奉天驛ニ到着後人員點呼シタル結果一四七名ノ逃走者アルヲ發見セリ

註　逃走者ノ全部カ新民—奉天間ニ於テ逃走シタルヤ否ヤハ不明ナリ

四逃走ノ原因

逃走者ヲ取調ヘタル結果是等輔導工人ハ何レモ德州、天津、北京ヨリ乘車セルカ出發時小饅頭三個ヲ與ヘラレ其ノ後ハ一日一回水ヲ與ヘラレタルノミニシテ空腹ノ爲苦悶シアリタリト自供シ尚工人班長ハ錦州驛附近ニ於テ「乘車後現在迄既ニ二十數名ノ死亡者ヲ出シ

34

タリ、我々ハ目的地到着迄ニハ後四日ヲ要シ到着時迄ニハ飢餓ノ爲全員死亡スルニ到ルヘシ列車ヨリ飛降リ逃走スルニ於テハ負傷スル程度ニテ生命ニハ別條ナキヲ以テ逃走スヘシ」ト同乘工人ヲ煽動シ自ラモ新民驛通過後貨車小窓ヨリ飛降リ逃走シタルヲ以テ我々モ之ニ續キ逃走セリ」ト陳述シアル等ノ狀況ヨリ原因ノ大部ハ糧食給與ノ關係ニアルモノト認メラル

註　1.工人班長言ノ如ク「錦州到着前既ニ二十數名ノ死亡者アリタリ」ノ事實ハ不明ナリ

2.給與ニ關スル實際ノ狀況ハ奉天到着後時間ノ關係ニテ部隊側ヨリ聽取不可能ナリキ

五、其他參考事項

1.逮捕及死亡者ハ別紙ノ如クナルモ何レモ顔面及頭部其他ニ重傷負ヒ蹌踉トシテ歩行困難ナルモノ大分ナリ

2.死亡者ハ寫眞撮影ノ上死亡現地ニ於テ埋沒セシメタリ

六、處　置

輸送列車奉天到着後部隊側ノ連絡ニヨリ關係機關ニ手配シ捜査ノ結果前記ノ如ク逮捕シタルヲ以テ七月四日受領部隊ヨリノ宰領者ニ對シ給與其ノ他ニ萬全ヲ期シタル上異狀ナク引渡シタリ

七、所　見

工人ノ輸送ニ當リテハ糧食給與等ニ關シ豫メ周到ナル計畫ノ下ニ實施スルノ要アリ

（了）

發送先　關憲司、關各隊、一三六

寫　　隊下　乙

別紙

逃走輔導工人逮捕者（含死亡）名簿

本籍	元職業	氏名	年齢	摘要
河北省寧河縣	八路軍衛生兵	王玉珍	二〇	已制卡
〃南皮縣貫莊	自衛團員	張書忍	二一	已制卡
〃南宮縣郝都衣村	雜貨商	郝俊民	二〇	已制卡
〃隆平縣邱定村	農	王濟民	三九	已制卡
〃景縣河[illegible]	鳶職	徐龍泉	二〇	已制卡
〃南皮縣潦莊	農	趙書田	二三	已制卡
〃交河縣	職工	徐慶剛	二〇	已制卡
綏寧省綏寧縣	八路軍戰士	希樹珍	二一	已制卡
河北省安平縣	農	趙俊武	三〇	已制卡
山東省德縣孟集	憲兵隊給仕	孟憲濟	一七	已制卡
〃〃仁莊	火夫	李秀山	三〇	已制卡
河北省冀縣皮莊	八路軍少士	何三林	三一	已制卡

河北省新樂縣劉鄉屯		文　明	二三	已制卡
〃　景縣隆化村	[illegible]兵一等兵	彭[illegible]韓	二三	已制卡
〃　蘇維縣鎮頭	守衛團員	常義山	二三	已制卡
〃　阜城縣小劉庄	[illegible]八	李相臣	三九	已制卡
〃　蛟河縣黃庄屯	勞　工	林寶義	二一	已制卡
死亡者		五名		
不　詳		張迎新	三〇	六月三十日
河北省赤縣南門外東辛裡	八路軍二等兵	劉　泰	二三	七月二日死亡
不　詳	同　上	同　上	二五	七月一日死亡
〃	〃	〃	二五〃	右　同
〃	〃	〃	三〇〃	七月二日死亡
即死者	七名			

日本关东军总参谋长致第四四部队参谋长的通牒（一九四三年七月十五日）

関総参一発第九二二一五號

特種工人輸送間ノ逃亡事故ニ關スル件通牒

昭和十八年七月十五日　関東軍総参謀長

第四四部隊参謀長殿

首題ノ件ニ關シ別紙ノ如ク通報アリタルニ付通牒ス

陸軍

附：关于特殊工人在输送途中逃跑的通牒（一九四三年七月一日）

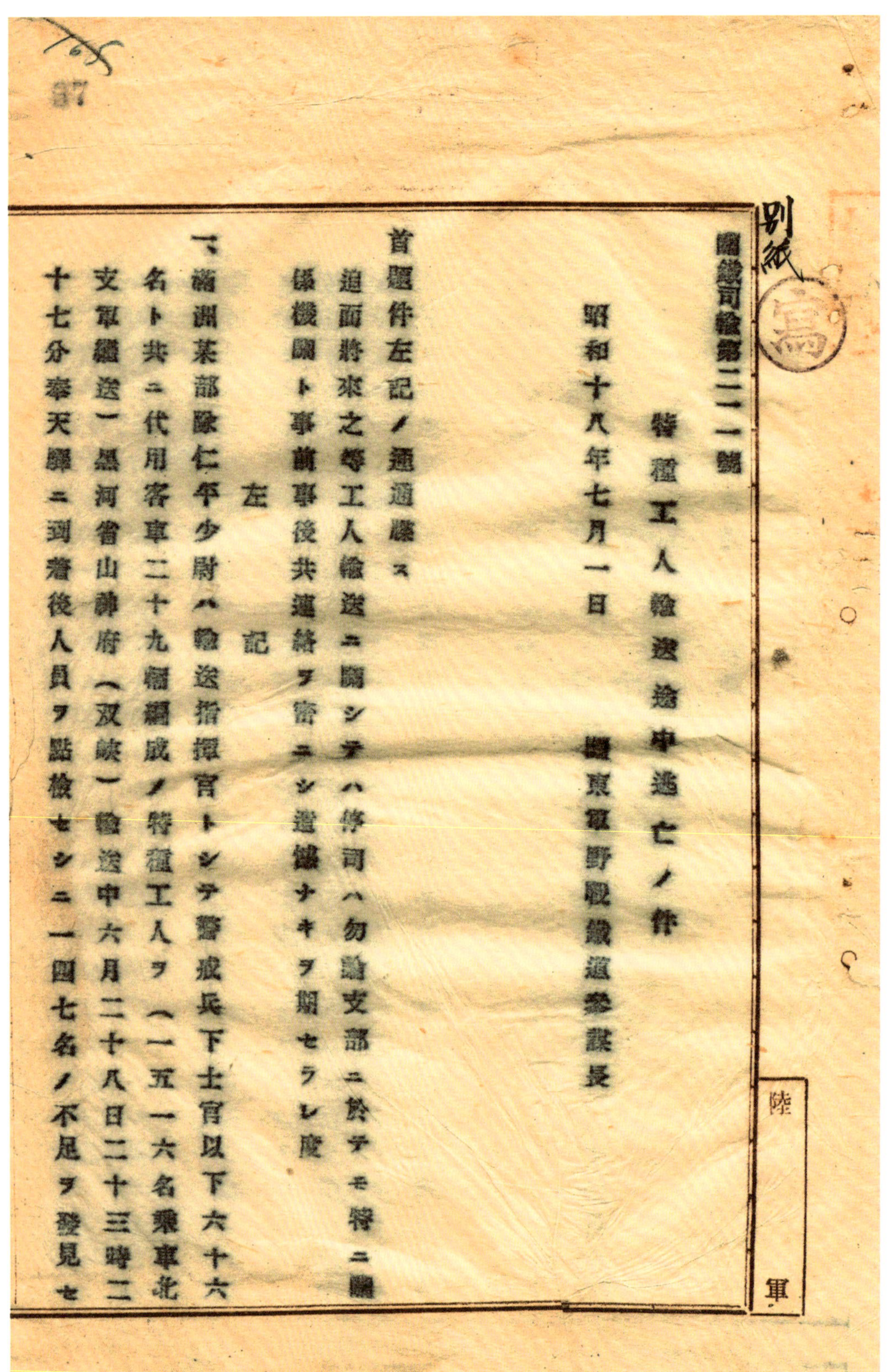

97

別紙

写

關鐵司輸第二一一號

特種工人輸送途中逃亡ノ件

昭和十八年七月一日　關東軍野戰鐵道參謀長

首題件左記ノ通通牒ス

追而將來之等工人輸送ニ關シテハ停司ハ勿論支部ニ於テモ特ニ關係機關ト事前事後共連絡ヲ密ニシ遺憾ナキヲ期セラレ度

左記

一、滿洲某部隊仁平少尉ハ輸送指揮官トシテ警戒兵下士官以下六十六名ト共ニ代用客車二十九輛編成ノ特種工人ヲ（一五一六名乘車北支軍繼送）熱河省山神府（双峡）輸送中六月二十八日二十三時二十七分奉天驛ニ到着後人員ヲ點檢セシニ一四七名ノ不足ヲ發見セ

陸軍

リ。依テ奉天停司ハ直チニ關係機關ニ通報シテ捜索ノ處置ヲ講スルト共ニ之カ原因ヲ調査セシトコロ貨車ノ小窓ヨリ飛降リ逃亡セシモノト判明セリ

二、輸送指揮官ノ言ニ依レハ奉天驛到着直前乗車中ノ工人喧噪甚シキヲ知リタルヲ以テ奉天驛到着後直チニ調査セリトノコトナルモ、同車中ノ通譯ノ言ニ依レハ新民附近通過ノ際既ニ異狀ヲ認メ輸送指揮官ニ報告セルモ深夜ナリシヲ以テ其儘運行セリトノコトナリ以上ヲ綜合スルニ繞陽河ー奉天間ニ於テ逃亡セシモノト判断セラル

三、三十日夕刻迄ニ判明セルモノ左ノ如シ

死体　十三 ｝ 興隆店及馬三家間ニ於テ發見ス

逮捕　十一

其他行方不明

四、警戒兵ノ配置及逃亡車輛左ノ如シ

（大連高木納）

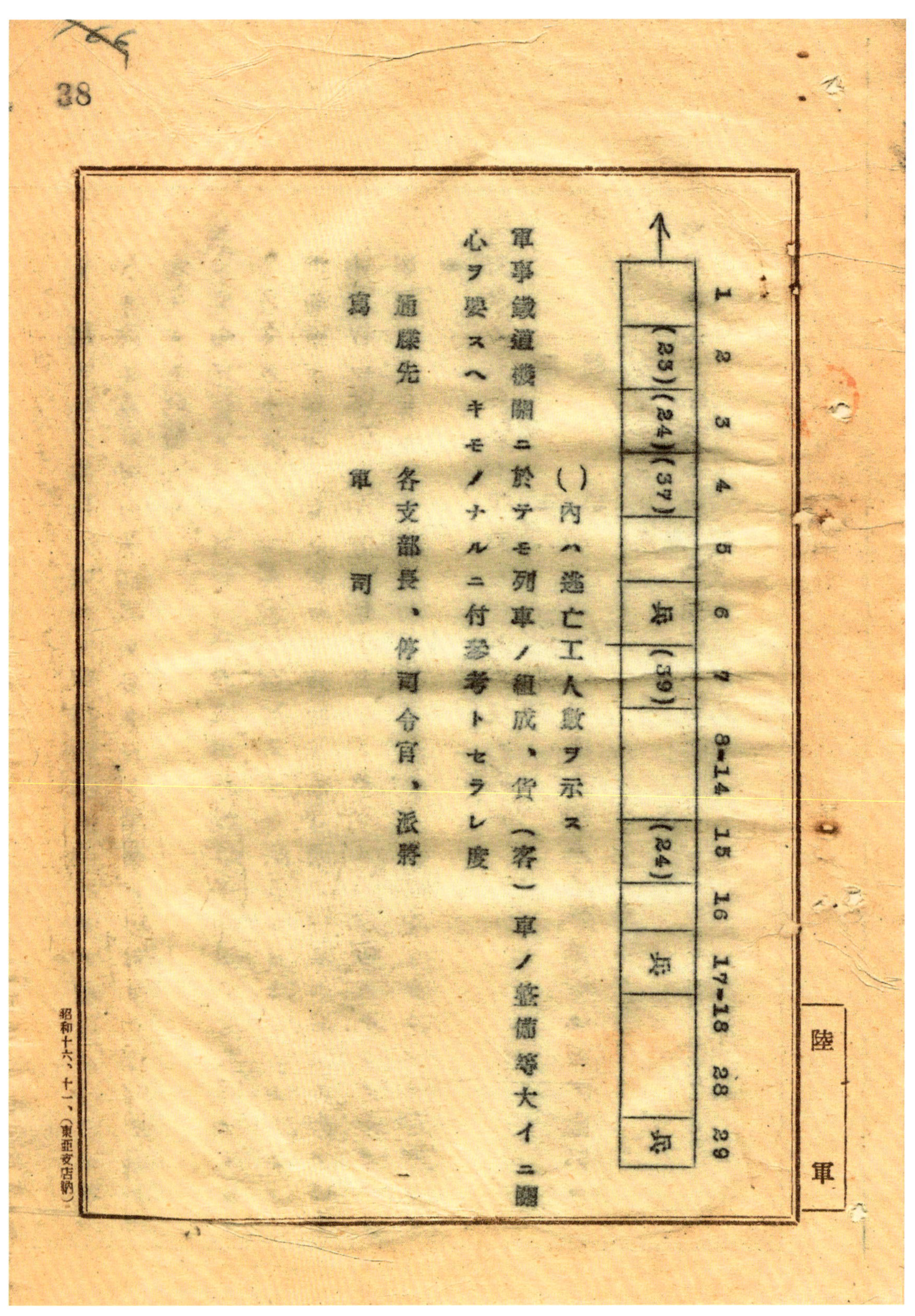

38

陸軍

1	2	3	4	5	6	7	8-14	15	16	17-18	28	29
	(23)	(24)	(37)		兵	(39)		(24)		兵		兵

( )内ハ逃亡工人數ヲ示ス

軍事鐵道機關ニ於テモ列車ノ編成、貨(客)車ノ整備等大イニ關心ヲ要スヘキモノナルニ付參考トセラレ度

通牒先　各支部長、停司令官、派將

寫　軍司

一

昭和十六、十一、(東亞支店納)

奉天宪兵队长致日本关东宪兵队司令官的报告（通牒）（一九四三年八月十四日）

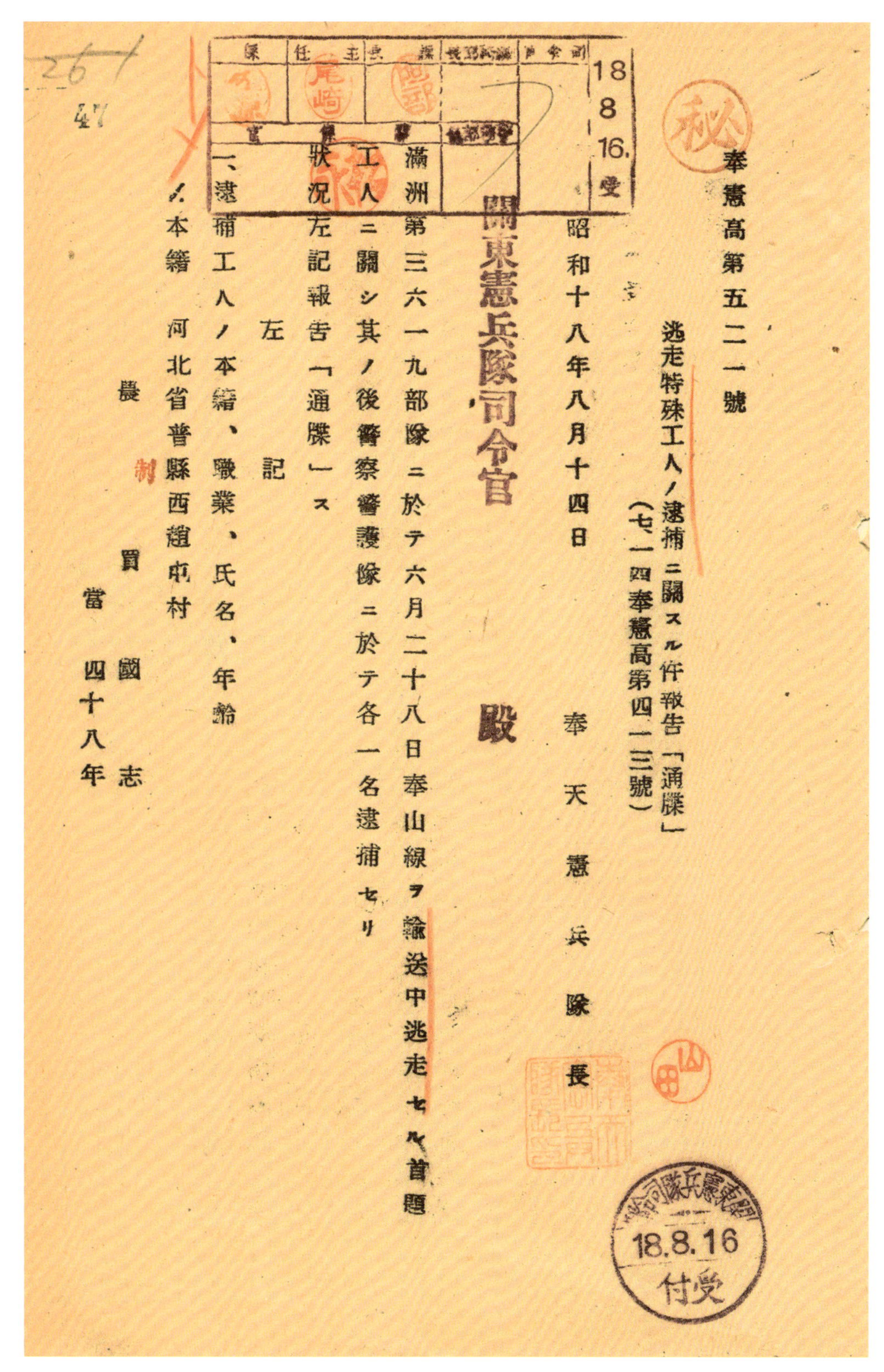
秘

18
8
16.
受

奉憲高第五二一號

逃走特殊工人ノ逮捕ニ關スル件報告「通牒」

（七、一四奉憲高第四一三號）

昭和十八年八月十四日

奉天憲兵隊長

關東憲兵隊司令官 殿

滿洲第三六一九部隊ニ於テ六月二十八日奉山線ヲ輸送中逃走セル首題工人ニ關シ其ノ後警察警護隊ニ於テ各一名逮捕セリ

狀況左記報告「通牒」ス

左記

一、逮捕工人ノ本籍、職業、氏名、年齡

1.本籍 河北省普縣西趙屯村

農 賈國志

當四十八年

18.8.16
付受

2.本籍　直隸省昌縣張家莊

最制　張　鳳　歲

當　四十五年

二、逮捕狀況

1.前記員國志ハ逃走後瀋陽縣達連屯村ニ辿着キ同地趙喜臣（農）宅ニ寄食中（知人關係ナシ）ヲ七月二十八日同地警察官ニ逮捕セラレタリ

2.張鳳歲ハ逃走後約一日間山野ヲ彷徨シ柳河江驛ニ到着同驛ニ於ケル土工ニ傭ハレ逮捕セラル、迄稼働セルカ七月七日徒歩ニテ歸鄉スヘク線路ニ添ヒ逃走中ヲ高新線小嶺山驛附近ニ於テ同地警護隊員ニ逮捕セラレタリ

三、逃兵ノ處置

身柄ハ[illegible]分隊ニ電報シ處置方照會中

（了）

發送先　關憲司、關各隊、一三六

寫　隊下乙

海拉尔宪兵队长关于军事工程劳工结伙逃跑致日本关东宪兵队司令部等的报告（通报）（一九四三年七月二日）

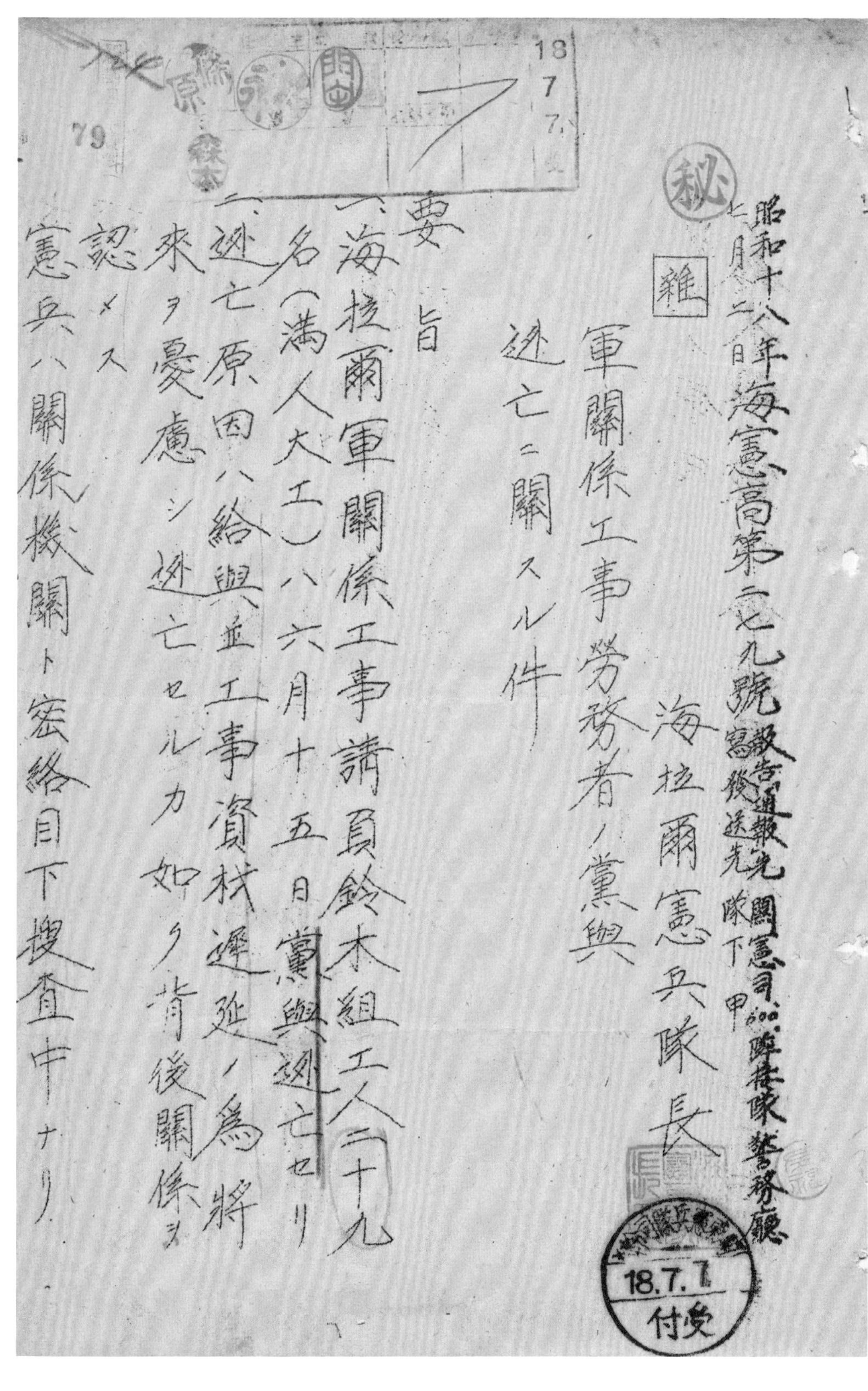

秘

昭和十八年七月二日　海憲高第二七九號

報告（通報）先　關憲司、六〇〇、野特隊、警務廳

写發送先　隊下甲

海拉爾憲兵隊長

雜

軍關係工事勞務者ノ黨與逃亡ニ關スル件

要旨

一、海拉爾軍關係工事請負鈴木組工人二十九名（滿人大工）ハ六月十五日黨與逃亡セリ

二、逃亡原因ハ給與並工事資材遲延ノ為將來ヲ憂慮シ逃亡セルカ如ク背後關係ヲ認メス

憲兵ハ關係機關ト連絡目下捜査中ナリ

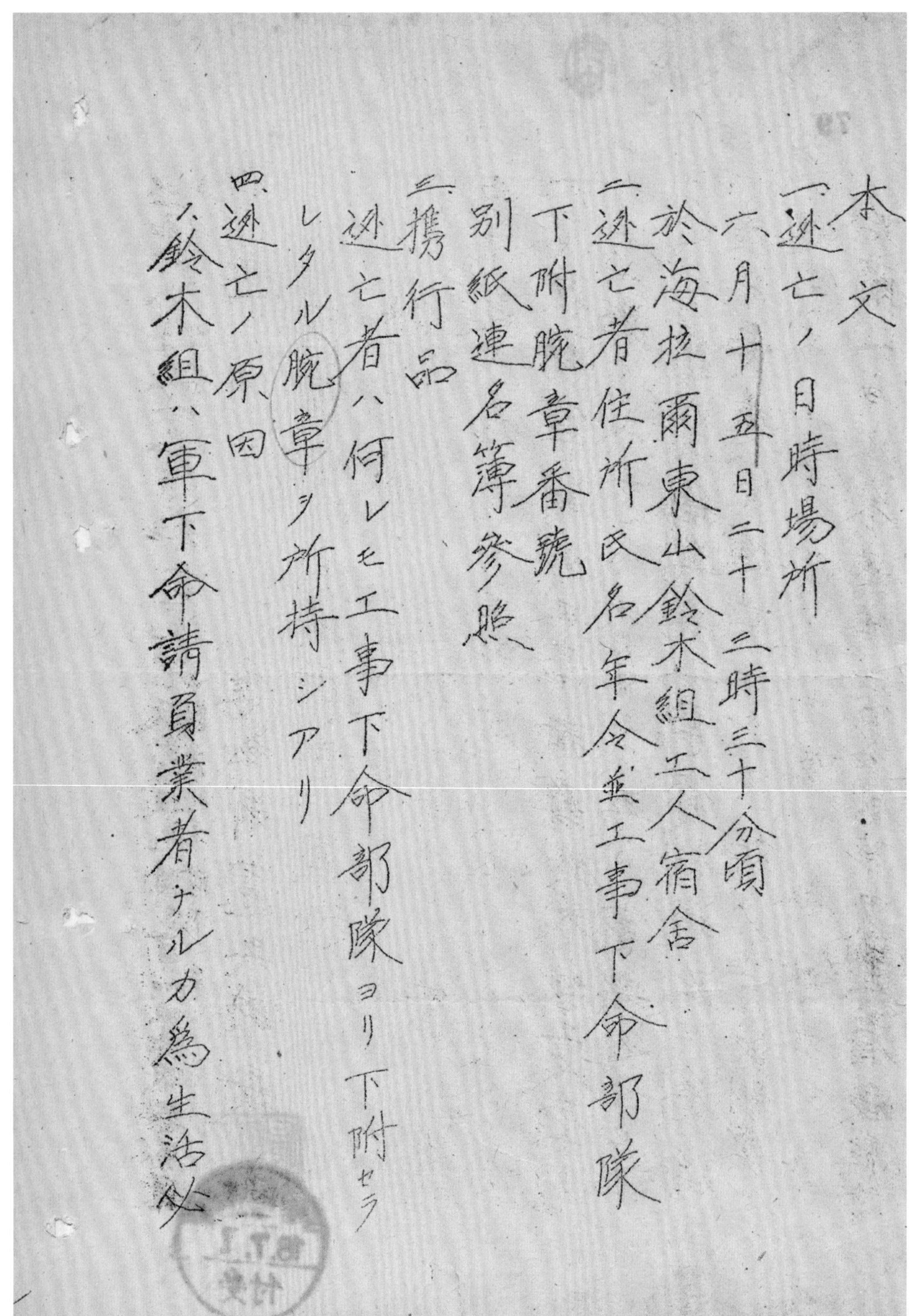

本文

一、逃亡ノ日時場所

六月十五日二十二時三十分頃

於海拉爾東山鈴木組工人宿舎

二、逃亡者住所氏名年令並工事下命部隊

下附腕章番號

別紙連名簿參照

三、携行品

逃亡者ハ何レモ工事下命部隊ヨリ下附セラ

レタル腕章ヲ所持シアリ

四、逃亡ノ原因

ハ鈴木組ハ軍下命請負業者ナルガ為生活必

125

80

㈥前借ノ有無

需品タル糧食一切ハ殆ント軍側ヨリ支給サレ

㈦貸金支拂状況

アルカ偶々六月上旬軍側ノ糧食配給ノ不

（五ノ餘收逃亡トハ如何ナルヤ）

圓滑ヨリ晝食時間十三時過キトナリ工事

成績上ラサルニ不滿ヲ抱キ

2、且現在下命中ノ軍工事ハ各現場共資材ノ

遅延ノ為連日工事不能（木匠）ノ状態ニ在

リタルヲ以テ将來ヲ杞憂シ因ツテ黨與逃

亡ノ擧ニ出テタルモノナリ。（更ニ究明ノ要アリ）

3、思想的背後關係ヲ認メス

五、其他參考事項

鈴木組ハ本年五月上旬軍下命業者トシテ

哈爾濱ヨリ來海セルモノニシテ到着後駐海

諸部隊ノ土木建築工事等ニ稼働中ノモノナルカ各現場共工事資材繰不圓滑ノ為常ニ工人間ノ稼動能率等ニ不平不満的言動ヲ洩シアリ六月十五日日人監視員ノ間隙ニ乗シ黨與逃亡シタルモノナリ

六、憲兵ノ處置

六月十七日組側ノ通報ニ依リ逃亡原因ヲ究明スルト共ニ動搖防止ノ為組側ヲシテ宣撫工作ヲ實施セシメ關係機關ト密絡捜査中ナリ

七、所見

糧食配給ノ不圓滑並工事資材繰ノ不圓滑等ハ労務者間ニ至大ノ悪影響ヲ及ホスノミナ

126

81

ラス軍工事ノ遅延ヲ生來スル虞大ナルヲ以テ之
カ適正ヲ期スルト共ニ業者ノ勞務指導管理ハ
更ニ徹底スル如ク嚴視ノ要アリト認ム

附：逃跑劳工名簿

別紙

逃亡月日	本籍	所属部隊別及番號	民族別	氏名	年令
六月一五日	山東省昌邑縣	第七三部隊 一三六	満人	李昭木	二七
	〃 維縣	〃 一三二	〃	呂維玉	二〇
	〃 〃	〃 一一六	〃	李許增	二五
	〃 〃	〃 一一七	〃	魏有章	三六
	〃 〃	〃 一一八	〃	張成林	四七
	〃 〃	〃 一一九	〃	蘭占芳	一九
	〃 〃	〃 一二〇	〃	李森	一九
	〃 〃	〃 一二一	〃	鄭万福	二九
	〃 〃	〃 一二二	〃	鄭万彩	一八
	〃 〃	〃 一二三	〃	富彼	四五
	〃 〃	〃 一二四	〃	刘文環	二五
	〃 〃	〃 一二五	〃	蘭岐山	二三
	〃 昌邑縣	〃 一二九	〃	李學士	三八
	〃 〃	〃 一三七	〃	刑昭栈	四七
	〃 〃	〃 一三八	〃	耿万寿	二八
	〃 掖縣	〃 一二八	〃	郭周業	三五
	〃 〃 朱楊	第六四一部隊 二三	〃	王驊酋	三〇
	奉天省松岳縣	〃 二四	〃	郭栈祥	一九
	河北省呉朝縣	〃 二六	〃	徐遠禄	二六
	山東省維縣楊家庄	〃 二七	〃	楊兆礼	三四
	〃 昌邑縣村家村	〃 二八	〃	刘恒祥	二九
	〃 〃 下家村	〃 三〇	〃	呂世邦	三八
	〃 〃 对家村	〃 二九	〃	対田昌	二六
	〃 〃 下家村	〃 三一	〃	李楊太	二一
	〃 掖縣	〃 三二	〃	王義善	三〇
	〃 〃 福台	〃 三三	〃	王玉遥	二八
	河北省南宮縣	〃 三四	〃	王進貴	一九
	〃 〃	〃 三五	〃	刘顕尭	二三
	〃 〃	〃 三六	〃	程維春	二〇

新京宪兵队长关于军队机场工人逃跑致日本关东宪兵队司令部等的报告（通牒）（一九四三年七月七日）

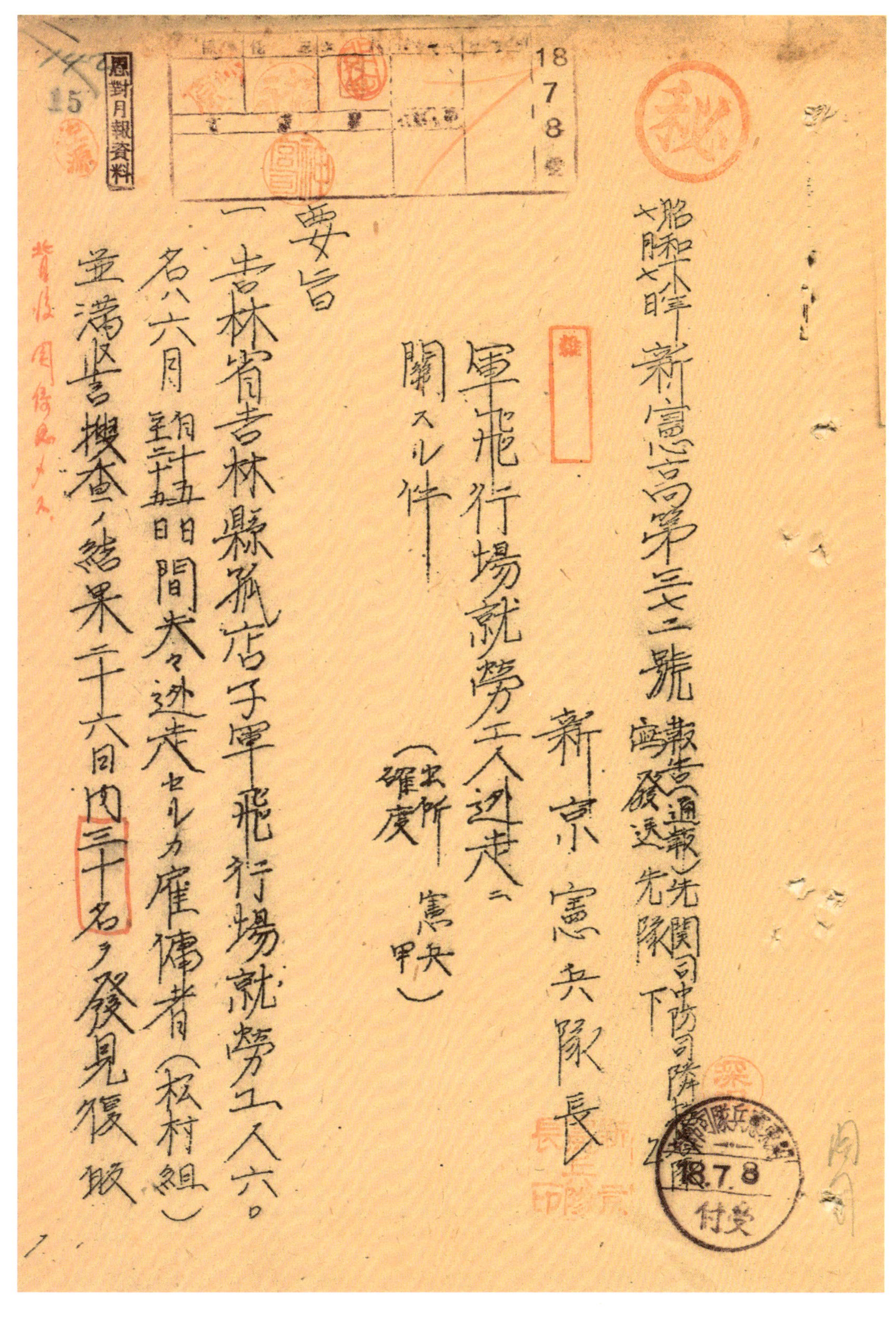
秘

對月報資料

18.7.8

昭和十八年七月七日 新憲高第三七二號

報告（通報）先 関司 中防司 隣接隊
發送先 隊下

新京憲兵隊長

軍飛行場就勞工人逃走ニ關スル件（出所 憲兵 確度 甲）

要旨

一 吉林省吉林縣孤店子軍飛行場就勞工人六〇名ハ六月自二十五日至二十九日間大々逃走セルカ雇傭者（松村組）並満警吉機査ノ結果二十六日内三十名ヲ發見復歸

セシメタリ

二 憲兵ハ之カ原因究明ニ努メタル結果賃銀低下ニ對スル不滿ニ因ルモノニシテ思想的背後關係等ナキコト判明セリ

本文

一 逃走日時場所

1、昭和十八年六月自十五日至二十五日間

2、吉林省吉林縣興隆村哨口松村組工人宿舍

二 逃走者

16

吉林省吉林縣孤店子軍飛行場建設作業

請負松村組下

工人頭　日制キ　王殿青（満四二）

外五九名

三、逃走ノ原因

請負單價變更ニ伴フ賃銀低下ニ對スル不満

ニ因ル　賃金問題

四、逃走前後ノ状況

土建請負業満洲松村組ハ交通部航空司ノ

命ヲ受ケ本年十一月八日以降工人二〇〇名ヲ使用シ前
記軍飛行場建設作業タル砂利採取並運搬
ニ從事シアリタリ
同砂利ハ三〇粍（直徑）ニシテ一建坪ニ對スル賃銀十五圓
ナリシカ航空司ノ指示ニ依リ十八月五日以降六〇粍及切込（三〇粍以下ノ砂利ト砂ノ混合）ニ變更採取シアリタルモ之カ
賃銀未決定ナリシ爲工人頭王殿青外二名ハ再三ニ
亘リ組側ニ對シ工賃銀ノ決定方督促セリ
組側ニ於テハ航空司ヨリ單價決定シ來サル爲工人

間トノ賃銀未決定ノ儘作業ヲ續ケアリタルモ右工
人側ノ要求ニ依リ六月十三日六〇程一建坪七円切込一
建坪六圓ナリト示達セル処工人側ハ結局從來（三〇程）
ニ比シ一人當リ一日一圓五十錢乃至二圓程度ノ減收ナ
ル為之ニ不滿ヲ抱キ六月十五日以降病氣ト詐
稱休業シ密カニ逃走スル者毎日三、四名乃至七、八名アリ
タルモ松村組現場監督（日人）之ニ氣附カサリシガ今
月二十五日ニ至リ漸ク不審ヲ抱キ工人宿舍ニ就キ調
査シタル処逃走者六〇名ニ及ヒアルヲ知リ孤店子警察

分駐所ニ届出満警ノ協力ヲ得テ捜査セル結果翌
二十六日内三十名ハ北吉林土建請負業長谷川組下
ニ人夫トシテ就労中ナルヲ發見シ直ニ軍飛行場建設作
業ニ復歸セシメタリ

五、其ノ他参考事項

本飛行場ハ交通部ニ於テ軍ノ委託ニ依リ建設中
ノモノナリ

六、憲兵ノ處置

六月二十六日吉林縣警務科ヨリノ通報ニ接シ

下士官一ヲ現地ニ派遣復鍛工人頭以下ヲ取調タル結果状況叙上ノ如ク思想的背後關係等ナキコト明瞭トナレリ

七、處置所見

斯種事象發生ハ延イテハ軍ノ作戰ニ影響スルヲ以テ請負業者ニ對シ勞務管理ヲ適切ナラシムル如ク注意要望シ置ケリ

（了）

东宁宪兵队长关于特殊工人结伙逃跑致日本关东宪兵队司令部等的报告（通牒）（一九四三年七月九日）

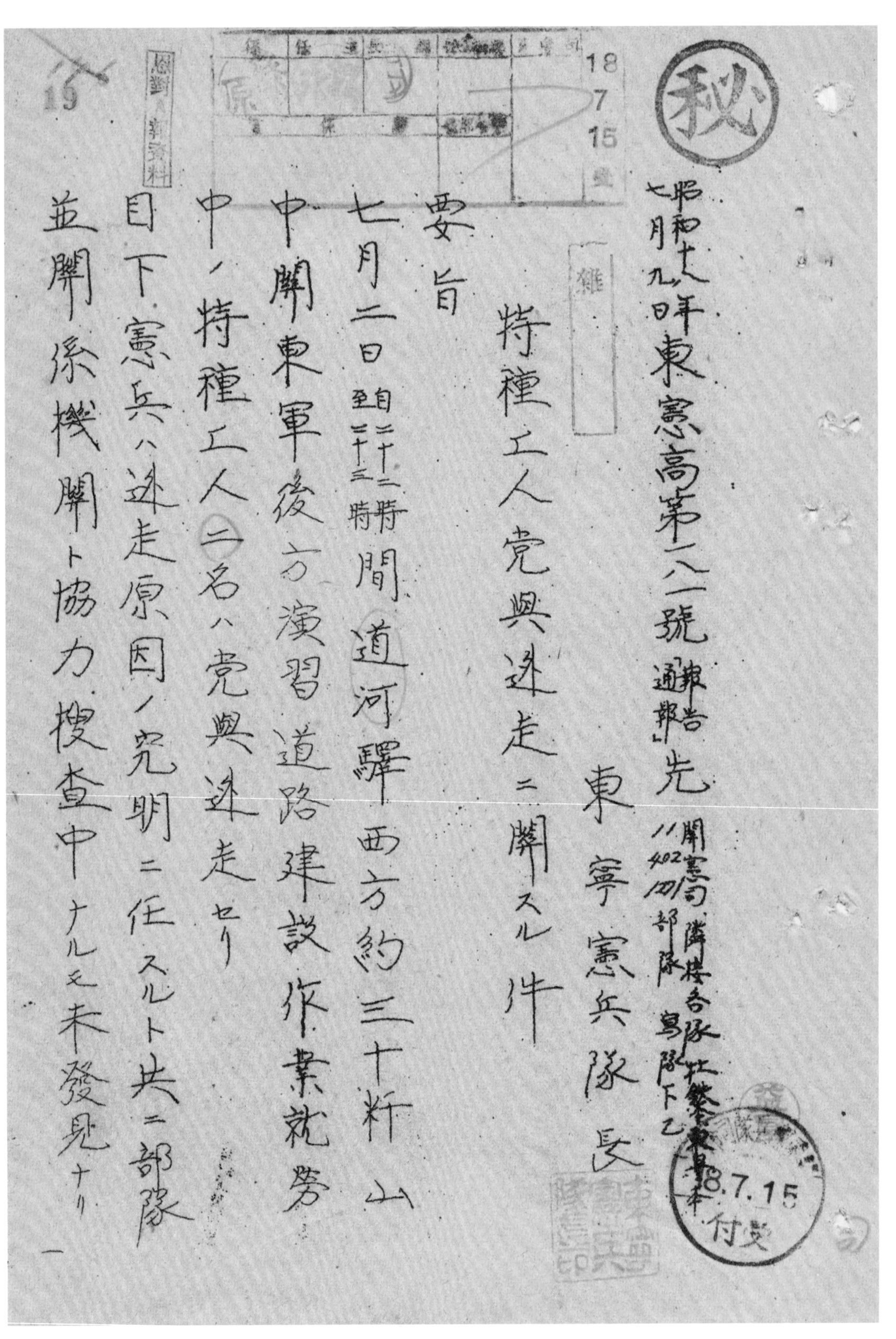

秘

昭和十八年七月九日　東憲高第八八一號　通報／報告先　關憲司　隣接各隊
11402部隊

東寧憲兵隊長

特種工人党與逃走ニ關スル件

要旨

七月二日自二十一時至二十三時間道河驛西方約三十粁山中關東軍後方演習道路建設作業就勞中ノ特種工人二名ハ党與逃走セリ

目下憲兵ハ逃走原因ノ究明ニ任スルト共ニ部隊並關係機關ト協力捜査中ナルモ未發見ナリ

本文

一、逃走日時場所

日時 七月二日自二十二時至二十三時ノ間

場所 東寧ノ縣道河驛ノ西方約三十粁山中

（關東軍後方演習地）

二、逃走者ノ状況

氏名年齢	本籍	元所属部隊職業	人相服装
袁富有 當二十六年	河北省次縣	第十二支隊々員 農業	身長五尺四寸位中肉頬骨高シ顔色黒色、丸刈、黒色満服上下着用
張學義 當二十五年	仝右	仝右	身長五尺四寸位、中肉、丸刈、丸顔、黒色満服上下着用

20

備考

ノ袁富有ハ両脚腫レアリテ長途ノ歩行不能ナリ
又、両名共ニ軍用毛布一枚宛ヲ携帯シアリ

三、逃走前後ノ状況

逃走者ハ五月二十三日東寧満洲第一二七一部隊特種工人トシテ配属セラレ道路工事ニ従事中ノ處六月十五日ヨリ關東軍後方演習参加部隊満洲第三六一一部隊ニ配属セラレ東寧縣道河(東寧ノ西方約二三、五粁)西方二九、五粁地點ニ於テ第三六一一部隊主力ト共ニ道路構築作業ニ就労中部隊主力ノ移駐ニ際シ病氣ノ為メ殘留附近ノ

道路補修工事ニ従事中特種工人幕舎内ヨリ看視兵ノ隙ヲ窺ヒ逃走セリ

四、部隊及憲兵ノ處置

1、部隊ニ於テハ逃走事實判明ト同時ニ附近ヲ捜査スルト共ニ殘餘工人ノ監視ヲ嚴重ニシ且宣撫ヲ實施シ逃走防止ニ努メアリ

2、憲兵ハ部隊ニ協力各關係警務機關ニ手配捜査中ナリ

（3）

东宁宪兵队长关于从事阵地构筑作业的特殊工人结伙入苏未遂事件致日本关东宪兵队司令部等的报告（通报）（一九四三年七月十三日）

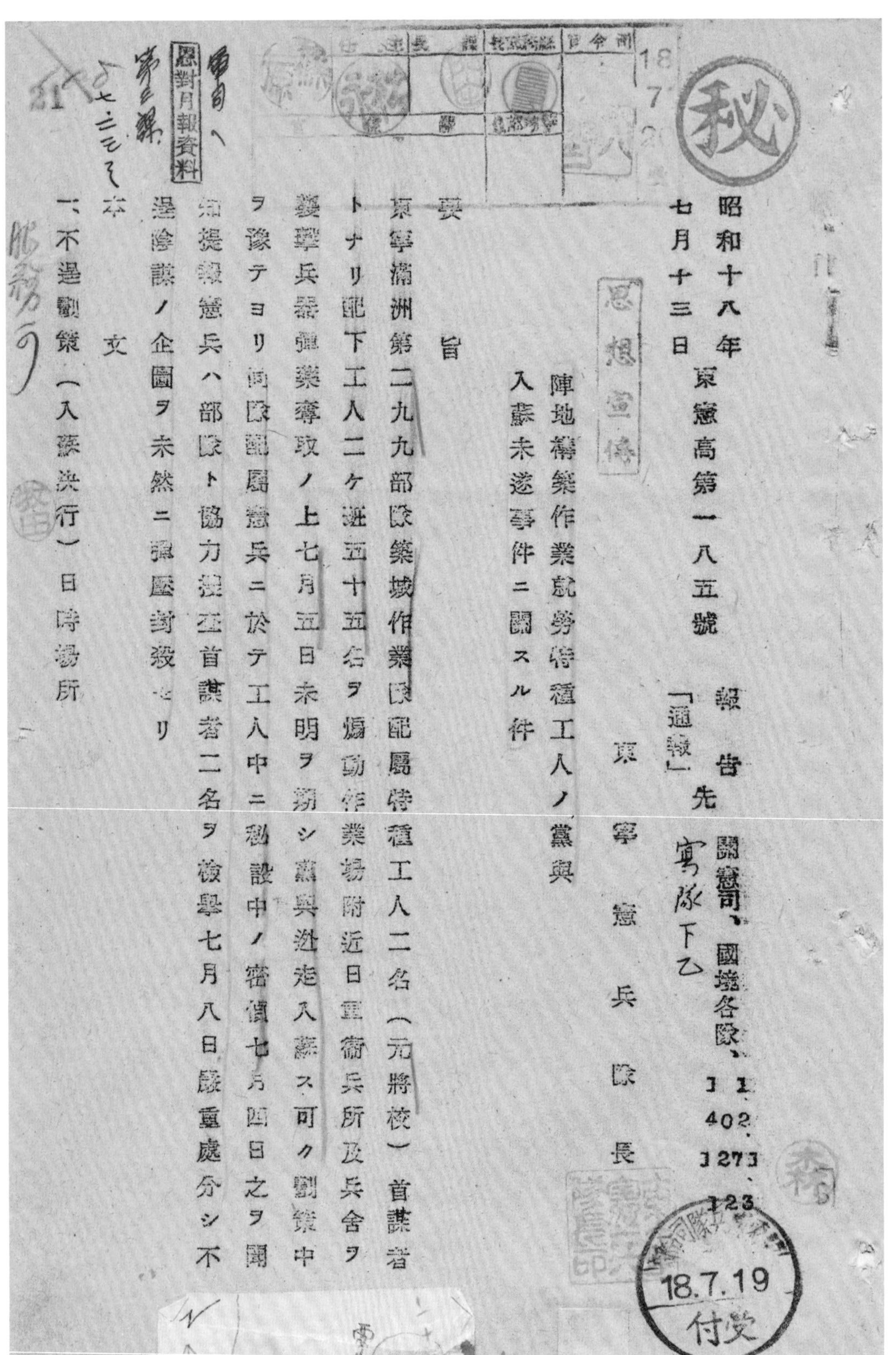
秘

思想宣傳

思對月報資料

昭和十八年七月十三日 東憲高第一八五號

報告（通報）先 關憲司、國境各隊、

東寧憲兵隊長

陣地構築作業就勞特種工人ノ黨與入蘇未遂等件ニ關スル件

要旨

東寧滿洲第二九九部隊築城作業隊配屬特種工人二名（元將校）首謀者トナリ配下工人二ケ班五十五名ヲ煽動作業場附近日軍衛兵所及兵舍ヲ襲擊兵器彈藥奪取ノ上七月五日未明ヲ期シ黨與逃走入蘇スベク劃策中ヲ豫テヨリ同隊配屬憲兵ニ於テ工人中ニ秘設中ノ密偵七月四日之ヲ聞知提報憲兵ハ部隊ト協力搜查首謀者二名ヲ檢擧七月八日嚴重處分シ不逞陰謀ノ企圖ヲ未然ニ彈壓封殺セリ

本文

一、不逞劃策（入蘇決行）日時場所

18.7.19 付受

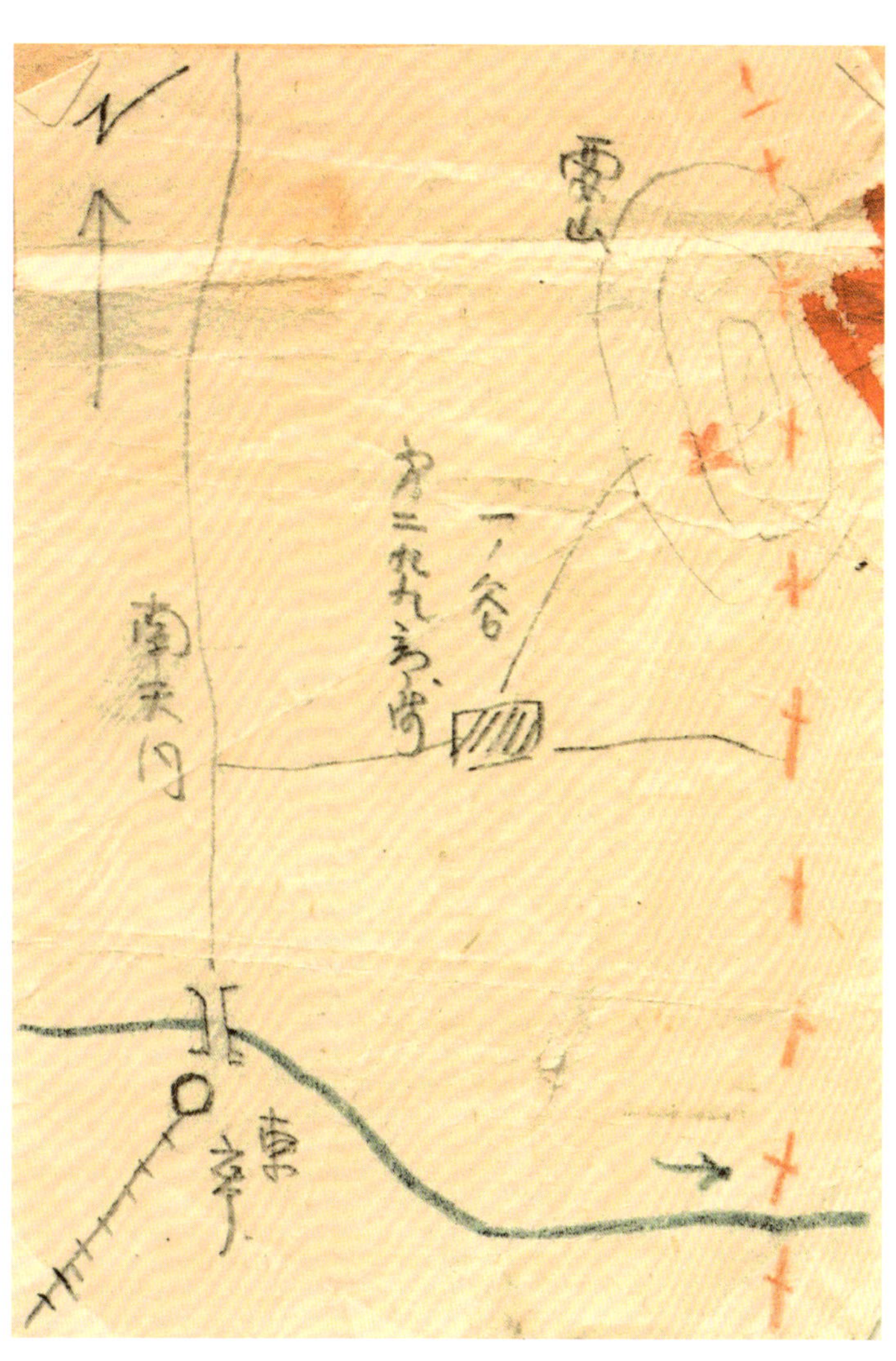
N
雲山
第二九九高地
一ノ谷
南天门
東亭

七月五日自一時三十分至二時〇〇分

牡丹江省綏陽縣[illegible]山

東寧滿洲第二九九部隊作業現場

（別紙要圖參照）

三、入蘇企圖工入所屬氏名等

現所屬　東寧滿洲第二九九部隊

本籍　河南省博愛縣張武村

元蔣系　第一戰區挺進第二七縱隊獨立大隊

元大隊長　少佐　趙　潤吾

當二十五年

本籍　河南省沁陽縣南拴保村

元蔣系　第一戰區挺進第二六縱隊

第五八支隊第二大隊第四中隊

元小隊長　少尉　宋　積勳

當二十三年
以下五十七名

三、不逞劃策ノ原因動機

首謀者タル工人隊長趙濶吾ハ熾烈ナル抗日意識ヲ抱持セル儘渡滿セルモノナルカ在支當時馬占山軍ノ一部ハ極東「ソ」領ニ於テ抗日活動ヲ續ケアリ且「ソ」聯ハ中國人ヲ優遇スル旨聞知シアリタル處渡滿後「ソ」聯ヲ指呼ノ間ニ控ヘタル現所屬部隊ニ配屬セラルルヤ「ソ」聯ヲ經由中國ニ歸還抗日陣營ニ參加スヘク決意セシカ

1 五月上旬所屬隊通譯他隊ニ轉屬セシ爲工人對日軍作業隊員間ニ意志疏通ヲ缺キ

2 六月一日ヨリ作業時間（一時間）延長セラレシモ之ニ伴フ増加食ナシ

等ヨリ一般工人間ニ不平不滿ノ聲高マリアリタルヲ以テ之ヲ煽動黨與入「ソ」ヲ決行スヘク計畫中偶々六月二十六日駐石門子滿洲第八四四部隊配屬特種工人逃走入蘇（事實ハ逃走セルモ即日逮捕）セル

旨聞知之ニ刺戟セラレタルニ因ル

四、事件ノ概要

(一)前項ノ如ク首謀者ハ熾烈ナル抗日意識ヲ抱持シ現所屬部隊配屬當初ヨリ逃走入蘇ヲ企圖シアリシカ工人一般ハ三月二十六日現所屬部隊到着當時ハ身体極度ニ衰弱疾病續出ノ爲部隊ニ於テ雜役ニ服シ六月十八日ヨリ現作業ニ服シタルモノナルカ勞務過重且前項ノ如キ不平不満ヲ釀成シアリタルヲ以テ警備兵力寡少ナルヨリ逃走容易ナリトシ之ヲ煽動決行スヘク決意シ

「註」警備衛兵夜間五名勤哨

ノ六月二十日工人隊長趙潤吾以下十五名（第一班）要山築城工事就勞中同日十五時四十分頃休憩時趙ハ工人ニ對シ「日軍部隊ノ待遇粗惡状況ヲ指摘且行末ハ殺害セラルルヲ以テ「ソ」聯ヲ經由歸還スルカ可ナリト誇大宣傳」逃走入蘇方煽動セシモ該行爲ヲ危險視スルト共ニ工人隊長ハ到着以來病氣勝ノ爲全般ノ指揮ハ第二班長

23

之ヲ執リアリテ統御力ナキ爲一般ニ應諾セス

「註」

工人隊長趙潤吾

第一班長高相臣以下二七名　已制卡

第二班長宋積勳以下二九名　已制卡

2.自己ニ配下工人ノ統御力ナキ爲工人獲得ニハ工人班長ヲ動カスヲ良策ナリト思考六月二十日工人宿舍内ニ於テ第二班長ニ對シ情ヲ通シ同意ヲ得壹同工人ニ對シ煽動セシ狀況ヲ打明工人獲得方ヲ依賴應諾セシメ兩人間ニ於テ夜間又ハ濃霧時或ハ雨天時ヲ利用謀議

六月二十六日然石門子八四四部隊使役工人逃走入蔴セル旨病氣交代者ヨリ聞知スルヤ之ニ刺戟セラレ更ニ黨與逃走ノ決意ヲ固メ

3.六月二十九日第二班長ハ配下三十一名ト共ニ作業中十五時頃驟雨ノ爲附近掩蔽壕ニ待避中第ノ頃同樣宣傳煽動同意ヲ得タリ

4.七月三日十九時三十分頃工人宿舍内ニ於テタ食時工人隊長及第二班長ヨリ全工人ニ對シ逃走入蔴方ヲ强要應諾セシメ決行細部計畫

3

ハ別示スル旨傳達兩名ハ深更（時間不詳）ニ至ル迄之カ細部計畫ニ付謀議

日軍警備隊衛兵所並作業隊ヲ襲撃兵器奪取ヲ決ス

5.七月四日休日ナリシヲ以テ工人隊長ハ工人全員ニ對シ入浴休養等ニ付下達後工人隊長及第二班長ノ兩名ハ入蘇決行細部計畫ニ付協議シ晝食時全員ニ對シ同夜ハ逃走待機状態ニテ就寝方命シタルヲ密偵提報ス

(二)兵器奪取入蘇ノ細部計畫

1.七月五日一時頃同志タル飲事夫ヲシテ燈油缺乏ノ為之カ補給ヲ裝ヒ之ヲ衛兵所ニ派シ衛兵勤務状態ヲ偵察セシメ之カ報告ヲ待チ

2.七月五日未明（二時頃）ヲ期シ隊長ハ工人第一班員ヲ指揮立哨（動哨）中ノ歩哨ヲ絞殺兵器ヲ奪取次テ衛兵所ヲ襲撃兵器彈藥ヲ奪取ス

3、第二班長ハ配下班員ヲ指揮作業隊兵舎（作業隊准尉以下八名）ヲ襲撃（不寝番ナシ）兵器弾薬ヲ奪取電話線（約三〇〇米隔テタル警備隊ニ通ス）切断第一班ニ合流

4、工人隊長全員ヲ指揮兵舎東方約五十米ノ兵器弾薬庫ヲ破壊全員装備ヲ整ヘ日軍ノ追撃ニ備ヘ逐次入蘇ス（関係要図別紙第二ノ如シ）

五、不逞陰謀探知状況

東寧満洲第一六〇部隊配属中ノ東寧憲兵分隊前田伍長ハ第二九九部隊（一六〇隊下）配属特種工人中ヨリ密偵ヲ獲得操縦中該密偵ハ七月三日十九時三十分頃夕食事工人隊長カ逃走入蘇方全員ニ強要セルヲ聞知（六月二十日同二十九日暴動時ハ本人作業場ヲ異ニセシ為聞知セス）セルモ提報ノ機ヲ得ス七月四日未明ヲ期シ決行スヘキ旨聞知事態緊迫セルヲ以テ十三時三十分頃機ヲ窺ヒ宿舎ヲ脱出衛兵所ニ密報セルモノナリ

六、部隊並憲兵ノ處置

24

4

ノ前項密偵報ニ接シタル衛兵司令（兵長）以下五名ハ應急配備ニ就キ急ヲ作業隊員（准尉以下八名）ニ急報スルト共ニ作業隊本部（衛兵所西南方十二粁）ニ電話連絡下士官以下十一名ノ來援ヲ求メ配備逐次附近警備隊ノ來援ヲ求メ工人宿舍ヲ軟禁徹宵警戒ス

2七月五日部隊ト協力憲兵ハ首謀者二名ヲ檢擧取調タル處叙上ノ状況判明首謀者兩名ハ七月八日十九時憲兵立會嚴重處分シ其他ノ工人ハ何レモ雷同或ハ強要已ムナク賛同セルモノナルヲ以テ嚴重説諭將來ヲ誓約セシムルト共ニ動向警視中

七、所 見

状況叙上ノ如ク特種工人ハ何レモ長期ニ亘リ抗日意識ヲ注入セラレ且逃亡入蘇歸國ヲ熱望シアリテ各種不逞策動ニ出ヅル處大ニシテ勞務管理ノ適正ヲ期スルト共ニ工人ノ黨與逃亡入蘇事件ハ一般工人ヲシテ入蘇願ル容易ナルカ如キ感ヲ與ヘ之カ影響大ナルヲ以テ將來逃亡工人ニ對シテハ斷乎之ヲ彈壓重刑ニ處スルノ要アリ

尙警備兵力ノ寡少並工人ニ對スル警戒監視ノ不充分ハ彼等ニ虛隙ヲ與フルヲ以テ之カ補强ニハ凡ユル方策ヲ講スルヲ要ス

工人ニ對スル諜報網ノ結成强化ノ必要ヲ痛感ス

八、其他參考事項

(一)部隊側ノ對策

1 部隊ニ於テハ七月八日ヨリ工人ニ對シ增食一日一人量一、一瓩トセリ

2 事件發生ト共ニ各隊係官ヲ招致工人ノ取締方示達スルト共ニ解散工人モ同様取締方嚴達セリ

3 工人動靜視察並宣傳宣撫ノ為各作業現場ヘノ通譯配屬方上申セリ

(二)首謀者ノ略歷

1 趙潤吾

大正八年本籍地ニ出生私塾ニ學ヒタルカ向學心旺盛ニシテ昭和十年五月河南省博愛縣立師範中學入學二ケ年修業昭和十二年七月二

5

十四日集團軍附設中央第十三軍官學校入校昭和十五年末疾病ノ爲中途退校（上尉ノ階級ヲ與ヘラル）約二ヶ年間運輸業ニ從事昭和十六年九月前記軍官學校復歸少佐ニ進級大隊長トシテ從軍中昨年七月十六日河南省牟丘縣花鳳村ノ戰鬪ニ於テ日軍捕虜トナリ濟南捕虜收容所ニテ訓練ノ後本年三月渡滿セルモノナルカ前記師範中學竝軍官學校ニ於テ熾烈ナル抗日教育ヲ受ケタルモノナリ

巳制卡2

宋積勳

大正十年本籍地ニ出生私塾ニ學ヒ（三年）商業ニ從事昭和十三年九月ヨリ本籍地商會職員トシテ活躍中昨年一月第一戰區隊ニ徵集セラレ直チニ少尉ニ任セラレ從軍昨年七月十六日前項同地點ニテ捕虜トナリ來滿セルモノナルカ商會職員トシテ又從軍中熾烈ナル抗日教育ヲ受ケタルモノナリ

（三）部隊ノ工人處遇狀況

部隊ニ於テハ特種工人取扱要領ニヨリ給養ノ萬全ヲ期シ又娛樂用品

26

ノ設備ヲナシ一日ノ勞ヲ慰スル外日用品等ハ警備兵同等ニ配給シアリテ何等不自由ヲ感シアラス一般地方勞務者ヨリ遙カニ厚遇セラレアリ

（了）

附：企图袭击日军的相关图

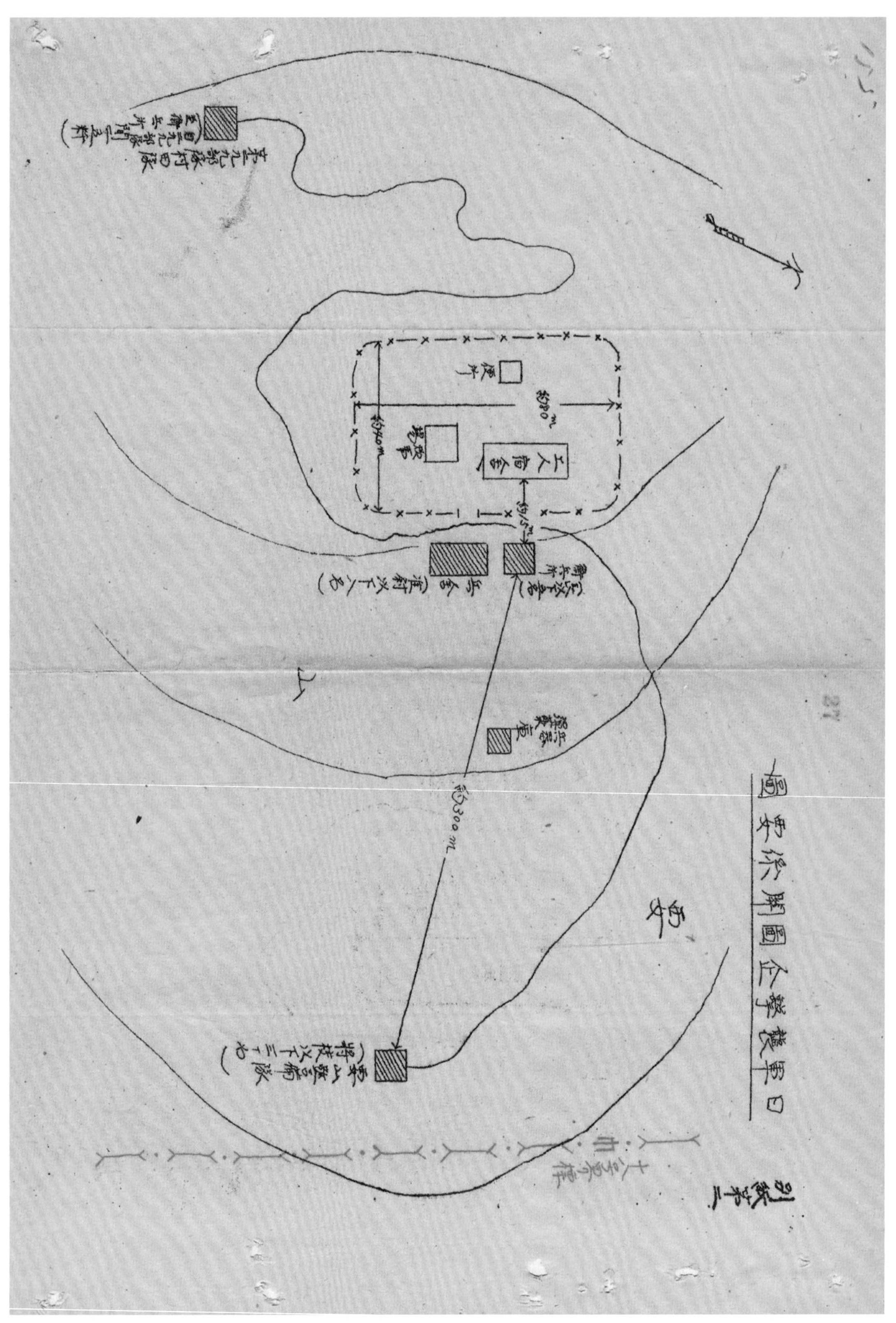

承德宪兵队长关于缉捕结伙逃跑劳工致日本关东宪兵队司令官的报告（通牒）（一九四三年七月十四日）

秘

承憲警第八七號

党與逃走勞工捜査手配ニ關スル件報告「通牒」

昭和十八年七月十四日　承德憲兵隊長

關東憲兵隊司令官　殿

駐興安西省克什克騰旗烏蘭壩子滿洲第四七五部隊使用勞工一〇八（自五月二十九日至六月二十五日）間三回ニ亘リ逃走セル旨届出ニ接シ爾來關係機關ニ手配捜査中ナルモ未發見ニ付別紙ニ依リ捜査

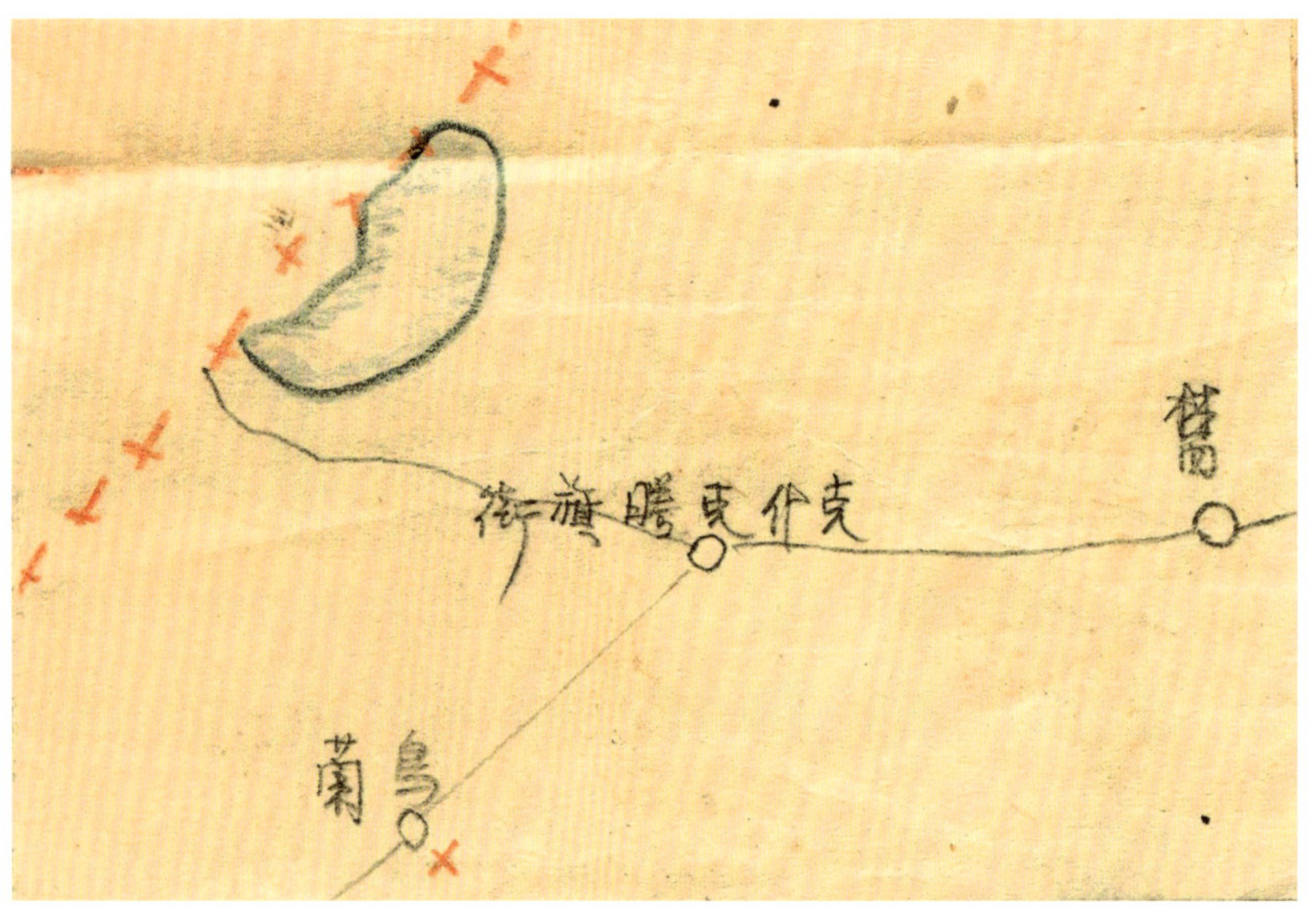
林西
克什克腾旗街
乌兰

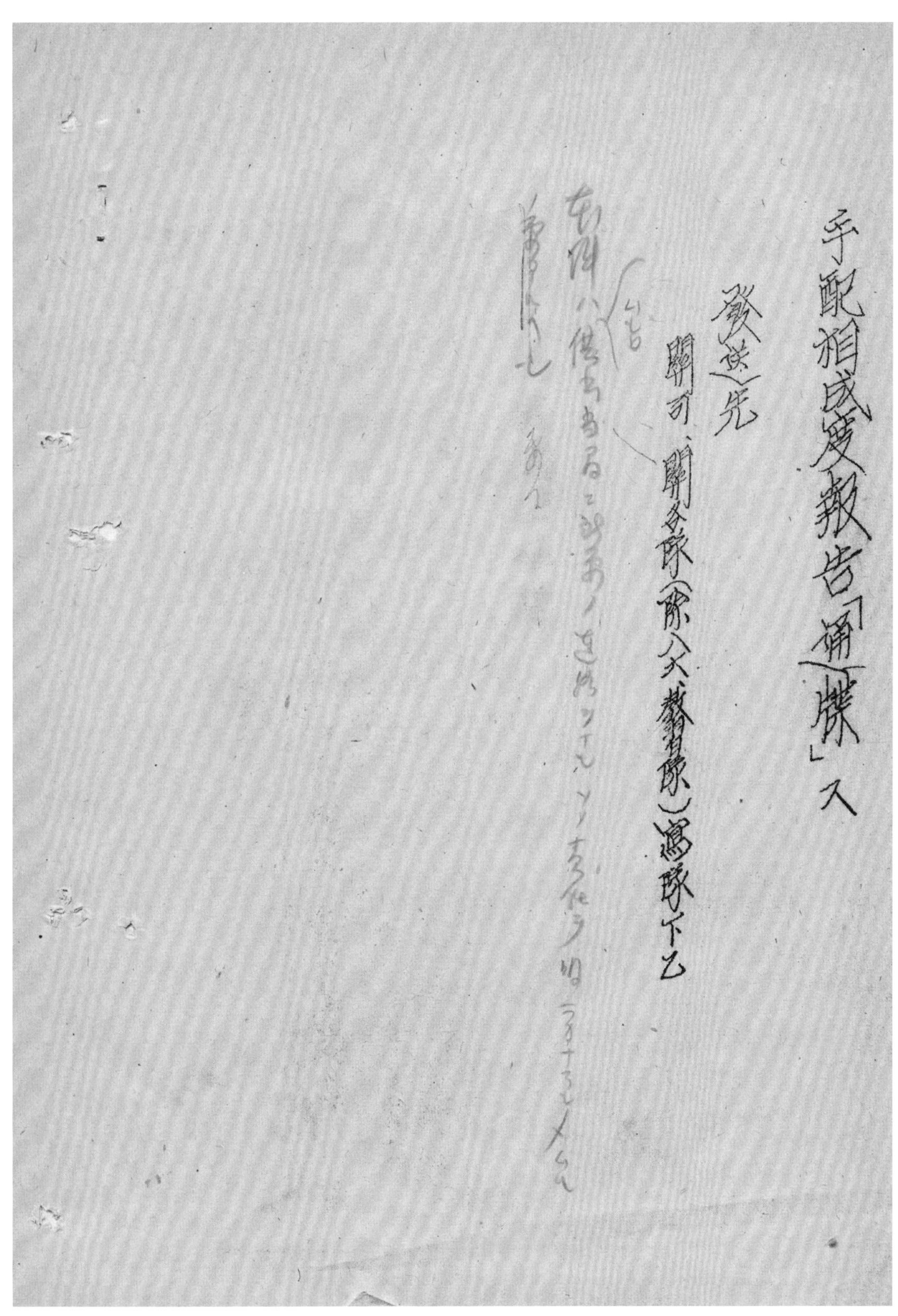

附：逃跑劳工名簿

別紙

逃走勞工連名簿

本籍所屬	職業年令氏名	逃走月日場所	逃走動機	人相及特徴	摘要
錦州市協和巴 國松町 滿洲第四七五部隊	勤勞奉仕隊員 石工 王學道 当二十九年	五、二九 自午后六時 至午前 於所屬部隊	[illegible]	人相 不詳 黒色支那服上下 足袋、中折帽 [illegible]	立寄先 本籍地以外 不詳
同右	同右 鐵恵泉 当二十三年	同右	同右	[illegible] 協和服一 [illegible] 窃取シアリ	
錦州省錦縣 大業村	同（農）右 陳慶余 当二十一年	六、一 自三時 至五時	爆破作業ヲ忌避シタルニ因ル	身長五尺二寸 丸顔、目普通 [illegible] 黒色綿服上下 [illegible]	同右
同右	同（農）右 李俊 当二十三年	同右	同右	身長五尺 目鼻普通 顔面痘痕アリ	
同右	同右（農） 胡春明 当三十三年	同右	同右	同右	不詳
錦州省錦縣 石山站前大街	同右（土工） 孫景文 当二十四年	六、二三 自二時 至三時	[illegible] 組頭ヨリ殴打叱責セラレタルト作業苦痛且食糧不足ニ因ル	身長五尺二寸 頭髪五分刈 藍色綿服上下 足袋	同右
錦州省錦縣 西順街	同右（土工） 龐而玄	同右	同右	身長五尺 痩型丸顔 黒色綿服上下 布靴着用	
錦州省錦縣 南轉街	同右（土工） 張慶祥 当三十五年	同右	同右	身長五尺一寸 細面 黒色綿服上下 [illegible]	
同右	同右（土工） 宋文詔 当二十一年	同右	同右	身長五尺二寸 面長 [illegible] 黒色 [illegible]	

備考 [illegible] ノアルヲ以テ発見捕獲ハ適當ナル処分 [illegible] 右部隊側ノ意嚮ナルニ付申添フ

齐齐哈尔宪兵队长关于富海军事工程劳工「危险行为」致日本关东宪兵队司令部等的报告（通牒）
（一九四三年七月十五日）

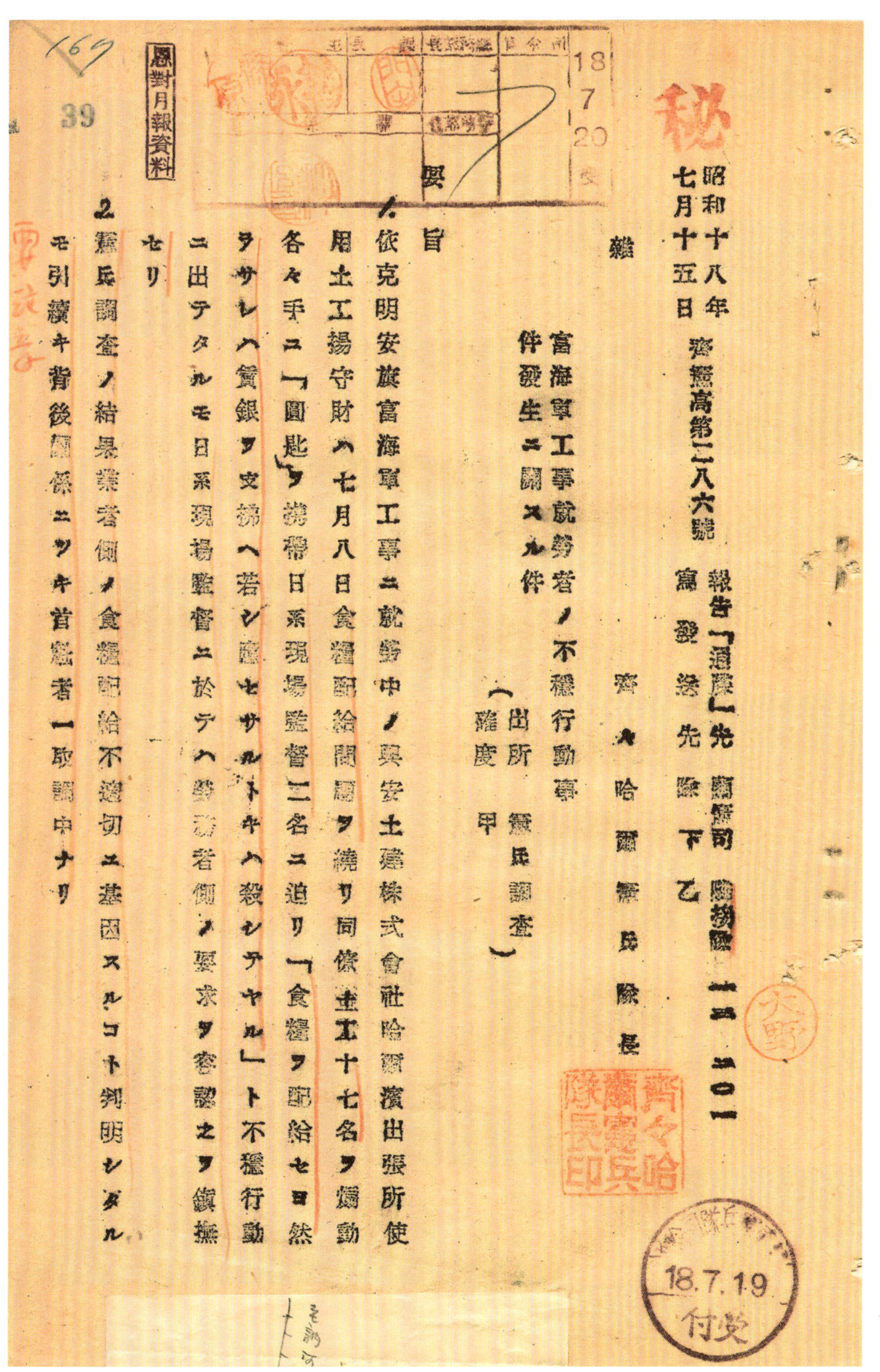
秘

昭和十八年七月十五日　齊憲高第二八六號

報告「通牒」先　關憲司　關特機　一二二〇一

寫　發送先　隊下　乙

總

齊々哈爾憲兵隊長

富海軍工事就勞者ノ不穩行動等件發生ニ關スル件

（出所　憲兵調査）
（確度　甲）

要旨

1. 依克明安旗富海軍工事ニ就勞中ノ興安土建株式會社哈爾濱出張所使用土工揚守財ハ七月八日食糧配給問題ヲ繞リ同僚土工十七名ヲ煽動各々手ニ「圓匙」ヲ携帯日系現場監督二名ニ迫リ「食糧ヲ配給セヨ然ラサレハ賃銀ヲ支拂ヘ若シ應セサルトキハ殺シテヤル」ト不穩行動ニ出テタルモ日系現場監督ニ於テハ勞務者側ノ要求ヲ容認之ヲ鎮撫セリ

2. 憲兵調査ノ結果業者側ノ食糧配給不適切ニ基因スルコト判明シタルモ引續キ背後關係ニツキ首魁者一取調中ナリ

思想月報資料

齊々哈爾憲兵隊長印

18.7.19 付受

至訥河方
寧年
富海
至チチハル

本文

一、事件發生ノ日時場所

1、昭和十八年七月八日十時頃

2、於龍江省依克明安旗富海新設飛行場工事現場

二、事件關係者

本籍　奉天省遼中縣達州村以下不詳

住所不定

首魁者　土工　場守財　當三十三年

外十七名

三、事件發生ノ原因

日系現場監督側ニ於テ休業者ニ對スル食糧ヲ配給セサル爲之ニ憤慨シタル勞務者一ノ煽動ニ依ル

四、事件ノ概要

富海新設飛行場骨材採取運搬工事ニ就勞中ノ興安土建株式會社哈爾濱

出張所使用一部勞務者十五名ハ七月六日ヨリ同月八日迄三日分トシテ食糧ノ配給ヲ受ケタルモ之等ノ組ハ二十四名ヲ以テ構成シアルニ不拘休業者（受領時該組ハ病氣其ノ他事故者計九名ノ休業者アリ）ニ對シテハ之カ配給セラレス十五名分ヲ以テ二十四名ヲ賄フコトヽナリ爲ニ七日夕食迄ニ喰盡シ八日ノ食糧ハ皆無トナリタルタメ同組中ノ揚守財之ヲ增配方現場日系監督ニ交涉セルモ既ニ定量ヲ支給シアリトテ一蹴セラルヽヤ揚ハ之ニ憤慨且尋常手段ニテハ到底支給ハ望ミ難シトシ一且勞工小屋ニ引返シ他ノ土工十七名ニ對シ「俺カ頭ヲ下ケテ頼ンテモ應シテ呉レナイノダカラ普通ノコトヲハトテモ呉レソウ[illegible]ナイカヲオトカシニ出ナケレハタメタ」ト煽動シ之カ手段トシテ各自ニ「圓匙」ヲ携帶セシメ自ラ先頭ニ立チ再ヒ日系現場監督ノ下ニ至リ揚ハ「食糧ヲ配給セヨ然ラサレハ即時賃銀ヲ支拂ヘ若シ應セサルトキハ殺シテシマフ」ト威嚇的行動ニ出テタルヲ以テ日系現場監督ハ事件ノ擴大ト身邊ノ危險ヲ虞レ即時勞務者ノ要求ヲ入レ不足分ノ食糧ヲ配給スルト共ニ臨時ノ賃銀支拂ヲ爲シタルヲ以テ事ナキヲ得タリ

五、反響

勞務者ハ一般ニ時局柄自重シ言動ヲ愼ミ又事件關係勞務者ハ自己ノ非ヲ悟リ爾後忠實ニ就勞シアリテ目下ノ處認ムヘキ反響ナシ

六、憲兵ノ處置

憲兵ハ七月十一日日系現場監督ヨリ事件發生ノ通報ニ接シ同日下士官二、憲補一ヲ現場ニ派遣事件ノ眞相ヲ調査セシメタル處叙上ノ状況判明シタルヲ以テ現場監督ニ對シテハ食糧配給ニ關シ注意ヲ與ヘ全勞務者ニ對シ宣撫工作ヲ講スルト共ニ首魁者ハ齊々哈爾憲兵分隊ニ連行取調中ナルカ目下ノ處思想的背後關係ヲ認メス

七、所見

本件ノ主因ハ業者側ノ食糧配給ノ不適切ニ依ルモノニシテ斯種事象ハ將來ニ及ホス影響大ナルモノアルヲ以テ勞務管理ノ適正ヲ期スルト共ニ爾後ニ於ケル是等勞務者ノ動向注意ノ要アリト認ム

（了）

齐齐哈尔宪兵队长关于伪齐齐哈尔市当局强制供出劳工后的反响致日本关东宪兵队司令部等的报告（通牒）（一九四三年七月二十二日）

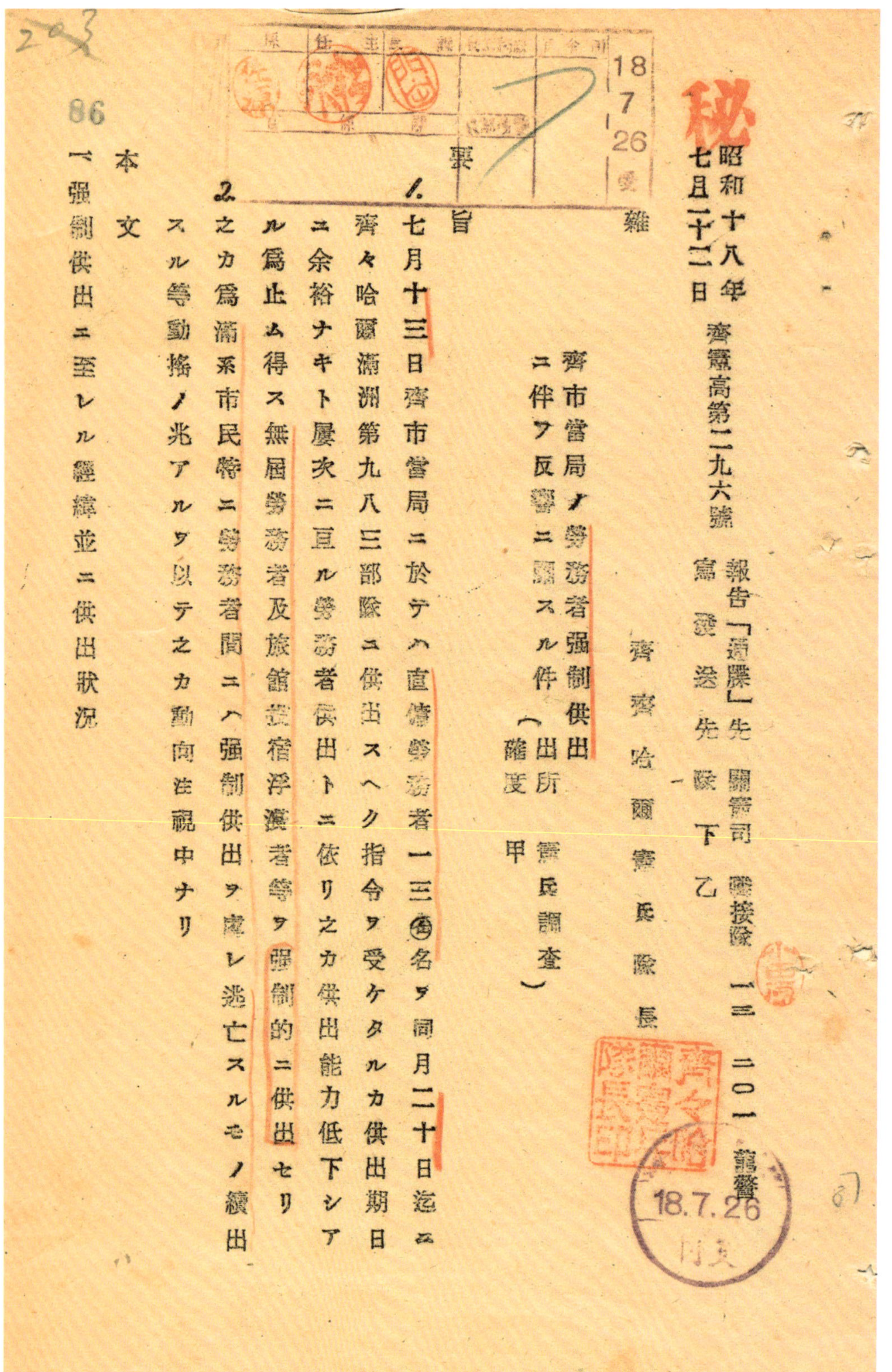

秘

昭和十八年七月二十二日　齊憲高第二九六號

報告「通牒」先　關憲司　隣接隊　一三　二〇一　部隊

寫　發送先　隊下　乙

齊々哈爾憲兵隊長

齊市當局ノ勞務者强制供出ニ件フ反響ニ關スル件（出所　憲兵調査　確度　甲）

要旨

1. 七月十三日齊市當局ニ於テハ直傭勞務者一三四名ヲ同月二十日迄ニ齊々哈爾滿洲第九八三部隊ニ供出スヘク指令ヲ受ケタルカ供出期日ニ余裕ナキト屢次ニ亘ル勞務者供出トニ依リ之カ供出能力低下シアル爲止ムヲ得ス無居勞務者及旅館投宿浮浪者等ヲ强制的ニ供出セリ
2. 之カ爲滿系市民特ニ勞務者間ニハ强制供出ヲ虞レ逃亡スルモノ續出スル等動揺ノ兆アルヲ以テ之カ動向注視中ナリ

本文

一、强制供出ニ至レル經緯並ニ供出狀況

ム 歸還狀況

滿洲第九八三部隊（補給廠）ニ於テハ七月十一日第四次供出直傭勞務者トシテ本年四月龍江省下各縣ヨリ供出セル一、三〇〇名中病弱者ニシテ就勞ニ堪ヘサル勞務者三三八名ヲ各供出縣ニ夫々歸還セシメタリ

各縣歸還人員次表ノ如シ

部隊名	縣別	歸還人員	摘要
滿洲第九八三部隊（補給廠）	大賚縣	一八五名（四五〇名）	
	洮南縣	六五名（四五〇名）	
	鎭東縣	五七名（三〇〇名）	
	泰來縣	三一名（一〇〇名）	
	計	三三八名（一、三〇〇名）	
備考	括弧內ハ入廠時ノ人員ヲ示ス		

2.供出狀況

イ、省動員科ニ於テハ前記歸還者補充要員トシテ三〇〇名ノ供出指令ヲ受ケタルヲ以テ七月十三日當市當局ニ對シ一三〇名（殘余一七〇名ノ供出ニツイテハ省當局ト部隊側ニ於テ目下折衝中）ヲ七月二十日迄ニ滿洲第九八三部隊ニ供出スヘク通達セリ

ロ、依ツテ市勞務科ニ於テハ直チニ之カ募集ニ着手シタルモ一般ニ勞務者ハ軍就勞賃銀カ地方側ニ比シ低廉ニシテ且勞務管理ハ嚴格ナルタメ之ヲ嫌忌シ應募スルモノ皆無ノ狀況ニアリタリ

ハ、之カ爲市勞務科ニ於テハ供出期日ニ余裕ナキト屢次ニ亘ル勞務者ノ供出勞力低下シアル爲之ニ窮シ止ム得ス市警務處ノ應援ヲ求メ七月十五日早朝ヲ期シ滿人旅館ノ檢索ヲ實施シ投宿中ノ浮浪者六九名及各土建業者使用ノ無届勞務者六一名計一三〇名ヲ强制供出セリ

二、反響

今次供出ハ何等豫告ナク拔打的且强制的ニ實施セラレタルヲ以テ一

般滿系市民特ニ勞務者間ニハ爾後ノ強制供出ヲ憂慮シアル外就勞中ノ勞務者ニシテ逃亡スルモノ續出スル等動搖ノ兆看取セラル

1.事　象

○齊市土建業者使用無屆勞務者一七三名中一〇三名ハ事前ニ之ヲ察知逃亡セリ

○一三部隊工事就勞中ノ飛島組使用請負苦力四二名ハ七月十五日之カ供出ヲ虞レ四散逃亡セリ

○齊市女學校（日系）修理工事ニ就勞中ノ倉睿組使用勞務者三〇名ハ七月十五日強制供出ヲ虞レ逃亡セリ

2.言　動

イ、一般市民（滿系）

○何時引張リ出サレルカモシレナイト思ヘハ不安ノタメ落着テ仕事モ出來マセン　（商店従業員數名ノ言）

○拔打的ニ引張リ出ストハ無茶ダ愈々此度ハ自分ノ番ダト思フト不安テタマラナイ　（土建勞務者ノ言）

○當局モ克ク實情ヲ調査ノ上供出シテモラヒタイ誰モ彼モ強制的ニ引張リ出ストハ遣方カヒド過キル（雜貨商店員ノ言）

ロ、供出勞務者

○私ハ昨晩博克圖カラ所要ノ買物ニ來テ午前三時警察ノ人カラ同行ヲ命セラレ行ツタ處供出苦力ニナレトノ事テス之テハ困リマスカラ早ク歸シテ貰ヒタイ

○寢込ヲ襲ヒ無理ヤリニ引張リ出ストハ余リニモ無茶タ

○自分ノ友達ヤ知人ノ内ニハ仕事モセス遊ンテヰルモノカアルカ之等ヲ募集セス吾々ノ様ニ坂本組テ就勞シテヰル者ヲ引張リ出ストハ不公平テス

○金持ハウマク逃レテヰル結局吾々ノ様ナ金ノナイ者カ募集サレルワケタ

六、處置

憲兵ハ關係機關ト連絡ヲ密ニシ之カ動搖ノ防止ニ努ムルト共ニ供出勞務者ノ動向注視中ナリ

七、所見

狀況敍上ノ如ク無計畫的ノ斯種强制供出ハ軍供出勞務者ノ將來ニ及ホス影響大ナルモノアルヲ以テ當局ニ於テハ之カ供出方法ニツキ改善ノ要アルト共ニ是等勞務者ノ動向注意ノ要アリト認ム

（了）

鸡宁临时宪兵队长关于特殊工人逃跑致日本关东宪兵队司令部等的报告（通牒）（一九四三年七月二十八日）

秘

昭和十八年七月二十八日 雞憲高第四三號 報告 通牒先

雞寧臨時憲兵隊長

特殊工人逃走ノ件（憲兵調査確度甲）

日時	七月二十一日 自二三〇〇 至二四〇〇 ノ間	
場所	雞寧縣滴道滿洲第六三〇部隊吉田隊作業地工人宿舍西北方二粁ノ串	
本籍 就労部隊	本籍 山東省長嶺縣 就労部隊 雞寧滴道滿洲第六三〇部隊吉田隊	
元身分 氏名年齡	元青救會小組長 曲白富（二八）	元自衛團團員 韓業明（二四）
人相服装	寫眞	寫眞
原因	不明	
逃走前後ノ状況	逃走者兩人ハ本年六月十三日來滿術來上記部隊ニ於テ就労中ノモノナリシカ當日新採取タル合三十六名ト共ニ部隊長以下三人ノ監視下ニ入山セルカ當時驟雨ニ係ル監視不充分ノ機ニ逃走ス	
處置 所見	目下原因背後關係ノ究明中 國境地帯ニ於ケル特殊工人ノ入山事件頻發シアルニ鑑ミ監視ヲ嚴ナラシムルヲ要ス	

18.8.3 付支

孙吴宪兵队长关于特殊工人结伙逃跑情况致日本关东宪兵队司令部等的报告（通牒）
（一九四三年七月二十八日）

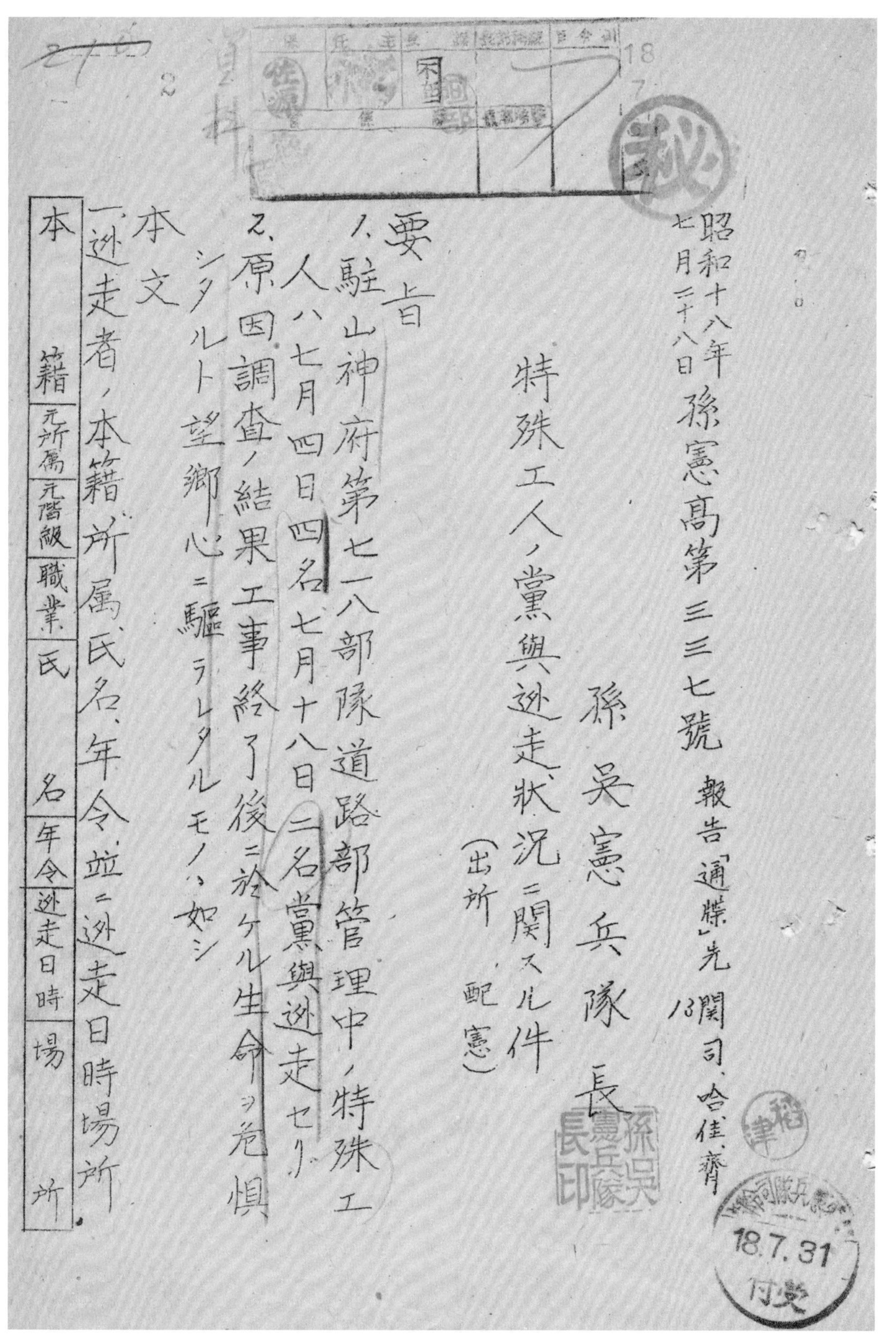

秘

昭和十八年七月二十八日 孫憲高第三三七號 報告「通牒」先 関司、哈佳、齊

孫呉憲兵隊長

特殊工人ノ黨與逃走状況ニ関スル件

（出所 配憲）

要旨

一、駐山神府第七一八部隊道路部管理中ノ特殊工人ハ七月四日四名七月十八日二名黨與逃走セリ

二、原因調査ノ結果工事終了後ニ於ケル生命ヲ危惧シタルト望郷心ニ驅ラレタルモノヽ如シ

本文

一、逃走者ノ本籍所屬氏名、年令並ニ逃走日時場所

本籍	元所屬	元階級	職業	氏名	年令	逃走日時	場所

制	河北省饒河縣	無	無	農	郭玉生	四二	自七、四日 二三、〇〇	璦琿縣双峡工人宿舎
制	〃	〃	〃	〃	洪俊德	三四	至七、五日 四、〇〇	〃
制	〃	〃	〃	〃	黄鳳支	四〇		〃
制	〃	〃	〃	〃	孫澤民	三六		〃
制	河北省東廣縣	〃	〃	〃	郭建	二五	自七、一八日 二三、〇〇	〃
制	河北省東蘯縣	〃	〃	〃	李漢章	二六	至七、一九 四、〇〇	〃

二、逃走前後ノ状況

逃走工人ハ七月二日北支德縣俘虜收容所ヨリ駐山神府第七一八部隊道路部ニ移管セラレ双峡第三六一九部隊篠原隊ニ於テ使用中ノ特殊工人ニシテ道路工事ニ從事シアリタルカ

◎郭玉生外三名

七月四日二十一時日夕點呼後宿舎内ニ於テ雜談ヲ為シ二十三時頃何レモ就寝セルカ翌五日四時日朝點時不

在ナルヲ發見セリ

㈣郭建外一名

七月十八日日夕點呼後工人ト共ニ家郷ノ狀況ヲ雜談シ二十三時頃就寢セルカ翌十九日四時日朝點呼時不在ナルヲ發見セリ

三、逃走ノ原因

配屬憲兵ニ於テ原因調査ノ結果工事終了後ニ於ケル生命ノ危險ヲ感シタルト望鄉心ニ驅ラレタルニ因ル

四、服裝所持金及携行品

イ、服裝

何レモ支那軍綿製黃色夏衣袴「ズック」製、黑色短靴

ロ、人相

何レモ長身瘦形（詳細不詳）

3. 所持金

何レモナシ

4. 携行品

○郭玉生外三名ハ軍代用毛布一枚

○郭建外一名ハ軍代用毛布一枚

五、其他參考事項

1. 特殊工人間内ニ「工事終了後射殺セラルヘシ」ト洩シタルモノアリ

2. 郭建ハ逃走前雜談中「俺ハ歸郷ス」ト洩シアリ

3. 目下殘留工人ニ特異反響ナシ

六、部隊側ノ處置

關係機關ニ手配スルト共ニ四ケ班十六名ノ捜索隊ヲ以テ捜査セルモ未發見ナリ

（了）

逃走

言動

態

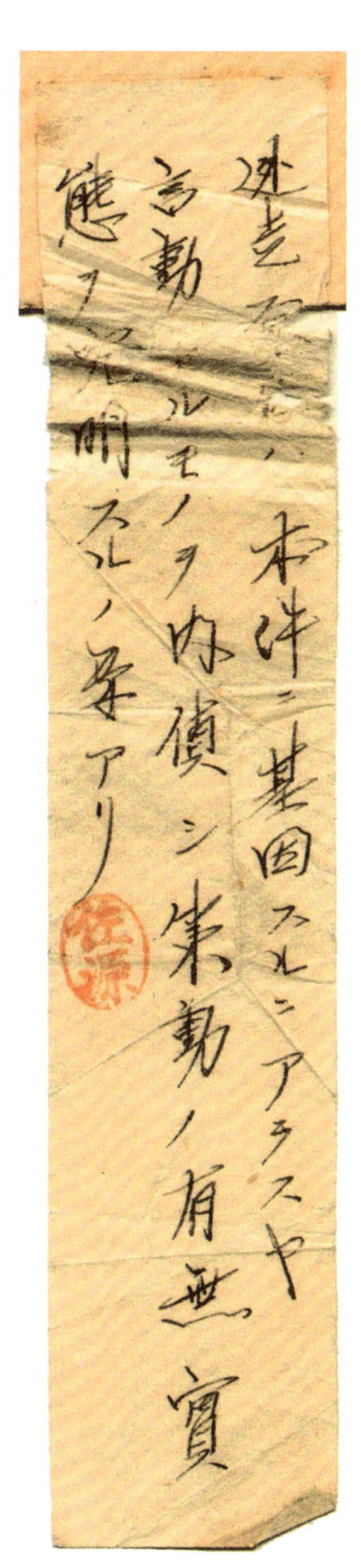

述ヘ居ル所ハ本件ニ基因スルニアラスヤ
言動スルモノヲ内偵シ策動ノ有無實
態ヲ究明スルノ要アリ
佐源

鸡宁宪兵队长、伪满警务总局石川、日本关东宪兵队司令部等关于调查及处理勃利机场军事工程的军队直营劳工罢工情况的报告（一九四三年八月）

鸡宁宪兵队长致日本关东宪兵队司令部等的报告（通牒）（一九四三年八月一日）

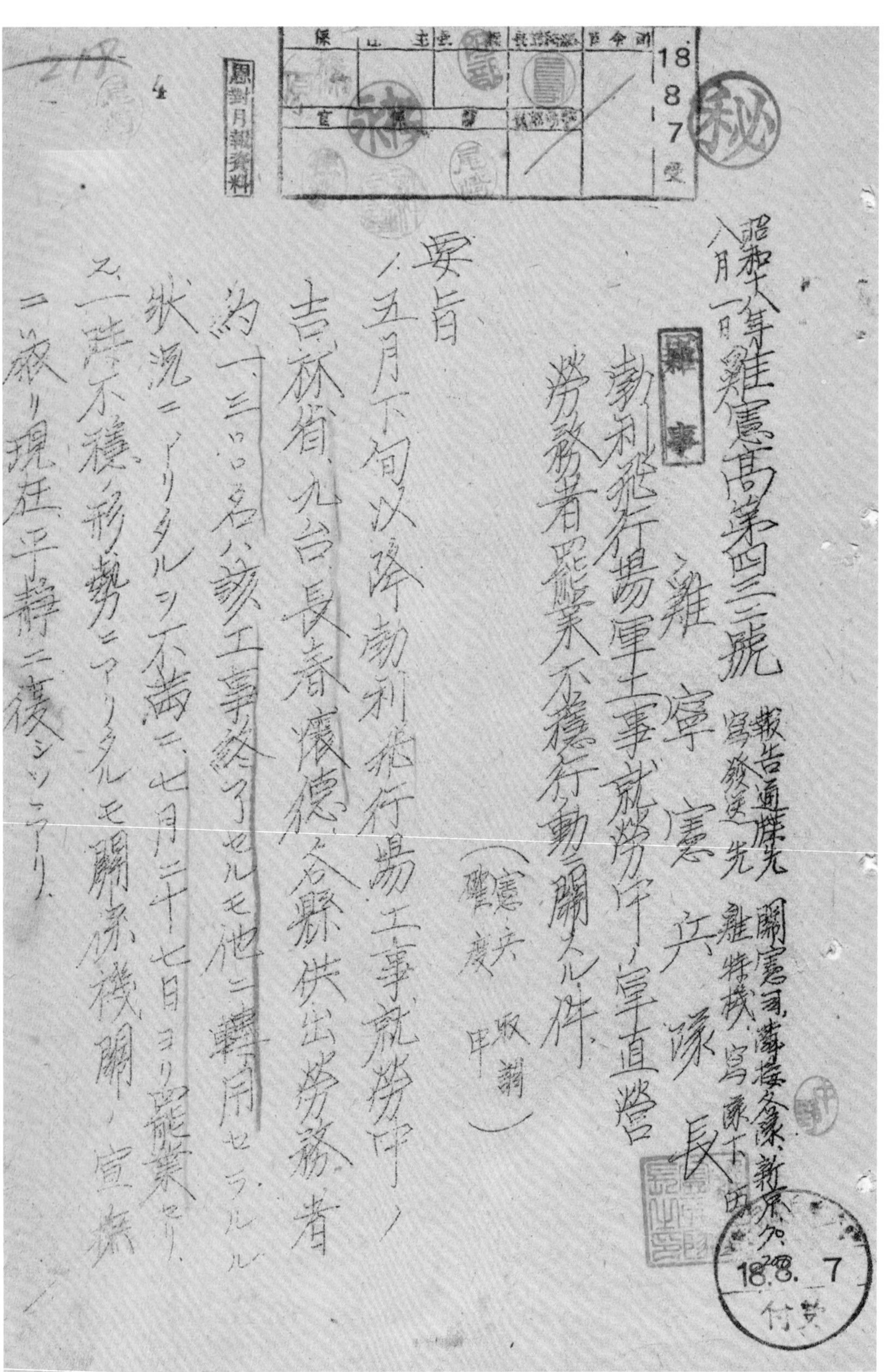
昭和十八年八月一日 雞憲高第四三二號

（軍事）

報告通牒先 關憲司、満警務、各隊、新京分

写發送先 雞特機、写隊下各分

雞寧憲兵隊長

勃利飛行場軍工事就労中ノ軍直営労務者罷業不穏行動ニ関スル件

（憲兵 取調 鷹慶 甲）

要旨

一、五月下旬以降勃利飛行場工事就労中ノ吉林省九台、長春、懐徳各縣供出労務者約一、三〇〇名ハ該工事終了セルモ他ニ轉用セラルル状況ニアリタルシ不満ニ七月二十七日ヨリ罷業セリ

又一時不穏形勢ニアリタルモ関係機關ノ宣撫ニ依リ現在平靜ニ復シツツアリ

3. 憲兵ハ引續キ關係機關ト協力労務者ノ動向

警視庁

本文

一 事件發生月日場所

昭和十八年七月二十七日

於東安省勃利縣勃利飛行場工事現場

二 罷業者

供出縣別	人員	摘要
吉林省長春縣	四六二	罷業者ハ約三ヶ月ノ豫定テ供出セラレ本年五月下旬来勃徳田公司管理下ニ在リテ本勃利飛行場ニ就労中（何レモ満人）
〃 九台縣	四三〇	
〃 懷徳縣	四二七	
計	一、三一九	

~~219~~ 5

三、主謀者ト目セラルル隊員

本籍地	住所	職業	氏名	年令
吉林省九台縣二道溝村馬安山屯	敦利徳田公司労務者宿舎	隊員	朱永明	三[illegible]
吉林省懐徳縣大嶺村五家子屯	〃	〃	何發	四二
右同崔家屯	〃	〃	楊莊林	四一
吉林省長春縣合隆村	〃	〃	林海堂	三〇

四、事件發生ノ原因

遠因

労務管理者徳田公司ト供出縣トノ申合セニハ供出ニ

期間ヲ五月下旬ヨリ八月下旬迄ト期間ヲ單位ニ契約シアルニ拘ラズ、勞務者側ハ從來ノ慣例上孰レモ飛行場工事終了セハ歸還シ得ルモノト工事單位ニ思推シアリテ供出終期ヲ勞務者ニ徹底セシメアラサリシニ因ル

近因

飛行場工事終了スルモ他ニ轉用セラルヽトノ一部勞務者ノ曲解的言辭カ勞務者間ニ波及擴大群衆心理ヨリ當局ニ對スル不滿ヲ煽リタルニ因ル

五、事件ノ槪要

ノ本年五月以降勃利飛行場工事ノ爲、吉林省九台、長春、懷德、各縣供出労務者一、三一九名ハ勃利、滿洲第四一二部隊（飛行場工事管理部隊）ニアリテ就労中飛行場ノ豫定工事槪ネ終了シタルヲ以テ該部隊ニ於テ七月二十五日供出労務者ノ表彰式ヲ擧行セリ

然ルニ労務者ハ之ニ依リ該工事終了ノ上ハ近日中ニ皈還ヲ得ルモノト直信シアリタル處、翌二十六日ニ至リ労務者中約三百名ハ飛行場北方約一粁ノ操場、

ニ派シ就勞セシメタルニ偶々同現場ニ管理者以外ノ勃利松本組々員數名居合セ強制的ニ勞働セシムル氣配アリタルヲ以テ該勞務者等ハ、工事終了セルモ歸還セシメラレス、松本組ニ移管轉用セラルルカ或ハ遠隔地ニ移管セラルルニ非スヤト曲解宿舍ニ歸還後同僚ニ對シ之ヲ針小棒大的ニ誇張シタル爲前記主謀者ト目セラルル四名ハ同夜他ノ勞務者ヲ煽動、翌七月二十七日ニ至リ全員罷業セリ、

又、管理部隊並管理者等ハ數回ニ亘リ宣撫シタルモ附和雷動セル勞務者等ハ之ニ應セサルノミナラス、

23

却ッテ反抗的態度ニ出テタルヲ以テ労務者ノ幹部ヲ集合セシメ諭サントシタルモ幹部ハ一般労務者ニ阻止セラレ、口論トナリ、約半数ハ各自「スコップ」等ヲ携行、管理者事務所等ヲ包囲窓硝子等ヲ破壊制止セントセル部隊側軍属並組員（日系）数名ニ暴言ヲ吐キ暴行ニ出テントスル等一時不穏行動ニ出テタリ。

3. 其後現地関係部隊（機関）ノ威嚇的鎮撫ト宣撫及平安地区防衛司令部、後方主任参謀、憲兵隊本部附将校、並省次長等ノ現地調査ニ

六

依ル對策ニヨリ平靜ニ歸シタリ、

メ勞務者ハ新京滿洲第八〇〇部隊ノ指令ニ依リ近ク歸還セシムルコトトナリタルヲ以テ残業工事終了セシメタル上歸還ノ運ビニ至ル豫定ナリ、

六、勞務者ノ動向

勞務者ハ吉林省下三縣ヨリ供出セラレタル壯青年層ニシテ來動當初ハ積極的ニ就勞シアリタルカ漸次勞働ノ過勞ニ伴ヒ一般勞務者ハ幹部ノ存在ヲ全ク無視シ之カ命令等ニ服行シ非ス、

（幹部中ニハ能力不充分ニシテ指揮不能者モアリ）

~~222~~

8

又首謀者等ヲ主体トスル一團ハ意思ノ貫徹ハ容易ナリトシ労務者単独行動ヲ厳禁シ團体行動ヲ取ルヘシ、若シ之ニ違反セハ殴打ス」或ハ「本年就労地ニ於テ日人一ヲ殺害シタルモ日人ハ之ニ恐レ我等労務者ヲ處分セス、我等ノ希望通リニナリタル事例アリ」等ト漏シ一部者ハ「若シ我々ノ意見貫徹セサレハ逃走スルノミナリ」等ノ言動ヲ洩シアリ、

七　反響

軍並ニ関係機関ニ於テハ之カ動向如何ハ他労務者全般ニ及ホス、虞大ナルモノアルヲ以テ憂慮シ

アルモ目下他軍工事勞務者ニ及ホシタル反響ナシ

八、部隊並關係機關ノ處置

イ、滿洲第四一三部隊並德田公司（管理者）

七月二十七日罷業ヲ知リ上司ニ報告スルト共ニ管理者德田公司ト協力、極力宣撫ニ努メタルモ附和雷動的勞務者ヲ如何トモナシ得ス、關係機關ニ通報協力ヲ得ルト共ニ伏出縣ニ電報通報シ八月一日關係機關ヲ勃利縣公署會議室ニ集合爾後ノ對策ヲ講セリ、

ロ、勃利縣公署

9

部隊側ノ通報ニ基キ省次長ノ来勤ヲ求メ對策ヲ協議ノ他機關協力下ニ宣撫班ヲ編成、宣撫ニ努メツツアリ、

八、供出縣側

供出各縣ニアリテハ本件ノ通報ニ接シ夫々係官ヲ派シ宣撫ニ從事スルト共ニ爾後ノ對策ヲ講セリ、

九、其他参考事項

供出縣（長春縣）副縣長ハ偶々供出勞務者慰問ノ為虎林方向ニ出向中歸途状況視察ノ為来勤本件ヲ聞知宣撫セリ

6

一四、憲兵ノ處置所見
イ、憲兵ハ部隊側ヨリノ通報ニ接シ直チニ本部附將校
及分隊長以下七名現場ニ出向、部隊側ト協力
鎮撫並関係機関ト協力對策ヲ講ズルト共ニ爾後
ノ動向警視中
ロ、労務者ハ孰レモ満洲第八一〇部隊ノ指令ニ因リ近ク放還
セシムルコトニナリタルヲ以テ爾後憂慮スベキ事象ノ發生
ナキモノト認メラルヽモ労務管理ニハ更ニ注意ヲ倍徙シ斯
種事象ノ未然防止ニ努力スルノ要アリ
ハ、幹部並煽動者等ニ對スル處罰ハ現地ニ於ケル宣撫

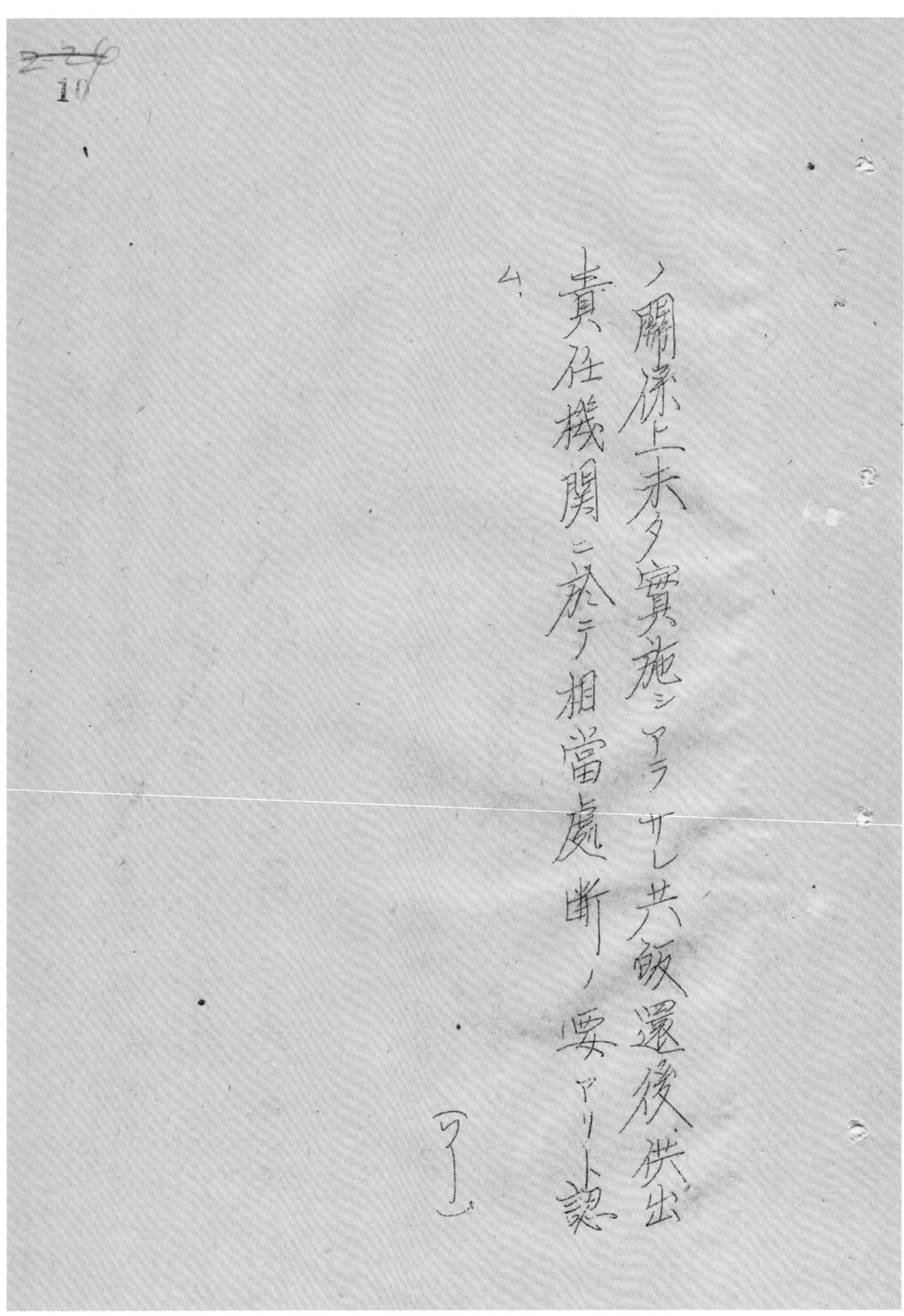

10

ノ關係上未タ實施シアラサレ共歸還後ハ供出責任機關ニ於テ相當處斷ノ要アリト認ム。

（了）

電話

軍労務者罷業ニ関スル件

八、八、三　警務総局　石川

吉林省（長春、九台、懐徳県）供出労務者一、三〇〇名ハ東安省勤労部勤労奉公隊ヲ八月末迄ノ三ケ月ヲ以テ就労中ノトコロ該工事中止ノタメ他ノ工事ニ就労スルコトトナリ就労期ヲ九月末迄ニ延長セラルヽヲ理由トシ七月二十七日ヨリ罷業スルニ至リ現地ハ憲兵隊ト協力[illegible]

陸軍

後究明ニ努ムルト共ニ更ニ適当ナル代表者ヲ選任方指令致置

考究中

現在迄ノ逃亡者　十二名

昭和十七、四（奉監納）

鸡宁宪兵队长致日本关东宪兵队司令部等的报告（通牒）（第二报）（一九四三年八月六日）

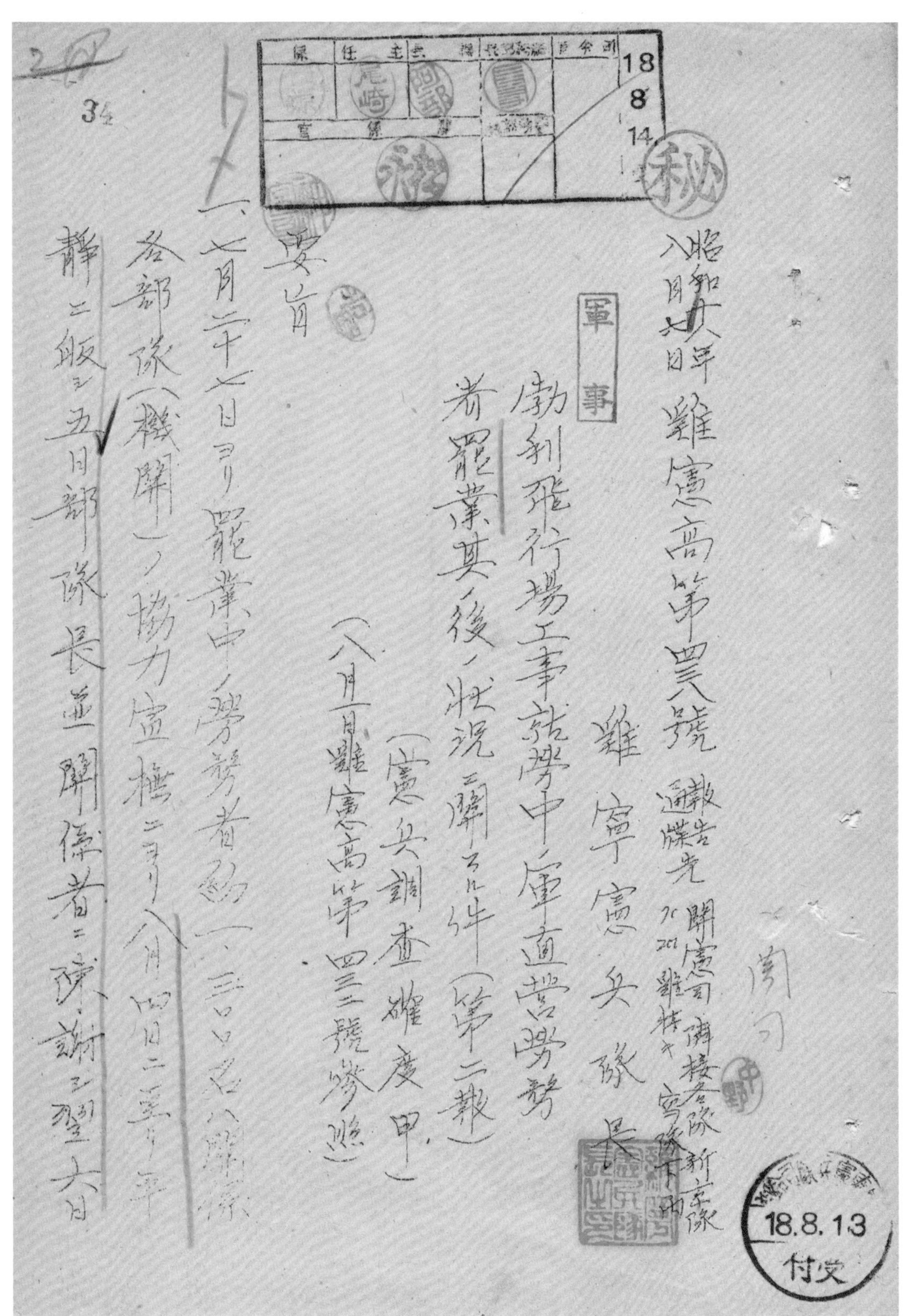

秘

昭和十八年八月六日　雞憲高第四三八號

報告 通牒先　關憲司　隣接各隊　新京隊　雞林分　寧分　下面

雞寧憲兵隊長

軍事

勃利飛行場工事就勞中ノ軍直営勞務者罷業其ノ後ノ状況ニ關スル件（第二報）

（憲兵調査確度甲）

（八月五日雞憲高第四三號參照）

要旨

一、七月二十七日ヨリ罷業中ノ勞務者約一、三〇〇名ハ關係各部隊（機關）ノ協力宣撫ニヨリ八月四日ニ至リ平靜ニ歸シ五日部隊長並關係者ニ陳謝ヲ誓ヒ六日

18.8.13 付受

ヨリ積極的ニ就勞シアリ

二、八月一日、五日二回ニ亘リ勃利縣公署ニ於テ關係部隊（機關）等協議ニ依リ

○罷業勞務者ヲ自八月六日至八月十日間就勞セシメ

○交代勞務者ノ供出ヲ條件トシ八月十一日皈還セシムルヿヲ決定セリ

三、憲兵ハ此ノ關係部隊（機關）ニ協力勞務者ノ動向引續キ警視中

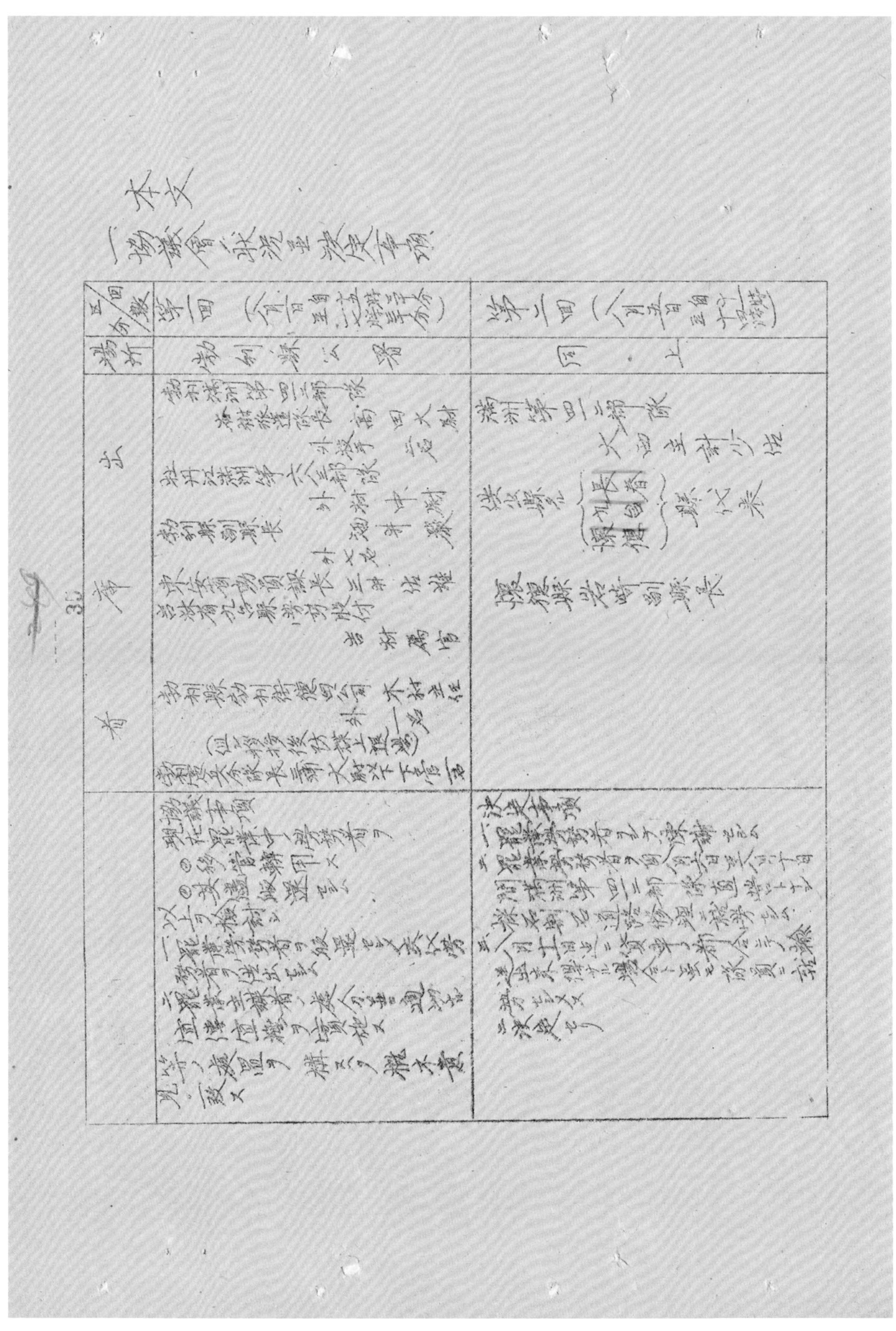

本文

一、協議會ノ状況並決定事項

区分／回数	場所	出席者	協議事項
第一回（八月四日 自午前十一時 至午後三時十分）	勃利縣公署	勃利満洲第四三一部隊 森林警察隊長 高田 四大尉 勃利満洲第六八一部隊 外務係 吉尾 勃利縣副縣長 外池 中村 永安省協和會勃利縣本部長 外七名 三井 佐雄 吉林省北安縣警務股付 吉村 隊長 勃利縣勃利街協和會公司 外一名 木村主任 （但シ特殊工人ノ件ニ就テハ） 勃利憲兵分隊長 勃利分遣所 下士官	協議事項 一、現在就業中ノ特殊工人ヲ ◎特殊工人ノ ◎其ノ他ノ処置ニ就テ 二、以上ヲ検討シ 一、残業特殊者ヲ収容スル事 二、特殊者ノ逃亡者ヲ防止スル為 三、逃亡者並ニ逃亡ノ 防止並ニ捕獲方法ニ就テ 以テ逃亡ヲ防止シ及ビ捕獲ノ措置ヲ致ス
第二回（八月五日 自十時 至正午）	同上	満洲第四三一部隊 大西主計少佐 （長谷川 縣參事官） 渡邊縣次長	決定事項 一、残業者等ヲ入レ收容スルコト 二、残業者等ヲ八月二十八日迄 三、満洲第四三一部隊ニ移管スルコト 四、逃亡者ノ処置ニ就テハ 五、八月十五日迄ニ捕獲スルコト ニ決定セリ

38

二、宣撫陳謝状況並ニ労務者ノ動向

イ、八月三日第七部隊現地派遣将校現地ニ於テ左記要旨ノ警告ヲ発セリ

◎七月二十五日迄ノ作業ヲ謝ス

◎本件ノ如キ怠業不穏行動ハ野蛮的行為ニシテ遺憾ナリ

◎名誉恢復ノ為ニ自発的ニ作業ヲ続行シ且第四一二部隊長ニ謝罪セヨ、

ロ、八月四日ヨリ労務者ハ概ネ就労気運ニアリタルカ翌五日

十六時労務者全員ハ就労現場ニ集合シ第四一二部隊長ヲ始メ関係部隊（機関）ニ対シ左記内容ノ陳謝ノ意ヲ表シ就労ヲ誓約セリ

㊀本事件ヲ起セシハ申訳ナシ

㊁各部隊（機関）ノ指導ニ依リ現時局ノ真相ヲ認識ス

㊂今後軍部並各機関ノ命令ニ絶対ニ服従任務ニ邁進ス

3、同所ニ於テ引續キ第四一二部隊長、懐徳県副県長、勧利県副県長ハ宣撫紛話等ヲナシ且部隊側主催ノ宣撫紛運動會ヲ實施

3

4、八月六、七日勃利縣公署主催トナリ街内満系医師ヨリ成ル医療宣撫班ヲ編成労務者ノ診断ヲ實施シアリ、

5、八月六日労務者ハ一、二八五名就労セリ

註 全員一、三一九名就労率約九割七分ニシテ不就労者ハ孰レモ病人ナリ

三、罷業ニ伴フ反響

1、工事進捗ニ及ホシタル影響

罷業ハ労務者一、三一九名自七月二十七日至八月五日十日間ニシテ大ナル労働力ヲ空費シタルト共ニ豫定工事ハ七月二十五日概ネ完了

シアリテ直接工事ニ及ホシタル影響甚大

3、管内諸労労務者ニ及ホシタル影響甚

外部トノ連絡遮断ニ努メタルヲ以テ管内諸労者及街

民一部ヲ除キ本事件ヲ知悉シアラス

四、其ノ他参考事項

八月四日供出省吉林省次長ハ第四二部隊長並勤

利憲兵分隊長宛本事件処理ニ対シ謝意ノ打電アリ

五、処置所見

イ、関係部隊（機関）ト連絡憲警協力ノモトニ張込其他

38

檢問檢索等ヲ實施シ逃走者ノ警防、無許可外出者ノ取締等部外トノ連絡ヲ遮斷スルト共ニ勞務者ノ動向内査ニ努メタルカ動搖ノ兆ナシ

管内ニハ斷續事件漸増ノ傾向アルニ鑑ミ

③太、中、小隊長ニハ眞ニ國家意識熾ナル有能人材ヲ充ル等勞務者ノ隊編成ニ留意シ

④勞務管理者ハ勞務者ノ心情ヲ把握シ誠心的ニ積極的就勞シ得ル如ク

關係部隊及機關ニ於テハ之カ指導ヲ適切ニスルト

共ニ勞務管理ノ圓滑ヲ期スル要アリト認ム

（了）

鸡宁宪兵队长关于逮捕审讯在军事工程劳动中结伙逃跑劳工情况致日本关东宪兵队司令部等的报告（通牒）

（一九四三年八月二日）

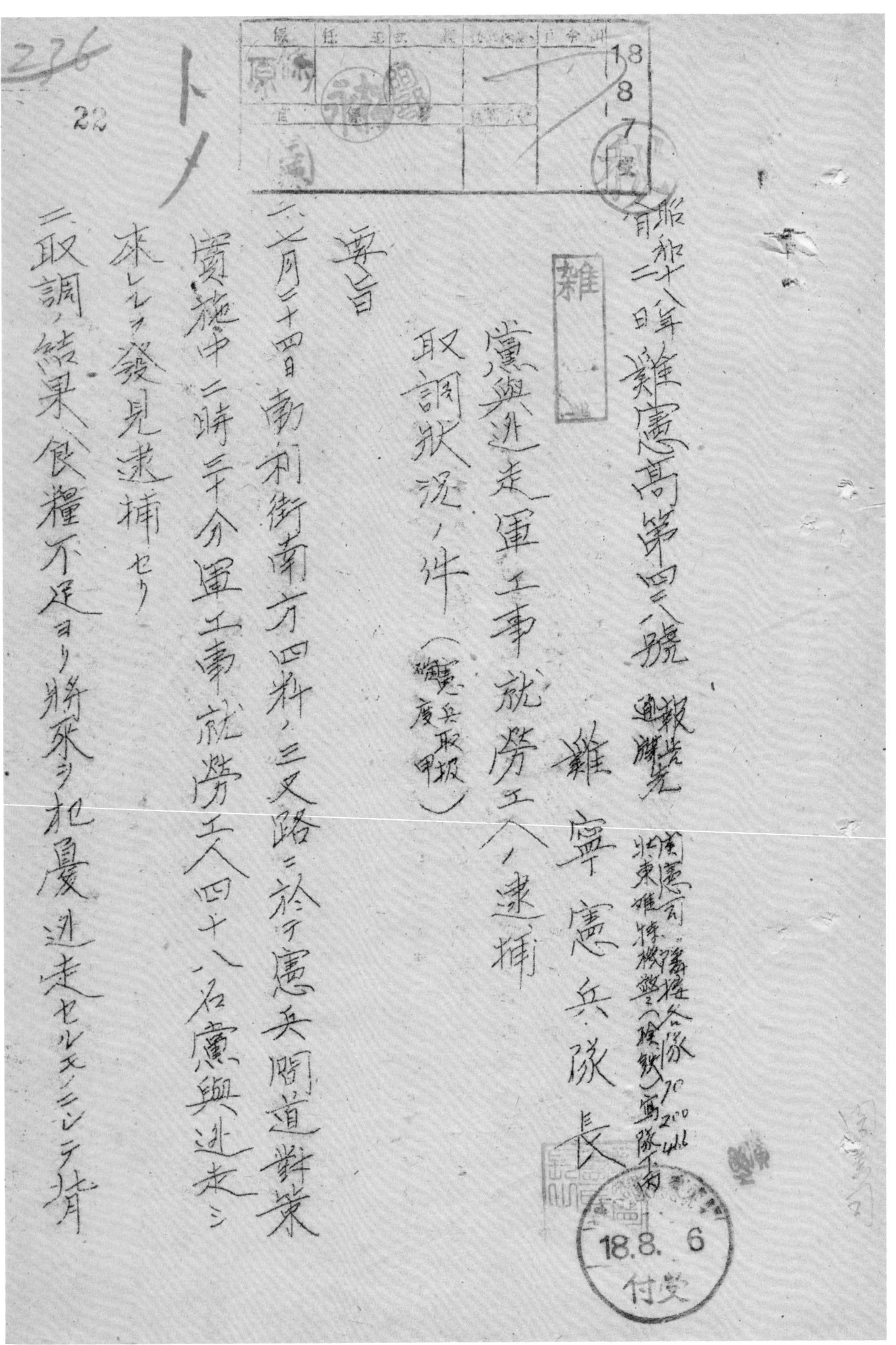

226

22

トメ

18
8
7

昭和十八年八月二日 雞憲高第四〇八號

報告先 関憲司、隣接各隊、北東雅特機警（除欽）寫隊下内
通牒先

雞寧憲兵隊長

雑

黨與逃走軍工事就勞工人ノ逮捕
取調状況ノ件（憲兵取扱 秘度甲）

要旨

一、七月二十四日東利街南方四粁ノ三叉路ニ於テ憲兵関道對策實施中二時三十分軍工事就勞工人四十八名黨與逃走シ來レルヲ發見逮捕セリ

二、取調ノ結果ハ食糧不足ヨリ將來ヲ杞憂逃走セルモノニシテ背

18.8. 6
付受

後關係等ナキヲ以テ厳諭ノ上管理部隊ヲ通シ身柄ヲ雇傭組ニ引渡シタリ

本文

一、逮捕日時場所

昭和十八年七月二十四日二時三十分頃

於勃利縣勃利街南方四粁(三叉路)

二、被逮捕者

本籍　吉林省伊通縣

住所　勃利縣勃利街松本組西台營工事現場

23

大工把頭　張　玉　林
当四十七年
外大工四十八名

三、逮捕當時ノ状況
六月二十四日二時三十分頃前記地点ニ於テ憲兵下士官以下四名間道對策實施中勃利街方面ヨリ數十名ノ工人風ノ満人及荷馬車三台通過シ來リタルヲ發見行動其他ニ就キ訊問シタル處ハ滴道炭礦ニ出稼ニ赴ク途中ナリト返答セルモ供述曖昧ナルト携行物件多量ナル等ヨリ更ニ追

究ノ結果前記軍工事就勞工人ニシテ濟道方面ニ盧

興逃走ノ途中ナル事自供セリ

四、逃走原因

逃走者ハ張玉林外四十八名ハ本年三月奉天ニ於テ現就勞

松本組募集ニ應シ來勤爾來軍工事ニ就勞シアリタルモ

ノナルカ、

1、食糧ノ不足（約一ヶ月前ヨリ所要量ヲ満サス）

2、建築用資材ノ缺乏（逃走数日來休業状態ニアリ）

等ノ現況ヨリ將來ヲ憂慮シ把頭以下盧興逃走セルモノナリ

24

五、憲兵ノ處置所見

ハ、逃走全員ヲ分隊ニ連行逃走原因特ニ背後關係ニ就キ取調ヘタルモ叙上ノ事實判明セルヲ以テ逃走者ヲ嚴諭スルト共ニ管理部隊ヲ通シ組責任者ニ將來適切ナル管理ヲ實施スル如ク注意身柄ヲ引渡シタリ

ニ、最近物資不足ニ基ク斯種逃走事件頻發シアリ勞務管理ノ適切ヲ期セシムルト共ニ對策ヲ強化ナラシムルノ要アリ

右報告參考的ナリ

了

鸡宁宪兵队长关于军事工程劳工抗击日方监督人员事件致日本关东宪兵队司令部等的报告（通牒）（一九四三年八月二日）

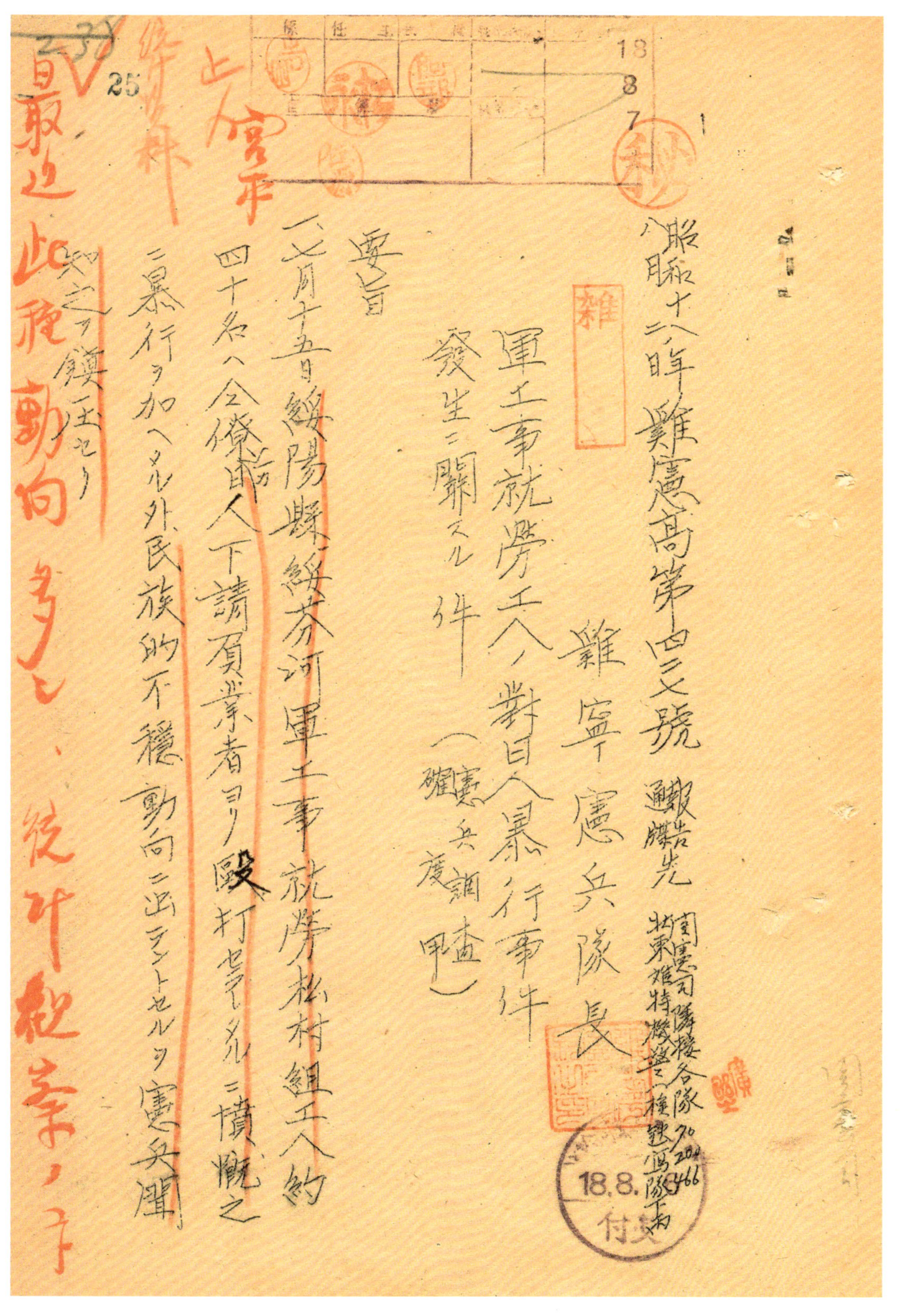

昭和十八年八月二日 鷄憲高第四三〇號

通報先 関憲司、隣接各隊、牡東、雞特機、雞鐵憲分遣隊

鷄寧憲兵隊長

軍工事就労工人ノ對日人暴行事件發生ニ關スル件（憲兵調査確度甲）

要旨

一、七月十五日綏陽縣綏芬河軍工事就労松村組工人約四十名ハ仝僚ガ日人下請負業者ヨリ殴打セラレタルニ憤慨之ニ暴行ヲ加ヘタル外民族的不穏動向ニ出テントセルヲ憲兵聞知之ヲ鎮圧セリ

二、近時工人間ニ斯種事象頻發シアルニ鑑ミ之カ取締對策ヲ強化セラレムルヲ要ス

本文

一、事件發生日時場所

昭和十八年七月十五日 自一〇、〇〇至一六、〇〇時

於牡丹江省綏芬河松村組西美光木工宿舍前

（満洲第七〇〇部隊綏芬河出張所官舍工事現場）

二、事件關係者

イ、組側（被害者）

26

松村組下請負業　日人　木下常助

当四十三年

2、工人側（暴行者）

松村組就労木工　満人　李桂斌

外四十名

三、事件ノ概要

六月十五日十四時頃前記現場ニ於テ就労中ノ松村組工人

（満人）三名ハ同僚一名カ業務上ノ今組日人現場監督者ヨリ殴

打セラレタルヲ憤慨作業終了ノ　帰宿後之カ仕返シヲ為スヘ

ク工人宿舍前ニ潜伏販売途中ノ該日人通掛ルヤ三名協力
之ニ排ミ掛リ平手ニテ殴打暴行顔面ニ軽傷ヲ與ヘシメタ
リ
ニ、屋出ニ依リ憲兵出向暴行セル工人三名ヲ分遣隊ニ連行セルヤ
全宿ノ工人罕名ハ
○之カ責任ハ組側ニアリ
○日人ヲ何名殺シタモ各自カ處分ヲ受ケレハ良イ
○一齊ニ罷業セシ
等ノ言動ヲ擅ニシ且組事務所ヲ襲撃日人組員ニ對スル

暴行ヲ決行セントノ不穩氣運濃化セシメタリ

四、其他參考事項

松村組軍工事就勞工人（木工）ハ四月二十九日牡丹江ニ於テ募集サレ四月三十日來綏セルモノナリ

五、憲兵ノ處置所見

イ、憲兵ハ事件ノ擴大化ヲ慮リ分遣隊員全員ヲ呼集之ニ綏芬河國警隊員六名ノ應援ヲ求メ現場ニ急行主謀者ト認メラルヽモノ五名ヲ檢擧殘余工人ニ對シテハ宣撫シナシ鎮圧ニ努メタリ

二、關係者ハ之ニ付取調ノ結果思想的背後關係等無キヲ以テ嚴重説諭ノ上組責任者ニ身柄ヲ引渡シタルカ本件ハ工人間ノ對日的反感乃至民族意識ニ因由シタルモノニシテ且國境膚接個所ナルヲ以テ爾後ノ推移動向視察中ナリ

鸡宁宪兵队长关于缉捕逃跑特殊工人致日本关东宪兵队司令官的报告（通牒）（一九四三年八月九日）

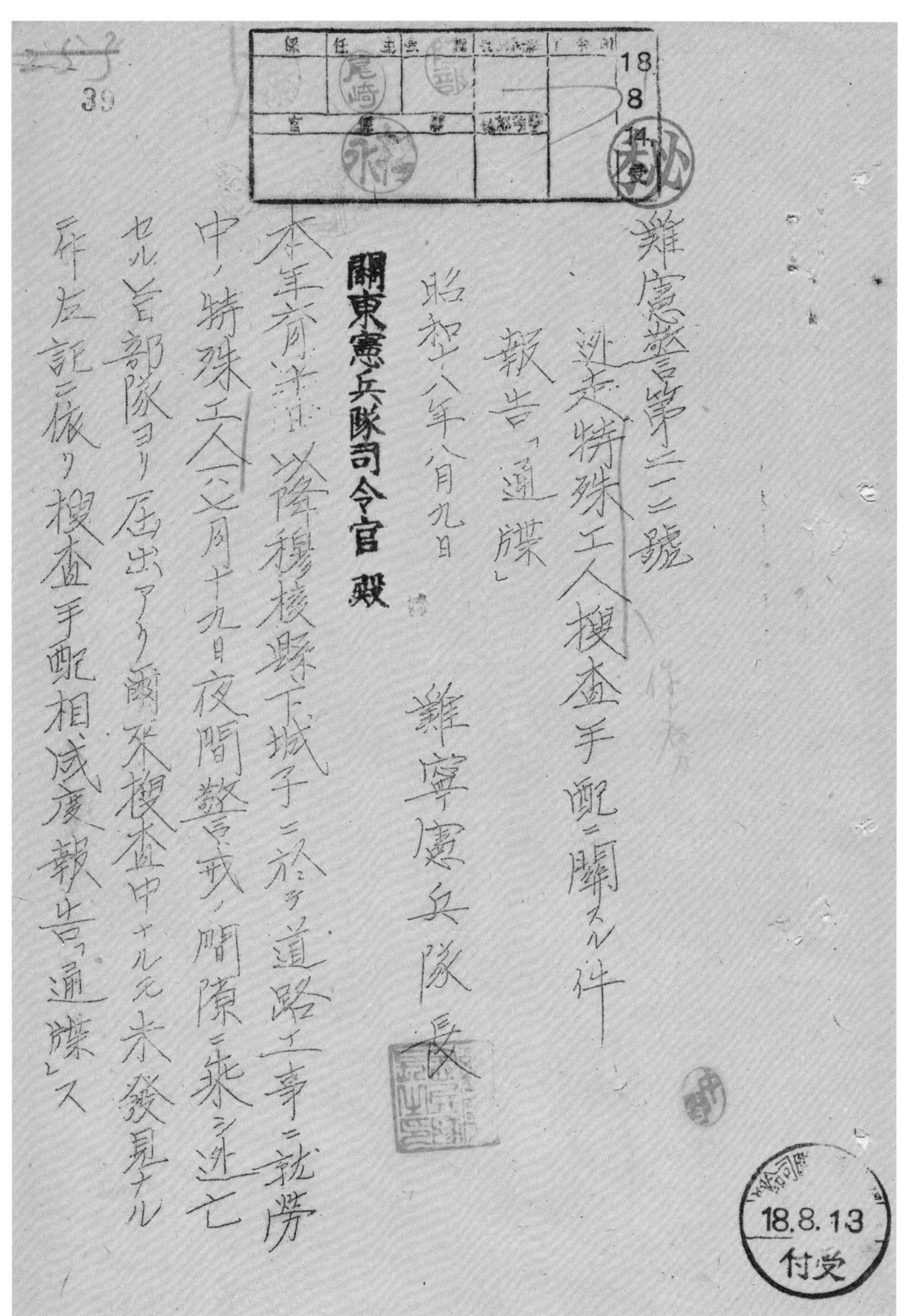
18
8
14
受
秘

鷄憲警第二一二號

逃走特殊工人捜査手配ニ關スル件

報告「通牒」

昭和十八年八月九日

鷄寧憲兵隊長

關東憲兵隊司令官 殿

本年六月以降穆棱縣下城子ニ於テ道路工事ニ就勞中ノ特殊工人（八）七月十九日夜間警戒ノ間隙ニ乗シ逃亡セル旨部隊ヨリ屆出アリ爾來捜査中ナルモ未發見ナルニ付左記ニ依リ捜査手配相成度報告「通牒」ス

18.8.13
付受

左記

本籍地　山東省壽光縣

元所屬　保安第十五旅特務管中尉

現所屬　牡丹江省穆棱縣下城子滿洲第八六四九部隊

　　　　下光線作業隊

楊子山　当二十七年

一、逃走日時場所

1、日時　昭和十八年七月十九日　自至二零時間

2、場所　牡丹江省穆棱縣下光線下城子特殊工人收容所

二.256
40

二、當時狀況

本人ハ六月十五日頃桃山作業地區ヨリ下城子山麓地區ニ到着以來感冒並黄疸ニ罹患入室シアリタルモ逃走前日退室シ六、三日休養後作業ニ出ル可ク命セラレタル爲夜間警戒ノ不備ニ乘シ逃走セルモノナリ

三、原因

病後就勞ヲ嫌ヒ且郷愁ニ驅ラレタルモノト思料サル

四、人相服裝及特徴

別紙ノ如シ

五、所持金品

イ、所持金　準備銀行、紙貨幣約五圓程度

ロ、所持品　詳細不明

六、立寄先ト認メラル、個所

不詳

七、憲兵ノ處置

憲兵ハ部隊側ノ届出ニ依リ關係機關ニ手配捜査中ナリ

八、尚未發見ナリ

發送先
関憲司　関各隊　高隊下山

別紙

人相書

所屬	牡丹江省穆稜縣下城子 満洲第七八四九部隊下光線作業隊
	楊子山 當二十七年
寫眞	ナシ

丈	五尺三寸	齒	齒列良
耳	普通	色	白ミ
口	普通ニテ稍ゝ唇薄紫	眉	細ク濃ミ
髮	丸刈	鼻	高ク
鬚	ナシ	音聲	普通
顔	面長ニシテ下顎少	顴骨	
目	普通	痕	
鬚	〃	其他	

習癖	對談中一定ノ時（約三秒）ヲ置キ伏目ニナル癖アリ
特徴	少シ吃ル
着用被服	黒支那服（胸黒釦付満洲被服統制會調製）
携行品及	着用 茶褐ノ支那帽ヲ携行シアリ（ペラ）笠ヲ被ル
參考事項	山東訛ニシテ一見苦力ニ見ユ

锦州宪兵队长关于缉捕苏联籍逃跑工人致日本关东宪兵队司令官的报告（通牒）（一九四三年八月十日）

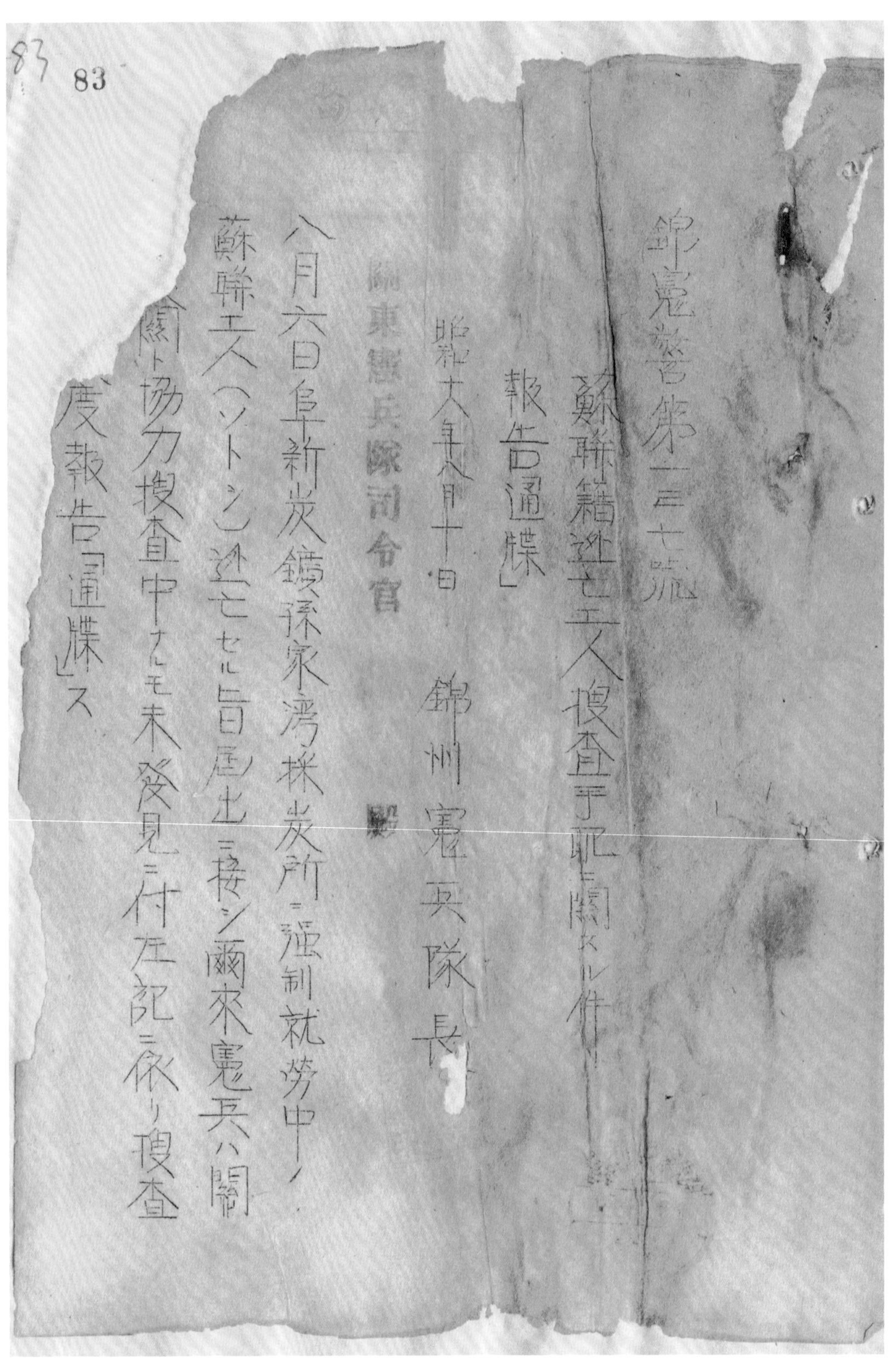
83

錦憲警第一二七號

蘇聯籍逃亡工人捜査手配ニ關スル件

報告通牒」

昭和十八年八月十日　錦州憲兵隊長

關東憲兵隊司令官　殿

八月六日阜新炭鑛孫家灣採炭所ニ強制就勞中ノ蘇聯工人（ソトン）逃亡セル旨屆出ニ接シ爾來憲兵ハ關係ト協力捜査中ナルモ未發見ニ付左記ニ依リ捜査度報告「通牒」ス

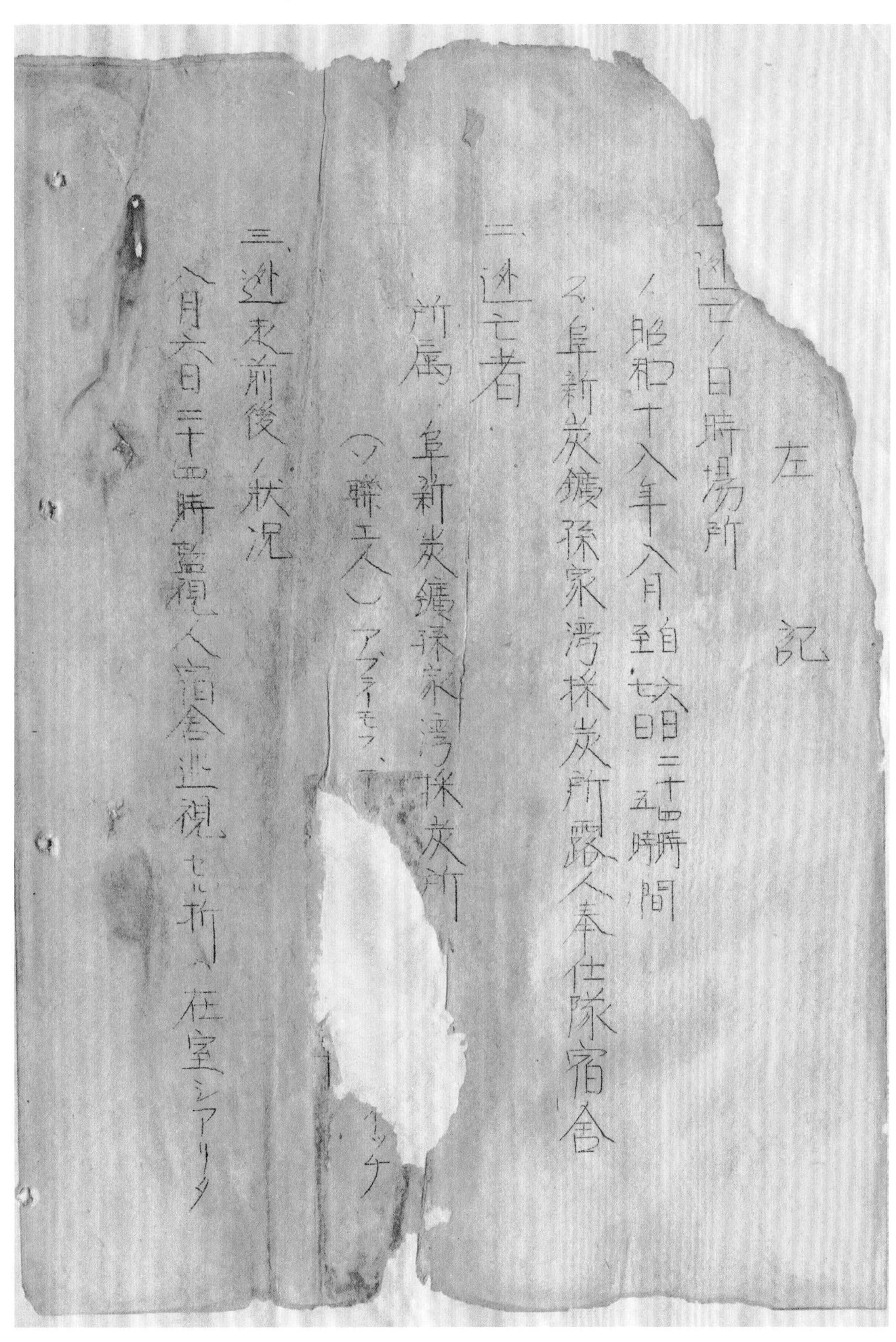

左　記

一、逃亡ノ日時場所

イ、昭和十八年八月 自六日二十四時 至七日五時間

ロ、阜新炭鑛孫家湾採炭所露人奉仕隊宿舎

二、逃亡者

所属　阜新炭鑛孫家湾採炭所

（ソ聯工人）アブラーモフ、[illegible]ッケ

三、逃走前後ノ状況

八月六日二十四時監視人宿舎巡視セル折ハ在室シアリタ

84

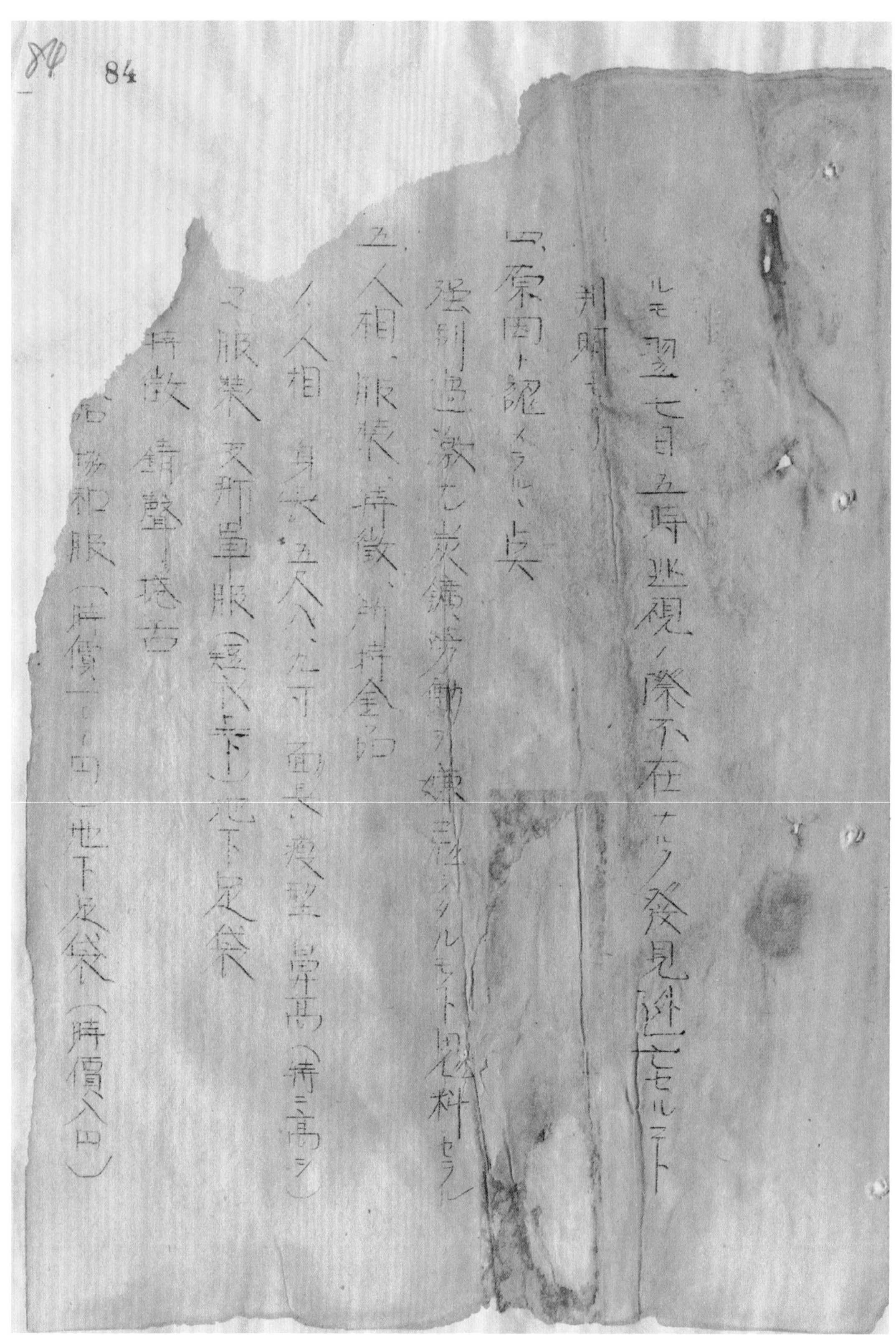
ルモ翌七日五時巡視ノ際不在ナルノ発見逃走セルコト
判明セリ
四、原因ト認メラルヽ点
特別過激ナル炭鑛労働ヲ嫌忌シタルモノト思料セラル
五、人相、服装、特徴、所持金品
イ人相 身長五尺八、九寸 面長 痩型 鼻高（特ニ高シ）
ロ服装 支那単服（短衣下衣）地下足袋
特徴 錆聲ノ塔古
右協和服（時価一〇円）地下足袋（時価八円）

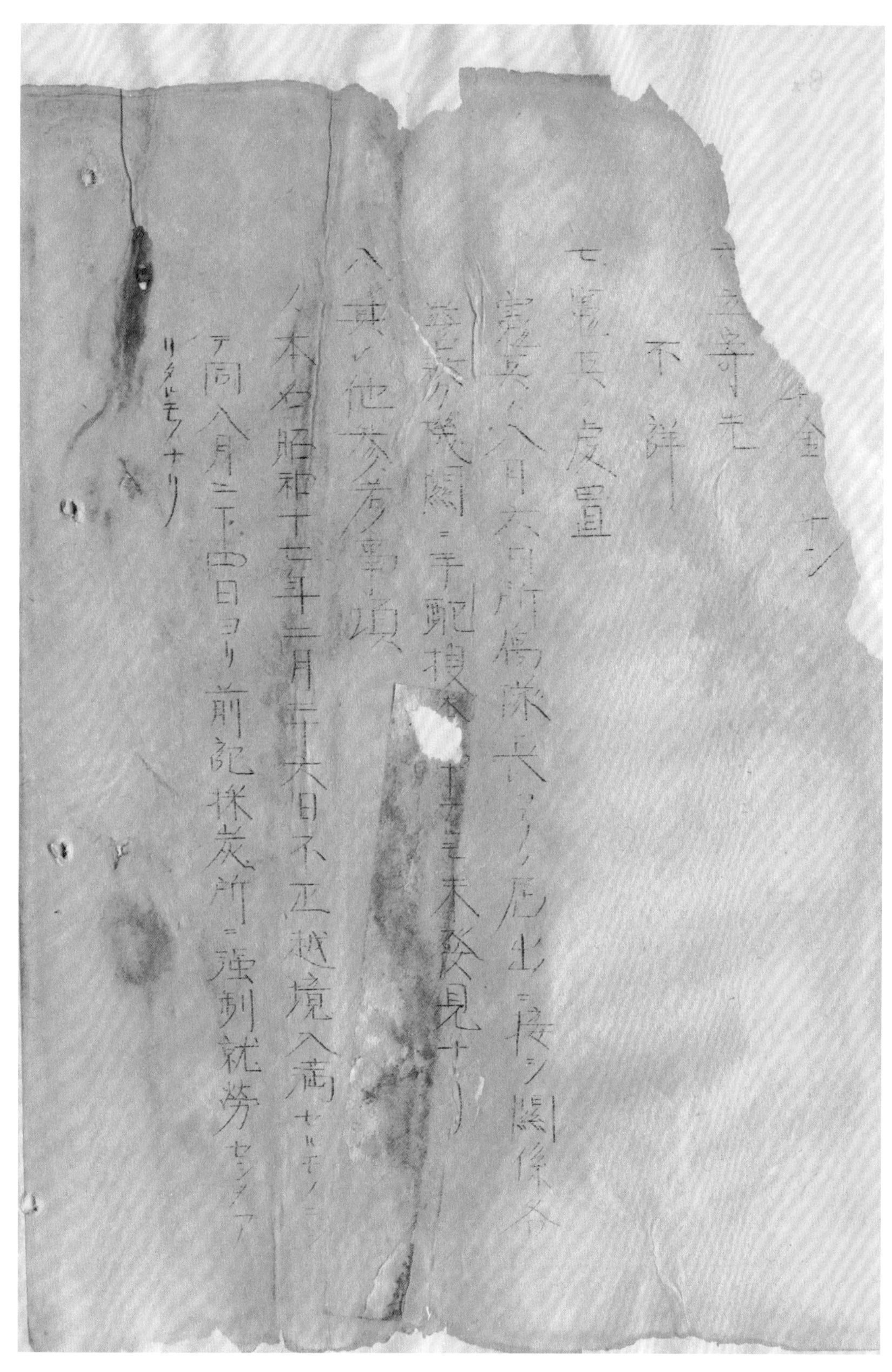

[illegible]金ナシ

六、立寄先

不詳

七、處置

容疑人ハ八月六日所属隊長ヨリノ届出ニ接シ關係各警察機關ニ手配捜査中ナルモ未發見ナリ

八、其ノ他参考事項

本名ハ昭和十七年二月二十六日不正越境入滿セルモノニシテ同八月二十四日ヨリ前記採炭所ニ強制就勞セシメアリタルモノナリ

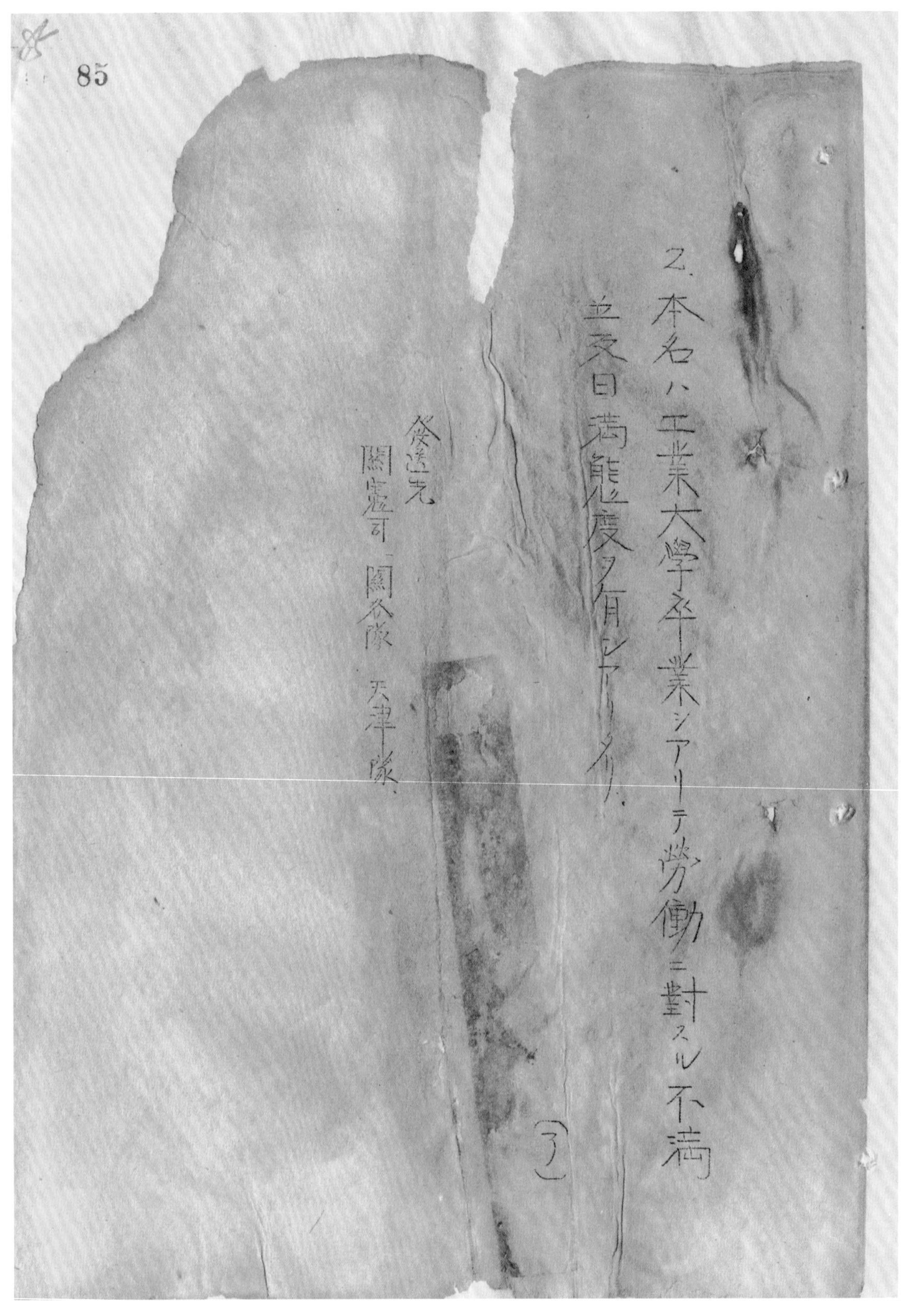
85

乙．本名ハ工業大學卒業シアリテ勞働ニ對スル不満

並反日満態度ヲ有シアリタリ。

（了）

發送先

關憲司　關各隊　天津隊。

阿尔山独立宪兵分队长关于军事工程劳工结伙逃跑致日本关东宪兵队司令部等的报告（通牒）

（一九四三年八月十二日）

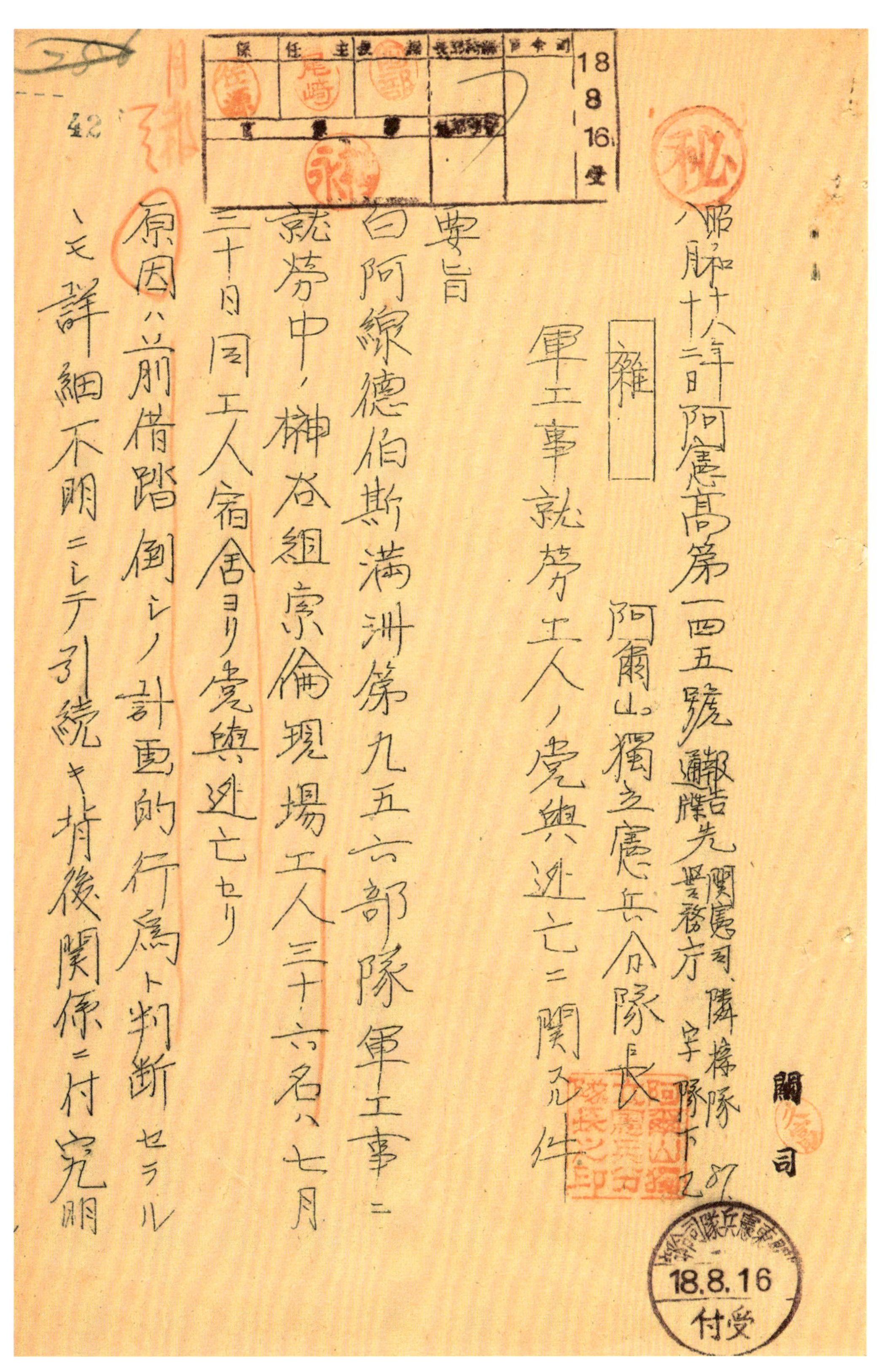

関司

秘

18
8
16 受

昭和十八年八月十二日 阿憲高第一四五號

通牒先 関憲司、隣接隊、宇部隊下乙87、興警庁

阿爾山獨立憲兵分隊長

雑

軍工事就勞工人ノ党與逃亡ニ関スル件

要旨

白阿線徳伯斯満洲第九五六部隊軍工事ニ就勞中ノ榊谷組宗倫現場工人三十六名ハ七月三十日同工人宿舎ヨリ党與逃亡セリ

原因ハ前借踏倒シノ計画的行為ト判断セラルルモ詳細不明ニシテ引続キ背後関係ニ付究明

18.8.16
付受

中ナリ

本文

一、逃亡日時場所

1、日時　昭和十八年七月三十日二十三時頃

2、場所、科爾沁右翼前旗索倫工事現場工人宿舎

二、逃亡者

別紙連名簿参照

三、逃走前後ノ状況

逃亡苦力　橋秀山以下三十六名ハ七月十一日龍

江省齊々哈爾ヨリ軍工事就労ノタメ募集セラレ爾來白阿線德伯斯滿洲第九五六部隊宗倫工事現場榊谷組ニ於テ就労シアリタルモノナルカ前記小苦力頭嬌秀山以下二十六名ハ七月三十日二十三時二十分頃日系一名該宿舍ヲ巡視セルニ嬌苦力頭以下三十六名党與逃走シアルヲ發見届出テタルモノナリ

尚七月三十日二十一時三十分頃迄ハ平常通リ就労シタ食後逃走迄ハ夜警（滿警）一監視シアリタ

ルカ会夜警モ何レカニ逃走セリ

四、逃走ノ原因動機

入寮尚日淺ク之カ原因トシテ認ムヘキモノナキモ前借踏倒ノ計画的行為ニ非スヤト思料セラル

五　處置

本組側ノ處置

榊谷組ニ於テハ使用工人ノ逃亡報告ニ接スルヤ直チニ従業員ヲ呼集シ附近一帯ヲ捜索スルト共ニ騎馬五頭ヲ以テ捜査ニ努メタルモ未發見ナリ

~~258~~
84

2、憲兵ノ處置

憲兵ハ現場員ノ急報ニ接シ直チニ關係機關ニ聯絡原因究明スルト共ニ背後關係ニ就キ究明中ナリ

六、參考事項

逃亡ニ際シ組所有ノ「スコップ」四本天秤棒十三本菜刀一、白麵袋十二枚、叺六枚ヲ携行逃亡シアリ

七、所見

3

状況叙上ノ如ク計画的ニ逃亡セルモノニアラス
ヤト思料セラル、点アリ
特殊地域ニ於ケル之等不良工人ニ對スル監
視ハ更ニ一段ノ考慮ヲ要スルモノト認ム

（了）

25

別紙

本籍	種別	氏名	年令	逃亡月日場所	募集地
河北省	土工	王德賦	五四	昭和十八年十一月三十日 場外	齊々哈爾
龍江省	〃	王奎光	二三	〃	〃
山東省	〃	當鳳岐	〃	〃	〃
〃	〃	刘六書	三一	〃	〃
河北省	〃	謝振業	三五	〃	〃
〃	〃	郝金剛	二三	〃	〃
〃	〃	穆閣良	三二	〃	〃
山東省	〃	王芳棠	〃	〃	〃
〃	〃	李庭訓	二六	〃	〃
〃	〃	王守礼	五〃	〃	〃
奉天省	〃	遠德宗	二七	〃	〃
〃	〃	吳明呈	二五	〃	〃
北安省	〃	池海樓	二一	〃	〃

錦州省	〃	呂杏林	二六	〃	〃
山東省	〃	王廣貴	二三	〃	〃
〃	〃	潘玉話	二五	〃	〃
〃	〃	胡月桂	二三	〃	〃
〃	〃	陳玉興	二二	〃	〃
〃	〃	張季春	一九	〃	〃
〃	〃	耿收棟	三二	〃	〃
〃	〃	刘云岐	二七	〃	〃
〃	〃	宋年有	四二	〃	〃
〃	〃	郭季年	二二	〃	〃
〃	〃	張維起	二八	〃	〃
錦州省	〃	伊文法	三六	〃	〃
山東省	〃	除座共	二四	〃	〃
〃	〃	除座收	二三	〃	〃

河北省	〃	楊紀訓	二九	〃	〃
山東省	〃	孫許端	二八	〃	〃
〃	〃	孔桐王	二七	〃	〃
熱河省	〃	陳桐端	二四	〃	〃
河北省	〃	王宝田	〃	〃	〃
山東省	〃	嬌秀山	四三	〃	〃
〃	〃	董名文	三二	〃	〃
河北省	〃	田淮亭	一八	〃	〃
〃	〃	王方山	三九	〃	〃

伪满铁道警护总队总监部关于各种具有「不稳定因素」的言论致日本关东宪兵队司令部、关东防卫军参谋部等的情报日报（一九四三年八月十八日）

72

22

秘

發送先　關憲司、關防參、關參一、二、四、警総局、京辦事、軍二官、學院

情報第九號

康德十年八月十八日

鐵道警護總隊總監部

情報日報

各種不穩言動ニ關スル件

首題ノ件ニ關シ當總隊員ノ聞知セル狀況左記ノ通ナルガ本言動ハ流言ノモトヲ爲スモノナルヲ以テ言動者ニ對シテハ夫々嚴重説諭スルト共ニ關係機關ト協力爾後ノ動向内査中ナリ

記

一　軍用工人ノ不穩言動　（齊齊哈爾隊報）

楡樹屯隊軍飛行部隊請負師荒木峯吉ノ語ル處ニ依レバ現在楡樹屯隊軍飛行部隊機械修理工人間ニ次ノ如キ言動ヲ爲ス者アリト

○毎日徹夜デ飛行機ヲ製造シタリ修理シタリシテ居ル事ハ日本ガ大

新京辦事處郵由録 945

18.8.21 付受

東亞戰爭ニ負ケテ居ルカラ其ノ挽回策トシテ躍起トナツテ居ル證據ナリ

○生活必需品ノ配給不圓滑ハ日本ガ戰爭ヲシテ居ルカラデ日本ガ負ケテ仕舞ツタラ配給モ充分ニナルト思フ

二　金屬回收ニ伴フ滿系教員ノ不穩言動　（南叉隊）

滿系教員某ガ列車內ニ於テ洩セル言動次ノ如シ

○近ク政府ニ於テハ金屬回收法ヲ制定シ強制的ニ金屬回收ヲ實施スル趣ナルガ斯ク迄シテ武器彈藥ヲ製造スルカラニハ日本モ相當戰爭物資ニ不足シアルモノト窺知セラル

○我々滿洲國人ハ日本ガ勝ツモ米英ガ勝ツモ結局其ノ生活ニ大ナル變化ナカルベシ速ナル戰爭ノ終結ヲ待ツノミナリ

三　浮勞者ノ強制就勞ニ伴フ不穩言動　（昂々溪隊）

富拉爾基居住朱景庫ガ七月中旬齊齊哈爾ニ於テ見聞セリトテ洩セル狀況次ノ如シ

○阿片中毒者ラシキ者二名ガ道路上ニテ立話中更ニ一名ノ阿片中毒

74

者風ノ者來リ「此處ニ居テハ危險ダ早ク何處カヘ迯ゲナクテハイカヌ」ト告グルヤ先ノ二名ハ「何故迯ゲルノダ」ノ反問セルニ彼ハ「今後警察デハ無職者ヲ全部捕ヘテ黑河方面ヘ送リ勞工トシテ就勞サセ、工事終了後ハ土ノ中ニ埋メテ殺シテ仕舞フラシイ」ト答ヘタルヲ以テ先ノ二名モ直ニ迯走セリ

阿尔山独立宪兵分队长关于军用劳工结伙逃跑致日本关东宪兵队司令部等的报告（通牒）（一九四三年八月二十一日）

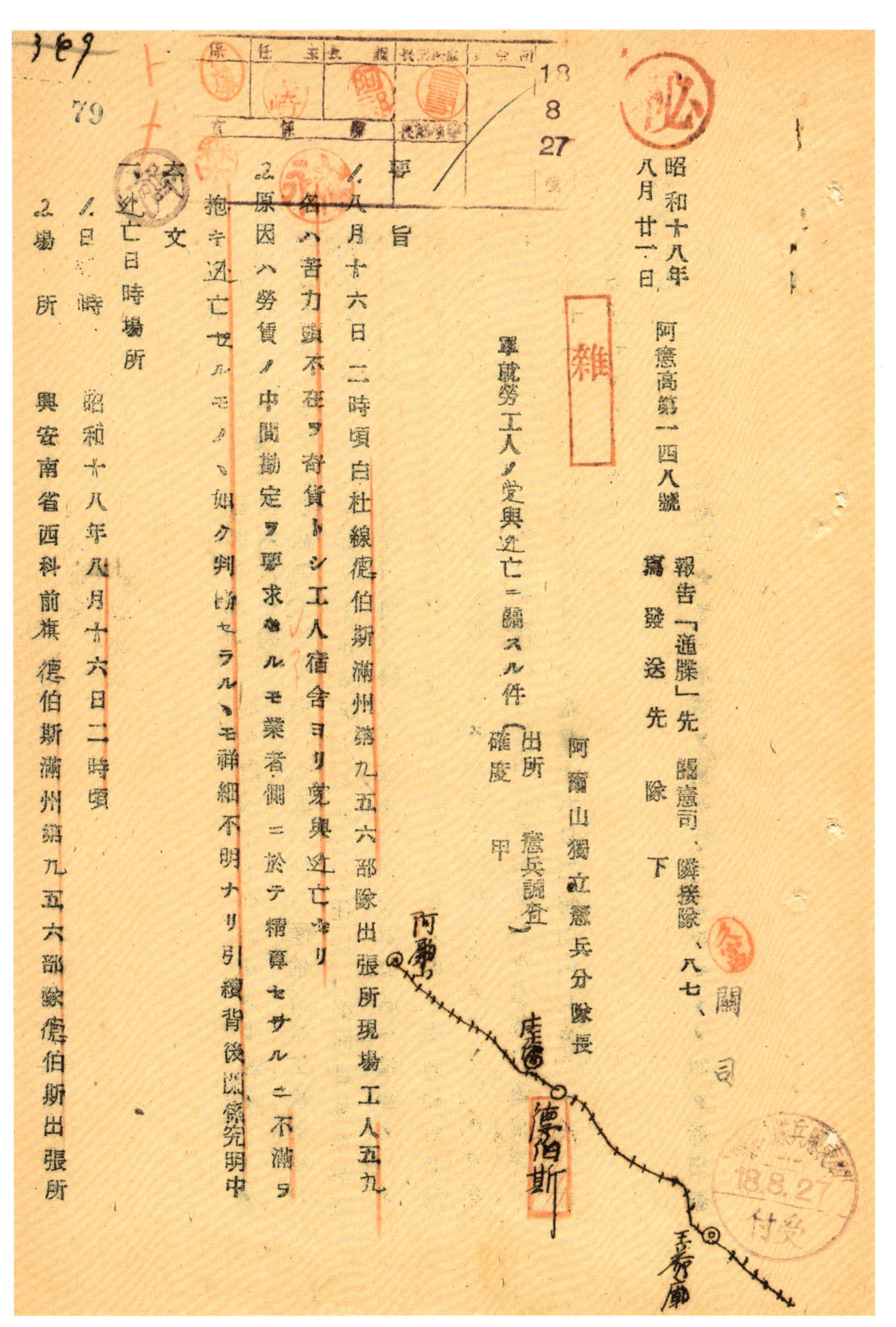

昭和十八年八月廿一日　阿憲高第一四八號

報告「通牒」先　關憲司、隣接隊、八七、關司

寫發送先　隊下

阿爾山獨立憲兵分隊長

軍就勞工人ノ党與逃亡ニ關スル件〔出所　憲兵調査　確度　甲〕

要旨

1. 八月十六日二時頃白杜線德伯斯滿州第九五六部隊出張所現場工人五九名ハ苦力頭不在ヲ奇貨トシ工人宿舎ヨリ党與逃亡セリ

2. 原因ハ勞賃ノ中間勘定ヲ要求セルモ業者側ニ於テ精算セサルニ不滿ヲ抱キ逃亡セルモノヽ如ク判断セラルヽモ詳細不明ナリ引續背後關係究明中

本文

一、逃亡日時場所

1. 日時　昭和十八年八月十六日二時頃

2. 場所　興安南省西科前旗德伯斯滿州第九五六部隊德伯斯出張所

軍工事工人宿舍

二、逃亡者住所氏名年令募集地

別紙名簿ノ如シ

三、逃亡前後ノ狀況

逃亡工人五九名ハ自四月上旬至六月中旬ニ亘リ白城子洮南地區ヨリ募集セル下層勞働者ニシテ白杜線德伯斯滿洲第九五六部隊德伯斯軍工事現場日滿土木ニ於テ就勞シ居リタルモノナルカ爾來仕事ニ不面目且作業成績不良ナルニ依リ之カ動向嚴視中ノ處八月初旬頃家族ヘ送金ノタメト稱シ苦力頭岳修岑ヲ介シ下請負人ニ對シ週日ノ如ク中間勘定ヲ請求シキタリシタメ八月下旬頃精算スル旨ヲ應諾セシメアリタルカ益々怠慢氣勢アリタルヲ以テ行動ニ付內查シ居リタル處苦力頭岳修岑白城子ヘ旅行不在間ヲ寄貨トシ八月十六日二時頃何レカニ党與逃亡ヲ決行セルモノナリ

四、逃亡原因

原因ハ勞賃ノ中間勘定ナキニ不滿ヲ抱キ逃亡セルモノヽ如ク詳細番

130

80

カナラサルモ逃亡工人大部分ノ出身地ハ北支ニシテ重慶側軍隊等ノ根據地タリシ關係上或ハ思想的背後關係者ノ煽動ニ非スヤト思料セラル丶點ナシトセス引續キ究明中ナリ

五、憲兵ノ處置

八月十六日組側ノ通報ニ依リ關係機關ニ手配スルト共ニ逃亡原因背後關係ニ就キ究明中

尚業者側ノ勞務監督ノ不圓滑ト勞賃ノ不整理ニ依ル工人ノ不安動搖防止ノタメ勞賃支拂ノ調停ヲナスルト共ニ業者ニ對シテハ將來ノ勞賃支拂方ヲ確實ニ實施セシムヘク嚴重諭示セリ

六、所見

狀況以上ノ如クニシテ仝地附近ニ於ケル勞工ノ逃亡ノ頻發ハ其ノ募集地等ヨリ考察シ或ハ思想的背後關係者ノ煽動ニ非スヤトモ思料セラル丶レ引續キ究明中ナルカ一方直接ノ原因ト思料セラル丶勞賃ノ中間不

拂等ニ關シテハ業者ニ對スル監督ヲ一層嚴ニシ工人逃亡ノ未然防止上遺憾ナキヲ期スルノ要アリ

（終）

351

81

本籍	種別	氏名	年令	逃亡場所 年月日	募集地
河南省內黃縣	土工	呂文景	五〇	德伯斯軍工事現場 昭和十八年八月十六日	白城子洮南
河北省青豐縣	仝	呂克溫	三七	仝	仝
河南省內黃縣	仝	李漢之	三九	仝	仝
吉林省懷德縣	仝	王永昇	二一	仝	仝
河內省內黃縣	仝	呂文祥	二七	仝	仝
仝	仝	呂銅喜	二〇	仝	仝
仝	仝	曹煥文	四二	仝	仝
仝	仝	曹成郡	一八	仝	仝
河北省青平縣	仝	范文寶	二九	仝	仝
仝	仝	徐鳳朝	二四	仝	仝

河北省青平縣	仝	徐鳳玉	三六	仝	仝
河南省內黃縣	仝	張黃印	一七	仝	仝
吉林省農安縣	仝	肖貴春	四五	仝	仝
河北省青平縣	仝	范芳	一八	仝	仝
仝	仝	范修義	四一	仝	仝
仝	仝	范義堂	三六	仝	仝
河南省內黃縣	仝	呂喜順	五〇	仝	仝
仝	仝	張金州	四一	仝	仝
仝	仝	呂新永	五〇	仝	仝
河南省洛陽縣	仝	孫福山	三八	仝	仝
河南省內黃縣	仝	譚保	三九	仝	仝
仝	仝	李章芳	二一	仝	仝

3512

82

本籍	種別	氏名	年令	逃亡場所 年月日	募集地
奉天省鐵嶺縣	土工	韓貴祥	五〇	德伯斯專工事現場 昭和十八年八月十六日	白城子 洮南
仝	仝	李生	四一	仝	仝
四平省双遼縣	仝	李鳳武	三四	仝	仝
山東省林青縣	仝	寇樹奎	五〇	仝	仝
河南省華縣	仝	袁樹坤	三二	仝	仝
仝	仝	修世忠	四七	仝	仝
河北省濮陽縣	仝	馬德才	四一	仝	仝
仝 豐潤縣	仝	范廣順	四六	仝	仝
仝 內黃縣	仝	呂樹芝	四二	仝	仝
仝	仝	呂志安	一九	仝	仝

河北省内黄縣	仝	趙慶年	一九	仝	仝
仝 呂縣	仝	趙福粱	二六	仝	仝
山東省清川縣	仝	今姜年	三〇	仝	仝
仝 溫永縣	仝	刘春福	二八	仝	仝
吉林省鐵嶺縣	仝	揚化新	一九	仝	仝
四平省双遼縣	仝	馬中文	二一	仝	仝
山東省 平縣	仝	張志永	四八	仝	仝
錦州省黑山縣	仝	潘成有	二一	仝	仝
河北省青豐縣	仝	范里修	二一	仝	仝
奉天省清原縣	仝	張明山	五〇	仝	仝
仝 遼陽縣	仝	手文雲	五〇	仝	仝
山東省溫永縣	仝	錢直林	三八	仝	仝

83

本籍	種別	氏名	年令	逃亡場所 年月日	募集地
河南省[illegible]陽縣	土工	孫順	三八	德伯斯土工事現場 昭和十八年八月十六日	白城子 洮南
吉林省怀德縣	仝	高本丁	一八	仝	仝
奉天省昌圖縣	仝	刘占奉	四五	仝	仝
仝	仝	高万貴	四七	仝	仝
仝	仝	高品清	一八	仝	仝
錦洲省黑山縣	仝	張振山	三八	仝	仝
河北省[illegible]縣	仝	趙福受	五〇	仝	仝
仝 内黄縣	仝	呂廣祥	三〇	仝	仝
仝 撫安縣	仝	程景貴	一八	仝	仝

河南省隋縣	仝	陳秀嶺	二六	仝		仝
仝 辛縣	仝	郭彩學	一八	仝		仝
仝	仝	郝彩雲	二三	仝		仝
仝	仝	刘金箪	二五	仝		仝
仝 莘縣	仝	韓玉全	五〇	仝		仝
仝	仝	時同盛	二二	仝		仝

东宁宪兵队长关于缉捕结伙逃跑特殊工人致日本关东宪兵队司令官的报告（通牒）（一九四三年八月二十六日）

秘

東憲高第三二號

昭和十八年八月二十六日

特種工人党與逃走捜査手配ノ件報告（通牒）

東寧憲兵隊長

關東憲兵隊司令官殿

日時	昭和十八年八月二十六日十一時頃
場所	東寧満洲第二九九部隊要山作業場
前後ノ状況	井戸ニ水汲ニ赴キ監視兵ノ隙ヲ窺ヒ逃走
原因	不明
参考事項	一、要山作業場ハ國境至近距離アリ 入蘇ノ疑アリ

逃走者 氏名 年令	本籍	元所属	人相服装
李子如 当三〇年	河北省保[illegible]縣北唐	八路軍第四大隊二中隊 中兵	五尺六寸 面長、アバタ顔、鼻高アリ 灰色満服 地下足袋 着用
李啓云 当二七年	山西省大同府	五軍一三師騎兵連 少上	五尺五寸 嘴丸顔 黒色満服 地下足袋着用
李天緑 当二四年	四川省開縣	五軍一三師八団二営五連 上兵	顔色青ヒ頸コケ眼細ヒ 右腕貫通銃創創アリ

發送先 關東憲司 關係各隊 新京 奉天 八連 錦州 隊 [illegible] 綏 東國 [illegible] 隊下乙

部隊側ノ監兵監視未タ充分ナラス

捜査手配ノミニテハ不可ナリ
要山地区ハ前例モアリ作業時及逃走
ノ前後ノ状況並ニ蘇容疑資料等ヲ
報告スルヲ要ス

东宁宪兵队长关于通缉结伙外逃特殊工人致日本关东宪兵队司令官的报告（通牒）（一九四三年九月五日）

东宁宪兵队长关于结伙入苏特殊工人所在部队劳务管理状况致日本关东宪兵队司令官的报告（一九四三年九月六日）

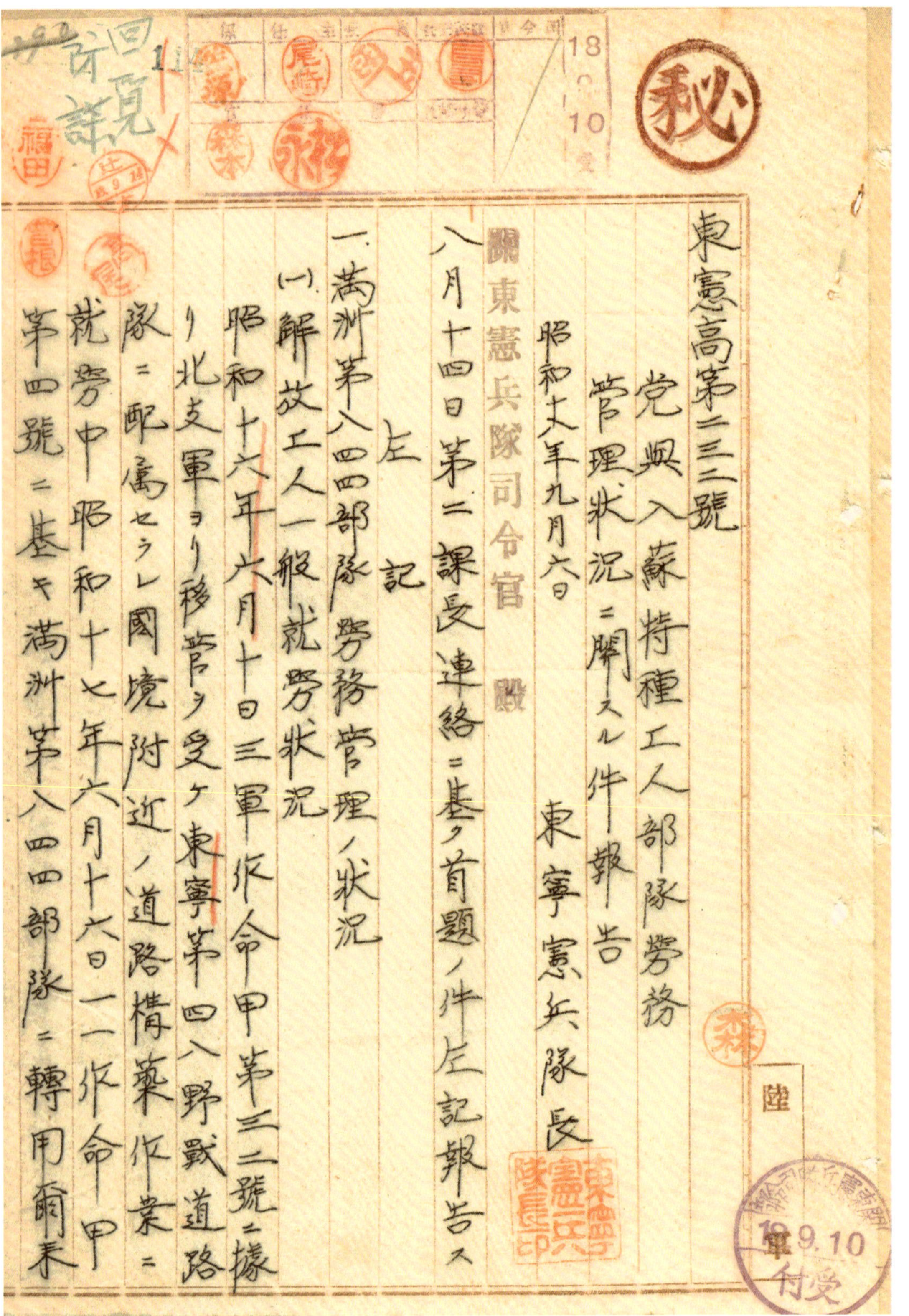

秘

東憲高第二三二號

党與入蘇特種工人部隊勞務管理狀況ニ關スル件報告

昭和十八年九月六日

東寧憲兵隊長

關東憲兵隊司令官殿

八月十四日第二課長連絡ニ基ク首題ノ件左記報告ス

記

一、滿洲第八四四部隊勞務管理ノ狀況

(一)解放工人一般就勞狀況

昭和十六年六月十日三軍作命甲第三二號ニ據リ北支軍ヨリ移管ヲ受ケ東寧第四八野戰道路隊ニ配屬セシメ國境附近ノ道路構築作業ニ就勞中昭和十七年六月十六日一一作命甲第四號ニ基キ滿洲第八四四部隊ニ轉用爾來

東寧縣南天山、眼鏡山、黒岩山、菜営嶺、老黒山等ノ永久築城工事ニ従事シ同年十月十六日一一作命甲第六一號ニ基キ十二月上旬ヨリ寧安縣横道河子附近ニ於テ陣地用木材伐採作業ニ従事シ昭和十八年一月十八日一一作命丙第一八號ニ基ク参謀長指示ニ依リ一月二十五日特種工人タルノ身分ヲ解放一般労務者トシテノ取扱ヲ受クルニ至ル
木材伐採作業終了後同年四月九日八四四作命第九號ニ依リ四月十六日以降東寧縣石門子地區及南天山地區ニ於テ永久築城工事ニ従事セルモノナリ

(二)宿舎施設

管理部隊業務ノ特性上作業短期間ノ

為宿舍等ハ「バラック」建トシ照明、換氣、排水、採暖等ヲ考慮シ應急宿舍ヲ設置シ醫務室監視所、便所、糧秣庫、浴場、炊事場等設備シアルモ移動性多キタメ勞務管理所、娯樂室ノ設備等ナシ

(三)給與

1、賃金

昭和十八年十一月中旬特種工人トシテ滿洲第一一部隊作命ニ依リ食費、衣服、勞需品等一切官給トシ別ニ日當ニ十錢、班長(將校)四十錢ヲ支給シアリシカ昭和十九年一月二十五日一一作命丙第一八號ニ基ク參謀長指示ニ依リ特種工人タルノ身分ヲ解放シ一般勞務者ノ待遇ヲナシ關東軍勞務

處理要領ニ準據シ大班長二円七十錢班長二円二十錢一般工人一円九十錢ヲ支給シ每月稼高ハ酒保品、食費等控除シ清算書ヲ作成全員ニ閲覧説明納得ノ上個人貯金トシ軍指示ニ基キ必要最少限度ノ小遣ヲ支給シアリテ現在一人當リノ貯金高ハ平均二百円程度ナリ

乙、被服

被服ハ官給ニシテ春、夏、秋期ニ於テハ概ネ適正ナルモ冬季防寒被服ハ充分ナラス昨年十二月五日満式防寒靴本年二月満式防寒帽綿入防寒衣袴各一支給セラレタルモノニシテ本被服ノ支給迄ハ地下足袋及普通服ヲ以テ作業ニ服シタルモノニシテ現地ノ寒

氣ニ對シテハ不適當ナル点アリ

(四)給養

一日平均食費四十五錢ニシテ主食物ハ軍指令ニ依リ補給廠ヨリ受領配給シ副食物ハ現地調辨並ニ工人宿舍周邊ニ野菜栽培、家畜（豚等）ヲ飼育セシメアルモ部隊業務ノ關係上一定場所ニ長期就勞不可能ノ爲副食物ノ自隊生産ハ積極的ニ實施セラレアラス冬期間ハ野菜ノ購入貯藏等常ニ苦慮シアリ主食物ノ定量ハ左ノ如キ状況ニシテ他隊ニ比シ繁劇不規則ナル作業ニ服スル勞務者ハ常ニ不足空腹ヲ訴ヘアル實情ニシテ軍ニ對シ再度ノ増給方申請ニ依リ七、八、九ノ三ケ月ニ割増給ノ指示アリタリ

區分		冬季 自十月至三月		夏季 自四月至九月			摘要
		一日定量	計	一日定量	增給量	計	
穀物	小麦粉	一五〇瓦	七五〇瓦	一五〇瓦	三〇瓦	一、〇四四瓦	朝夕 雜穀飯一椀 晝 饅頭拳大二個
	雜穀	六〇〇		七二〇	一四四		
豆油		二〇	二〇	二〇		二〇	
塩		二〇	二〇	二〇		二〇	
備考		夏季增給量ハ二割ニシテ七、八、九月ノ三ケ月ノミトス					

(五)衛生

部隊ニ軍醫二、衛生下士官四、兵二ノ配屬ヲ受ケ軍醫指揮下ニ毎月一回月例身体檢査ノ外各作業現場ニ随時出向シ労務者ノ防疫實施ヲ適確ニシ宿舍内外ノ消毒施業ニ努ムルト共ニ罹患者ノ早期診斷施療入浴ヲ勵行セシメアリテ現

在解放工人ハ軽度ノ疾病者一〇%ニシテ悪質傳染病患者皆無ナリ

(六)防諜對策

現在部隊配属憲兵二(七月十五日關憲作命第三六八號ニ依リ一名増加)通譯二ヲ以テ工人ノ身上調査並適宜所持品ノ精密検査ヲ實施スルト共ニ外部トノ交渉ハ厳禁シアリタル之自昭和十七年十月至〃十八年五月ノ間ハ通譯ナク配属憲兵一ヲ以テ廣汎ナル各地區ヲ兼務セル状況ニシテ工人ノ動向査察等徹底シ得サリキ

(七)思想動向

蒋直系軍ノ俘虜大半ニシテ抗日意識濃厚懐猜疑惑利己主義思想旺盛ニシテ之カ善導ニハ一段ノ工夫ヲ凝シ教化ト宣撫工作ノ徹底ヲ痛

感シアリタルモ工事ノ性質上作業ノ不規則繁劇並居住施設不備ノ関係上思想ノ善導宣撫工作等ハ未タ充分ナラサル状況ニアリタリ

(ハ)慰安施設

部隊工事ノ特質上僻地ニ於テ作業ニ従事シ無聊ナル為工人間ニ演藝會ヲ組織セシメ五月端午節、中秋節ヲ始メ適時之ヲ開催セシムル外左ノ如ク娯楽施設ヲナシアリ

一、漢字新聞（月刊）　六部
二、雑誌　二五部
三、胡弓　七個
四、蓄音機　四台
五、レコード　一五〇枚
六、ラヂオ　二台

東京小津紙

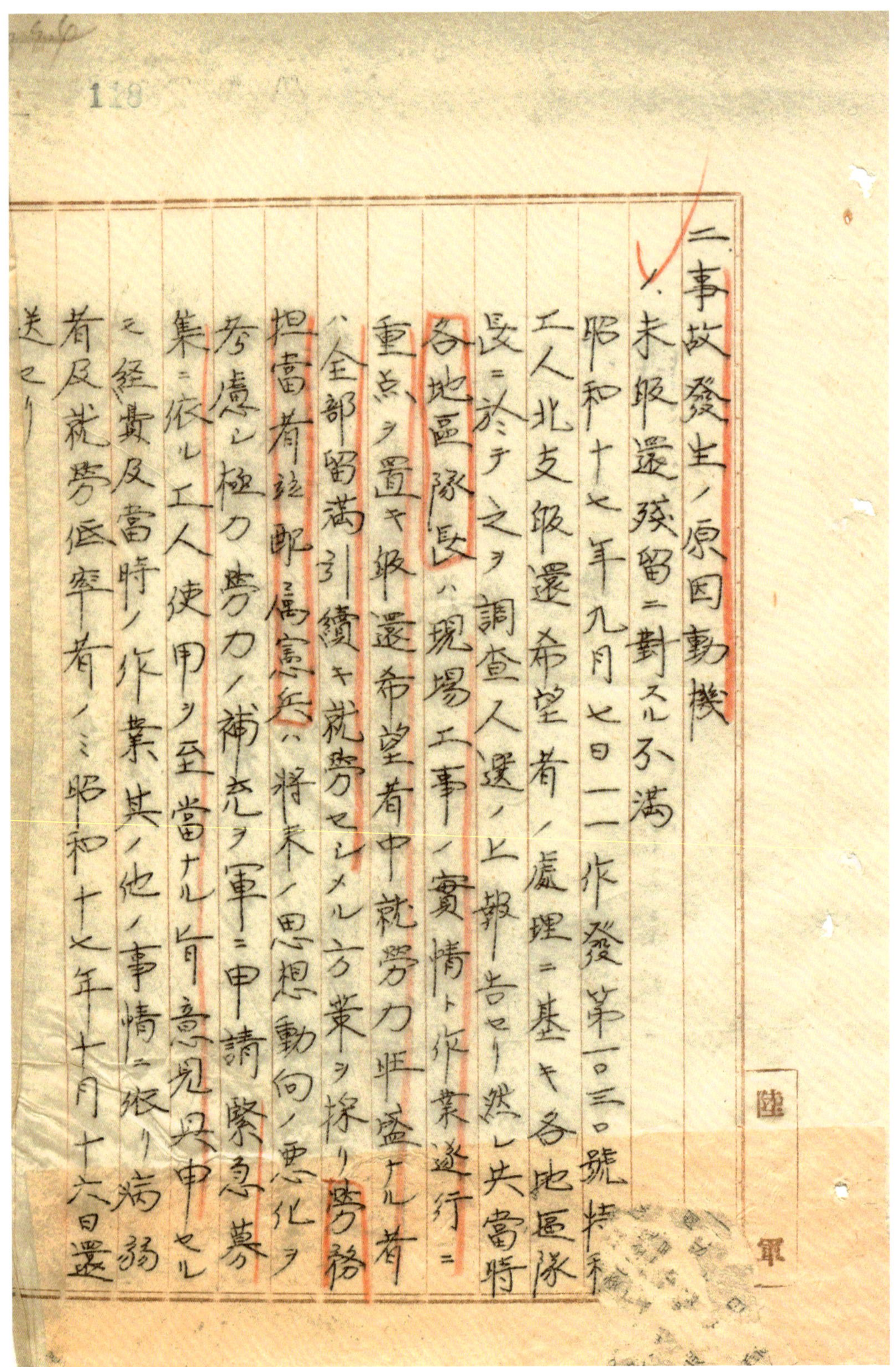

128

二、事故發生ノ原因動機

イ、未帰還殘留ニ對スル不滿

昭和十七年九月七日二一作發第一〇三〇號特秘工人北支帰還希望者ノ處理ニ基キ各地區隊長ニ於テ之ヲ調査人選ノ上報告セリ然レ共當時各地區隊長ハ現場工事ノ實情ト作業遂行ニ重点ヲ置キ帰還希望者中就勞力旺盛ナル者ハ全部留滿引續キ就勞セシメル方策ヲ採リ勞務担當者並配属憲兵ハ将来ノ思想動向ノ悪化ヲ考慮シ極力勞力ノ補充ヲ軍ニ申請緊急募集ニ依ル工人使用ヲ至當ナル旨意見具申セルモ經費及當時ノ作業其ノ他ノ事情ニ依リ病弱者及就勞低率者ノミ昭和十七年十月十六日還送セリ

陸軍

(2)

作業ニ對スル不滿
管理部隊ノ作業ハ常ニ緊急ニシテ所命
期日ニ所定ノ國防用工事ヲ完成セシメル
關係上繁劇不規則ナル作業ニシテ當時
南天門菜營嶺老黑山等一ケ月若クハ
二ケ月三ケ月等轉々移動作業ヲ継續シ
安住ヲ許サレス其間部隊就勞ノ直傭
工人及供出工人ハ全部皈鄉シ特種工人
ノミ殘留セシ爲現境遇ニ著シク嫌棄ヲ
生シタルモノヽ如ク本年一月二十六日第二次特
種工人還送地當時ノ作業地橫道河子
ハ工人出生地ト気候ノ変化著シク積雪
膝ヲ沒スル森林中ニ於ケル作業ニシテ酷
寒痛切ニ苦痛ヲ許ヘアリ之カ爲作業能

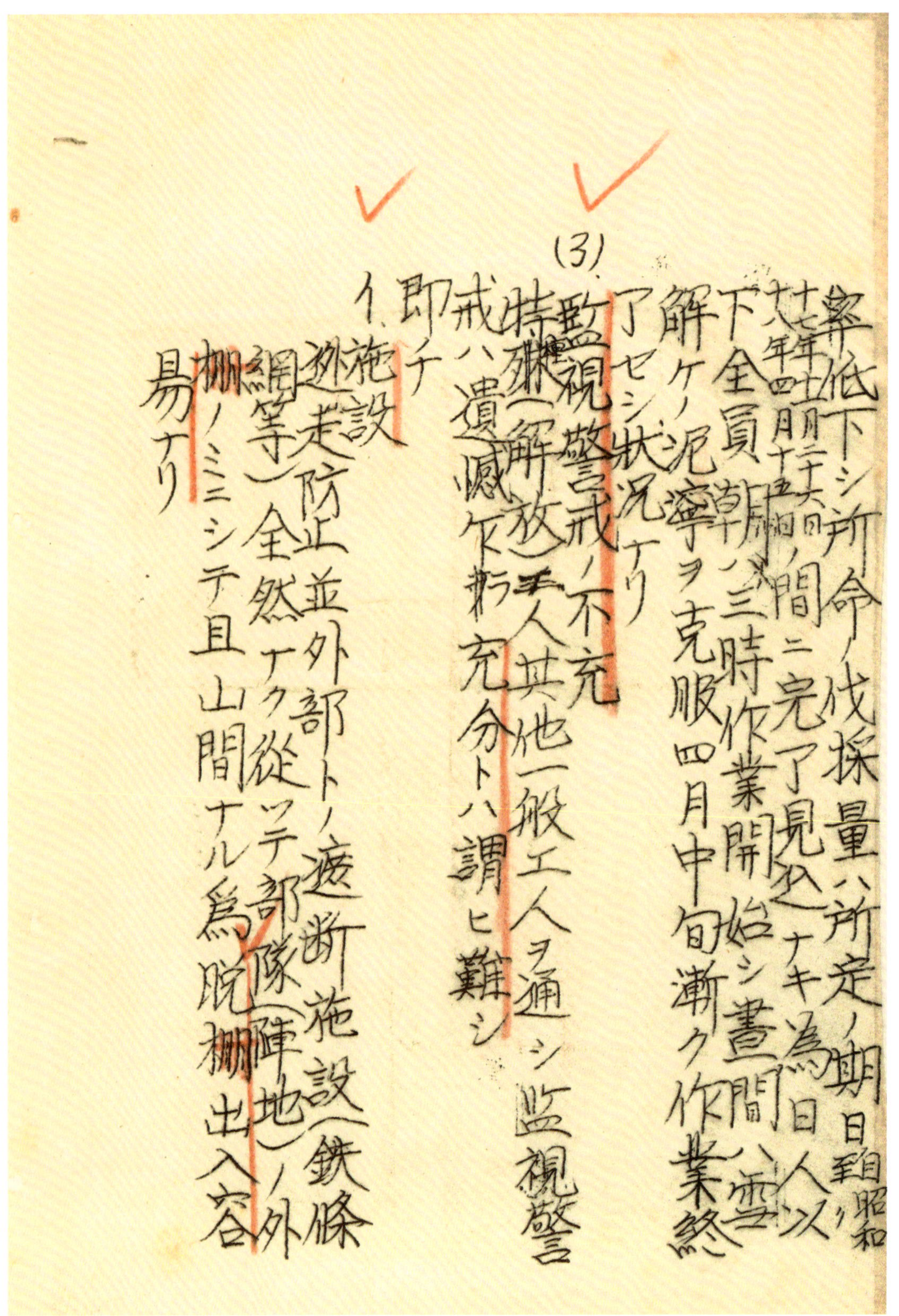
率低下シ所命ノ伐採量ハ所定ノ期日至リ昭和十七年十二月二十六日十八年四月十五日ノ間ニ完了見込ナキ為日人以下全員朝ノ三時作業開始シ晝間ハ雪解ケノ泥濘ヲ克服四月中旬漸ク作業終了セシ状況ナリ

(3)、監視警戒ノ不充

特殊工人（解放工人）其他一般工人ヲ通シ監視警戒ハ遺憾乍ラ充分トハ謂ヒ難シ

即チ

イ、施設

逃走防止並外部トノ遮断施設（鉄條網等）全然ナク從ッテ部隊（陣地）ノ外柵ノミニシテ且山間ナル為脱柵出入容易ナリ

796

120

人員ニハ不足ナカルヘシ

ロ、監視警戒ノ状況

監視警戒ノ兵力及方法充分ト謂ヒ難ク逃走及外部トノ接觸ノ間隙生スヘク其ノ状況左ノ如シ

夜間	晝間	作業間	工人数
一、下士官以下十六名ヲ監視警戒ニ専屬ス 二、三名宛一時間交代ニテ工人宿舎周囲ヲ動哨警戒ス	一、兵力同上 二、疾病其他残留者ニ対スル監視警戒ノ爲一名宛一時間交代動哨ス	一、監視兵力ナシ 二、作業間ハ工人二〇名位ニ対シ工事現場監督單屬二名程度ナリ	一九七名

ハ、監視着意

警戒兵並現場監督單屬ハ常ニ視線内ニ置クノ監視着意ハ充分ナラス一般ニ特殊(種)

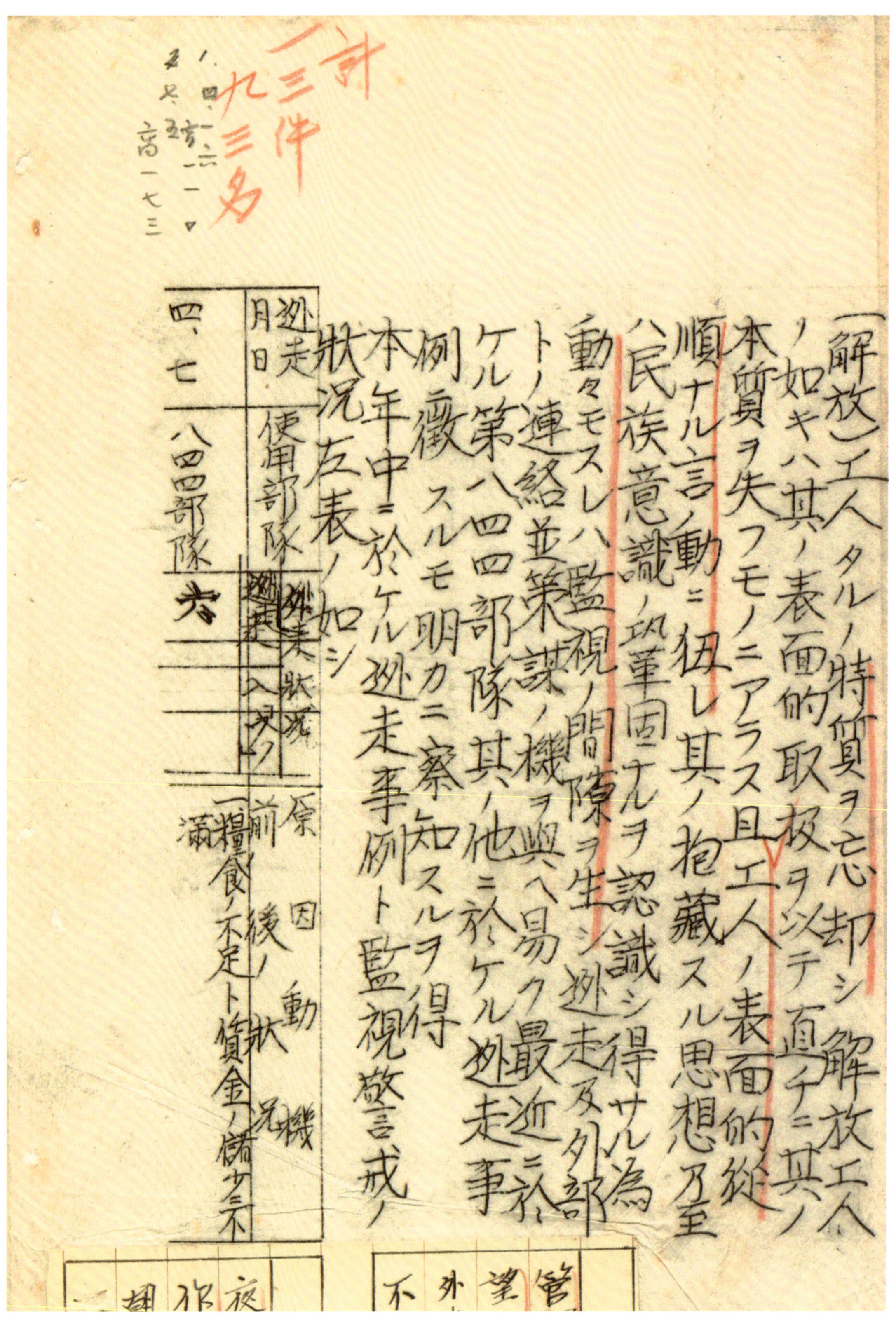

計 三件 九三名

「解放」工人タルノ特質ヲ忘却シ解放工人ノ如キハ其ノ表面的取扱ヲ以テ直チニ其ノ本質ヲ失フモノニアラス且工人ノ表面的従順ナル言動ニ狃レ其ノ抱藏スル思想乃至ハ民族意識ノ鞏固ナルヲ認識シ得サル為動々モスレハ監視ノ間隙ヲ生シ逃走及外部トノ連絡並策謀ノ機ヲ與ヘ易ク最近ニ於ケル第八四四部隊其ノ他ニ於ケル逃走事例ニ徵スルモ明カニ察知スルヲ得

本年中ニ於ケル逃走事例ト監視警戒ノ状況左表ノ如シ

逃走月日	使用部隊	逃走人員	逃走状況	原因動機 前後ノ状況
四、七	八四四部隊	六		一、糧食ノ不足ト賃金ノ儲サニ不滿

797

122

					二、二十時暗夜ヲ利用シ用便ヲ装ヒ便所附近ヨリ脱柵党與逃走
四、一六 営二一・	四、五、	三六二一部隊	八		一、糧食不足ト寝具未支給ニ不満 二、暗夜監視ノ隙ニ乗シ便所裏ヨリ党與逃走
七、五 営一七三	五、一五	〃	一		一、神経衰弱 二、療養中七時頃便所ニ行クト称シ病舎ヲ立出テ十時頃逃走セルコトヲ判明
右同	五、二、	〃	四		一、望郷ノ念 二、疾病ニテ病舎ニ収容中五時三十分ヨリ六時三十分ノ間ニ逃走日朝点呼ノ際発覚ス
右同	五、二三、	三七一部隊	二八		一、懐郷ノ念 二、党與逃セントセルヲ発見

八、十六 同 六、二四 高一一五八

〃 十六 同

〃 十六 同

六、二九 高一一六六

	六、九、	〃	六、二十一
	〃	〃	八四四部隊
	五	二	二三
			二三
直ニ取押	一、懐郷ノ念 二、一時四十分頃工人不寝番ヲ務メ迴党與逃走シ朝点呼時発覚ス	一、懐郷ノ念 二、工人九九名ハ兵三名ノ監視下ニ作業中十五時ノ休憩時間ヲ利用用便ニ装ヒ党與ト逃走ス	一、外部ヨリノ策謀ニ依ル 二、軍属二名ノ監督下ニ作業中自十二時至十六時向軍属長用務ノタメ宿舎ニ帰リ一名ハ自己業務ニ従事中逃走ヘシス

122

備考	月日	部隊			事由
七、五 宮一七三	六 卅二六、	八四四部隊	二		一、懐郷ノ念 二、作業中監督者ノ隙ヲ窺ヒ逃走
七、一四 宮一八七	七、八、	リ	四	四	一、外部ヨリ煽動策謀 二、拂暁濃霧ニ乗シ逃走（入リ込）
七、九 宮一八一	七卅、二	一二七一部隊	二		一、同僚ノ傳染病ヲ恐怖セルモノナラスヤト認メラル 二、二十二時三十分頃用便ヲ装ヒ病舎ヲ立出テ逃走ス 動哨中ノ歩哨物音並人影ヲ認メ逃走方向ニ向ケ射撃ス
八、二六 宮二二二	八、二六、	二九九部隊	三	入リ込 容疑濃厚	一、炊事係工人三名ヲ兵一名引率水汲ニ赴キタルモ濁水ニシテ飲用不適ナリトノ工人ノ言ニ兵ハ隊ニ連絡ニ赴キ其ノ間濃霧ニ乗シ逃走

陸軍

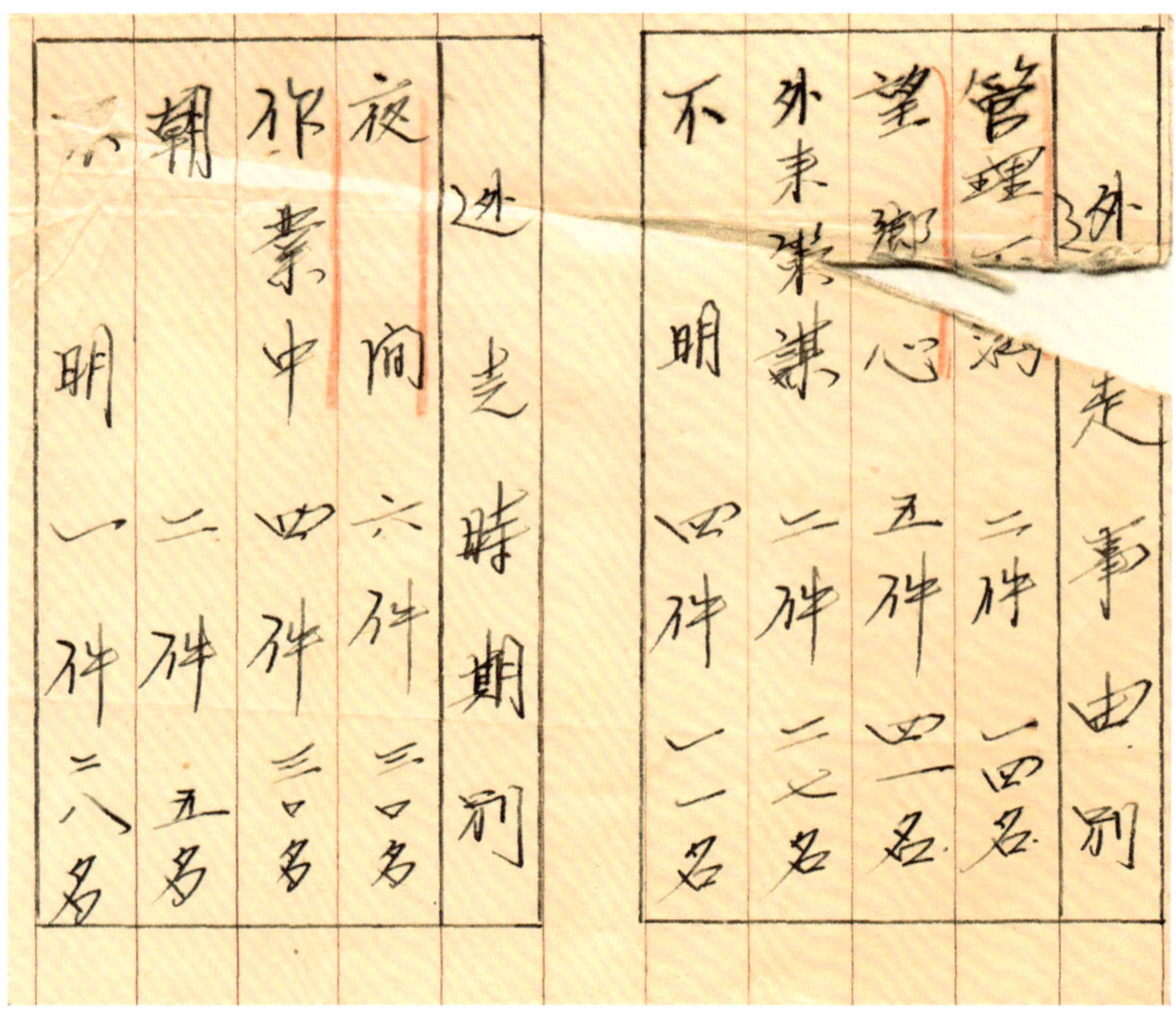

外逃走事由別		
管理ノ不満	二件	一四名
望郷心	五件	四一名
外来策謀	二件	二七名
不明	四件	一一名

外逃走時期別		
夜間	六件	三〇名
作業中	四件	三〇名
朝	二件	五名
不明	一件	二八名

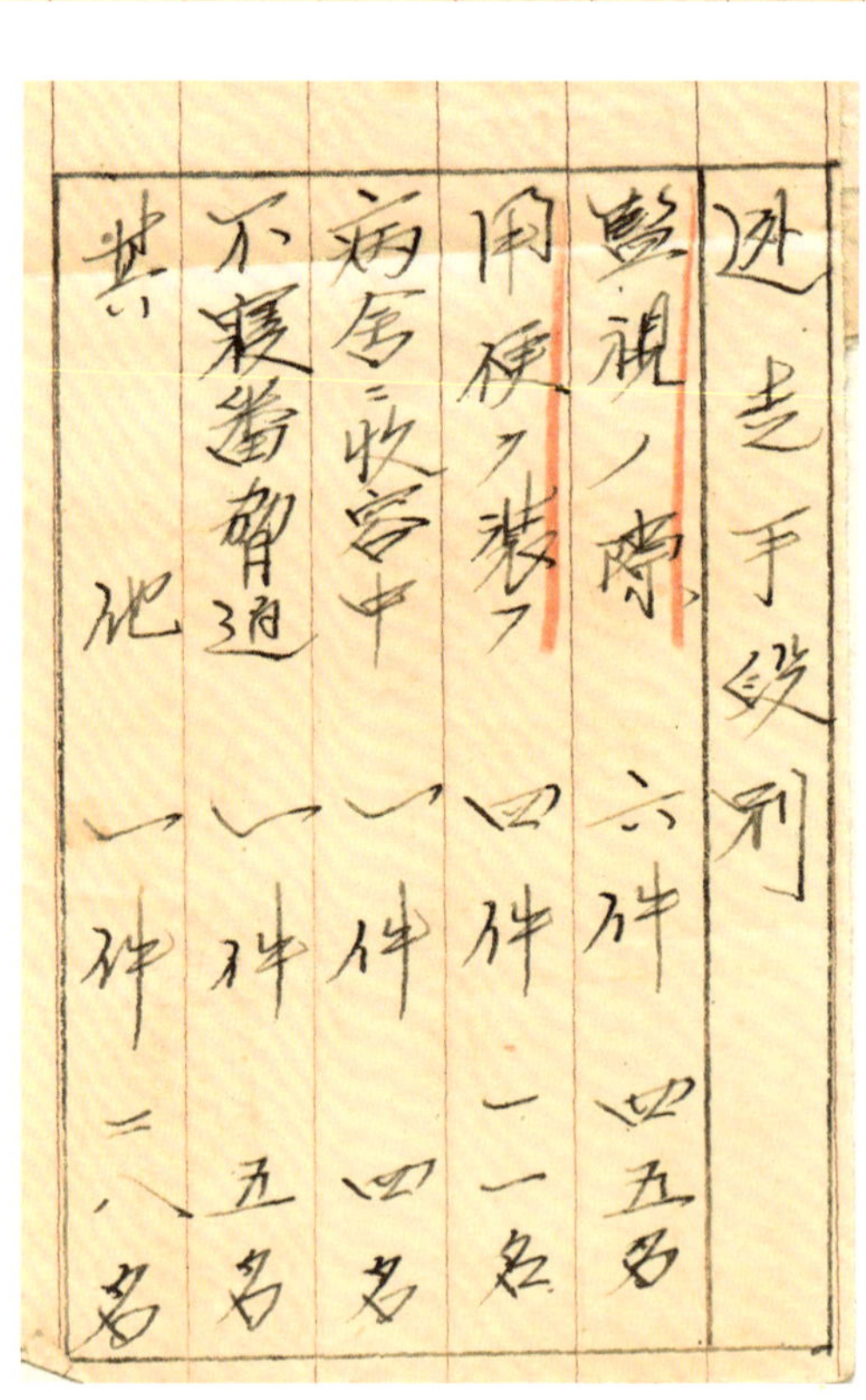

逃走手段別		
監視ノ隙	六件	四五名
用便ヲ装ヒ	四件	一一名
病室ニ収容中	一件	四名
不寝番留[illegible]	一件	五名
其ノ他	一件	二八名

翌二七日三時頃逃亡シ現場附近タル高家村附近ニ村人試[illegible]ノ[illegible]者三名ヲ発見ス
一部ノ[illegible]ヲ[illegible]セリ（九、一、牡特報）

九五
言三三

〃	三九六	五	不明二二十一時三十分頃監視者ノ隙ニ乘シ逃走
	部隊		

三　所見

叙上ノ如キ状況ニシテ作業ニ對比シ食餌並防寒具ノ不充分及同僚工人ノ歸還ニ依ル懷郷心ヲ誘發留滿ニ對スル不滿ト監視警戒ノ間隙ニ乘スル外部ヨリノ煽動策謀逃走ノ虚隙ヲ與ヘタルニ因ルモノト思料セラル

（了）

發送先
關憲司

（東京・奥谷納）

牡丹江宪兵队长关于缉捕逃跑供出工人致日本关东宪兵队司令官的报告（通牒）（一九四三年九月七日）

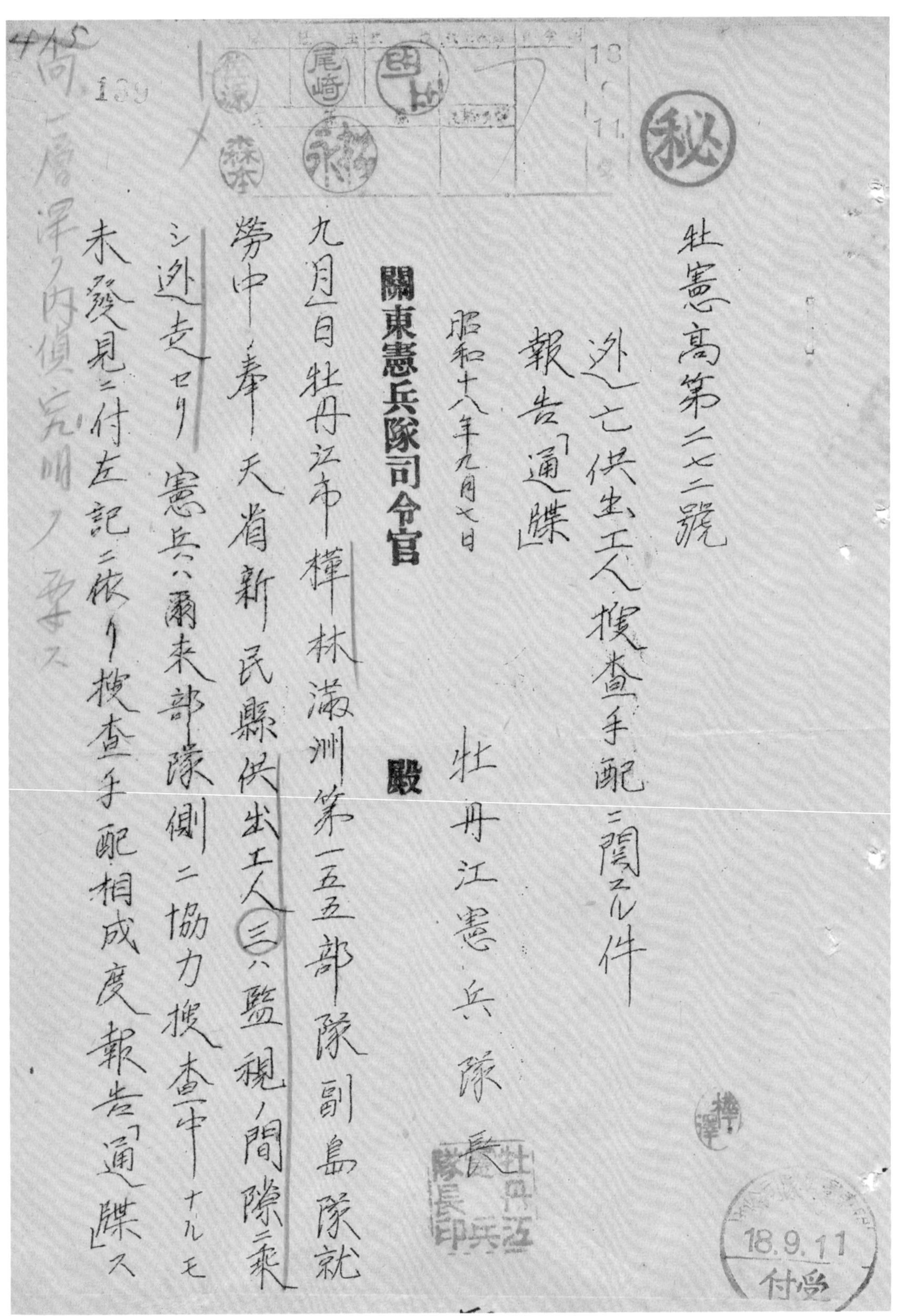
秘

牡憲高第二七二號

逃亡供出工人捜査手配ニ関スル件報告「通牒」

昭和十八年九月七日

牡丹江憲兵隊長

關東憲兵隊司令官殿

九月 日牡丹江市樺林滿洲第一五五部隊副島隊就勞中ノ奉天省新民縣供出工人三ハ監視ノ間隙ニ乘シ逃走セリ　憲兵ハ爾来部隊側ニ協力捜査中ナルモ未發見ニ付左記ニ依リ捜査手配相成度報告「通」牒ス

尚一層深ク内偵究明ノ要ス

18.9.11 付受

一、容疑点

1. 首謀者（小隊長）カ元警察官ニシテ他ノ二名ハ元満軍兵ナルコト

2. 小隊長ハ再度ノ供出ニ志願シ應シアルモ不拘逃走セルコト

3. 計画的逃走ナルコト

二、究明ヲ要スル点

首謀者（小隊長 元警察官）	経歴、警察官ヲ辞シタル時期事由	服務状況	供出志願逃走事由	長春化事件ニ鑑ミ之ニ関係ノ有無及佳木斯満警トノ交友状況
二名（元満軍兵）	経歴、除隊セル時期、理由	上同		

左記

一、逃亡ノ日時場所

イ、日時　九月一日自十九時至二十一時ノ間

ロ、場所　所属隊工人宿舎

二、逃亡者ノ状況

別紙ノ如シ

三、當時ノ状況

當日供出工人六名ハ十八時何レモ作業終了シ宿舎ニ在リタルカ

十九時頃李殿国ハ野菜購入ノ為ト稱シ宿舎ヲ立出テ二

十時頃ニ至ルモ皈来セザリシヲ以テ小隊長タル鄭騰蛟ハ部下ノ于占鰲ニ李ノ行先ヲ確メ連戻スヘシト命シ之ヲ出發セシメ更ニ二十時三十分自ラモ捜索セント稱シ立出タル儘皈隊セス共ニ逃走シタルモノナリ

四、原因動機

李殿國及ヒ于占鰲ハ元滿軍兵トシテ共ニ勤務シタルコトアリテ親交シアリタルカ就労期間長期ニ亘ルト嚴格ナル監視下ニ於ケル作業等嫌忌シアリタル處偶々鴉片ヲ窃飲シ尚屢々小隊長鄭騰蛟ニ煽動セラレタルヲ奇貨トシ計畫的逃亡ヲ為セルモノト思料セラル

五　處置

憲兵ハ直チニ部隊側ニ協力関係各機関ニ密絡鋭意之カ捜査ニ努メルト共ニ関係者ノ取調ヲ實施指後関係有無ノ究明及爾後ノ逃亡豫防對策ヲ講シアル上引續キ捜査中ナリ

六　其ノ他参考事項

右三名ニ對シテハ何レモ指紋採取ノ上夫々照會ヲナシアルモ前科ナキ旨ノ回答ニ接セリ

了

報告通牒先　関憲司隷下各隊　奉天隊

5ノ6以　牡省警　牡鉄本

14

別紙第一

本籍	奉天省新民縣前二台屯喇叭咀子屯
所屬	牡丹江市樺林滿洲第一五五部隊副島隊
指紋番号	左 一四七四三 右 一四八四三
氏名	鄭騰欽
年令	當三十年
服装	協和服、戰闘帽、巻脚絆、部隊配給地下足袋、
立寄先	一、本籍地 一、佳木斯警察署警防課警尉 佟柏年（三二）
所持金品	ナシ
備考	本人ハ元警察官ニシテ昭和十七年四月牡丹江滿洲第四五〇部隊勤勞奉國隊ニ供出セラレ小隊長トシテ勤務シ今年十月販省セルモ再ヒ勤勞奉國隊員ヲ志願シ供出セラレタルモノナリ

143

別紙第二

本籍	奉天省新民縣ニ区興安堡村興安堡屯
所属	牡丹江市樺林満洲第五五部隊副島隊
指紋番号	左 三、四七七八　右 三四八八〇
氏名	于占鰲
年令	當三十年
服装	黒夏満服、部隊配給地下足袋
立寄先	本籍地ノ外不明
所持金	約三十圓位
備考	本人ハ康徳七年奉天ニ於テ満軍（靖安軍）ニ在隊当時日軍将校ノ藤井某ヲ殺害セリト同僚ニ吹聴シ居リタリ

419

別紙第三

項目	内容
本籍	奉天省新民縣興隆堡村
所屬	牡丹江市樺林滿州第一五五部隊副島隊
指紋番号	左 八七七五七 右 七八八四八
氏名	李殿国
年令	當二十二年
服装	黒滿服部隊配給地下足袋
立寄先	本籍地胡克仁方
所持金	ナシ
備考	

东宁宪兵队长关于缉捕逃跑特殊工人致日本关东宪兵队司令官的报告（通牒）（一九四三年九月八日）

秘

18.9.14受

東憲高第二三七號

逃走特種工人捜査手配ニ關スル件報告「通牒」

昭和十八年九月八日

東寧憲兵隊長

關東憲兵隊司令官殿

日時	昭和十八年九月六日二十三時頃			
場所	東寧縣老黑山黑営特種工人宿舎			
前後ノ状況	九月六日二十三時頃監視ノ隙ヲ窺ヒ逃走セルモノニシテ五時三十分点呼時発見セリ			
原因	不明			
参考事項	馮進城ハ二十一時—二十二時ノ間不寝番王廷棟ハ二十二時—二十三時ノ間ノ不寝番ニツケリ			
区分	氏名年令	本籍	元所属及階級	人相服装
逃走	馮進城　当三八年	河北省景縣西北趙莊	不明兵	五尺五寸丸顔色白肥満目鋭シ 藍色満服上下地下足袋着用
着	王廷棟　当一九年	遵化縣李各莊	区公署書記	五尺三寸色黒目鋭シ眉際ニ黒子（親指大）アリ 服装右ニ仝シ

発送先 關憲司、間島、新京、奉天、大連、錦州、牡丹江、雞寧各隊、東國警、牡鉄本部隊下ノ乙

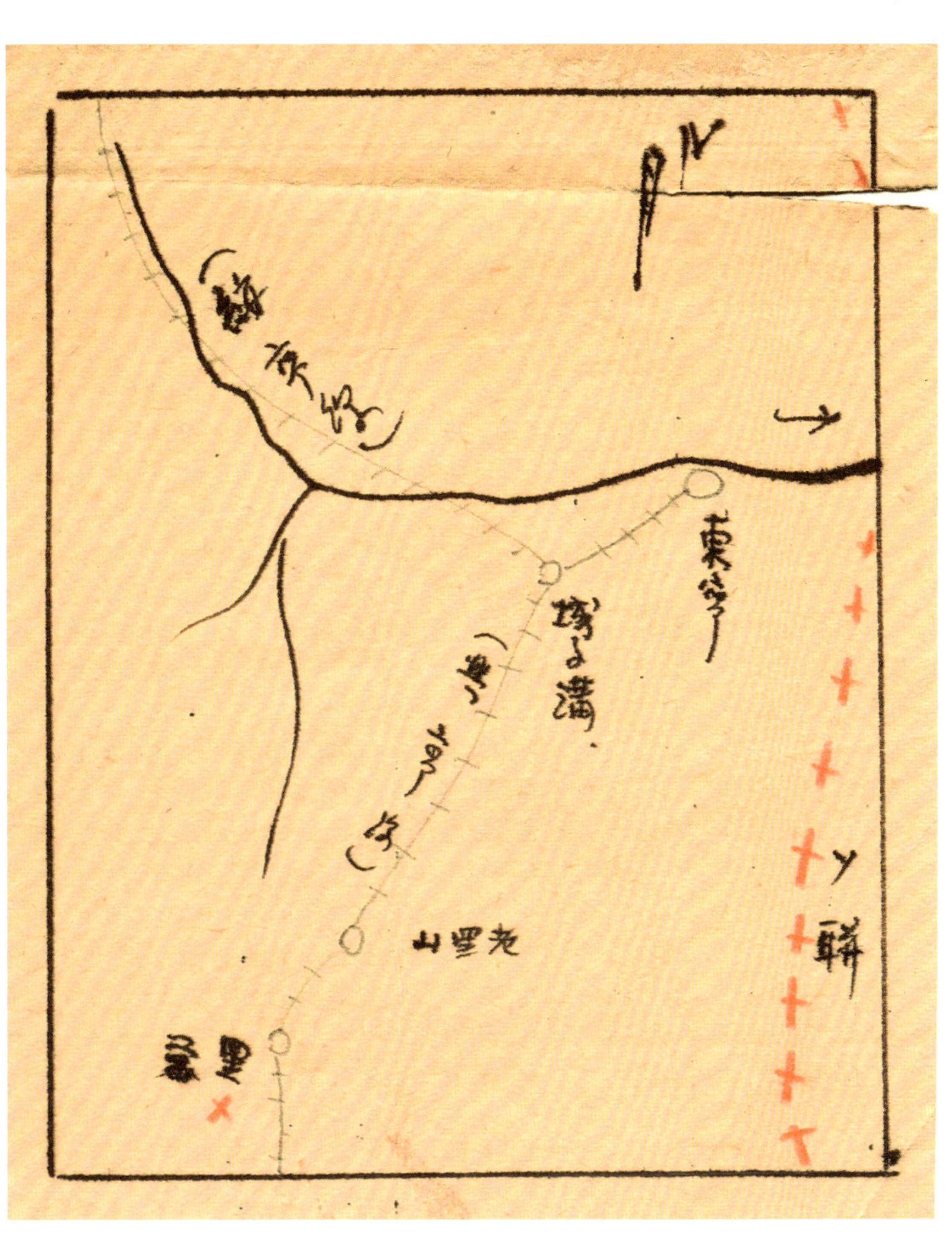
東寧
老黑山
ソ聯

东宁宪兵队长致日本关东宪兵队司令部、日本关东宪兵队司令官、日本关东军总司令官等关于调查及处理伪满洲第五七〇部队四十三名特殊工人袭击日军后逃跑情况的报告（通报）（一九四三年九月至十月）

东宁宪兵队长致日本关东宪兵队司令部等的报告（通报）（一九四三年九月十四日）

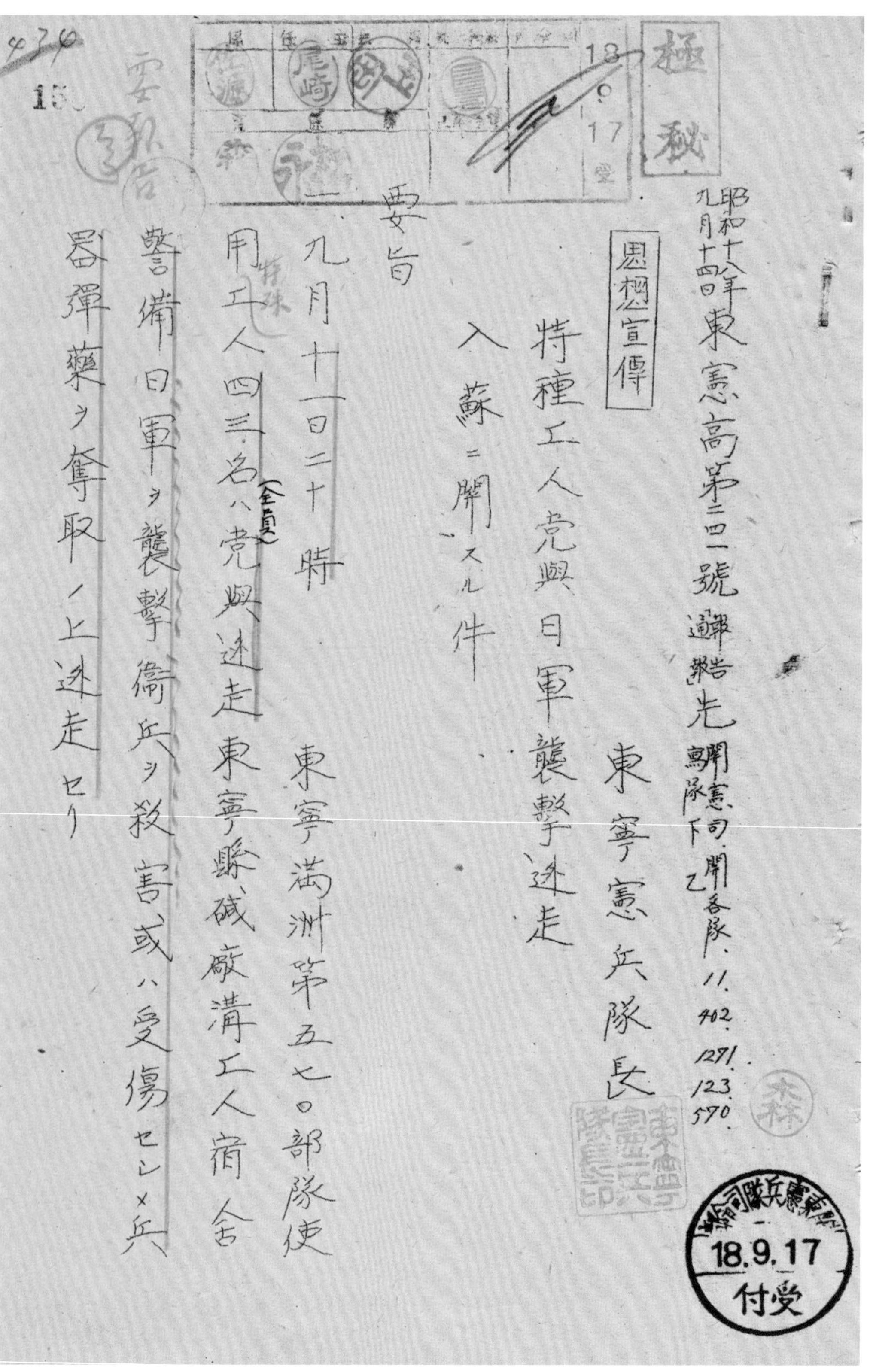

極秘

昭和十八年九月十四日　東憲高第二四一號

通牒
報告先　関憲司、関各隊、隊下乙　11. 402. 1271. 123. 570.

東寧憲兵隊長

思想宣傳

特種工人党與日軍襲撃逃走入蘇ニ關スル件

要旨

九月十一日二十時東寧満洲第五七〇部隊使用特殊工人四三名（全員）ハ党與逃走東寧縣碱廠溝工人宿舎警備日軍ヲ襲撃衛兵ヲ殺害或ハ受傷セシメ兵器彈藥ヲ奪取ノ上逃走セリ

関東憲兵隊司令部 18.9.17 付受

二、我方損害　衛兵即死一名同負傷五名（重輕傷但シ一名負傷後死亡）通譯一重傷（危篤）九九式歩兵銃々劍各四挺（搜索中各一挺拾得）同彈藥六〇發（搜索中四發拾得）被奪取

三、關係部隊ニ於テハ全兵力ヲ擧ケ國境封鎖並搜索ニ任シアルカ九月十四日九時迄ニ逮捕十一名射殺二名尚殘餘ノ工人中ノ一部ハ向地ノ信號彈等ヨリ逃レ蘇セルモノト思料ス

四、憲兵ハ部隊ノ搜索ニ協力スルト共ニ情報ノ蒐集並

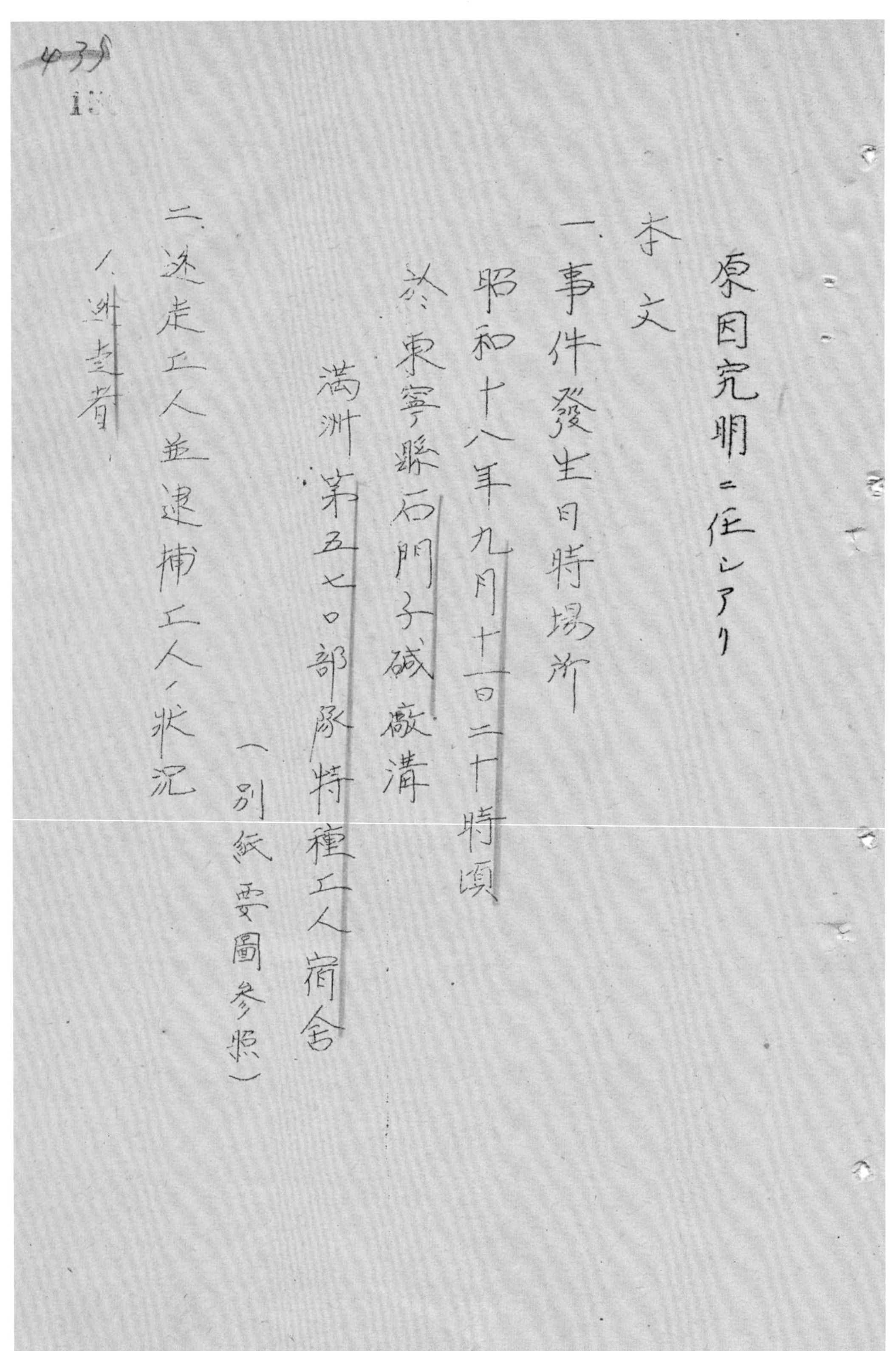
4039
18

原因究明ニ任シアリ

本文

一、事件發生日時場所

昭和十八年九月十一日二十時頃

於東寧縣石門子碱廠溝

満洲第五七〇部隊特種工人宿舍

（別紙要圖參照）

二、逃走工人並逮捕工人ノ状況

1、逃走者

現所属　東寧満洲第五七〇部隊

首謀者　工人隊長　元中尉　陳　思（當二十九年）

〃　第一班長　王　伸（當三十二年）

〃　第二班長　張　風鳴（當二十八年）

〃　第二班員　劉　良發（當三十七年）

以下　四三名

（別冊名簿参照）

註　逮捕者ノ取調並逃走前後ノ状況ヨリ判断

セルモノ

乙　逮捕者ノ状況　十一名

436

氏名	年令	日	時	場所	摘要
王来面	一九	一一	二〇、二五	宿舎	
李硯由	三三	〃	二一、二五	高安村	
萬文雙	二六	〃	二一、二五	〃	
夏呈恩	二四	〃	二一、四〇	釣ヶ丘	
姚德勝	二八	〃	二三、三〇	〃	
李文之	一八	〃	〃	〃	
房振海	二五	〃	〃	〃	
李久龍	二〇	一二	五、〇〇	二九〇高地	
楊東剛	一八	〃	一九、一〇	高陞屯	
李錫衛	二三	〃	一二、二〇	二九〇高地	
外一名					調査中

備考　別紙要圖參照

三 彼我ノ損害

(一) 工人側

射殺二名（氏名調査中）

(二) 我方

1、衛兵殺害受傷者

官氏名	年令	服務状態	負傷部位	治療日数	摘要
軍曹 若林義太郎	二三	衛兵司令	全身打撲傷	同日二十三時頃死亡	
上等兵 湯淺末吉	二五	歩哨掛	顔面挫創	一ケ月	

161

鮮人

一等兵 荻野順次	二三	表門歩哨	全身打撲傷	即死	
〃 井原次男	二三	控兵	前額部挫創	約二十日	
〃 矢野吉庫	二三	假眠	右腕関節挫創	約一週間	
〃 中村香佳	二四	〃	右膝関節挫創	〃	
通譯 松島勝三	一九		後頭部挫創	危篤	半島人 工人隊長ト同居ス

註、裏門歩哨並控兵ハ受傷セス

2、被奪取兵器

(イ)九九式歩兵銃　三挺（四挺ナリシモ捜索中一挺拾得）

七五六六三六番

八〇六一一二番

九一五九七番

(ロ)九九式銃劍劍　三（四ナリシモ捜索中一拾得）

三一四一九〇六番

二八一九〇九六〇番

四〇九一一二番

(ハ)九九式歩兵銃彈藥

五六發（六〇發ナリシモ捜索中四發銃ニ装顚シタルヲ拾得）

438

162

四、逃走ノ原因動機

逮捕者十名（何レモ謀議ニ参劃セス）ノ取調状況ヲ綜合判断スルニ

イ、給與ノ不足

ロ、部隊通譯ノ對工人態度横暴

等ニ對シ相當不平不滿ヲ有シアリタルカ七月一日六日間（欠四日）高安村ニ砂利採取ニ出勞セル際通譯ヨリ對岸ハ蘇聯邦ナル旨説明セラレタルニ刺戟セラレ爾來逃走入蘇ヲ劃策シアリタルモノナラスヤ

ト思考セラルヽモ工人ノ素質（共産系）並従来ノ事例ヨリ考察スルニ入満時ヨリノ計畫的行動ナラスヤトモ思考セラル

尚野菜購入或ハ薪材採取時等ニ於テハ部落民トノ接觸可能ニシテ或ハ背後關係アルヤモ知レス目下究明中

五、逃走前後ノ状況

(一)逃走前ノ状況

イ、該特種工人ハ本年五月八日北支軍ヨリ受領

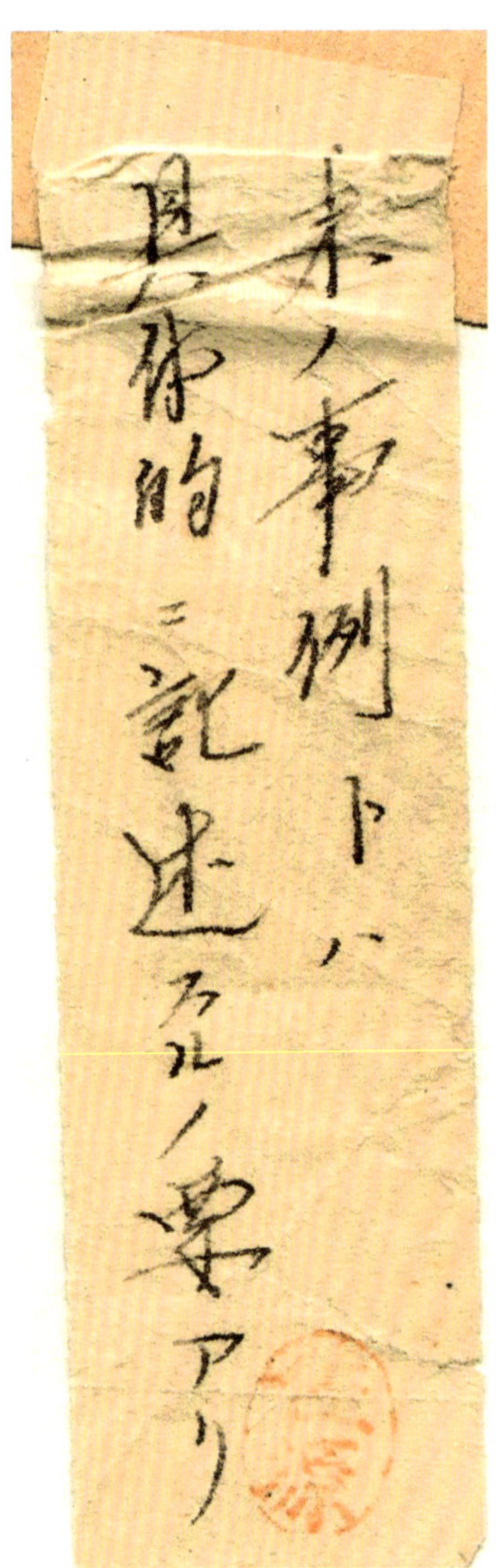

未ノ事例トハ具体的ニ記述スルノ要アリ

439

163

五月三十一日現部隊ニ到着セル共産軍ヲ主体トスルモノニシテ到着以來現工事現場ニ於テ築城作業ニ從事シアリタルモノナリ

ロ、逃走當日ハ五七ロ部隊第二期檢閲ノ為工人ハ休業シ且衛兵ハ交代（一週間勤務）セシ為看視不充分ナリ

（二）逃走時ノ状況

イ、歩哨衛兵所襲撃状況

工人ヲ三班ニ分チ（人員不詳）

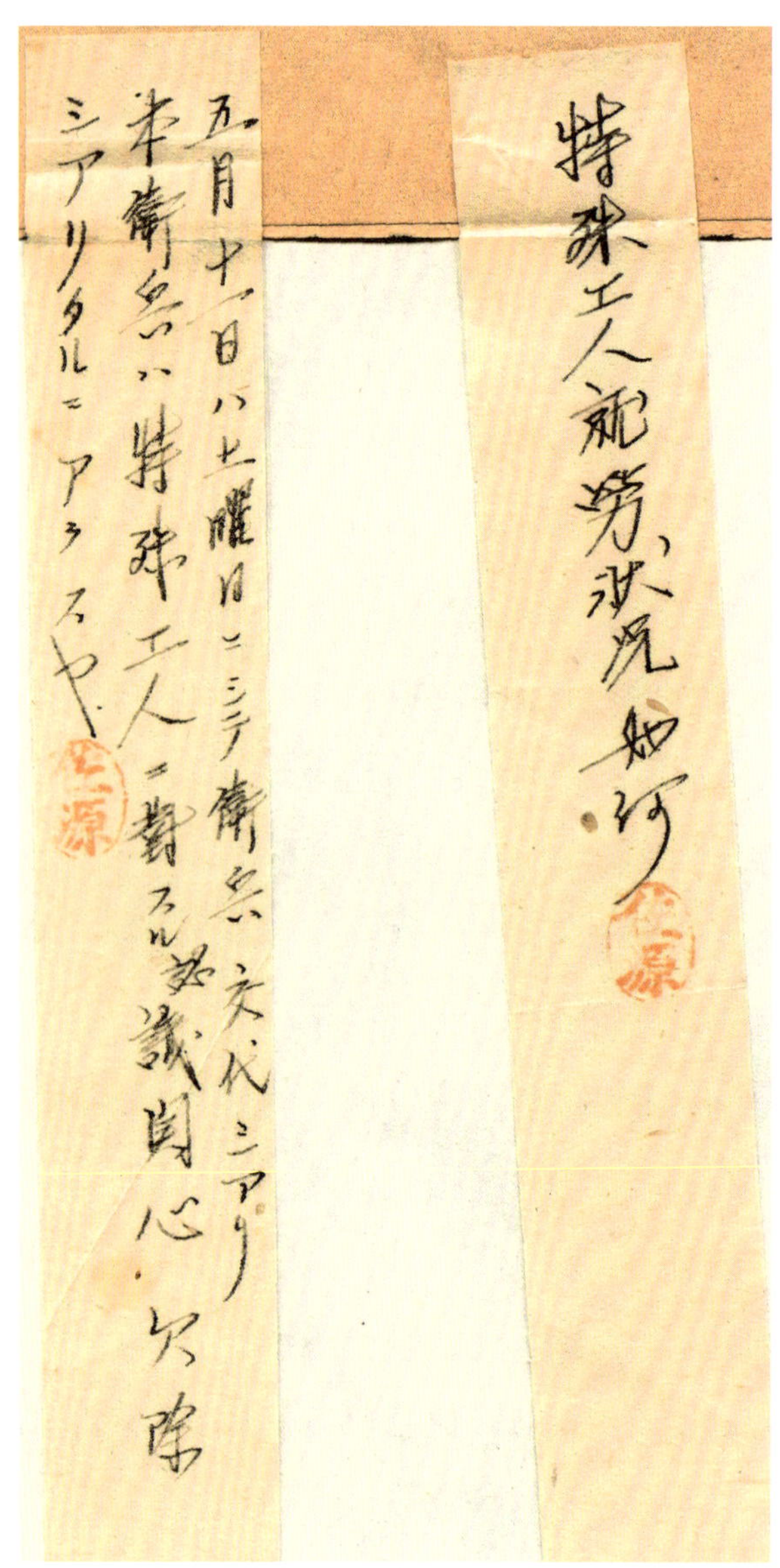

特殊工人ノ就労状況如何

五月十一日ハ土曜日ニシテ衛兵ノ交代ニアリ
本衛兵ハ特殊工人ニ対スル意識関心ノ欠除
ニアリタルニアラスヤ

衛兵所——→工人隊長　陳　思　指揮
工人宿舎表門歩哨→第一班長　王　伸　〃
工人宿舎裏門歩哨及通譯→第二班長　張風鳴　〃
ニテ作業用円匙　鶴嘴　梶棒ヲ以テ襲撃セ
リ
尚衛兵所附近ニハ円匙一挺　鶴嘴二挺　鉈
三挺　包丁二挺　抛棄セラレアリ
又工人宿舎表門ニハ梶棒　鉈　包丁各一挺
抛棄セラレアリタリ

0040

16

ロ、歩哨襲撃ニ當リテハ用便ニ赴クヲ装ヒ二名ニテ歩哨ニ話掛ケ隙ヲ窺ヒ銃ヲ奪取一名ハ背後ヨリ歩哨ヲ抱締メ二人ニテ之ヲ殺害スヘク計畫シアリタリ

ハ、衛兵所歩哨通譯等ノ襲撃ハ首謀者及其他少数ノ人員ニテ决行セラレタルモノヽ如ク其ノ他ノ工人ハ襲撃决行後呼集シタルモノヽ如ク逃走セサレハ殺害セラルヽ旨全工人ニ傳達之ニ雷同逃走セシメタルモノヽ如シ

二、衛兵所襲撃状況残存者ニ付取調タルニ最初ランプヲ破壊セシ為来襲人員等判然セス

衛兵所ランプヲ破壊セラルヽ迄衛兵
等ハ処置ヲ構セサリシヤ
監視ノ間隙ナカリシヤ
一、部隊ノ衛兵等ニ対スル対特殊工人教育程度如何
二、衛兵ノ特殊工人ニ対スル認識関心ノ度如何

六、關係部隊及機關ノ處置

(一)部隊側

急報ニ接スルト共ニ東寧滿洲第五七〇、三九六七七各部隊及石門子滿洲第一〇八部隊全兵力並東寧縣東綏報國農場隊員一〇〇名青少年義勇隊員一〇〇名ヲ動員國境封鎖並捜索ニ任シ十三日迄ニ十一名逮捕二名ヲ射殺セシカ引續キ封鎖並捜索續行中ナリ(除報國農場隊員及青少年義勇隊

員）

（二）憲兵

憲兵ハ大肚子川分隊並石門子分遣隊ノ主力及東寧分隊ヨリ曹長以下二十一名ヲ大肚子川分隊長指揮ノ下ニ各部隊ト緊密ニ連絡部隊ノ行フ捜索ニ協力スルト共ニ情報ノ收集逮捕者取調等ニ任セシメアリ

ノ他参考事項

402

180

1.工人監視衛兵ハ司令以下八名ニシテ工人宿舎表、裏門各一名ツ立哨衛兵所ニ司令歩哨掛控兵二名假眠二名アリタリ

2.作業用圓匙、鶴嘴等ハ野菜貯藏庫ニ格納シアリタルモ之カ施錠不確實ナリシカ如シ

3.工人ノ管理確實性ヲ缺キ野菜購入及新枝採取等ニ當リテハ部落民ト接觸可能ノ狀態ニアリタリ

4. 入蘇地點ハ逮捕者ノ状況ヨリ判断スルニ高安村附近ト判断セラル

5. 工人逃走地點正面蘇領ニ於テ當日二十時ヨリ十二日四時十五分ノ間ニ赤、青、白信號彈十五發ヲ打上ケアル事實アリ工人中一部ハ既ニ入蘇セルモノト思料セラル

6. 逃走地點附近ハ蘇側ヨリ瞭瞰セラルル地勢ナリ

（了）

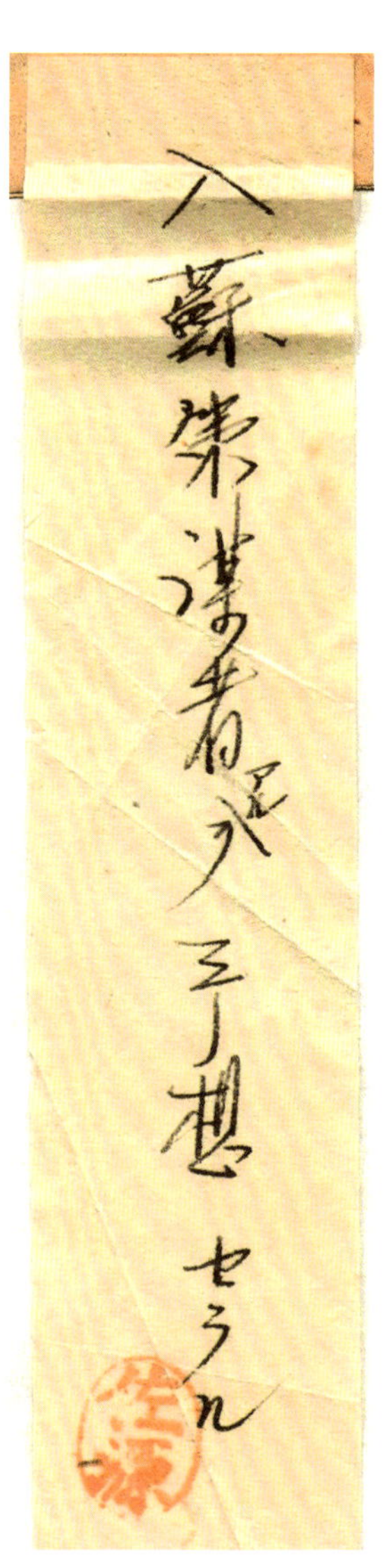

附一：特殊工人逃跑相关图

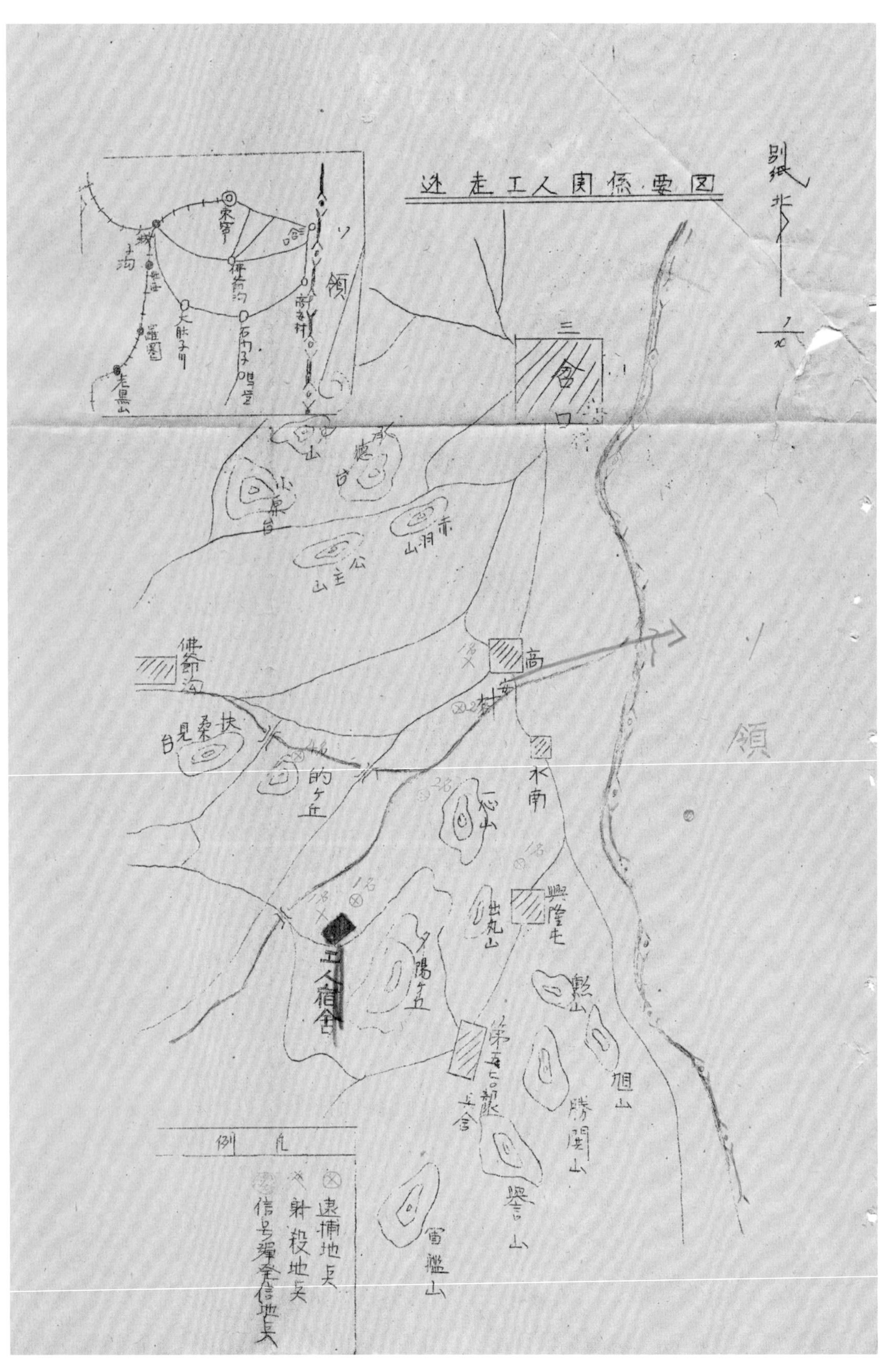

别册

一、党與逃走入蘇工人名簿

逮捕者

本籍	氏名	年令	身分階級	職業	本國所屬部隊服役年數	學歷
蘭縣馬城鎮	陳恩	二九	中隊長中尉	無	第十團三連 四年	小四
薊縣天平莊	侯東山	二〇	二等兵	農	薊宝基幹隊 三 六ヶ月	無
獻縣黄之鋪	王伸	三一	助理員	同	獻縣區分所 四四年	小四
曲州牛村	張文柱	二五	二等兵	同	濟南六分區十九團七連 八年	小二
河北省辛河縣訓宅	張世文	二二	同	同	十團第四連 四ヶ月	無
棗南縣王家平與	李久龍	二〇	同	大工	棗南縣政府 二ヶ月	小二
迎縣十四城塞	李雲林	二四	同	農		小四

阜平縣運甲溝	鄭子義	二四	二等兵	農	三分區騎兵團第四連一年	無
唐縣下莊	趙金科	二五	偵察員一等兵	同	唐縣政府二年	同
阜城縣乾村	姚德勝	二八	二等兵	同	第十團第四連三ヶ月	小一
冀縣楊村	王來面	一九	同	靴工	阜北遊擊隊	同
棗強縣省莊	馮慶治	二一	同	農	棗強警備隊一ヶ月	小三
棗強縣強莊	王維田	二八	同	商	棗強縣民運科四ヶ月	小八
東光縣双届楊莊	張風鳴	二八	村長	同	良民	小四
任邱縣陳王北	李保玉	三九		農	同	小一
任邱縣陳王北	李久林	三二		同	同	小三

已制卡 169 已制卡 已制卡

任邱縣尺王莊	李硯田	三三		同	同	無
任邱縣大王城	王宗洲	四四		同	同	小一
任邱縣陳王莊	李海璋	二六		同	同	小三
棗强縣萍莊	薛風海	三九	二等兵	同	八路軍遊惠隊 五ヶ月	小五
冀洲小芦家台	李海同	二一	同	同	冀洲井衡隊	無
小東夏山縣四屯	夏呈恩	二四	同	同	六分區井隊	同
河北省宛縣下宇莊	馮國华	二一	同	同	騎兵團第三連	同
寧津縣樹村	王秀正	一七	通信員 二等兵	同	寧津三區分所 二年	小二
南宮縣好家屯	李文之	一八	二等兵	同	第二十五團第五連 三ヶ月	無

深縣大屯	楊東剛	一八	二等兵	農	棗縣遊擊隊一ヶ月	小二
棗縣陳李村	陳彥顧	一七	同	同	棗縣遊擊隊一年	無
河明縣大桃	萬文雙	二六	同	同	河明縣大桃遊擊隊	小一
冀洲小豆村	張文明	二〇	同	同	第十團新兵連一ヶ月	無
棗強黃鹿莊	鄭連城	二五	同	同	河北棗強備隊三ヶ月	小一
迎西縣半	房振海	二五	同	商	北中元軍分區井備隊一ヶ年	小一
湯縣大莫關	對点熱		同	農	湯縣基干隊三年	無
河閒縣小心莊	徐及永	一九	同	商	八路軍遊擊隊五ヶ月	同
獻縣諸莊	劉長發	三七	同	農	獻縣三區遊擊隊一ヶ月	同

446

170

棗強縣恩察鎮	蘇明武	二三	同	商	棗強縣抗ヶ連八月	同
河間城內	劉春海	二五	同	農	河間縣游擊隊一年	小二
河間縣區村	馮立東	二三	同	商	河間縣游擊隊一年	同
清遠縣王利莊	劉志興	二〇	同	農	八分區第四一區隊一年	小一
阜平領口村	陳國人	二四	同	商	湯縣支隊	無
衡水縣周西管	李錫衡	二三	同	農	早北縣ヶ隊五六月	同
河南省章德村	馬風田	三一	同	同	六分區特務連二年	同
曲洲吳莊	吳春傑	二四		同	良民	同
深縣河坊村	吳奇俊	二六	二等兵	同	深縣游擊隊一年	小一

日本关东宪兵队司令官致日本关东军总司令部、关东防卫军司令部等的报告（通报）（一九四三年九月二十二日）

秘

控

尾崎

昭和十八年九月二十二日 關憲高第四三七號

報告「通報」先 軍司（一、二、四課報道部）關防司、北、中支憲司

寫 東寧隊

關東憲兵隊司令官

軍使用特殊工人黨與日軍襲擊逃走ニ關スル件

一、九月十一日二十時頃東寧滿洲第五七〇部隊使用特殊工人四三名（全員）ハ工人宿舍監視衛兵及衛兵所ヲ襲擊シ衛兵殺傷ノ上兵器彈藥等ヲ掠奪逃走セリ

二、關係部隊ニ於テハ全兵力ヲ擧ケ國境封鎖並搜索ニ任シ九月十四日九時迄ニ十一名逮捕二名射殺セルカ一部ハ入蘇セルモノヽ如シ

三、首謀者未逮捕ノタメ背後關係並事件ノ眞相不明ナルモ計畫的襲擊逃走ニシテ蘇側ノ策謀容疑濃厚ナリ

四、憲兵ハ部隊ニ協力引續キ眞相究明中ナリ

13

本　文

一、事件發生日時場所

昭和十八年九月十一日　二十時頃

於東寧縣石門子碱廠溝

滿洲第五七〇部隊特殊工人宿舍

二、逃走者並被逮捕射殺者

1、逃走者

現所屬　東寧滿洲第五七〇部隊

首謀者　中共軍俘虜

工人隊長　元中尉以下四三名

（別紙第一參照）

2、被逮捕射殺者（九月十四日九時現在）

逮捕　十一名

射殺　二名

三、我方ノ損害

460

14

東寧縣城廠溝

滿洲第五七〇部隊特殊工人宿舍

監視衛兵　死亡二、　重輕傷四、

通譯（鮮人）重傷一、

（別紙第二参照）

被掠奪兵器

小銃　四　（捜査中一發見）

銃劍　四　（右　同）

彈藥　五六　（捜査中四發見）

四、事件ノ概要

首謀者未逮捕ノ爲背後並事件ノ眞相不明ナルモ被逮捕者（何レモ謀議ニ参加シアラス）ノ取調其他ニヨリ判明セル狀況ヲ綜合判斷セハ次ノ如シ

1、原因動機

逃走者ハ給與ノ不足、通譯（鮮人）ノ横暴等ニ不滿ヲ有シアリタルカ七月初旬東寧縣高安村ニ砂利採取ニ出勞セル際通譯ヨリ對岸ハ蘇

聯ナル旨ノ説明ニ刺戟セラレ爾來逃走ヲ劃策シアリタルニアラスヤト思料セラル

2. 襲擊逃走前後ノ狀況

首謀者ハ事前ニ謀議シ襲擊逃走計畫・要領等ヲ決定監視ノ間隙ヲ狙ヒアリタルカ如シ

(1) 襲擊逃走前

歩哨襲擊ハ用便ヲ裝ヒ二名ニテ歩哨ニ話掛ケ隙ヲ窺ヒ銃ヲ奪取一名ハ背後ヨリ抱キ締メ二名ニテ之ヲ殺害スル如ク定メアリタルカ如シ

而シテ襲擊逃走當日十一日ハ土曜日ニシテ第五七〇部隊ハ第二期檢閲ノタメ工人休業シ又工人監視衛兵交代シアリタリ

(2) 襲擊逃走時

工人ヲ三ケ班ニ分チ(人員不詳)

衛兵所　工人隊長　陳　忠　指揮

工人宿舍
表門歩哨　第一班長　王　伸　〃

66 1

15

工人宿舍
裏門歩哨　第二班長　張風鳴〃
及通譯
ニテ作業用圓匙鶴嘴棍棒ヲ以テ襲撃セリ
而シテ決行者ハ首謀者以下少數人員ナルモノ、如ク大部ハ襲撃決行後呼集逃走ヲ強要セラレタルモノ、如シ

「註」衛兵所襲撃狀況ヲ殘存衛兵（裏門歩哨及控兵各一）ニ付聽取スルモ最初ランプヲ破壞セラレタル爲來襲人員其他判然セスト述ヘアリ

3. 蘇側ノ策動容疑濃厚ナリ

(1) 管理確實ヲ缺キ野菜購入、薪材採取時等ニ於テハ部落民トノ接觸容易ナル狀況ニアリタリ

(2) 工人逃走地點ノ正面蘇領ニ於テ十一日二十時頃ヨリ十二日四時十五分迄ニ赤、青、白信號彈十五發打上ケラレタリ

(3) 一部者ハ入蘇セルモノ、如シ
襲撃前後ノ狀況及被逮捕者ノ供述等ヨリ綜合判斷スルニ一部ノ者

ハ高安村附近ヨリ入蘇セルモノノ如シ（別紙第三參照）

五、處　置

1.部隊側

急報ニ接スルヤ東寧滿洲第五七〇、三九六、七七七各部隊及石門子滿洲第一〇八部隊全兵力並東綏報國農場隊員一〇〇名青少年義勇隊員一〇〇名ヲ動員國境封鎖並搜索ニ任シ十四日九時迄ニ十一名逮捕二名射殺セシカ日軍部隊ハ引續キ國境封鎖並搜索續行中

2.憲　兵

憲兵ハ大肚子川分隊並石門子分遣隊ノ主力及東寧分隊ヨリ下士官以下二一名ヲ大肚子川分隊長指揮ノ下ニ部隊ト密絡搜索ニ協力スルト共ニ情報ノ蒐集、逮捕者ノ取調等ニ任シアリ

六、其他參考事項

1.被襲撃時監視衛兵ハ司令以下八名ニシテ工人宿舍裏表門ニ各一名立哨シ衛兵所ニハ司令以下六名（歩哨掛、控兵二名、仮眠二名）アリタリ

16

之作業用園芸、鶏豚等ハ野菜貯藏庫ニ格納シアルモ之カ施錠不確實ナルカ如シ

（了）

663

17

制 制 制 ◎ 制 制 制 制

別紙第一

黨與逃走工人名簿 ◎逮捕者

本籍	氏名	年齡	身分階級	職業	本國所屬部隊服役年數	學歷
灤縣馬城鎮	陳恩	二九	中隊長中尉	無	第十團三連 四年	小四
薊縣天平莊	侯東山	二〇	二等兵	農	薊基幹隊實 三ケ月	無
獻縣黃之鋪	王伸	三一	助理員	同	獻縣四區分所 四年	小四
曲州牛村	張文柱	二五	二等兵	同	濟南六分區十九團七連 八年	小二
河北省辛河縣訓宅	張世文	二二	同	同	十團第四連 四ケ月	無
灤南縣王家平與	李久龍	二〇	同	大工	灤南縣政府 二ケ月	小二
遷縣十四城堡	李雲林	二四	同	農		小四
阜平縣連中溝	鄭子義	二四	二等兵	同	三分區騎兵團第四連 一年	無
唐縣下莊	趙金科	二五	偵察員一等兵	同	唐縣政府 二年	同

阜城縣乾村	姚德勝	二八	二等兵	農	第十團第四連三ケ月	小一
冀縣楊村	王來面	一九	同	靴工	阜北遊擊隊	同
棗强縣省莊	馮慶治	二一	同	農	棗强縣井備隊一ケ月	小三
棗强縣强莊	王維田	二八	同	商	棗强縣民運科四ケ月	小八
東光縣双居楊莊	張風鳴	二八	村長	同	良民	小四
任邱縣陳王北	李保玉	三九		農	同	小一
任邱縣陳王北	李久林	三二		同	同	小三
任邱縣尺王莊	李硯由	三三		同	同	無
任邱縣天王城	玉宗洲	四四		同	同	小一
任邱縣陳王莊	李海璋	二六		同	同	小三
棗强村薛莊	薛風海	三九	二等兵	同	八路軍遊擊隊五ケ月	小五

18

冀洲小芦家台	李海同	二一	二等兵	農	冀洲井衛隊	無
山東夏山縣四屯	夏呈恩	二四	同	同	六分區井隊	同
河北省宛縣下守莊	馮國華	二一	同	同	騎兵團第三連	同
寧津縣樹村	正秀正	一七	通信兵二等兵	同	寧津三區分所二年	小二
南宮縣好家屯	李文之	一八	二等兵	同	第二十一團第五連三ヶ月	無
深縣大屯	楊東剛	一八	同	同	棗縣遊擊隊一ヶ月	小二
棗縣陳李村	陳彥額	一七	同	同	棗縣遊擊隊一ヶ年	無
河明縣大桃	萬文變	二六	同	同	河明縣大桃遊擊隊	小一
冀洲小豆村	張文明	二〇	同	同	第十團新兵連一ヶ月	無
棗施黃鹿莊	鄭連城	二五	同	同	河北棗強備隊三ヶ月	小一
迎西縣牛	房振海	二五	同	商	北中元軍分區井備隊一ヶ年	小一

温縣大莫關	對點炎		二等兵	農	温縣基干隊三年	無
河間縣小心莊	除及永	一九	同	商	八路軍遊擊隊五ヶ月	同
獻縣諸莊	劉長發	三七	同	農	獻縣三區遊擊隊一ヶ月	同
棗強縣思察鎮	孫明武	二三	同	商	棗強縣抗連八ヶ月	同
河間城內	劉春海	二五	同	農	河間縣遊擊隊一年	小二
河間縣區村	馮立東	二三	同	商	河間縣遊擊隊一年	同
清遠縣王利莊	劉志與	二〇	同	農	八分區第四區隊一年	小一
阜平領口村	陳國人	二四	同	商	温縣支隊	無
衡水縣周西管	李錫衡	二三	同	農	早北隊大隊五ヶ月	無
河南省章德村	馬風田	三一	同	同	六分區特務連二年	同
曲洲吳莊	吳春傑	二四		同	良民	同
深縣河坊村	吳奇俊	二六	二等兵	同	深縣遊擊隊一年	小一

665

19

別紙第二

衛兵被殺傷者表

官氏名	年齢	服務狀態	殺傷狀況	備考
軍曹 若林義太郎	23	衛兵司令	全身打撲傷 同日二十三時頃死亡	
上等兵 温淺末吉	25	歩哨掛	顔面挫創 要治一ヶ月	
一等兵 荻野順次	23	表門歩哨	全身打撲傷 即死	
〃 井原次男	23	控兵	前額部挫傷 要治二十日	
〃 天野吉庫	23	假眠	右腕關節挫傷 要治一週間	
〃 中村秀佳	24	〃	右膝關節挫傷 要治一週間	
通譯 松島勝三	19		後頭部挫傷 危篤	半島人工人隊長ト同居ス

註 裏門歩哨並控兵ニハ受傷セス

附三：特殊工人逃跑相关图

別紙第三

逃走工人要圖

凡例

逮捕地点

射殺地点

信號彈發射地点

东宁宪兵队长致日本关东宪兵队司令部等的报告（通报）（一九四三年十月四日）

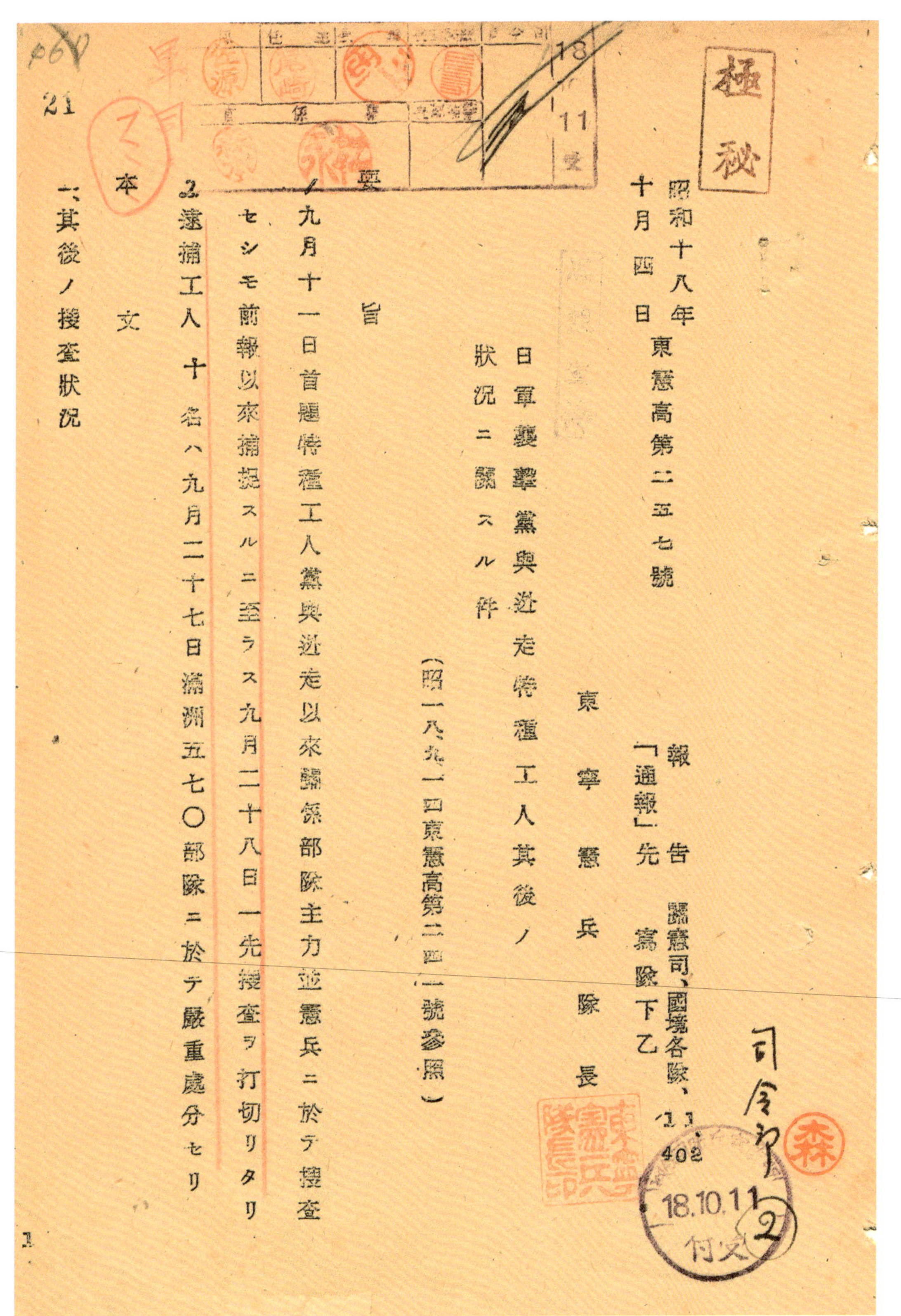
極秘

昭和十八年十月四日　東憲高第二五七號

報告

東寧憲兵隊長

關憲司、國境各隊、「通報」先　寫隊下乙

日軍襲撃黨與逃走特種工人其後ノ狀況ニ關スル件

（昭一八、九、一四東憲高第二四一號參照）

要旨

1.九月十一日首題特種工人黨與逃走以來關係部隊主力並憲兵ニ於テ捜查セシモ前報以來捕捉スルニ至ラス九月二十八日一先捜查ヲ打切リタリ

2.逮捕工人十一名ハ九月二十七日滿洲五七〇部隊ニ於テ嚴重處分セリ

本文

一、其後ノ捜查狀況

(一)部　隊　側

滿洲第一六〇部隊長指揮ノ下ニ東寧滿洲第五七〇、三九六、七七七部隊及石門子滿洲第一〇八部隊主力ヲ以テ國境線ヲ封鎖シ主トシテ興隆屯、一心山、的ケ丘ヲ中心トシ捜索ナシタルモ九月十四日迄ニ十名逮捕二名射殺シタル外捜索ナシ得ス且十二日二時三〇分高安村向地視察班ニ於テ高安村正面蘇領ニ於テ信號彈ヲ打上ケタルヲ看察シ天明後水南正面「ソ」領陣地ヨリ滿服ヲ着セル者二名「ソ」聯兵ト共ニ東方ニ行動セシ事實並逮捕者取調狀況等綜合スルニ未逮捕者三一名ハ既ニ入蘇セルモノト豫想セラルルヲ以テ九月二十七日捜索ヲ打切リタリ

(二)憲　兵

4688

22

憲兵ハ部隊ノ行フ搜索ニ協力スルト共ニ逮捕者ノ取調ニ任シ逃走原因並背後關係ノ究明ニ任シタルカ逮捕者ハ何レモ暴動ニ雷同セル者ノミナル爲原因並背後關係等ノ眞因判明セス九月二十八日搜査ヲ一先中止セリ

二、逃走原因

逮捕者中有能者二名（姚德勝（第一回謀議ニ參與）李硯田）ヲ取調タルニ前報ノ如ク「給養不足」「通譯ノ對工人態度橫暴」（作業時毆打或ハ罵言ヲ弄シ取扱常時苛酷）等ナリト陳述シアリ

三、逃走入蘇決行謀議ノ狀況

(一)謀議進行狀況

逃走入蘇計畫ハ工人隊長陳恩並第一班長王停トノ間ニ於テ劃策セラ

2

レアリタルモノノ如クナルカ

一 九月四日作業現場ニ於テ晝食休憩時第一班長ノ指令ニ依リ

隊長 陳 恩

第一班長 王 仲

第二班長 張鳳鳴

工人有力者 李雲林

〃 蘇明武

〃 房振海

〃 張東鵬

〃 刘長發

〃 姚德勝

右者參集隊長ヨリ「給養粗惡ナル旨ヲ告ケ入蘇方懲憑」讃同セシメ

2. 九月八日作業現場ニ於テ晝食休憩時工人三十餘名（人名不詳）ニ對シ前記同樣説明ヲナシ讃同セシメ

註　休憩時通譯ノ工人動向視察不充分ナリ

3. 九月八日夕食後通譯入浴中前ノ項九名ハ宿舍内病室ニ於テ會合細部計畫ヲ謀議セリ

(二) 迯走日軍襲擊細部計畫

第一回謀議ニ參劃セル者及外二名計十一名ハ當日地下足袋ヲ穿チ兇器ヲ準備就床セルモノニシテ細部計畫ハ

1 合圖

隊長カ全員ニ向ヒ「風呂ハ終ツタカ、便所ニ行ク者ハ居ナイカ」ト叫フヲ合圖ニ決行ス

2. 第二班長指揮ノ下ニ四名ニテ工人宿舍内ニ就寝シアリタル通譯ヲ第一ニ殺害

3. 衛兵所襲撃班

隊長以下十名ヲ以テ炊事用包丁、薪割用鉈、作業用鶴嘴、棍棒等ニテ最初燈火（ランプ）ヲ破壊襲撃銃器奪取逃走

4. 表門歩哨襲撃班

第一班長以下十名ニテ前同様兇器ヲ以テ襲撃スヘク最初第一班長馴々シク歩哨ニ接近矢庭ニ背後ヨリ抱締メタル處ヲ班員歩哨ヲ毆打殺害兵器ヲ奪取逃走

42

24

5. 裏門歩哨襲撃班

第二班長以下四名ニテ通譯ヲ殺害シタル後他ノ九名ヲ指揮前記同様手段ニテ歩哨襲撃兵器奪取後襲撃ニ参加セサル疾病老幼者十名ヲ指揮逃走

右ノ如ク計畫セリ

四、襲撃前後ノ状況

歩哨並控兵等ノ供述ニヨル當時ノ状況ヲ綜合スルニ

當日十九時五〇分頃衞兵司令若林軍曹工人ノ點呼ヲ實施異常ヲ認メス全員宿舎ニ入リタルヲ認メ司令ハ衞兵所ニ歸還

ノ二十時五分頃工人隊長以下十名包丁其他ヲ所持衞兵所ヲ襲撃「ランプ」ヲ破壞司令及歩哨掛ノ頭部ヲ毆打ス

被掠奪之兵器 銃劍四挺（本報（三）附表第一（ト六〇））ニ付訂正相成度

此際逃兵二名及假眠セントシアリシ下番者二名銃架ニアリシ銃ヲ確保セントシ格闘セシモ及ハス四挺ヲ被奪取（一挺回收）逃走（格闘時司令歩哨掛逃兵三負傷）司令ハ重傷ヲ負ヒタルモ之ヲ追跡セシカ更ニ毆打セラレ其場ニ昏倒同日死亡ス

2. 表門歩哨ハ工人宿舍ヘ入リタルヲ認メタル後宿舍ヲ巡察表門ニ向ヒアリタル處ヲ工人第一班長以下十名ニ襲ハレ毆打セラレタルモ衛兵所ニ急報セントシ五、六米前進セシ所ヲ更ニ頭部ヲ毆打セラレ即死ス

3. 裏門歩哨ハ點呼終了後工人宿舍裏ヲ巡察中工人二名用便ニ赴キ歸宿スルヲ見届ケタルカ（此ノ間七、八分）其頃工人宿舍表側喧噪スルヲ以テ表側ニ急行セシ所工人一團トナリ逃走シアルヲ發見直

ニ射撃衛兵所ニ至リ控兵ト協力橋外二、三十米附近迄追跡射撃セルモ遂ニ捕捉シ得ス

◎衛兵所並工人宿舎關係要圖別紙第一ノ如シ

五、其他參考事項

(一)部隊側ノ工人監督状況

本工人ハ本年五月三十一日該地到着以來表面從順ヲ裝ヒ作業シアリシ爲部隊側ニ於テハ對工人感弛緩シアリタルモノト思考セラレノ歩哨ニ對シ對工人感ニ付キ特殊教育等ナシアラス爲ニ歩哨ニ於テモ普通工人ト同等ノ感念ニテ接シアリタリ

2.作業用器具並炊事用包丁等ノ處理不確實ニシテ叉器具格納倉庫等ニ於ケル施錠確實ナラス

3.作業休憩時ニ於ケル通譯ノ對工人動向看視不確實ナリ
4.苦人通譯ノ對工人態度横暴ニシテ意思疏通ヲ缺キアリタリ
5.對工人宣傳宣撫等ニ特ニ意ヲ用ヒ施策シアラス
(二)部隊側ノ善後處置
1.共產第八路軍系出身將校ヲ後送セラレ度キ意見ヲ第一一部隊ニ上申
2.歩哨ハ常時鐵帽着用
3.工人用炊事包丁等使用後引上ケ格納
4.衛兵所ヲ工人宿舍柵外ニ移シ且衛兵所自衛施設ヲ強化ス
(三)逮捕工人ノ處置
逮捕工人　十　名ハ九月二十七日滿洲第五七〇部隊ニ於テ嚴重處分

26

ニ附シタリ

(四)部隊側責任者ノ處置

1第一國境守備隊第一地區隊長　陸軍大佐　筒井　恒

重謹愼二十八日

2特種工人收容所長　陸軍中尉　本田　貢

重謹愼二十日

3警備司令　陸軍中尉　村上久米太郎

重謹愼五日

六、特種工人管理ニ對スル憲兵ノ所見

別紙第二ノ如シ

七、所見

6

本件ハ部隊側ノ對工人處弛緩ニ起因スルトハ雖モ當地區ノ如キ特種地帶ニ軍作戰ニ基ク秘密作業ニ危險率最モ多キ特種工人ヲ就勞セシムルハ一考ヲ要ス

從來再三如斯不祥事例（未遂）アルニ鑑ミ防諜的見地ヨリ速ニ後方ニ撤退セシムルノ要アリト認ム

附一：卫兵所放大图、卫兵所及特殊工人宿舍概要图

別紙第一

衛兵所放大圖

衛兵所並工人宿舍圖

附二：关于特殊工人管理的宪兵意见

4776

28

別紙第二

特種工人管理ニ對スル憲兵意見

29

特種工人自理ニ對スル意見

(一)隊防工作

1 宣傳宣撫

部隊側ト連絡映畫新聞宣傳畫報等ニヨリ國際情勢ヲ認識セシメ且部隊勞務係等ニ愚兵材料ヲ提供通譯ヲ介シ世界情勢殊ニ大東亞戰ノ状況ヲ正シク認識セシメ日滿依存感ヲ強化ス

2 不平不滿ノ排除

工人ノ作業ニ對スル監督状況酷ニ失スル點ナキヤ食糧、衣服、保溫裝置等ニ對スル不平不滿ヲ事前ニ察知シ之ヲ排除ス

尚自理人ニシテ鮮系ヲ使用シアル向ニ就テハ特ニ周密ナル觀察ノ着意ヲ要ス

3 身元調査ノ徹底

身元調査ヲ徹底的ニ實施シ要注意者ヲ索出之ニ對スル視察ヲ嚴ニシ之等ノ動靜ニ注意ス

(二) 警防對策

1 連絡者ノ優待

工人中ニ意志薄弱者或ハ精神的弱點ヲ有スル者ヲ連絡者ニ優待工人ノ動靜偵知ニ努ム

尚禁止區域内ト雖モ防諜強化ノ爲必要憲兵ノ出入許可方考慮ヲ望ム

2 警戒兵ノ對工人觀念是正

從來逃走時ノ警戒狀況ヲ觀察スルニ警戒兵ノ特種工人ニ對スル觀

476

念ハ普通工人ニ對スルト何等異ナラス
將來之カ觀念ヲ是正シ表面ハ溫和ヲ旨トシ工人ニ接スルモ內心常ニ敵對心ヲ以テ觀察シ一擧手一投足ニモ嚴戒スル如ク觀念ヲ是正ス

3 部落民トノ接觸絕對防止

從來部落民トノ接觸ハ嚴禁セラレアル筈ナルモ逃走者ノ背後關係等究明スルニ野菜購入或ハ薪材採取等ニ當リ部落民ト接觸シアリ斯テハ逃走ノ諸原因ヲナスモノナレハ憲兵ハ部隊ト連絡部落民トノ接觸防止ノ施策ヲ講スヘキナリ

4 器具格納ノ確實

作業用諸器具ハ頑丈ナル倉庫ニ格納シ勞務係ニ於テ確實ニ施錠シ

不祥事件勃発時等ニ於テ兇器トシ利用セラルヽカ如キ事ナキ様留意ヲ要ス

5 検索

工人宿舎並身体検索ヲ実施シ兇器隠匿等ノ事ナキ様留意ス

（了）

日本关东宪兵队司令官致日本关东军总司令官（第一课）的报告（一九四三年十月十二日）

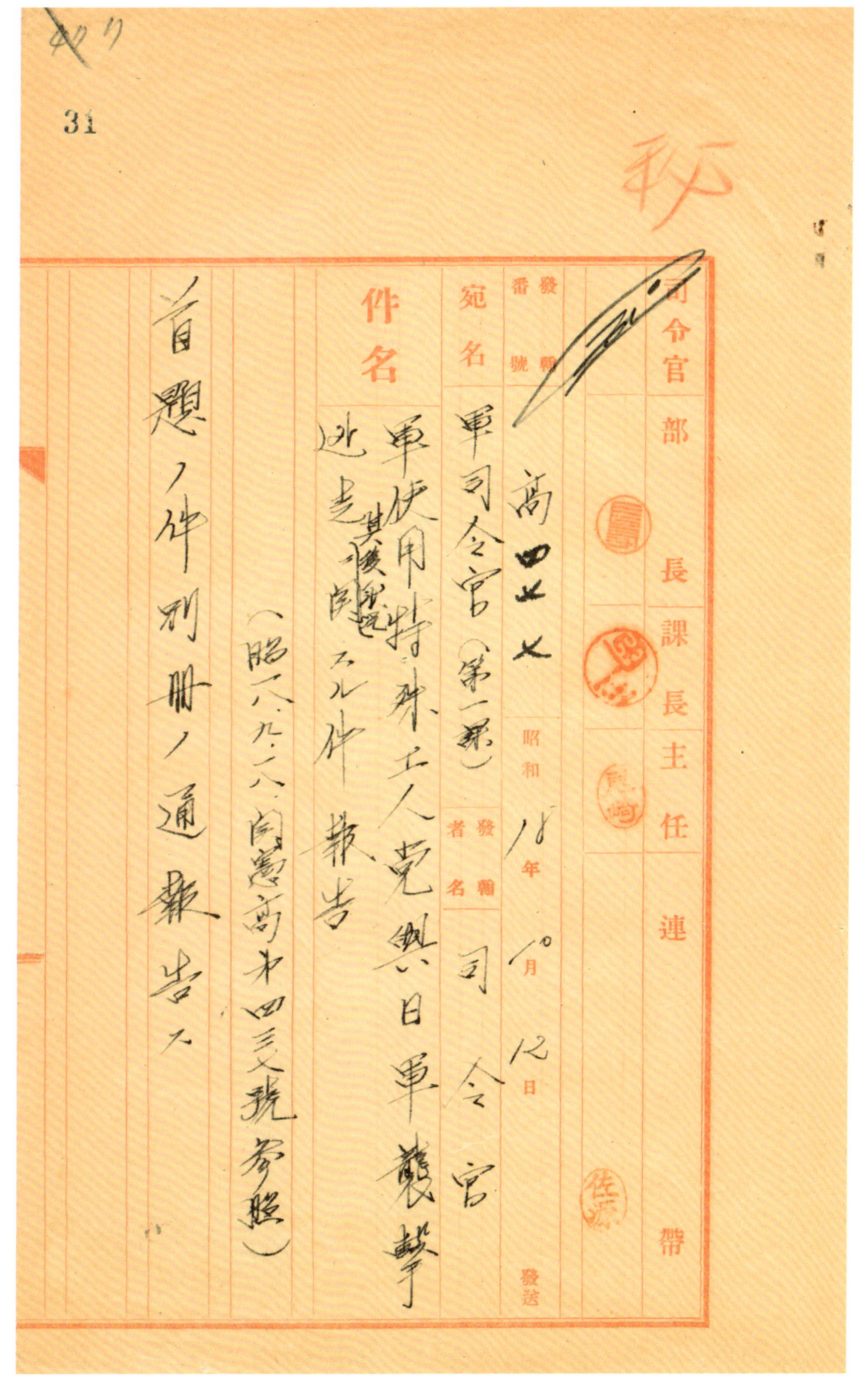
31

秘

司令官 部長 課長 主任 連帶

發翰番號 高四七七

宛名 軍司令官（第一課）

昭和18年10月12日

發翰者名 司令官

發送

件名 軍使用特殊工人党與日軍襲撃逃走其後ノ状況ニ関スル件報告

（昭一八・九・一八関憲高第四三七號参照）

首題ノ件別冊ノ通報告ス

4718
32
秘
接
關憲高第四七七號
軍使用特殊工人党(?)與日軍襲擊
逃走其後ノ状況ニ關スル件報告
（昭一八、九、二八關憲高第四三七號参照）
昭和十八年十月十三日
關東憲兵隊司令官
關東總軍司令官殿
首題ノ件別冊ノ通報告ス
(了)
陸軍
納図八木八・東京

軍使用特種工人ノ党與因軍襲撃逃走事件

概況

九月十一日二十時頃東寧縣石門子礦廠溝日軍使用特種工人四三名ハ工人宿舎監視衛兵及衛兵所ヲ襲撃シ衛兵、歩哨、通訳殺傷（死亡三重軽傷四）ノ上兵器弾薬等ヲ掠奪逃走セリ

部隊及憲兵ハ全兵力ヲ擧ゲ國境封鎖並捜査ニ任シ九月十四日迄ニ十名逮捕二名射殺セルモ残余ハ入蘇セルモノ、如ク九月二十八日以来捜査ヲ打切レリ

東寧　三岔口　石門子　蘇　満

原因

被逮捕者ノ供述ニヨル原因ハ次ノ如シ

一、給養不足

二、監督兵及通訳ノ對工人態度粗暴
・殴打
・罵言
・取扱苛酷

三、主謀者ハ[illegible]蘇側ノ策動容疑アルモ首謀者未逮捕ノタメ不詳

逃走状況

逃走前

三回ニ亘リ首謀者工人隊長中心トナリ謀議反覆策動シアリ

1. 九月四日作業現場ニ於テ晝食休憩時隊長ハ幹部八名ニ入蘇ヲ慫慂賛同セシム
2. 九月八日作業現場ニ於テ晝食休憩時隊長ハ三十余名ニ入蘇ヲ慫慂賛同セシム
3. 九月八日夕食後病室ニ於テ隊長以下九名ハ次ノ如ク逃走細部計画ヲ謀議ス

記

・幹部ハ地下足袋ヲ穿キ兇器ヲ準備シ就寝ス
・隊長ノ「風呂ハ終ッタカ便所ニ行クモノハナイカ」ノ合圖ニテ決行ス
・隊長以下十名ハ衛兵所襲撃
・第一班長以下十名ハ表門歩哨襲撃
・第二班長以下四名ハ通訳及裏門歩哨襲撃

逃走時

一、衛兵所襲撃
二十時頃工人隊長以下十名兇器ヲ所持衛兵所ヲ襲撃シ、ピストルヲ破壊シ司令、歩哨係ヲ殴打ス（司令逃走）控兵二名及假眠セントスル兵二名ハ銃ヲ奪取セントシ格斗セルモ殺セラル兵器弾薬ヲ掠奪逃走セントセル

二、表門歩哨
宿舎ノ巡察ヲ表門ニ向ヒアリタル途中ノ工人十名ニ襲撃セラル（即死）殴打

三、裏門歩哨
宿舎裏ヲ巡察中表側喧噪セルタメ表門ニ急行セル所工人一團トナリ逃走シアルヲ発見衛兵所ニ至リ射撃セリ

四、通訳
暴行致死ノタメ不詳

逃走後

逃走後ノ状況不詳ナルモ襲撃前後ノ状況及被逮捕者ノ供述ヲ綜合スルニ未逮捕者ハ入蘇セルモノ、如シ

一、工人逃走地点ノ正面蘇領ニ於テ十一日二十時頃ヨリ十二日四時十五分迄ニ赤、青、白信號弾十五発打上ゲタル

二、十二日天明後蘇側陣地ヨリ満服ヲ着セルモノ二名蘇兵ト共ニ東方ニ行動セリ

管理取締上ノ欠陥

一、特種工人ニ對スル関心稀薄
部隊側ハ工人ノ表面柔順的態度ヨリ関心稀薄ナリ従テ衛兵ニ對スル特別教育ナク又衛兵モ一般工人同様ノ観念ヲ以テ接シアリタリ

二、特ニ宣傳宣撫ニ意ヲ用ヒアラス

三、監視不徹底
特ニ作業間ノ監視十分ナラス又野菜購入、薪伐採時ニハ部落民ト接觸容易ナリタリ

四、監視所ノ工人宿舎柵内ニ設ケアルハ一考ヲ要ス

五、直接工人ノ取扱監督ニ鮮人ヲ用ヒアルハ一考ヲ要ス

六、作業用具ノ處置格納不確實ナリ

七、國境接壌秘密作業ニ就労セシメタルハ一考ヲ要ス

所見

一、特種工人ニ對スル警戒関心ノ刷新及監視ノ徹底

二、宣撫ノ徹底

三、諜報網ノ擴充ニヨル要注意者ノ内査強化

东安宪兵队长关于缉捕军事工程逃跑特殊工人致日本关东宪兵队司令官的报告（通牒）（一九四三年十月三日）

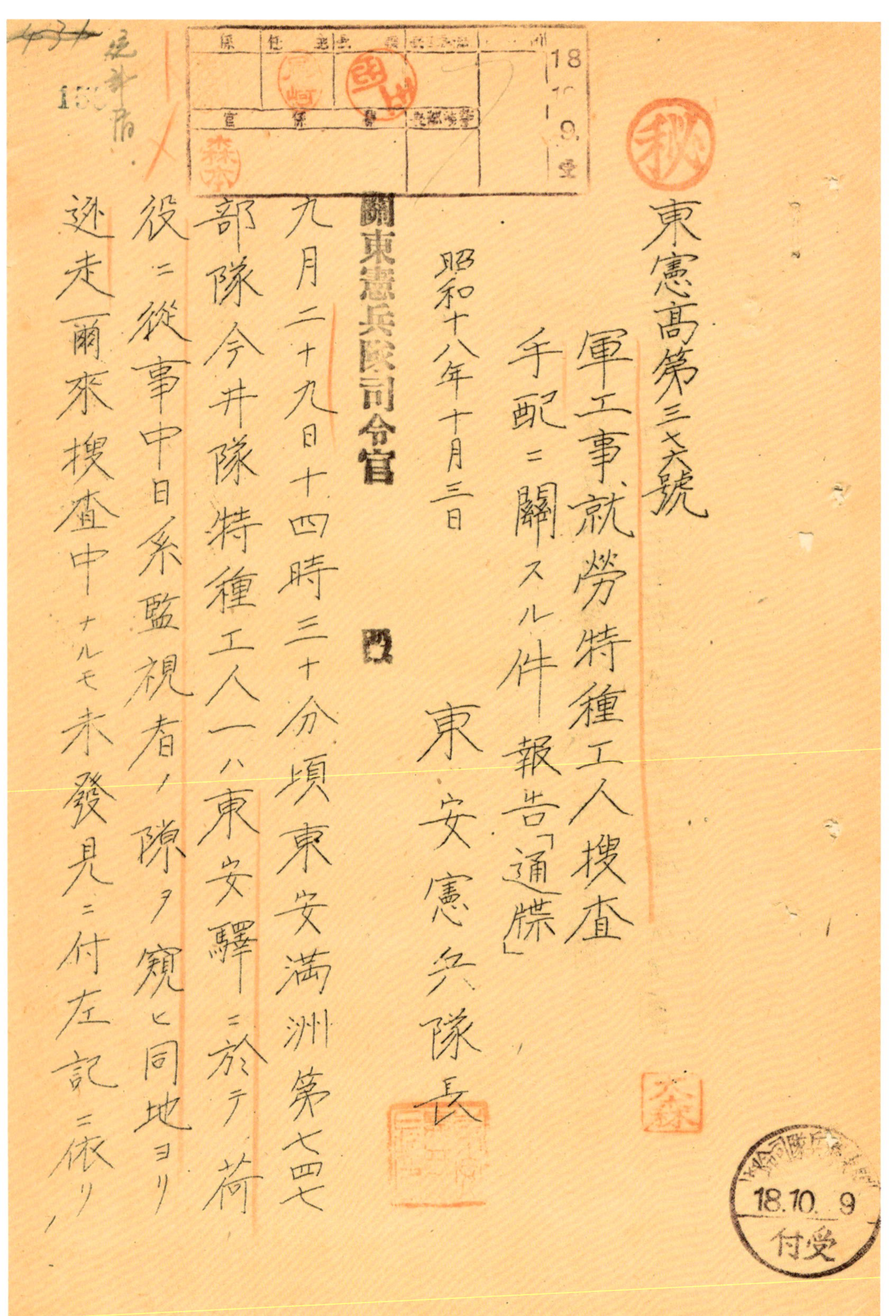

秘

東憲高第三六號

軍工事就勞特種工人捜査手配ニ關スル件報告「通牒」

昭和十八年十月三日

東安憲兵隊長

關東憲兵隊司令官殿

九月二十九日十四時三十分頃東安滿洲第七四七部隊今井隊特種工人一ハ東安驛ニ於テ荷役ニ從事中日系監視者ノ隙ヲ窺ヒ同地ヨリ逃走爾來捜査中ナルモ未發見ニ付左記ニ依リ

18.10.9 受

18.10.9 付受

捜査手配相成度報告通牒ス

左記

一、逃走日時場所

1、昭和十八年九月二十九日十四時三十分頃

2、於東安驛西端ホーム附近

二、逃走者本籍住所氏名年令

本籍　熱河省隆化縣黒山咀

住所　東安満洲第七四七部隊今井隊工人宿舍

東寧元所屬　山西省平曲縣中條山第十七軍第五團

2

特種工人（元陸軍中尉） 胡慶祥

當二十八年

三、逃走當時ノ狀況

本人ハ同僚間ノ悪評ナク眞面目ニ就勞シアリタルモノナルカ逃走當日モ平常通リ同僚ト共ニ掩護隊兵三名ニ引率セラレ出勤シ東安驛荷物發着係赤木傭人竝李滿直ニ割當ラレ班長トシテ自動車ニヨリ運搬セル發送木材ノ荷降從事シアリタルカ十四時三十分頃李滿

直ニ對シ（當時日系赤木傭人ハ木材積込現場ニ赴キアリ）木材積込場所ニ赴クト稱シ現場ヲ離レタル儘一時間三〇分經過セルモ歸着セザリシヲ以テ李滿直ヨリ赤木傭人ニ報告附近ヲ捜索セルモ行方判明セス逃走シタルコト判明セリ

四 逃走ノ原因

原因詳ナラサルモ就勞ヲ嫌忌シ發作的ニ逃走シタルモノト思料セラレ背後關係ヲ認メラレス

五、人相特徵服裝所持品

433

15

イ、人相（寫眞添附）

身長 五尺五寸 中肉 丸顔 色黒 顎細

特徴 眼大ニシテ二重瞼 眼玉青ク一見混血児ノ如シ

ハ、服装 冬黒満服上下（綿入） 軍属用帽子（星章ナシ顎紐ナシ）ヲ着用シアリ

ニ、所持品 ナシ

ホ、立寄先

本籍地以外ナシ

ヘ、其ノ他参考事項

5

本人ハ昭和十六年七月十七日東満虎林ニテ昭和十七年十月十五日迄作業ニ従事シ爾後東安満洲第七四七部隊本部ニ轉屬現在ニ至ル

（了）

報告「通牒」先

關憲司、五五、雞、佳、牡憲、東警廳、東鐵警

寫隊下 丙

孙吴宪兵队长关于军事及铁道工程工人结伙逃跑致日本关东宪兵队司令部等的报告（通报）

（一九四三年十月七日）

48

34

18 10. 11 受

秘

昭和十八年十月七日 孫憲高第四五二號

報告、通報先 関司、[illegible]
寫發送先 隊下 乙

孫呉憲兵隊長

軍並鉄道工事工人ノ黨與逃走ニ関スル件

（憲兵調査）

要旨

㈠ 龍鎮飛行場工事工人四十三名ハ自九月二十二日至〃三十日ノ間

㈡ 霍黒線冷川駅■工事工人三十二名ハ九月三十日

寒冷期ニ至ルモ冬服ノ支給無キト募集條件ノ實情相違等ニヨリ越冬ヲ憂慮シ黨與逃走セリ

本文

一 逃走概況及處置ノ状況

日時場所逃走人員	逃走當時ノ状況	原因	組側ノ處置	憲兵ノ處置
慶安縣ヨリ供出飛行場工				

孫呉憲兵隊長印

18.10.11 付受

九、二三 七名 九・二七 八名 九・二九 一三名 九・三〇 一五名 北安縣龍鎮飛行場 藤田組	事ニ稼働中九月二十日頃ヨリ 氣温降下シタルモ冬服支給 セラレサリシト降雨ノ為工事 遅延セル為越冬ヲ憂慮 シ不満的言動ヲ洩シアリタル 處九月二十三日ヨリ夜間ヲ利 用シ七名乃至十五名ニテ何レモ 党與逃走セルカ内六名ハ自宅 ヨリ冬服ヲ携行皈来セリ	寒期加ハリタ ルモ冬服支 給セラレサルト 降雨ニヨル工 事遅延ノ為 越冬ヲ憂 慮シタルニ因ル	目下冬服ノ購 入困難ナルヲ以テ 各小隊ヨリ二名 乃至三名ヲ冬服 持参ノ為皈郷 セシムル如ク協 議中	龍鎮分遣隊ニ 於テハ組側ノ状況調 査並ニ皈来者ニ 付取調ノ上代表者 ノ冬服持参皈郷 及購入斡旋方ヲ 要求スルト共ニ 各機関ニ手配捜 査中ナリ
九、三〇	逃走者三十二名ハ九月六日哈 爾浜ヨリ佐々木組ノ苦力募集 ニ應シ霍黒線洮川附近ニ於 テ鉄道工事ニ従事中ナリ シカ募集時ノ條件ハ現地	一募集條件 ト実状ト相 違 小地域ハ孫呉 ナリト募	逃走前一部者 ニ於テ賃金ノ 値上方願出タルモ 正當價格ナリト シテ之ニ應セサリ	山神府分隊ニ於 テハ九月三十日組 側ノ屆出ニヨリ下士 官以下二名ヲ現地 ニ出向セシメ背後

408

35

琿春縣霍黒線洽川駅東方約二粁鉄道工事佐々木組	ノ實情ト相違セルニ不満ヲ有シ且最近ニ至リ寒氣加ハリタルモ冬服ノ支給無キト小把頭馬某カ募集時約二千五百円ノ前借ヲ為シアリテ之カ負擔ニ因ル返済不能等ヲ憂慮九月二十日二時頃馬鈴薯包米等ノ糧食ヲ携行逃走セリ	集ス 以相當收入アリト稱シタルモ收入少シ 二、冬期ニ入ルモ冬服支給ナシ 三、苦力頭ノ前借返済ニ苦慮	シカ冬服ハ目下工人ノ七割ヲ支給他ハ物色中。逃走セラレタル為直ニ憲兵ニ屆ケタルモノナリ	関係ノ有無ニ付調査シタルニ上記ノ状況ナルヲ以テ関係機関ニ手配シ捜査中ナリ

二、所見

越冬期ニ入リ工人ノ黨與逃走多發ニ鑑ミ之カ動向ニ注意スルト共ニ組側ノ仔細ナル對策ニ依リ未然防止シ得ラルヘキ供出工人ノ冬服持参等ハ積極的ニ實

施セシムヘク指導ノ要アリ

（了）

阿尔山独立宪兵分队长关于「劳动报国」队员结伙进入外蒙致日本关东宪兵队司令部等的报告（通报）

（一九四三年十月七日）

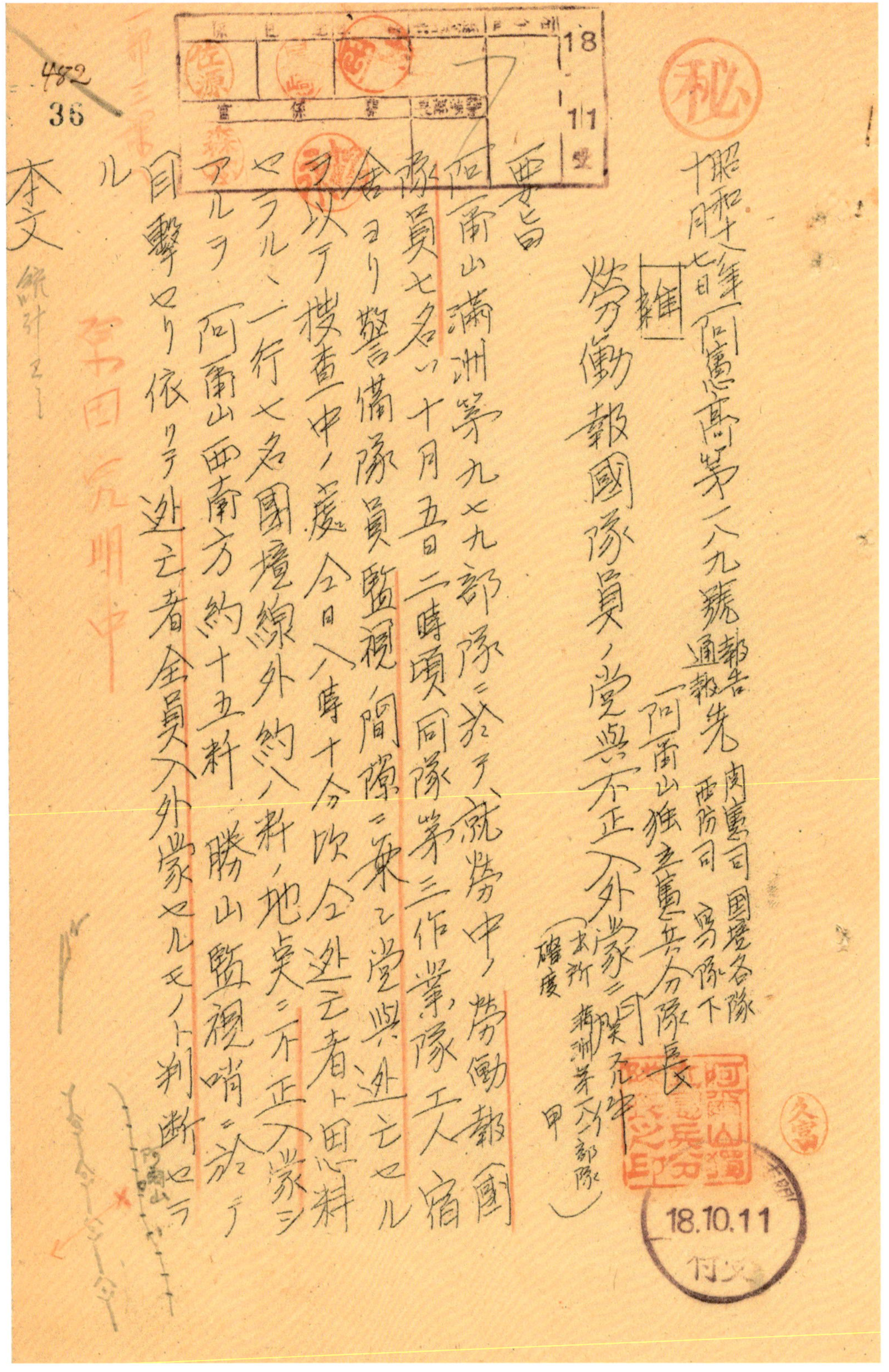
秘

昭和十八年十月七日 阿憲高第一八九號

報告 関憲司
通報先 國境各隊 西防司 寫隊下

阿爾山独立憲兵分隊長

（写送付 満洲第九七九部隊 甲）

勞働報國隊員ノ党與不正入外蒙ニ関スル件

要旨

阿爾山満洲第九七九部隊ニ於テ就勞中ノ勞働報國隊員七名ハ十月五日二時頃同隊第三作業隊工人宿舎ヨリ警備隊員監視ノ間隙ニ乗ジ党與逃亡セルヲ以テ捜査中ノ處今日八時十分頃今逃亡者ト思料セラル一行七名國境線外約八粁ノ地点ニ不正入蒙シアルヲ阿爾山西南方約十五粁勝山監視哨ニ於テ目撃セリ依リテ逃亡者全員入外蒙セルモノト判断セラル

本文

482
36

18.10.11

一、逃亡及入外蒙日時場所

（一）逃亡年月日

昭和十八年十月五日二時頃

場所

興安總省喜札呀爾旗阿爾山

阿爾山満洲第九七九部隊第三作業隊工人宿舍

（阿爾山西方二粁）

（二）入蒙年月日

昭和十八年十月五日八時十分頃

場所

興安總省喜札呀爾旗阿爾山西南約二六粁

満洲第六八一部隊馬規塚隊勝山監視哨西南

國境線外約八粁

二、入蒙者ノ本籍所屬氏名年令

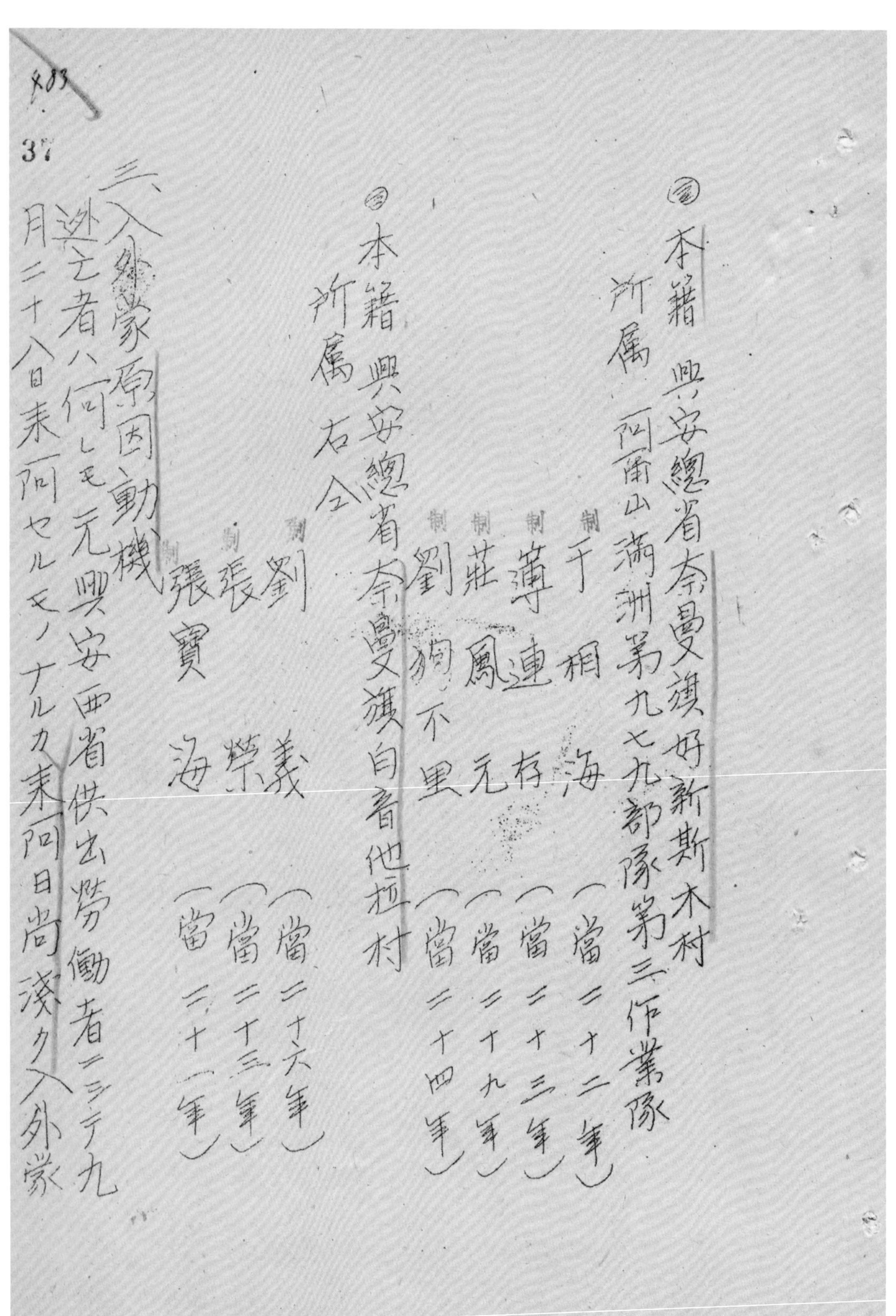

X83
37

(一)本籍　興安總省奈曼旗好新斯木村
所屬　阿爾山滿洲第九七九部隊第三作業隊
制　于　桐　海（當二十二年）
制　薄　連　存（當二十三年）
制　莊　鳳　元（當二十九年）
制　劉　狗　不　里（當二十四年）

(二)本籍　興安總省奈曼旗白音他拉村
所屬　右仝
制　劉　義（當二十六年）
制　張　榮（當二十三年）
制　張　寶　海（當三十一年）

三、入外蒙ノ原因動機
逃亡者ハ何レモ元興安西省供出勞働者ニシテ九月二十八日来阿セルモノナルカ来阿日尚淺ク入外蒙

原因判然セサルモ募集當時ノ宣傳ト現地ノ實情甚シク相違シアリ且寒氣嚴シキ雪中ニ於ケル土工作業ニ從事セシメタル爲作業ヲ忌避逃亡入外蒙セルニ非ラスヤト思料セラル

四、入蒙當時ノ狀況

十月五日二時頃阿南山滿洲第九七九部隊第三作業隊勞働報國隊員七名ハ警備隊員監視ノ間隙ニ乘シ黨與逃亡セルヲ以テ各地監視哨ニ手配シ特ニ國境線地区ニ重点ヲ置キ捜査中ノ處今日八時十分頃逃亡者ト思料セラルヽ一行七名國境線外約八粁ノ地点ニ不正入外蒙シアルヲ勝山(阿南山西南約十五粁)監視哨ニ於テ目撃セリ仝哨ニ於テハ引續キ之レカ行動ヲ監視中ノ處約二十分ニシテ西南方ノ山陰ニ没シタルカ其後十三時

38

二十分頃外蒙側南山監視哨（勝山西南方約十粁）ニ三二高地）ヨリ外蒙側騎馬兵三名現レ逃亡者ノ出没セル山蔭附近ニ向ヒタルヲ目撃セリ

状況以上ノ如クニシテ逃亡者一行七名ハ不正入外蒙後外蒙側國境警備隊員ニ依リ拉致セラレタルモノト判断セラル

五、憲兵ノ處置

入蒙者出没地点別紙要圖ノ如シ

憲兵ハ部隊ヨリノ通報ニ接スルヤ部隊配属憲兵ト密ニ連絡シ逃亡者ノ捜査ニ努メル一方逃亡ノ外蒙ノ原因ニツキ引續キ究明中ナリ

六、所見

状況以上ノ如クニシテ逃亡者数日時場所等ヨリ考察シ勞働報國隊員七名ノ党與入外蒙ト

判断セラレ之レカ原因ニ就テハ目下究明中ニシテ判然セサルモ第一線築城作業ニ従事シアル者ノ逃亡入蒙ハ防諜上遺憾ニ堪ヘサル所ニシテ各部隊側ニ於テハ将来ノ適切ナル勞務ノ管理ヲナス一方就勞者ノ監視ヲ嚴ニシ此種事象發生ノ絶無ヲ期スル要アリ

（了）

附：逃跑「劳动报国」队员入外蒙位置图

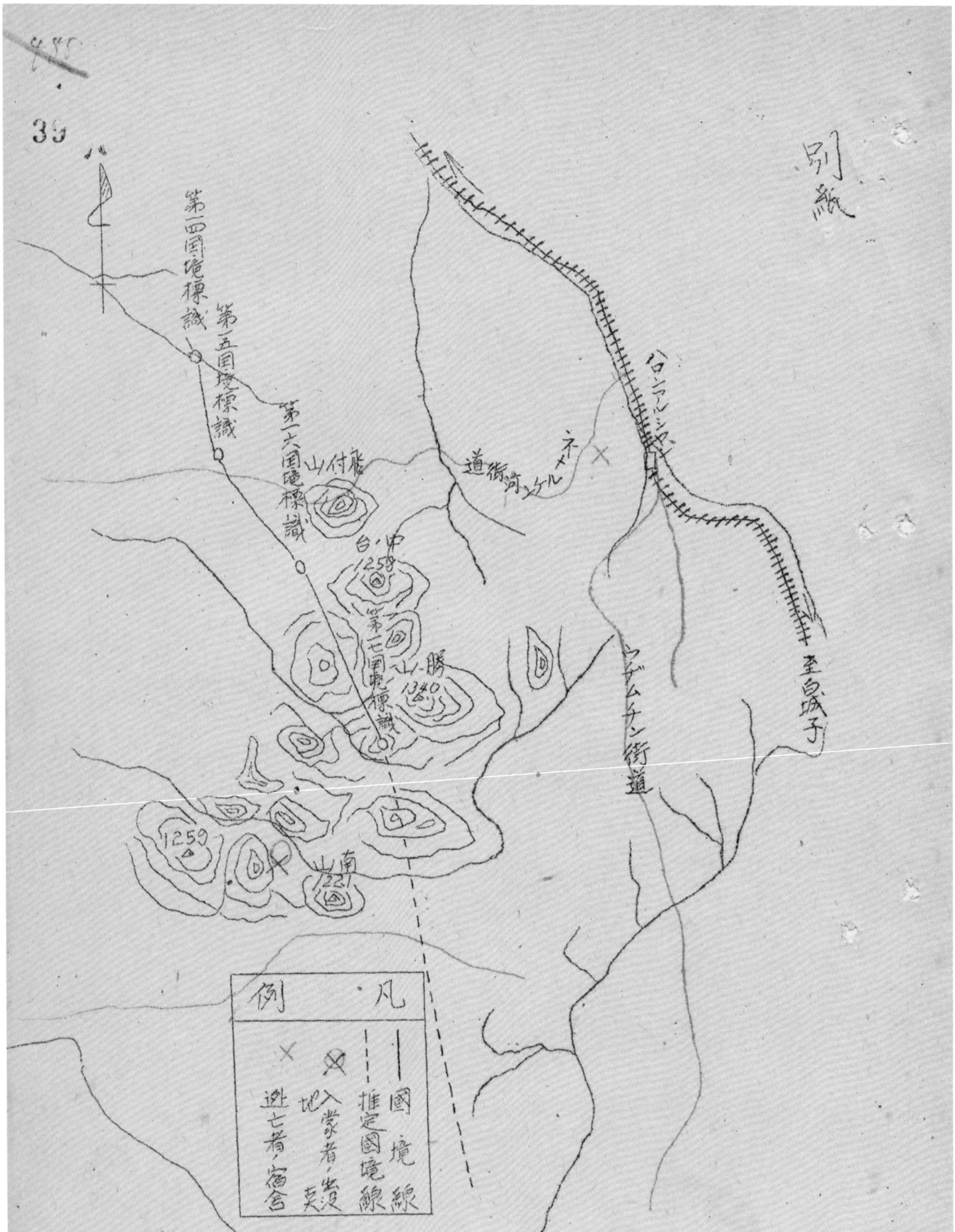

阿尔山独立宪兵分队长关于劳务恳谈会召开情况致日本关东宪兵队司令部、西部防卫司令部等的报告（通牒）（一九四三年十月二十日）

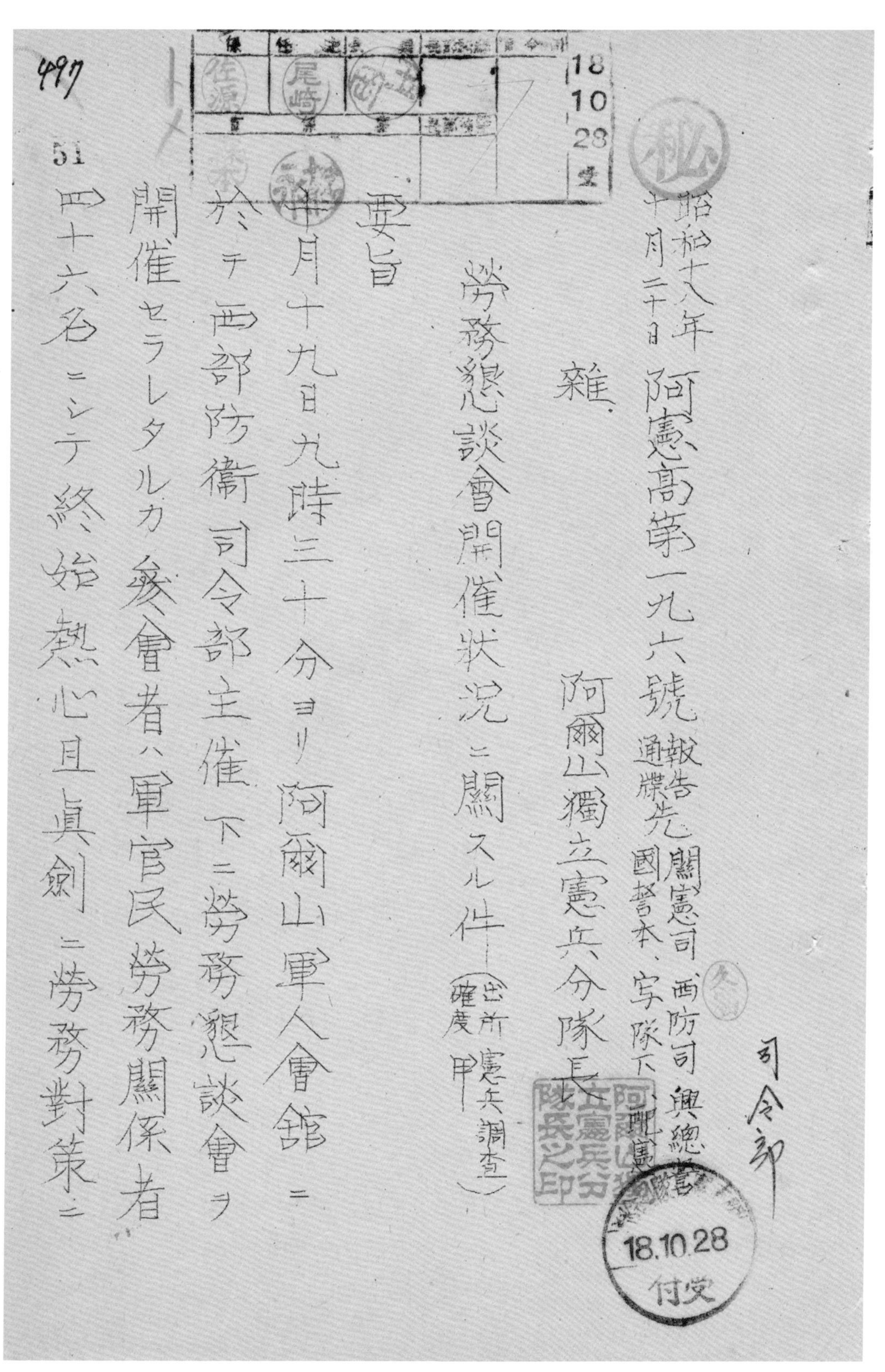

昭和十八年十月二十日 阿憲高第一九六號

報告 關憲司 西防司 興總省

通牒先 國務本、字隊下、興安憲

雜 阿爾山獨立憲兵分隊長

勞務懇談會開催狀況ニ關スル件（出所 憲兵調查 確度 甲）

要旨

本月十九日九時三十分ヨリ阿爾山軍人會館ニ於テ西部防衛司令部主催下ニ勞務懇談會ヲ開催セラレタルカ參會者ハ軍官民勞務關係者四十六名ニシテ終始熱心且眞劍ニ勞務對策ニ

關スル懇談ヲ遂ケ盛況裡ニ十六時四十分散會セリ
而シテ主ナル懇談事項ハ勞務者ノ逃亡防止對策
及保健傳染病對策並防諜對策火災豫防
等ニシテ懇談後防衛司令官ノ訓示アリテ勞務
對策ノ徹底並ニ防諜観念ノ昂揚ニ相當裨益
スル處アリタリ

本文

一、開催日時場所
　昭和十八年十月十九日　自十四時三十分　至十六時四十分
於　阿爾山軍人集會所

498
52

二、司會者並參集者

1、司會者

西部防衛司令部

阿爾山獨立憲兵分隊

2、參集者

軍官民勞務關係者　四十六名

（氏名　別紙　第一、第二、參照）

三、懇談會ノ狀況

九時三十分ヨリ約一時間ニ亘リ防衛司令官ニ

對シ軍部側勞務管理狀況ノ報告アリ次テ十時四十分ヨリ參集者ノ防衛司令官ニ對スル挨拶アリテ懇談ニ入リ憲兵分隊長ヨリ本年六月十九日阿爾山警務機關主催ノ勞務懇談會席上ニ於テ提議セル諸事項ノ實踐狀況並意見希望等ニツキ聽取スルト共ニ懇談ニ移リ十二時三十分一先終了參集者全員ハ會食ノ上十三時三十分再會シ午前中ニ引續キ實踐狀況ノ聽取並ニ工事終了期及越冬ニ

關スル諸種ノ懇談ヲナシ十四時三十分休憩
十四時四十分ヨリ參集軍官民ノ眞劍ナル希
望事項ノ開陳アリテ十六時懇談ヲ終了セ
ルカ最後ニ防衛司令官ヨリ現時局下當地区
ニ於ケル勞務者ノ逃亡防止並工人ノ適切ナル
管理ハ最重要事ニシテ之カ對策ノ萬全ヲ
期スルコト即チ國家ニ貢献スルコトナリトテ勞
務對策ノ重要性ニツキ訓示アリ（別紙第三參
照）次テ防衛參謀ノ閉會ノ挨拶アリテ十

六時四十分盛會裡ニ終了セリ
懇談事項詳細別紙第四ノ如シ

四、所見

敍上ノ如ク現時局下勞務對策ニ就キ國境特殊性ニ即應スル指導ヲナシタルタメ一般業者ヲシテ逃亡防止對策並防諜觀念昂揚ニ裨益スル處大ナルモノアリタルモノト認メラル

別紙第一

勞務懇談會出席關係部隊官署會社名簿

所屬	氏名 長	主任者	係
主催者側	笠原少將	河瀨中佐	田口中尉 外將校下士官軍屬 一一
第九七九部隊	落合中佐	有賀中尉	
第七四二部隊		小林中尉	高山(憲)曹長
第九八四部隊		坂本見習士官	
第一八一部隊		前川少尉	
第二三六部隊		吉永中尉	
馬見塚隊		楢野少尉	
阿蘇山警察隊		西野警尉	岡崖警尉
白根警察隊		打田警尉	
阿蘇山警護隊	佐藤巡監		
辦事處	中事務官		
營林署		手塚技佐	大口技士
勞務興國會	佐田堅一		
交通部			林技士
滿鐵工務區		河崎助役	
全林務區	佐藤區長		
憲兵隊	田附大尉	久富准尉	下士官 二

附二：劳务恳谈会参加者名簿

別紙第二

勞務懇談會參集者名簿

地區	工事別	參集者 組名	參集者 氏名
向爾山	軍工事並関係業者	伊賀原組	熊谷隆一、北浦愛藏
		三田組	杦山道明、東郷甫嗣雄
		三和土建	船平拾久、児玉一
		國際運輸	小檜山拾次、細田武
	満鉄民間工事	佐々木組	新崎一太郎、市野美好
		東亜土木	西田政夫
		大倉土木	坂本悟
白狼	伐採関係	柳原組	代 宮本新吉
		興安林業	山川昌一
		木村組	本村武七
		金江組	西河國雄
		北林組	北林正治
		高橋製材所	米田芳雄
兆分台		大興林業社	森山喜久次
五叉溝	軍工事	伊賀原組	長谷川了
	伐採関係	外壕組	富田兼吉、金光寺運吉
		榜澤組	不参加
		榜木組	山本勉
		山下組	山下晃、山下稔
伊爾施	軍関係	牡丹江木村組	田茂勝男、岡田竹男

502

56

別紙第三

防衛司令官訓示要点

要綱	項目
本會ノ開催理由	一、最近逃亡者續發ノ傾向ニアルヲ憂慮シタルニ依ル 二、逃亡方向ニ關スル懸念即チ國境突發ノ嫌セラルル國防上防諜上非常ナル損害ナル点ヨリ之カ防止策ヲ検討セシカタメナリ
本會ノ利用	一、本会ニテ各々ノ智識ヲ交ヘ換ヲ良策アリタルヲ以テ之カ充分ナル利用ヲ希ム 二、積角遠隔地ヨリ参会シタル人モアリ本懇談事項ヲ有意義ニ利用セラレ度シ
苦力逃亡防止對策ニ就テ	勞務者ノ適切ナル管理並能率的使用ハ個人ノミナラス國家ニ貢献シ最大ノ能率ヲ上ケシムルコトカ大東亜共榮圏ノ確立ニテアルトノ気持ニ依リ管理ヲナシ特ニ逃亡防止對策ノ所見ヲ述フレハ イ、工人間ニ穏密ニ諜者ヲ配置スルコト ロ、連坐罰制ノ實施

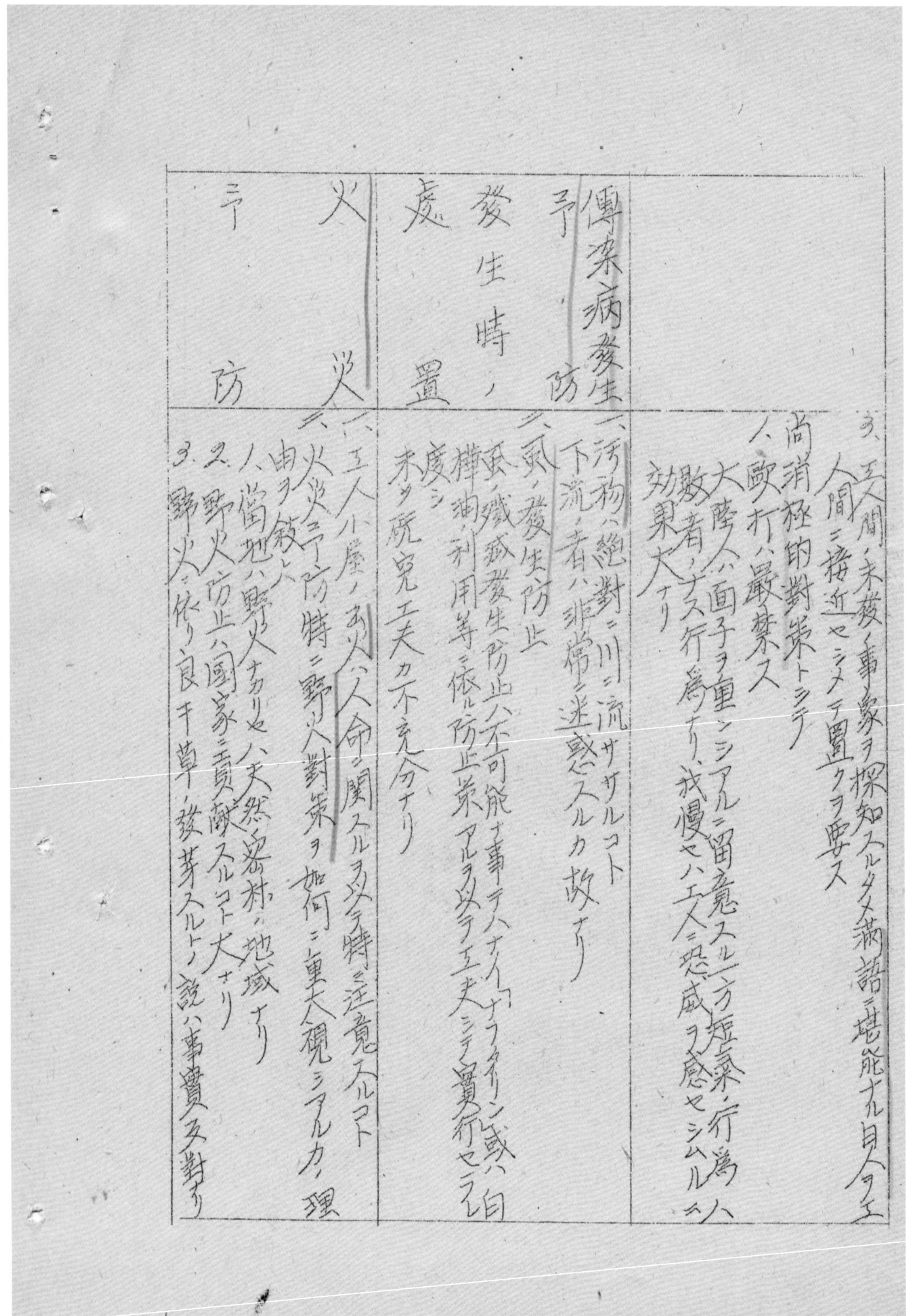

	3、工人間ノ未發ノ事象ヲ探知スルタメ満語ニ堪能ナル日人ヲ工人間ニ接近セシメテ置クヲ要ス 尚消極的對策トシテ 1、殴打ハ嚴禁ス 大陸人ハ面子ヲ重ンシアルニ留意スル一方短氣ノ行爲ハ數者ノナス行爲ナリ、我慢セハ工人ニ恐威ヲ感セシムルニ効果大ナリ
傳染病發生ノ予防	1、汚物ハ絶對ニ川ニ流サザルコト下流ノ者ハ非常ニ迷惑スルカ故ナリ
發生時ノ處置	2、虱ノ發生防止 虱ノ蟣蝨發生防止ハ不可能ナ事デハナイ。ナフタリン或ハ白樺油ノ利用等ニ依ル防止策アルヲ以テ工夫シテ實行セラレ度シ 未タ研究工夫カ不充分ナリ
火災予防	1、工人小屋ノ出火ハ人命ニ関スルヲ以テ特ニ注意スルコト 2、火災予防特ニ野火ノ對策ヲ如何ニ重大視シアルカノ理由ヲ叙ヘハ 1、當地ハ野火ナカリセハ天然密林ノ地域ナリ 2、野火防止ハ國家ニ貢献スルコト大ナリ 3、野火ニ依リ良キ草ノ發芽スルトノ説ハ事實反對ナリ

4、野火ハ住宅ニ押寄セテ来レハ本火事トナル
5、弾薬揮発油ニ引火セハ爆発ス
三、防火線ハ従来ノ如ク鉄道ニ沿ヒ一本ノミテハ不可河川、鉄道、道路ヲ利用シ二千米位ニ小刻ニシテ縦横ニ防火線ヲ作成ノ要アリ
四、工人ニハ野火ヲ出サヌ様指導監督ヲ要ス

逃亡工人ノ心理並ニ工人ノ指導要領

一、逃亡ハ伝染性アルヲ以テ之カ根絶ヲ期スヘシ
二、逃亡工人ハ逃亡ノ行為ヲ穏健ナランタメ使用日人ノ悪口ヲ云フ敵側ニ逃ケタ者ハ特ニ然リ
三、一度逃亡セル者ハ前科者ナルヲ以テ特ニ注意指導ヲ要ス
四、工人ノ指導ニハ精神的威力ヲ発揮セヨ、嚇シ嘘ハ不可法規ニ依ル正当ナル制裁ヲ講セヨ之カ真ノ力ナリ
五、宣伝宣撫ハ働クコトヲ教ヘ日人ハ率先工人ニ対シ業務指導ヲナスヲ要ス
六、敬礼ヲ厳守セシメ儀礼的行動ヲナサシムルコト肝要ナリ
七、彼等自身カラ働ク気持ヲ起サセル様ニ彼等ト同一行動ナシ指導教育スルヲ要ス

附四：对第一回恳谈会提议事项的实践情况、意见、要求及希望事项

504

58

別紙第四

一、第一回懇談會提議事項ニ對スル實踐狀況並之カ所見

	提議事項	業者側實踐狀況	憲兵並軍官側所見
工人	一、積極的對策、 (イ)監視監督取締徹底 (ロ)夜警(不寢番)ヲ設クルコト (ハ)居住ヲ明カニスルコト	一、軍工事關係 1、苦力小屋一ケ所ニ付不寢番ヲ設置シアリ 2、夜間巡察強化ヲ圖リアリ 二、伐採關係 1、右ノ外就寢時履物ヲ一個所ニ引上ケ保管セシメアリ	一、憲兵分隊長 1、逃亡ヲセシメタル現場担任日人ニハ追責ヲナス樣ニシ責任ヲ痛感セシムルヲ要ス 2、日系不寢番ノ設置皆無ノ狀態ナリ 3、居住ハ明カナラス集団就行許可書ノ工人カ農家ニ這入リ百姓ナシアルモノ等アリテ更ニ業者ノ取締ヲ要ス
逃亡	二、消極的對策、 (イ)工人ノ苛酷ナル使用及毆打ノ嚴禁 (ロ)衣服食糧ノ適切ナル配給 (ハ)債金ハ計算ヲ確實ニシ苟モ疑念ヲ抱カシメサルコト支拂ハ的確ニ行ヒ約束不履行ニ	一、軍工事關係 1、夜業ヲ續ケテ居ルカ苛酷ナル取扱ヲナサス 2、食料品衣服ハ部隊用側支給セラレ概ネ充分ナリ 3、北支出身工人ハ送金ヲナサシメアリ 4、工人ノ賃金ハ資材難ヨリ未 5、充分ナラス 部向ニハ御馳走ヲナシ	一、向關警察隊 流言蜚語發生アルヲ以テ紙芝居時局講話等ノ弘報宣傳ヲナスヘシ 勞務興國會 工人ノ表彰並宣傳宣撫ハ將來實施ス 一八一部隊ニ於テハ貯金ヲ強制シ常人死亡ノ時ハラセ僧ヲシテ葬式ヲ盛大

防止對策	
依ル信用失墜セサルコト (ニ)賃金送國ノ斡旋 (ホ)工人宿舍ノ完備 (ヘ)休養慰安 (ト)負傷疾病時ノ處置適切ナルコト (チ)宣傳宣撫 (リ)把頭上工人ノ親睦ヲ圖ルコト (ヌ)工人死亡ノ處置	三、工人逃亡時ノ處置 (イ)警務機関ニ速カニ届出ツルコト (ロ)届出様式
6、休養セシメアリ ロ、負傷疾病者ハ公医ト連絡ヲトリ施療シアリ ハ、宣傳宣撫ハ充分ナラス ニ、死亡者ニ對シテハ遺族ニ組側ヨリ弔慰シアリ 二、代換關係 イ、右ノ外ハ病弱ニシテ全快ノ見込ナキモノハ送還シアリ ロ、優秀勞務者ハ表彰シアリ ハ、把頭ノ独善ヲ矯正シアリ	
程ニ實施シアリ 四、ニ三大部隊ニ於テハ勞務者ニ精神教育ヲ施シ敬礼ノ確行並諸行事ニ参加セシメアリ 五、憲兵 工人ヲシテ衣食住ニ不自由ナキ様且債金支拂ノ確実ニナシ宿舍ヲ完備スヘシ 尚ホ日人ハ不慮ノ危害ヲ受ケサル様注意スルコト	六、憲兵 イ、速ニ届出ヲナス如クセヨ ロ、届出ニハ成可寫眞ヲ添付セラレ度シ 六、防司附言 イ、電話ニテ速報ノコト ロ、現場日人ニ於テ逃亡経路ノ要衝ヲ押ヘテ逮捕スル如ク努メ更ニ最寄部隊ニ連絡スルノ著意ヲ要ス

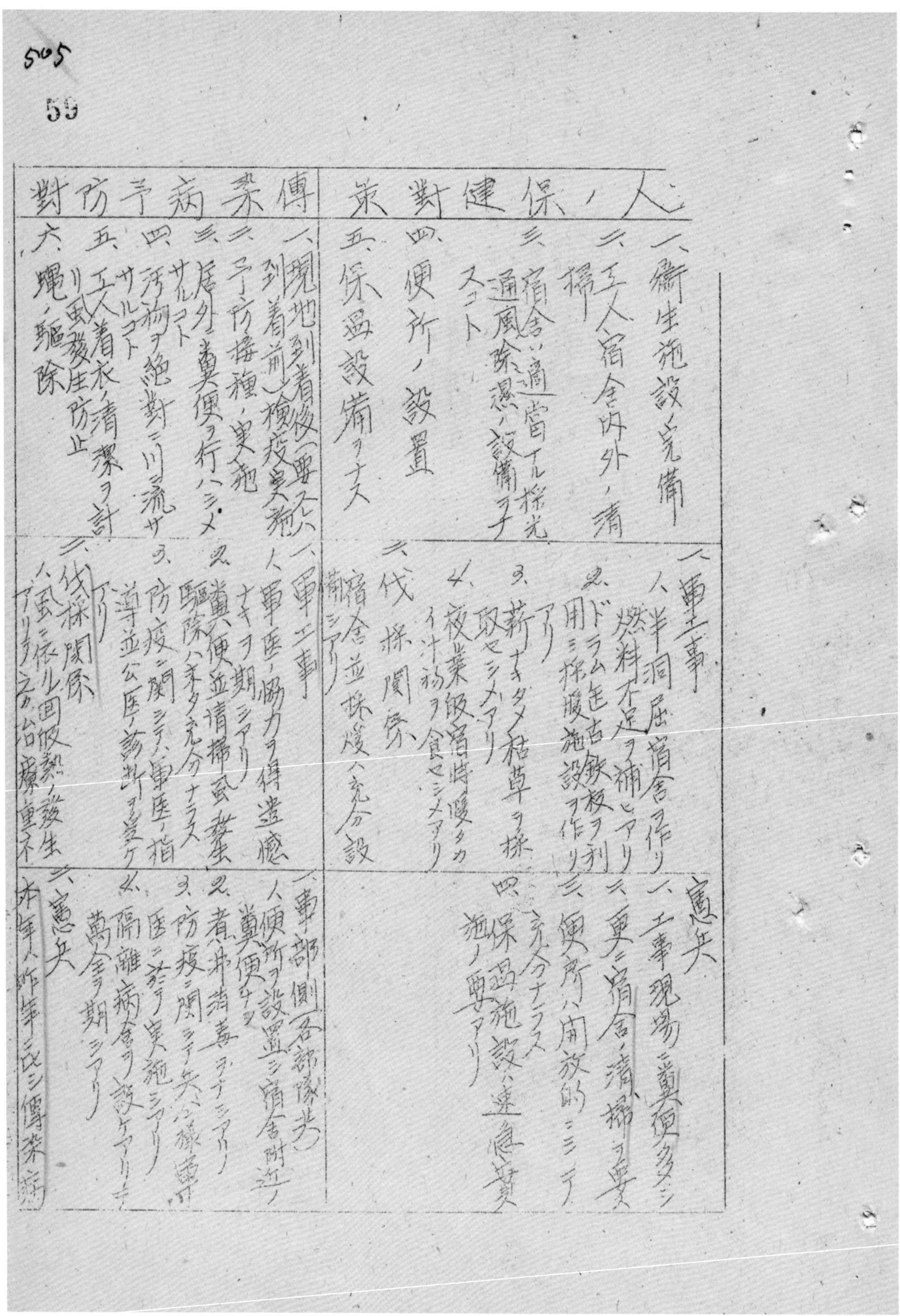

505

59

人ノ保健對策	傳染病予防對策
一、衛生施設ノ完備 二、工人宿舎内外ノ清掃 三、宿舎ハ適當ナル採光通風除濕ノ設備ヲナスコト 四、便所ノ設置 五、保温設備ヲナス	一、現地到着後（要スレハ到着前）検疫實施 二、予防接種ノ實施 三、屋外ニ糞便ヲ行ハシメサルコト 四、汚物ヲ絶對ニ川ニ流サヽルコト 五、工人着衣ノ清潔ヲ計リ虱發生防止 六、蠅ノ驅除
一、第一工事 イ、半洞居宿舎ヲ作リ燃料不足ヲ補ヒアリ ロ、ドラム缶古鉄板ヲ利用シ採暖施設ヲ作リアリ ハ、薪ナキタメ枯草ヲ採取セシメアリ ニ、夜業飯宿時暖カイ汁物ヲ食セシメアリ 二、伐採関係 宿舎並採暖ハ充分設備シアリ	一、軍工事 イ、軍医ノ協力ヲ得遺憾ナキヲ期シアリ ロ、糞便並清掃虱驅除ハ未タ充分ナラス ハ、防疫ニ関シテハ軍医ノ指導並公医ノ診断ヲ受ケシメアリ 二、伐採関係 イ、虱ニ依ル回帰熱ノ發生アリテ治療重ネ不
憲兵 一、工事現場ニ糞便多クシ 二、更ニ宿舎ノ清掃ヲ要ス 三、便所ハ開放的ニシテ充分ナラス 四、保温施設ハ速急實施ノ要アリ	一、軍部側（各部隊共） イ、便所ヲ設置シ宿舎附近ノ糞便ナシ ロ、煮沸消毒ヲナシアリ ハ、防疫ニ関シテ兵ハ模範的医ニ於テ實施シアリ ニ、隔離病舎ヲ設ケアリテ萬全ヲ期シアリ 二、憲兵 本年ハ昨年ニ比シ傳染病

項目			
策並ニ發生時ノ處置	七、傳染病發生ニ當リテハ速ニ所要ノ防疫ヲ行フト共ニ関係個所ニ報ジ之カ傳染ヲ防止スルコト 八、傳染病ノ疑ヒアル症狀ノモノハ速ニ医師ノ診斷ヲ受ケシメ防疫ノ萬全ヲ期スルコト	タルニ依リ近モノ原因トナリタルコト、アリ ス、營林署ノ巡回施療ヲ受ケアリ	ノ發生少ナキモ要ハ諸事項ヲ嚴守セラレ度シ
防諜對策並特殊関係法規ノ徹底化	一、防諜ニ関シテ警務機関ニ積極的協力ヲ要望ス 特ニ秘密漏洩防止對策トシテ圖書文書保管ヲ嚴ニスルコト 二、下級組員（日滿系）ノ防諜觀念ノ向上徹底ヲ計ルコト 三、于人間ニ潜在シアル諜報謀略員ノ策出發見ニ就テハ全員ヲ傾注シ至嚴ナル注意觀察ニ努メラレ度シ 四、防諜上工人ノ現地解雇	軍關係 一、九八四部隊ノ指示ニ基キ保管ヲ嚴ニシ日人カ常時監視シアリ 二、下級組員ノ指導ハ常時強化シアリ 林業關係 一、特ニ意ヲ用ヒ強化シアリ 國際運輸 一、輸送部門ハ防諜強化ヲ圖リアリ 二、社員ノ防諜觀念昂揚ニ努力シアリ	憲兵 1、現戰局下防諜ハ重大ナリ 2、防諜ハ愛國心ノ發露ナルニ當地域ハ未充分ナラス 3、防諜ニ関スル内規ヲ作製シ實践ヲ望ム 4、防諜上工事終了後ニ於ケル工人ノ解散ハ嚴禁ス 5、諸規定ノ不履行者ハ日系者ニ多シ

506

60

ヲ嚴禁ス

五、特殊地域ニ関係法規

其ノ他		
流言蜚語ノ防止對策		警察隊 一、使用工人ノ言動ニ留意セラレ度シ 一、各種言動ヲ統計的ニ観察セラレ度シ 憲兵 一、流言ヲ聞知シタナレハ速ニ報告ノコト
火災ニ一予防對策	一、軍関係 1、宿舎並炊事場ノ火氣ニ注意スルト共ニ工事現場ハ火氣嚴禁シアリ 2、現場責任者ハ夜間巡察ヲ實施シアリ 3、消火訓練ヲナシアリ 二、其ノ他 概ネ同様ナリ	一、憲兵 1、消火訓練ヲ強化シ一ノ演練ヲ望ム 2、火災ニ依リ工人ノ死亡セル事例アリ特ニ人命ニ関係アルヲ以テ注意セラレ度シ
越冬準備	一、軍関係 1、薪炭配給充分ナラス	憲兵 一、早急完備スル様取計ラ

四、備倉改築ヲシアリ　レ度シ

二、林業

ハ概ネ安定セリ

九、要望並希望事項

区分	事項
軍部（除憲兵隊）	一、逃亡工人アリタル時ハ早急電話報告相成度 二、逃亡工人防止對策トシテ組制度ヲ設ケラレ度 三、新入工人ニ對スル逃亡防止對策トシテ逃亡スルモ出リノ附近ニ歩哨駐屯シ耳東傷狼害アリテ困難ナル旨宣傳セハ効果アリ
警察隊	一、開戰時ニ於ケル業務ノ進渉ヲ遲滞ナク且苦力ノ動揺ナキ様不断ヨリ信用アル者ヲ工人間ニ潜入セシメ常時ヨリ偵諜ニ置キ以テ開戰時匪化蜂起党與逃亡ニ對スル防止對策ヲ樹ツル一方統計的ニ資料ヲ蒐集セラレ度シ 二、民族協和ニ就テ 未タ滿人ニ對シ「チャンコロ」ト呼ブモノアリ斯ル言辭ヲ滅セサル様指導相成度

507

61

業者側		
軍関係	國際運輸	林業関係
一、衣服、薪炭ノ配給ニ就テ業者ニ對シ當局ノ御措置ヲ望ム 二、防諜施策ニ関シテハ軍、憲ノ指導ヲ特ニ潤爛ノ度ヤ 三、労務管理等ニ就テハ各機関ノ親心ヲ希望ス	一、工人ノ時局認識並防諜對策トシテ軍憲ニ於テ時々講話セラレ度シ 二、防諜團体タル八日會ノ強化實践ヲ望ム	一、阿南山ノ薪炭不足ハ物動計畫ニ計上セラレアラサルニ依ルモノニシテ未タ薪炭統制組合ニハ餘裕アルヲ以テ當該官廳ニ至急申込マレハ獲得出来ルモノナラン

齐齐哈尔宪兵队长关于讷河街公所供出军用劳工后收到恐吓信致日本关东宪兵队司令部等的报告（通报）（一九四三年十月三十日）

秘

報告「通報」先　關憲司隣接隊八二　隊下乙

寫

齊々哈爾憲兵隊長

昭和十八年十月三十日　齊憲高第四四二號

思想宣傳

軍用勞務者供出ニ伴フ脅迫狀郵送越ニ關スル件（出所憲兵調査　確度甲）

（一〇・二一、齊憲高第四三七號參照）

要旨

訥河縣訥河街公所ニ於テハ縣命ニ依リ九月二十五日供出スヘキ軍用勞務者一五〇名ニ對シ夫々之カ通知書ヲ送付シタルモ當日集合セルモノ僅カ四八名ノミナルヲ以テ協和會ノ協力ヲ得街内浮

一括

82

浪者等強制的ニ供出シタル處二十六日街長宛ニ「一家ノ者ヲ殺害セン」トノ脅迫狀ノ郵送越アリ滿警ニ於テ爾來犯人捜査中ナルモ未發見ナリ

一、事件發生狀況

訥河街長ハ九月二十五日白城子滿洲第九八三部隊ニ供出スヘキ一五〇名ノ勞務者募集ニ關シ縣ノ命ニ依リ同街七區長ヲシテ配給通帳並ニ戶口簿ニ依リ實員調査ノ上縣勞工供出要領ニ基キ縣長命令書ヲ夫々送付シタル處適格者ハ事

5ey
83

前又ハ令書受領後逃亡又ハ他ノ就勞地ニ赴キ命令書ニ應シタルモノ僅カニ四八名ノミナルヲ以テ協和會ノ協力ニ依リ重要街路上ニ檢問所ヲ設置シ所要人員ヲ強制的ニ集結セシメ二十五日供出セル所翌二十六日街長宛脅迫狀ノ郵送越アリタリ

二、脅迫狀ノ内容

脅迫狀ノ日譯左ノ如シ

魯俊陞知悉セヨ

コレハ君ノ名譽ニ重大ナルコトテアル　新京

2.

ニ於テ聞クトコロニ依ルト訥河街公所ハ恰モ
閻王殿テアリ街長ハ閻王テアル訥河街民ハ君
等ノ為ニ實ニ苦難ニ落入ツテ居ルトノ話ニ依リ
昨日午後一時四十二分着列車ニテ訥河ニ到着
シ事實ヲ調査スルニ總テ事實アリ聞イタ
處ト同様ニ君ハ首魁ニシテ他ノ一郡ハ強
悪ナルモノテアツテ完全ニ「死」ヲ忘却シテイル
モノタ、近イ内ニ街長ノ全家族ノ生命ハ保持
シ難キモノナルコトヲ先ツ通知シテ置ク

530

84

ソウシテ今日午後七時二十分發嫩江行ニテ出發シ二十五日新京ニ着ク豫定ニシテ到着ノ上狀況ヲ上司ニ報告スル

無名　九月二十四日

三、滿警ノ處置

現地滿警ニ於テハ街長ノ屆出ニ依リ該郵送犯人ニツキ鋭意捜査中ナルモ未發見ナリ

四、其ノ他參考事項

訥河街長ハ昨年五月一日街長トシテ就任爾來

3.

諸事積極的ニ遂行シ就中昭和十五年以来租税滞納者（約九千圓）ニ納税ヲ強制シ前街長當時ノ税金ヲ徴集本年九月整理完了シタルカ之ニ對シ街民ヨリ相當ノ怨恨ヲ受ケアリ

五、所見

狀況叙上ノ如ク本件發生ノ原因ハ勞務者供出割當ニ反感ヲ有スル不良分子ノ行為ニ依ルモノト認メラルルヲ以テ断乎摘發ノ要アルト共ニ縣長命令書ニ違反シ期日ニ集合セサル勞務

者ニツイテハ断乎取締ヲ徹底シ之カ遵守セシムル要切ナリ 然レ共一面斯種行為カ延テハ軍用労務者供出忌避ノ素因トナリ將來ニ及ホス影響大ナルヲ以テ當局ニ於ケル之カ對策ニハ更ニ適正ヲ期スル要アリト認ム

「了」

鸡宁宪兵队长关于逮捕一名逃跑特殊工人致日本关东宪兵队司令部等的报告（通牒）

（一九四三年十月三十一日）

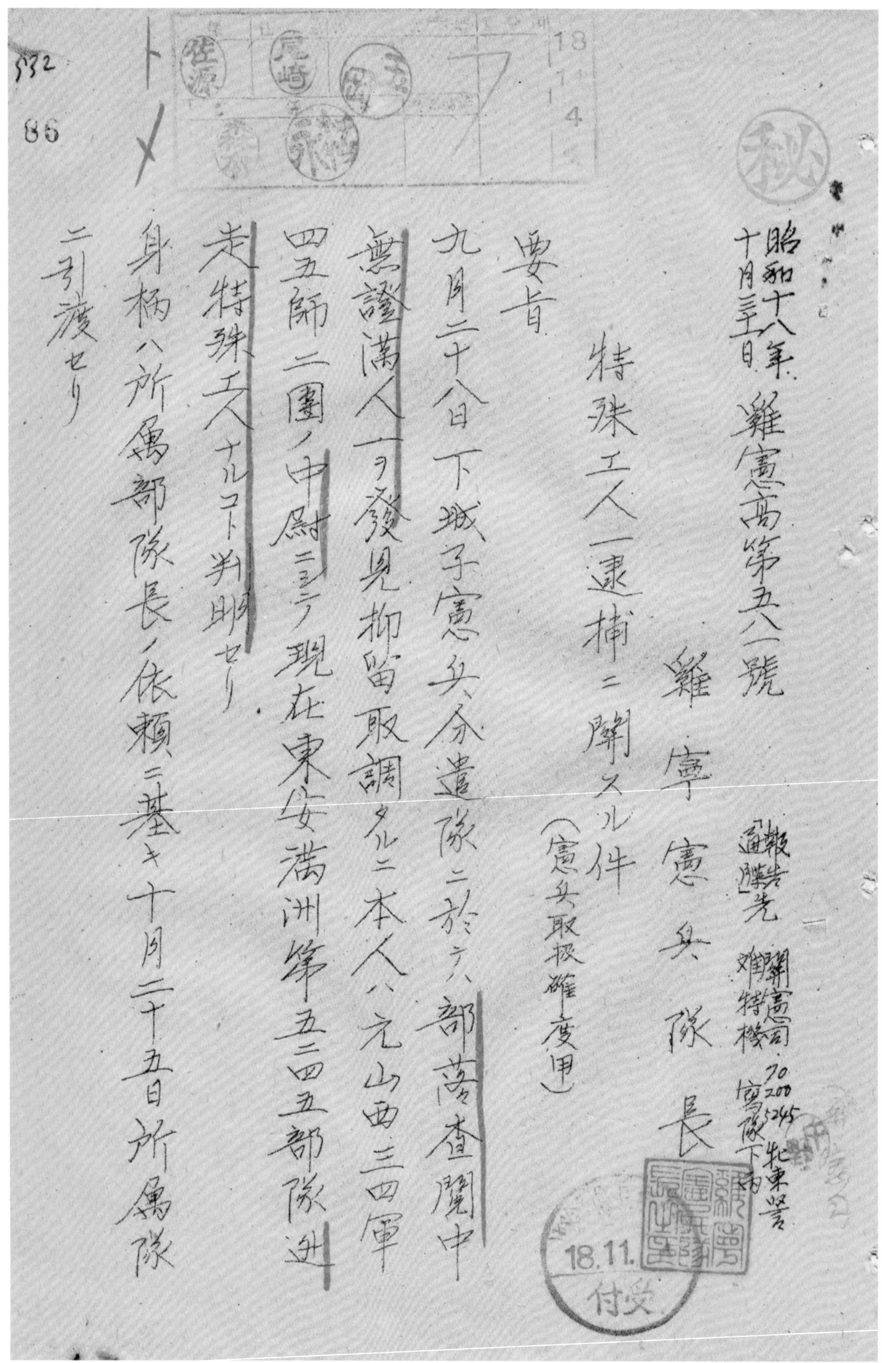

秘

昭和十八年十月三十一日　雞憲高第五八一號

雞寧憲兵隊長

特殊工人一逮捕ニ關スル件

（憲兵取扱確度甲）

報告先　關憲司

通牒先　雞特機　寫隊下　牡東警

要旨

九月二十八日下城子憲兵分遣隊ニ於テ六部落查閲中無證滿人一ヲ發見抑留取調タルニ本人ハ元山西二四軍四五師二團ノ中尉ニシテ現在東安滿洲第五二四五部隊逃走特殊工人ナルコト判明セリ

身柄ハ所屬部隊長ノ依頼ニ基キ十月二十五日所屬隊ニ引渡セリ

本文

一、發見抑留日時場所

1.日時　昭和十八年九月二十八日十八時

2.場所　下城子村新民屯

二、被抑留者

本籍　山西省降縣

元所屬　山西三四軍四五師二團

現所屬　東安滿洲第五二四五部隊高橋隊

元中尉（特殊工人）

郭　貴　鄉

當二十六年

533

87

三、發見抑留時ノ状況

九月二十八日下城子分遣隊ニ於テ六八下士官以下二名ヲシテ下城子村新民屯查閲中十八時頃満人一屯内ニ来リ合屯居住満人一ニ對シ食事供與方依頼シアルヲ發見検閲セルニ無證ニシテ且屯内ニ知人ナク頭部ニ長サ一寸程ノ傷痕アリ挙動不審ナルヲ以テ抑留セルモノナリ

四、取調状況

取調ニ對シテハ單ニ「引續ク凶作ノタメ本年三月本籍地ニ於テノ李某ナル工人頭ノ苦力募集ニ應募渡満シ虎林東林子ニ於テ日軍高橋部隊ノ道路工事ニ就勞セルモ給與不良ニシテ且

賃金不払ナル為帰省スヘク九月十六日単独逃亡鉄道線路ニ沿
ヒ来タルモノニシテ頭部ノ傷痕ハ本籍地ニ於テ就農中日軍飛行
機ノ爆片ニ依リ負傷セルモノナリト供述普通逃亡工人ヲ装ヒアリタ
ルモ本人ノ本籍地頭部ノ傷痕ヨリシテ普通工人ナラスト思料シタ
ルカ本人ハ抑留時既ニ全身強度ノ皮膚病ニ罹リアリタルヲ以テ
一応隔離留置療養セシメル一方本人ノ供述ニ基キ十月一日虎
林憲兵隊ニ事実照会中ノ処十月廿五日所属隊ヨリノ回答
ニ依レハ本人ハ前記ノ如ク本年四月十五日特殊工人トシテ部下約
三〇〇名ト共ニ現所属部隊道路工事ニ従事シアリタルカ五月十一

1334

88

一日逃走所属队ニ逮捕セラレ再就役セシメアリタルカ九月十六日二十時頃単独再逃亡シ爾来捜査中ノ特殊工人ナル事判明セリ

五、身柄ノ処置

十月二十五日事実照会ノ回答ニ接シ特殊工人ナルコト判明シ再取調セルカ逃亡後ノ余罪ナキヲ以テ所属部隊長ノ依頼ニ基キ同日所属隊ニ身柄ヲ移牒セリ

六、所見

無證者等ニ対シテハ更ニ一段ノ視察強化ノ要アリト認ム

（了）

牡丹江宪兵队长关于军事工程「劳动报国」队员结伙逃跑致日本关东宪兵队司令官的报告（通牒）（一九四三年十一月十一日）

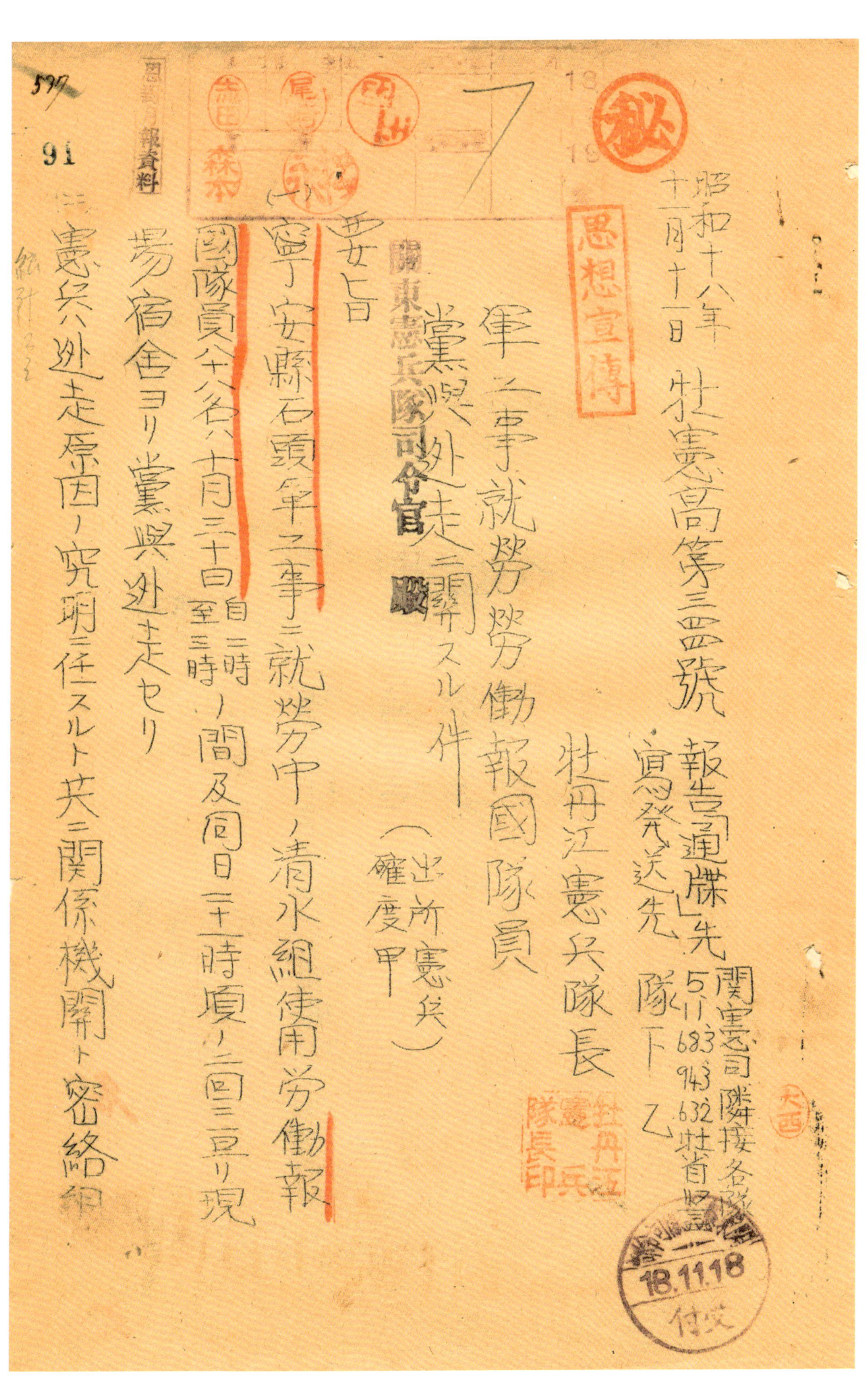

秘

思想宣傳

昭和十八年十一月十一日　牡憲高第三四四號

報告（通牒）先　関憲司　隣接各隊　5　11　683　943　632　牡省警

寫送付先　隊下　乙

牡丹江憲兵隊長

軍工事就勞勞働報國隊員

黨與逃走ニ關スル件

（出所　憲兵

確度　甲）

關東憲兵隊司令官殿

要旨

（一）寧安縣石頭軍工事ニ就勞中ノ清水組使用勞働報國隊員六十八名ハ十月三十日自二時至三時ノ間及同日二十一時頃ノ二回ニ亘リ現場宿舍ヨリ黨與逃走セリ

（二）憲兵ハ逃走原因ノ究明ニ任ズルト共ニ關係機關ト密絡（?）

思想月報資料

91

597

18.11.18　付交

側ヲ指導捜査中ナルモ未発見ナリ

一、逃走ノ日時場所

イ、日時　第一次　昭和十八年十一月二十日　自二時至三時（三十二名）

第二次　昭和十八年十一月三十日二十一時頃（五十六名）

ロ、場所　寧安縣蘭崗村石頭屯

満洲第九九九部隊飛行場工事清水組現場労働報国隊員宿舎

二、逃走隊員ノ住所、職業、氏名、年齢

別紙ノ如シ

三、逃走前後ノ状況

628

92

該逃走報国隊員ハ濱江省供出ニシテ本年四月ヨリ右頭單工事清水組現場ニ於テ稼働中ノモノナルカ嚴寒期切迫セルモ組側ノ隊員支給被服不足ノ爲一部隊員ノミ支給ヲ受ケ大部隊員ハ未支給ナルニ不滿ヲ有シアリタルモノノ如ク逃走時賓縣出身隊員十二名ハ夜警ニ制止セラレタルモ「斯ノ嚴寒期ニ組テハ被服モ支給セス我々ハ賓縣ニ皈ツテ探テ縣公署ニ行ツテ此ノ狀況ヲ申告スル」ト浚シ制止ヲ排除逃走其ノ他ノ者ハ夜警ノ監視ノ間隙ヲ窺ヒ逃走セルモノニシテ宿舍ニハ遺留品等ナク計畫的ニ逃走セルモノト認ム

四、逃走ノ原因

詳細不詳ナルモ前記状況ヨリ判断スルニ厳寒期ニ際シ

被服支給ナキニ不満ヲ有シ逃走セルモノト認メラル

五、憲兵ノ處置

憲兵ハ本件届出ニ依リ關係機關ト密絡シ逃走者ノ捜査

背後關係ノ有無等ニ付キ捜査ヲ續行スルト共ニ残余隊員

ニ對シテハ組側ヲシテ厳ニ監視セシムルノ外宣撫工作ヲ實施

動搖防止ニ努ムルト共ニ爾後ノ動向ヲ警視中

六、其ノ他参考事項

579

93

石頭渡場附近ニ於テ部落民ハ三十日午一時頃苦力風ノ男約二十名カ各々棒切円匙等ヲ携行海浪方面ニ向ケ逃走シアルヲ目撃セリ

七、所見

此種労働者ノ獲得ハ一ニ労務管理ノ適正ニアルヘキモ労務者ノ素質著シク低下シアル現状ニ鑑ミ更ニ之等ニ対スル指導並訓練ヲ強化スルノ要アリト認ム

（了）

附：逃跑「报国」队员名簿

别紙

逃走報國隊員名簿

縣別	住所	職別	氏名	年令	摘要
延壽縣	延壽縣寶興村	労工	李景和	二三	逃走月日時 十二月三十一日三時頃
〃	右仝	〃	刘建喜	一九	〃
〃	延壽縣嘉信村	〃	王喜富	四五	〃
〃	右仝	〃	胡有志	三九	〃
〃	右仝	〃	刘景和	二一	〃
〃	右仝	〃	陳治平	二二	〃
〃	右仝	〃	于寶生	三四	〃
〃	右仝	〃	蘇德凱	四四	〃
〃	右仝	〃	高有	二八	〃
〃	右仝	〃	王永富	三〇	〃
五常縣	五常縣沙河村	炊事夫	張萬全	三二	〃

〃	右仝	労之	王忠山	四三
肇州縣	肇州縣春和村	〃	李長清	二二
〃	右仝	〃	王守清	二二
〃	右仝	〃	張双貞	二二
〃	右仝	〃	叢振山	二五
〃	右仝	〃	張漢玉	二二
〃	右仝	〃	武清喜	二四
〃	肇州縣福利村	〃	宋德福	二五
〃	右仝	〃	張景主	二七
賓縣	賓縣滿井村	〃	王二金	三五
〃	右仝	〃	楊德臣	四五
〃	賓縣賓公村	〃	孫発	五五
〃	右仝	〃	張柱業	四〇
〃	右仝	〃	傅起思	二四

〃	右仝	〃	平尚有	二九	〃
〃	右仝	夜警	蘇長和	四七	〃
〃	右仝	劳工	隋振林	三三	〃
〃	右仝	〃	宋寶福	二二	〃
〃	右仝	〃	徐鳳林	三四	〃
〃	右仝	〃	趙青林	二七	〃
〃	右仝	〃	張殿文	一九	〃
延壽縣	延壽縣嘉信村	〃	崔福	二八	十月三十日二十一時頃
〃	右仝	〃	王明福	三三	〃
〃	右仝	〃	孫萬有	二二	〃
〃	右仝	〃	畢福山	二一	〃
〃	延壽縣寶興村	〃	苑有增	二六	〃
〃	〃嘉信村	〃	張英	二四	〃
〃	右仝	〃	金永昌	三〇	〃

							身長	服色
〃	〃	鐔炉村	〃	宗慶林	二二	〃		
肇州縣	肇州縣	双山河 左堂屯	〃	姚景和	二四	〃		
〃	〃	春和村 振福屯	〃	國忠	二四	〃		
〃	〃	景添屯	〃	孫德華	二四	〃		
〃	〃	昇平村 昌光屯	〃	李耀先	二四	〃		
〃	〃	昌德村 華均屯	〃	田樹山	三三	〃		
〃	〃	福利村 蓋家屯	〃	唐海水	三〇	〃		
五常縣	五常縣	水泉村	〃	李永海	一九	〃	五尺	青衣
〃	右	仝	〃	王鳳	四二	〃	四尺八寸	〃
〃	右	仝	〃	王青山	三七	〃	五尺六寸	〃
〃	右	仝	〃	張忠仁	二五	〃	五尺四寸	〃
〃	〃	新太村	〃	米信	三〇	〃	四尺九寸	〃
〃	右	仝	〃	張海林	三三	〃	五尺二寸	〃
〃	〃	向陽村	〃	姜功廷	二七	〃	五尺	〃

542

96

〃	右	仝	〃	郝生財	二二	〃	五尺五寸
〃	右	仝	〃	張福山	三五	〃	五尺
〃	〃	房郎村	夜警	張殿金	一九	〃	四尺五寸
〃	〃	常堡村	勞工	子連挙	二二	〃	五尺六寸
〃	右	仝	〃	李景華	二八	〃	五尺四寸
〃	〃	成信村	〃	王青海	二六	〃	五尺
〃	右	仝	〃	李鳳閣	三〇	〃	五尺二寸
〃	〃	逕興村	〃	勝木臨	四三	〃	四尺八寸
〃	右	仝	〃	孫青林	四四	〃	五尺
〃	右	仝	〃	楊古発	二三	〃	五尺四寸
〃	右	仝	〃	薛継文	三四	〃	五尺
〃	〃	蘭橋村	〃	薛翰文	二二	〃	五尺
〃	右	仝	〃	郭福	三六	〃	五尺一寸
〃	〃	鳳興村	〃	対財	二四	〃	五尺

〃	〃	蘭橋村	〃	于青文	二二	〃	五尺五寸	〃
五常縣	五常縣蘭橋村		勞工	王青和	四五	〃	五尺	〃
〃	右	仝	〃	孟憲良	二五	〃	五尺六寸	〃
〃	右	仝	〃	楊万山	三五	〃	五尺四寸	〃
〃	〃	五常街	〃	馬洪金	二四	〃	四尺九寸	〃
〃	右	仝	〃	程有財	二四	〃	五尺	〃
〃	右	仝	〃	張海清	一七	〃	四尺三寸	〃
〃	〃	大房村	〃	劉忠臣	二三	〃	五尺	〃
〃	〃	雙星村	〃	李蘭孟	三五	〃	五尺五寸	〃
〃	右	仝	〃	邱廷富	二二	〃	五尺一寸	〃
〃	右	仝	〃	崔玉川	三九	〃	五尺三寸	〃
〃	右	仝	〃	劉占山	四〇	〃	五尺	〃
〃	右	仝	〃	房鳳岐	三一	〃	四尺七寸	〃
〃	右	仝	〃	呂海樓	二九	〃	四尺八寸	〃

543

97

〃	〃	水泉村	〃	韓永山	四〇	〃	五尺二寸	〃
〃	〃	安家村	〃	朱玉良	三一	〃	五尺	〃
〃	右	仝	〃	于青山	二五	〃	五尺二寸	〃
〃	〃	宗家村	〃	孫柏生	二三	〃	五尺	〃
〃	〃	山河街	〃	程振升	三八	〃	五尺	〃
〃	右	仝	〃	張鳳山	三〇	〃	五尺二寸	〃
〃	〃	沙河村	〃	尹鳳元	三三	〃	五尺五寸	〃

計
十月三十日二時－三時迄 三十二名
十月三十日二十一時頃 五十六名
八十八名

（了）

孙吴宪兵队长关于军事工程供出工人结伙逃跑致日本关东宪兵队司令部等的报告（通牒）（一九四三年十一月十六日）

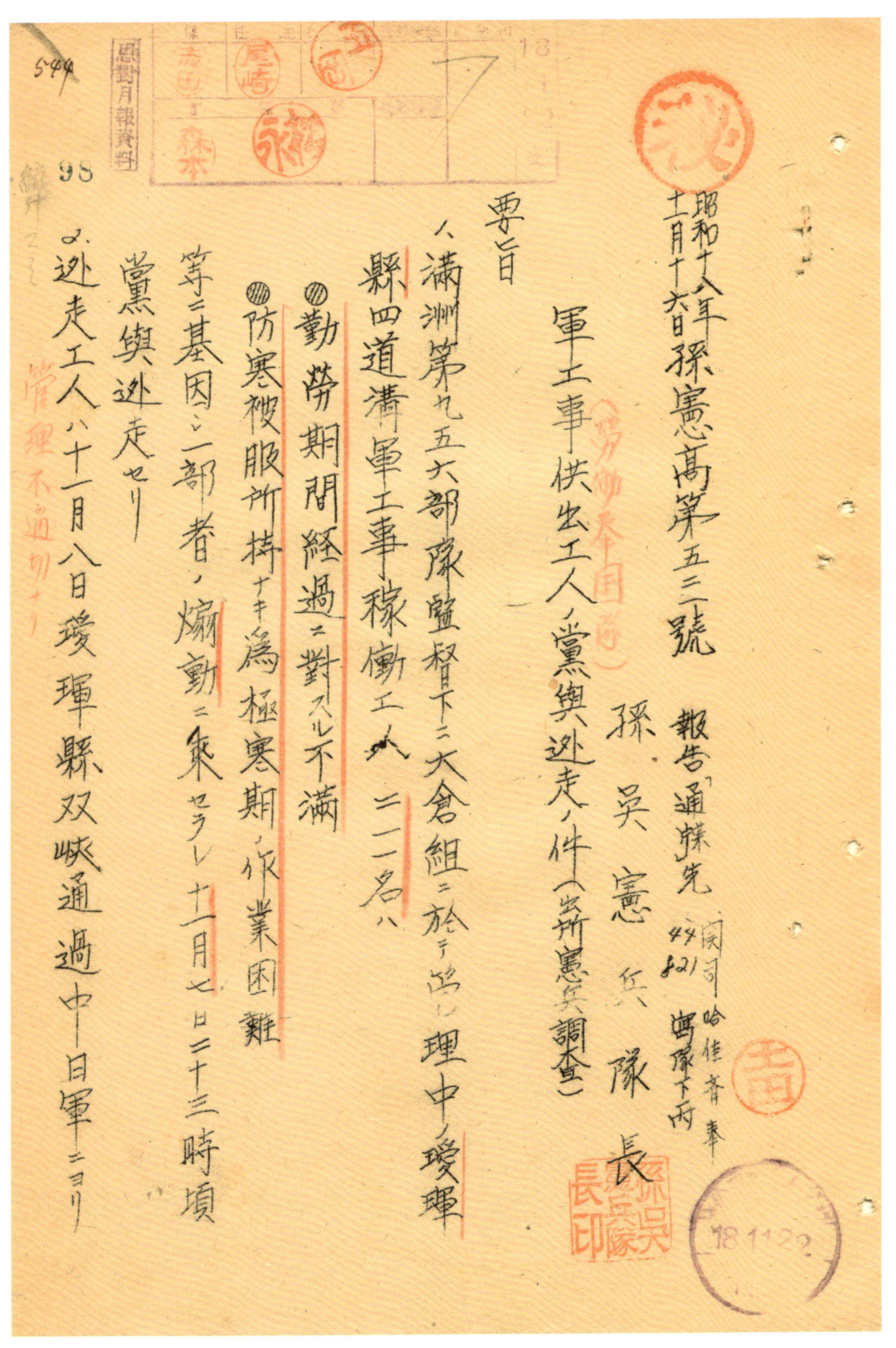

昭和十八年十一月十六日 孫憲高第五二二號

報告（通牒）先 関司 哈 佳 斉 奉 44 821 出隊下丙

孫呉憲兵隊長

軍工事供出工人ノ黨與逃走ノ件（出所憲兵調査）

要旨

一、満洲第九五六部隊監督下ニ大倉組ニ於テ管理中ノ璦琿縣四道溝軍工事稼働工人二一一名ハ

◎勤勞期間経過ニ對スル不満

◎防寒被服所持ナキ為極寒期ノ作業困難

等ニ基因シ一部者ノ煽動ニ乗セラレ十一月七日二十三時頃黨與逃走セリ

二、逃走工人ハ十一月八日璦琿縣双峡通過中一日軍ニヨリ

管理不適切ナリ

同地旅館ニ保護收容セラレアリタルモ凍傷患者多發シ再度作業不能ナル爲部隊並組側ノ兩者協議十一月十三日供出地ニ皈還セシメタリ

本文

一、日時場所

昭和十八年十一月七日二十三時頃

璦琿縣四道溝満洲第九五六部隊工事場

二、逃走者

奉天市供出勤勞報國隊

中隊長 劉紹武

外二一〇名

545

99

三 逃走當時ノ狀況

逃走者ハ何レモ本年五月勤勞報國隊員トシテ奉天市ヨリ供出セラレ爾來滿洲第九五六部隊ノ監督下ニ大倉組ニ於テ管理璦琿縣四道溝ニ於ケル軍工事ニ稼働シアリタルカ供出期間十月末迄ノ豫定ナルニ十一月ニ至ルモ皈還セシメサルト加フルニ寒氣激増シタルモ防寒具ノ支給ナキ為逐次工人間ニ動搖ヲ来スニ至リタルカ一部者間ニハ双峽ニ至ラハ列車ニテ皈還シ得レトノ言動流布セラルヽヤ何レモ皈還ニ共鳴スルニ至リ遂ニ逃走ヲ決意十一月七日二十三時頃黨與逃走スルニ至レリ

四、原因

◎就勞期間經過ニ対スル不満

◎防寒被服所持ナキ為寒冷期ノ作業困難

◎宿舍ノ設備不良及望鄉ノ念ニ驅ラル

等ニ基因シ何レモ作業ヲ嫌忌スルニ至リタルカ其ノ後一部者間ニ「双峡ニ至ラハ飯還シ得」トノ言動流布セラレ之等ノ煽動ニ雷集セラレ共鳴スルニ至リタルモノニシテ背後關係等ナシ

五、關係機關ノ處置

部隊並組側ニ於テハ十一月八日工人ノ不在ナルヲ發見残留者ニ付調査シタルニ逃走セル事判明シタル為各地ニ手配捜

査中璦琿縣双峽附近逃走中ナリトノ報告ニ接シタル為同地駐屯部隊ニ電話連絡ノ上取敢ス工人全部ヲ満人旅館ニ保護收容方依頼現地ニ出向實情調査ノ上善後措置ニ付協議シタルカ該工人ハ逃走時ノ渡河ニ依リ凍傷患者多ク發シ作業困難ナルヲ以テ十一月十三日供出地ニ向ケ帰還セシメタリ

六、憲兵ノ處置

イ、山神府分隊ニ於テハ十一月八日組側ノ報告ニ基キ下士官以下三名ヲ双峽ニ派遣スルト共ニ駐屯地司令部ニ連絡兵力ノ派遣方要請逃走工人ノ警戒並原因究明ニ努メタリ

七、其ノ他参考事项

部队並组侧ニ於テハ逃走工人ヲ一先ツ现地ニ皈还セシメ残部作业ヲ实施セシメタル上皈还セシムル意嚮ナリシモ冻伤患者多发シタル為両者协议ノ上供出地ニ皈还セシメタリ

八、所见

寒冷期ニ於ケル工人ノ管理ヲ適切ナラシムルト共ニ工人ノ动ノ向查察ヲ强化シ动摇ノ萌芽期ニ於テ之カ善处策ヲ講スル等逃走ノ未然防止ニ努ムル要アリ

（了）

孙吴宪兵队长关于从事煤炭搬运的军用苦力结伙入苏致日本关东宪兵队司令部等的报告（通牒）（一九四三年十一月三十日）

昭和十八年十一月三十日 孫憲高第五三七號

報告通牒先 關司 國境各隊

發送先 隊下

孫呉憲兵隊長

軍用石炭運搬就勞苦力ノ黨與入「ソ」ニ関スル件

（憲兵調査）

要旨

一、十一月自二十二日二十一時至二十四日十三時ノ間ニ於テ駐勝武屯第六九四部隊石炭運搬請負廣野組苦力十一名中六名ハ孫呉縣西霍爾莫津宿舎ヨリ黨與入「ソ」セリ

二、目下憲警協力残留苦力ニ對シ原因究明中ニシテ判然タラサルモ「ソ」側ノ工作ニ乗セラレタルモノヽ如シ

本文

一、（イ）日時場所

十一月自二十二日二十三時至二十四日二十三時

於孫吳縣西霍爾莫津（別紙第二要圖參照）

二、（ロ）者本籍、住所、氏名、年令、人相等

本籍 河北省南梨縣

住所 孫吳縣西霍爾莫津

廣野組出張所

苦力 楊憲臣

當三十三年

以下六名

（別紙第一參照）

三、入ソ前ノ狀況

1、瑷琿廣野組ニ於テハ孫呉縣霍爾莫津ヨリ駐勝武屯第六九四部隊迄ノ石炭運搬ヲ請負七月二十五日苦力十一名ヲ引率孫呉縣西霍爾莫津元勝武屯憲兵分遣隊廳舍ヲ借上ケ日人組員以下十四名（組責任者一、運轉手夫妻）三室ニ起居シ苦力ハ石炭ノ卸下ニ從事ノ爲障地内ニ山入シアリ

2、主謀者ト目サル楊憲臣ハ前借ノ要求或ハ休業多ク作業成績不良ナリ

尚朱新巧ハ二十二日休憩時苦力楊芝發（残留苦力）ニ對シ左ノ如キ言動ヲ弄シ入ソヲ勸誘セル事實アリタリ

「今尚防寒被服ヲ支給セラレス且給與不良ナリ入ソセハ待遇良好ナリ入ソセサルヤ」ト之ニ對シ楊芝發ハ「大連ニ父母ヲ有スルヲ以テ入ソセハ何時歸國出来ルヤ不能ナルヲ以テ入ソノ意思ナシ」ト應答セリ

3、二十三日ハ平常通一同就労ノ上二十時頃居室ニ歸リタルモ間モナク楊憲臣、孫集山、朱新巧ノ三名ハ何レカニ外出シ二十三時頃歸宿セリ

尚王把頭ハ二十一時頃隣室ニ於テ張海春、王起

巧ノ兩名何事カヲ談シアルヲ聞知セリ

四、當時ノ狀況

1、二十四日三時頃揚芝發用便ノ爲起床シ就寢セル

カ其際朱新巧棍棒ヲ擬シ我々ハ今カラ一番苦シイ

處ニ行クカ日人ニ告クレハ毆殺スト脅迫何レカニ立去

リタリ

而シテ揚芝發ハ脅怖ヲ感シ本件ヲ把頭或ハ日

人ニ告クルコトナク就寢セリ

2、五時頃齊藤運轉手夫妻其ハ朝食準備ノ爲

炊事夫譚乃榮ヲ呼ヒ起シタルモ應答ナキ爲王把

頭ト共ニ室內ヲ檢シタルニ譚反經不在ナリシヲ以テ隣

室ヲ検シタルニ叉揚憲臣以下四名不在ナルヲ發見日人責任者ニ此ノ旨告ケタルニ兩三回苦力外泊セル事例アリタルヲ以テ外泊セルモノト推斷放置シ七時ニ至ルモ歸宿セサルヲ以テ搜査ニ着手セリ

3、附近ヲ搜査セル結果宿舍前方黒龍江沙子口溝島ニ向ケ二、三名ノ足跡ヲ發見霍爾莫津警察隊ニ屆出テタリ

五、原因

殘留工人ニ對シ憲警協力原因究明ニ努メタルモ判然タラス

而シテ前述ノ如キ擧措ヨリ推察スルニ「ソ」側ノ觸手

567

121

ニ乘セラレタルモノニアラズヤト思料ス

大、入「ソ」足跡ノ狀況

十一月二十六日憲警協力搜索時左ノ足跡ヲ發見セリ
宿舍ヨリ江岸迄四名ノ足跡ヲ發見シ更ニ前面沙子口溝島ニ到リ約七〇米ノ地点ニ組ニ於テ使用セル麻製「ロープ」一ヲ遺失シ更ニ一〇〇米前進セル雪中ニ四名休憩セル形跡アリテ仝地ニ廣野組發行ノ身分證明書二(張海春、羅福成)ヲ遺失シ上黒龍江本流ニ出テ入「ソ」シアリ一名ノ足跡ハ之ヨリ下流約一〇〇米ヲ之ト併行入「ソ」シアリ

七、憲兵ノ處置

1、警察隊ヨリノ通報ニ接シ直ニ憲警協力残留工人ニ付原因究明ニ努ムルト共ニ防諜對策ノ為東霍爾莫津ニ派遣中ノ憲兵ヲシテ東西霍爾莫津ニ一齊檢索ヲ實施シタルモ成果ナシ

2、引續キ近郷部落ノ檢索實施中ナリ

3、尚残留苦力五名ヲ利用索出工作ニ任セントス

八、其他參考事項

1、六名逃走セルモ入ソ足跡ハ五名ナルヲ以テ一名ハ尚満内ニ潜伏シアルヲ豫想セラル

2、携行物品ハ詳細不明ナルモ張海春以下三名ハ別

568

122

紙ノ旅行許可書ヲ所持シアリ　楊憲臣以下三名ノ

居住證明書ハ残置シアリ

九、所見

入ソ者ハ常ニ勝武屯陣地内ニ出入シアリタル関係ヨリ

ソ側ノ工作ニ乘セラレタルモノト思料セラルヽヲ以テ江岸

住民ニ對スル視察ヲ強化スルト共ニ入ソ者ハ不日入滿スヘキヲ以テ更ニ江岸對策ヲ強化セントス

了

附一：结伙入苏苦力名簿

569

123

別紙第一

本籍、住所、職業 氏名、年令	人相、特徴、携行品	經歷、親戚、知友
一、山東省掖縣 二、孫吳縣霍爾莫津 廣野組出張所 苦力 孫集山 當二十七年	一、人相、特徴 身長五尺六、七寸、瘦型 面長、色黒ク長髮ニ シテ眼、口大ニシテ鼻 高シ 上左右ニ金歯各一アリ 二、携行品 不明	一、經歷 昭和十六年綏稜ニテ廣野組ニ被 傭 綏稜縣ニ道溝特殊道路 砂利運搬ヲ爲シ終了後本年七月迄 綏稜ニテ軍需品積込作業ニ從事 八月霍爾莫津出張所ニ来リ勝武屯 第六九四部隊薪、石炭運搬ニ從事ス 二、親戚、知友 不詳
一、河北省撫寧縣 二、孫吳縣霍爾莫津 廣野組出張所 苦力 張海春 當三十三年	一、人相、特徴 身長五尺一寸、面長肉附良 ク顔色稍々赤黒ク眼大其他 普通、頭髮薄シ 二、携行品 旅行許可書一 發給官署 興安東省喜扎嘎爾旗 牛汾台警察隊 〃 月日 昭一五、一二、一 番号 七五八六	一、經歷 昭和十六年三月奉天市ニ於テ傭入當 地ニ於テ軍用貨物積込ニ從事シ居 タルモ本年七月ヨリ霍爾莫津ニ 於テ第六九四部隊薪、石炭運 搬ニ從事現在ニ至ル 二、親戚、知友不詳

一、河北省南梨縣
二、孫呉縣霍爾莫津
廣野組出張所

苦力 楊憲臣

當三十二年

一、人相特徴
身長五尺六七寸稍ヽ肥満シアリテ面長、丸刈リ、鼻高ク其他普通
言語少シク吃ル、歩行時片方ノ肩ヲ怒ラス癖アリ

二、携行品
不詳

一、経歴
本年四月新瑷琿橋修築工事ニ従事同工事終了ト共ニ廣野組ニ被傭軍用品積込作業ニ従事シアリタルカ七月来霍現在ニ至ル

二、親戚知友
本籍地ニ家族居住シアル外不詳

一、山東省錦寧縣
二、孫呉縣霍爾莫津
廣野組出張所

苦力 朱新巧

當三十三年

一、人相特徴
身長五尺一寸、瘠型、面長顔色黄、頭突出テ眼口小サシ、其他普通
丸刈ニシテ前方少シク禿ゲル

二、携行品
不詳

一、経歴
昭和十七年十一月瑷琿橋本警尉ノ紹介ニテ雑役夫トシテ廣野組ニ被傭本年七月来霍石炭積ニ従事現在ニ至ル

二、親戚知友
不詳

570

124

一、山東省郡墨縣
二、孫呉縣霍爾莫津
廣野組出張所
苗福成
當三十四年

一、人相、特徴
身長五尺四寸、脣型面長ニシテ顎尖リアリ
丸刈ニシテ眼小サク凹ミアリ
口小其他普通
二、携行品
旅行許可書一
發給隊署 瑷琿警察隊
〃月日 昭一七、六、二五
番号 三六八三

一、経歴
昭和十七年八月瑷琿縣三道溝交通部砂利運搬ニ從事終了後廣野組ニ被傭
石炭積込作業ニ從事シ本年七月来霍現在ニ至ル
瑷琿滿炭ニ稼働シタルコトアリトノ
自供シタルコトアリ
二、親戚、知友
不詳

一、大連市東姜家溝
二、孫呉縣霍爾莫津
廣野組出張所
炊事夫 譚乃栄
當三十三年

一、人相、特徴
身長五尺位脣型丸刈面
長キシテ顎突出シアリ
眼小サク細長シ口小サク
尖リ鼻稍々高シ
二、携行品
不詳

一、経歴
本年五月孫集山ト共ニ来霍廣野
組ニ被傭炊事夫トシテ稼働現
在ニ至ル
元西崗子街ニ於テ炊事夫トシテ
稼働シタルコトアルモノ、如シ
二、親戚、知友
本籍地ニ母及弟居住シアルカ文通
ナシ其他不詳

附二：苦力结伙入苏周边图

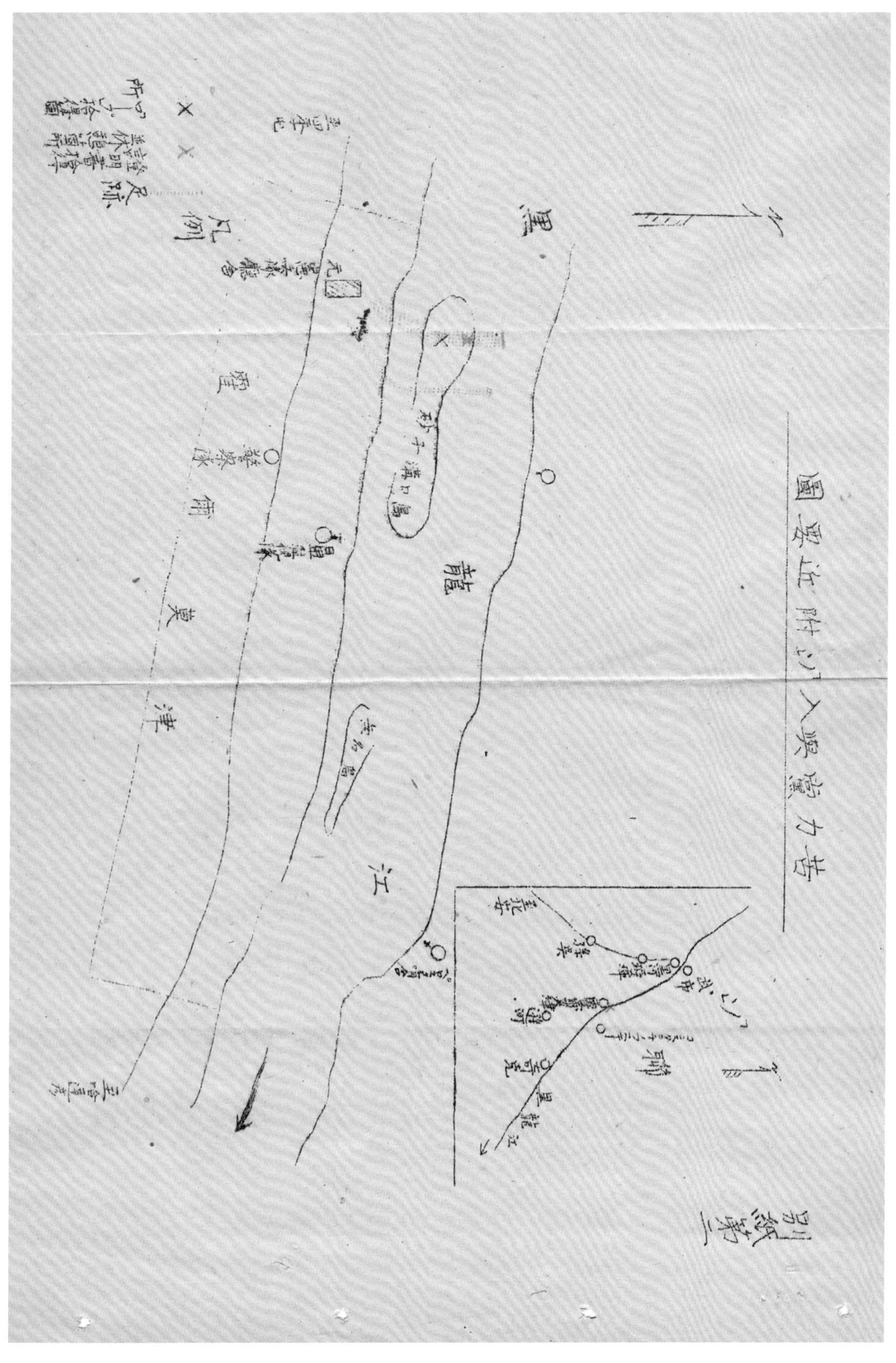

孙吴宪兵队长关于军事工程供出工人结伙逃跑致日本关东宪兵队司令部等的报告（通牒）（一九四三年十二月十五日）

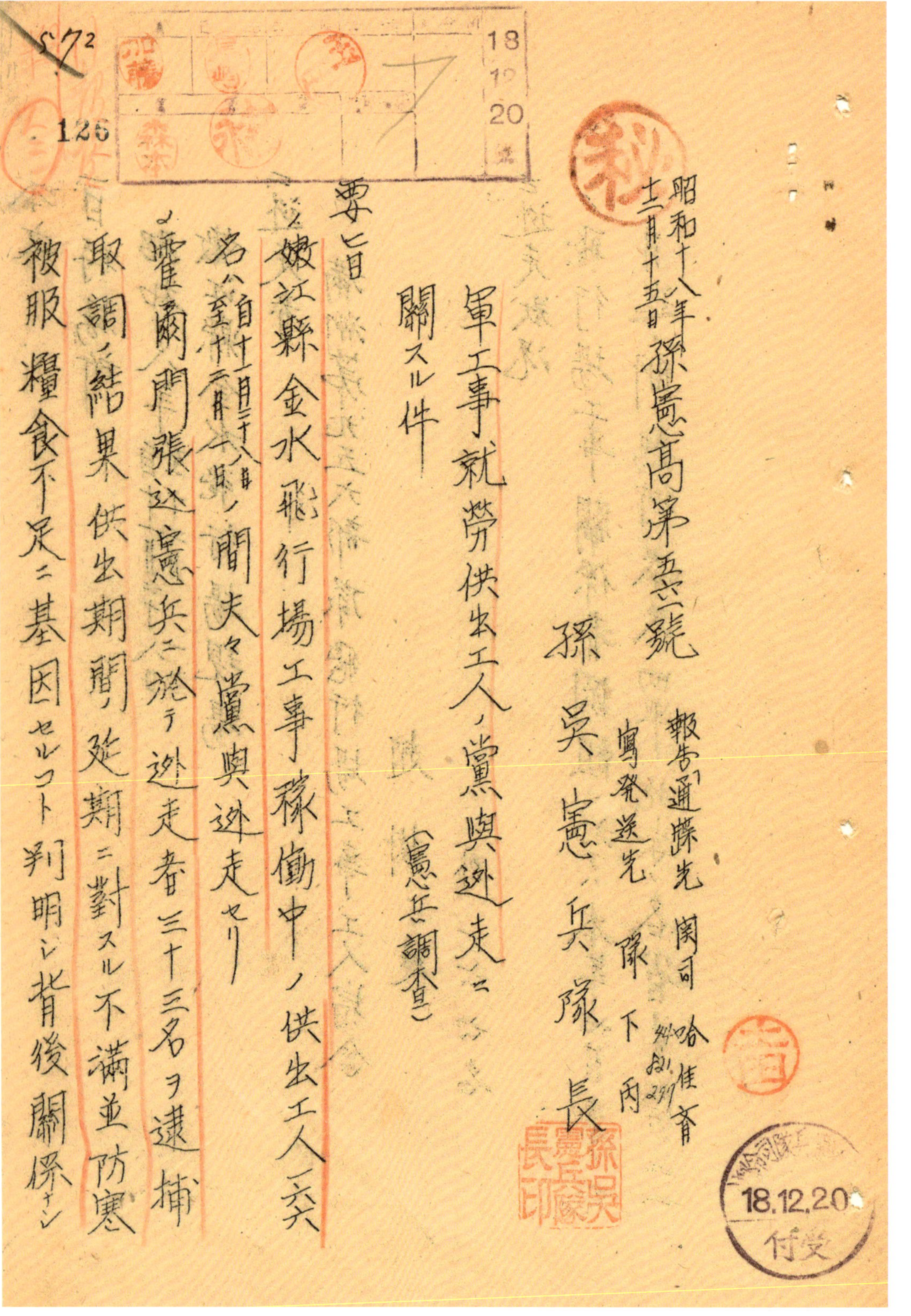

昭和十八年十二月十五日 孫憲高第五六一號

報告(通牒)先 関司 哈 佳 齊

写発送先 隊下 牡 北 延 丙

孫呉憲兵隊長

軍工事就労供出工人ノ黨與逃走ニ關スル件

（憲兵調査）

要旨

嫩江縣金水飛行場工事稼働中ノ供出工人一六六名ハ自十一月三十日至十二月一日ノ間夫々黨與逃走セリ

之ガ霍爾門張込憲兵ニ於テ逃走者三十三名ヲ逮捕取調ノ結果供出期間ノ延期ニ對スル不満並防寒被服糧食不足ニ基因セルコト判明シ背後關係ナシ

本文

一、日時場所

昭和十八年自十一月二十八日至十二月一日

嫩江縣金水飛行場現場

二、逃走者

滿洲第九五六部隊飛行場工事工人宿舍

趙樹廷

外一六六名

三、逃走狀况

ㇵ飛行場工事關係者岡組ニ於テハ本年七月ヨリ九月迄ノ間熱河、奉天、四平、北安ノ各省ヨリ勞工一

~~543~~

127

七〇〇名ノ供出ヲ受ケ満洲第九五六部隊監督下ニ二ケ月ノ豫定ヲ以テ軍工事ニ稼働セシメアリタルカ夏季降雨ニ依ル作業ノ困難及諸種ノ障害ニ依リ工事遅滞シ凍結期ヲ迎ヘタリ

2 供出勞工間ニ於テハ屢次ニ亘ル契約期間延期ニ不満的言動漸シアリタル處組側ノ防寒被服ヲ支給セサルト糧食不足等ニ基因シ自十一月二十八日至十二月一日ノ間黨與乃至單独ニテ四十三名逃走シタルカ更ニ十二月二十九三十ノ両日熱河省供出工人二〇五名ヲ歸還セシムルヤ残留工人ハ益々不満ヲ抱キ前途ヲ杞憂シ十二月一日夜蔭ヲ利用一二三名黨與逃走スルニ至リタルカ逃

走者中三十三名ハ豐龍門張込憲兵ニ於テ逮捕シ
取調ノ上組側ニ引渡セリ

四原因

逮捕工人ニ就キ取調ノ結果
屢次ニ亘ル使役期間延期ニ對スル不滿
防寒被服所持ナキト糧食不足ニ依ル作業嫌
忌
等ニ依ルモノニシテ背後關係ナシ

五組側ノ處置

組側ニ於テハ逃走者ノ搜査並關係機關ニ手配スル
ト共ニ逃走防止策ヲ軍側ニ具申セルカ部隊ニ於テ

574

128

（ホ）被服物資ハ不十分ナルニ依リ供出各縣責任者ヲ集合セシメ之カ對策協議中ナリ

六、憲兵ノ處置

組側ノ連絡ニ基キ關係機關ニ手配捜査中濯爾門張込憲兵ニ於テ三十三名ヲ逮捕シ取調ノ結果背後關係無キ事判明シタルヲ以テ説諭ノ上組側ニ引渡セリ

七、其他參考事項

ハ同飛行場ハ目下掩体壕ノ土砂堀作業ニ從事シアルカ凍結ニ依リ工事進捗セス未年三月頃完成ノ見込ナリ

又供出工人ハ現在約一二〇〇名ナルモ半数ハ防寒設備不良糧食不足ノ為病弱者ニシテ管理適切ヲ欠キアリ

ハ所見

越冬期ニ於ケル逃走者カノ太部ハ組側ニ於ケル管理不十分ニ基因スルモノ多キ現況ニ鑑ミ之カ防止策ヲ講シ以テ不逞策動ノ未然防止ニ努ムル要アリ

（了）

海拉尔宪兵队长关于粮食不足导致采伐劳工骚动致日本关东宪兵队司令部等的报告（通报）

（一九四三年十二月十七日）

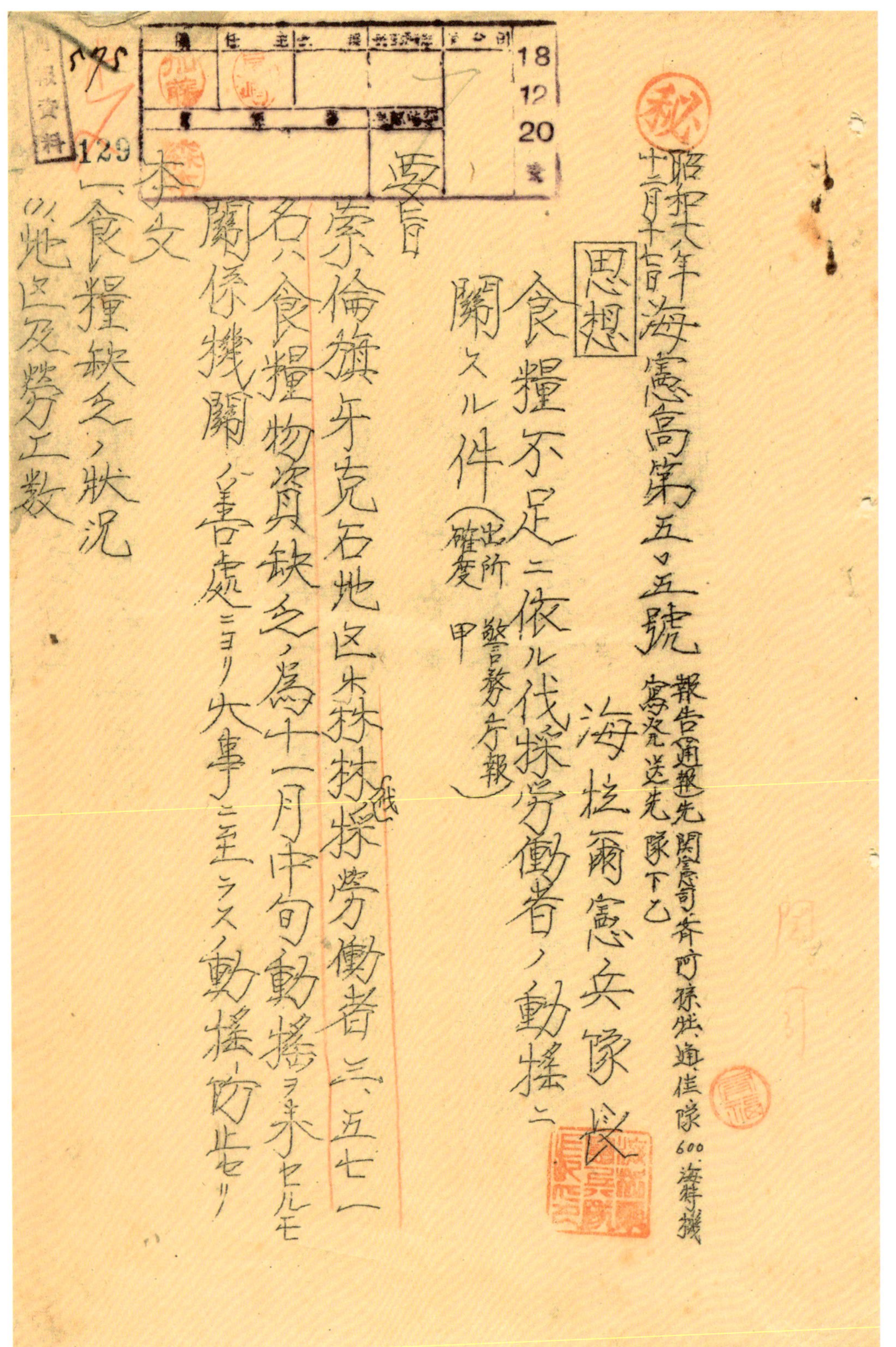

秘
昭和十八年十二月十七日 海憲高第五〇五號
報告(通報)先 関憲司、斉阿旗柱、海佳隊
写 送先 隊下乙
海拉爾憲兵隊長

思想
食糧不足ニ依ル伐採労働者ノ動揺ニ関スル件(出所 警務庁報 確度 甲)

要旨
索倫旗牙克石地区木材採伐労働者三、五七一名ハ食糧物資欠乏ノ為十一月中旬動揺ヲ来セルモ関係機関ノ善処ニヨリ大事ニ至ラス動揺防止セリ

本文
一、食糧欠乏ノ状況
(1)、地区及労工数

索倫旗牙克石地区
森林伐採労働者三、五七一名
(2)缺乏期間
十一月中旬
(3)缺乏状況（十一月十七日ノ状況）
(イ)水切労働者九三九名中六〇九名ハ十一月十五日ヨリ馬鈴薯ヲ食セリ
(ロ)残余七三〇名ノ食糧ハ三、四日ニテ食盡ス
(ハ)其他二、六三二名ハ一週間乃至十日ニテ缺乏ノ状態ニ在リタリ
二、労工動揺状況

~~576~~

130

労務管理ノ欠如

前記ノ如ク水切労工ニ對シテハ馬鈴薯ヲ補給シ其他労工ニ對シテハ説得宣撫等ニ依リ不慮ノ事態等ヲ発生セザリシモ就労地ハ交通不便ノ奥地ナルタメ輸送ノ困難性ヨリシテ相當不安動揺ヲ生シタリ

三、食糧不足ノ原因

(1)労工等員数把握ノ不徹底

従来牙克石地区森林伐採労働者食糧物資ノ配給ハ満鐵林業所關係ハ満鐵ヨリ配給サレアリタルモ本年六月満鐵林業所ノ機構改革ニ依リ伐採協會ヨリ配給スルコトトナリ該協會ニ

於ケル人的不足　業者ノ労工数届出ノ遅延又ハ 2
届出ノ不確實等ニ因ル労工ノ實数把握不徹
底ノ為之カ配給ノ円滑ヲ缺キタリ

(2)無計畫ナル給食

鐵道沿線ヨリ二、三十粁以上ヲ距テアル山間地點ナレハ食料ノ現地調辦不能ニシテ且ツ輸送困難ナル關係ヨリ業者ハ從来前以テ相當量ノ食糧ヲ確保シ糧穀ノ配給制實施後ニ於テモ至極配給円滑ナルタメ無計畫ニ次期配給前ニ消費セリ

四、處置

577

131

(1)業者ニ於テハ伐採協會ヘ善処方要望スルト共ニ馬鈴薯ヲ牙克石街方面ヨリ購入シ缺乏ノ場合ニ備ヘタリ

(2)伐協ニ於テハ右事情ヲ牙克石街公所及警察隊ニ報告シ早急配給方ヲ要求セリ

(3)右機關及省・索倫旗並營林署等關係各機關協議ノ上十一月十八日農產公社ヨリ白麺六〇〇袋・包米原穀一車(三五〇袋)ヲ送付セシメタリ

五、所見

狀況敍上ノ如ク處置適切ニ依リ不慮ノ事態発

生セサリシモ僻陬地且多数労工ニ対スル食糧配給ハ計畫的ニ實施斯種事態ノ発生ニヨル敵側ノ不穏策動ト増産率ノ低下ヲ防止スルノ要アリ

（了）

孙吴宪兵队长关于军事工程苦力结伙逃跑致日本关东宪兵队司令部等的报告（通牒）

（一九四三年十二月二十一日）

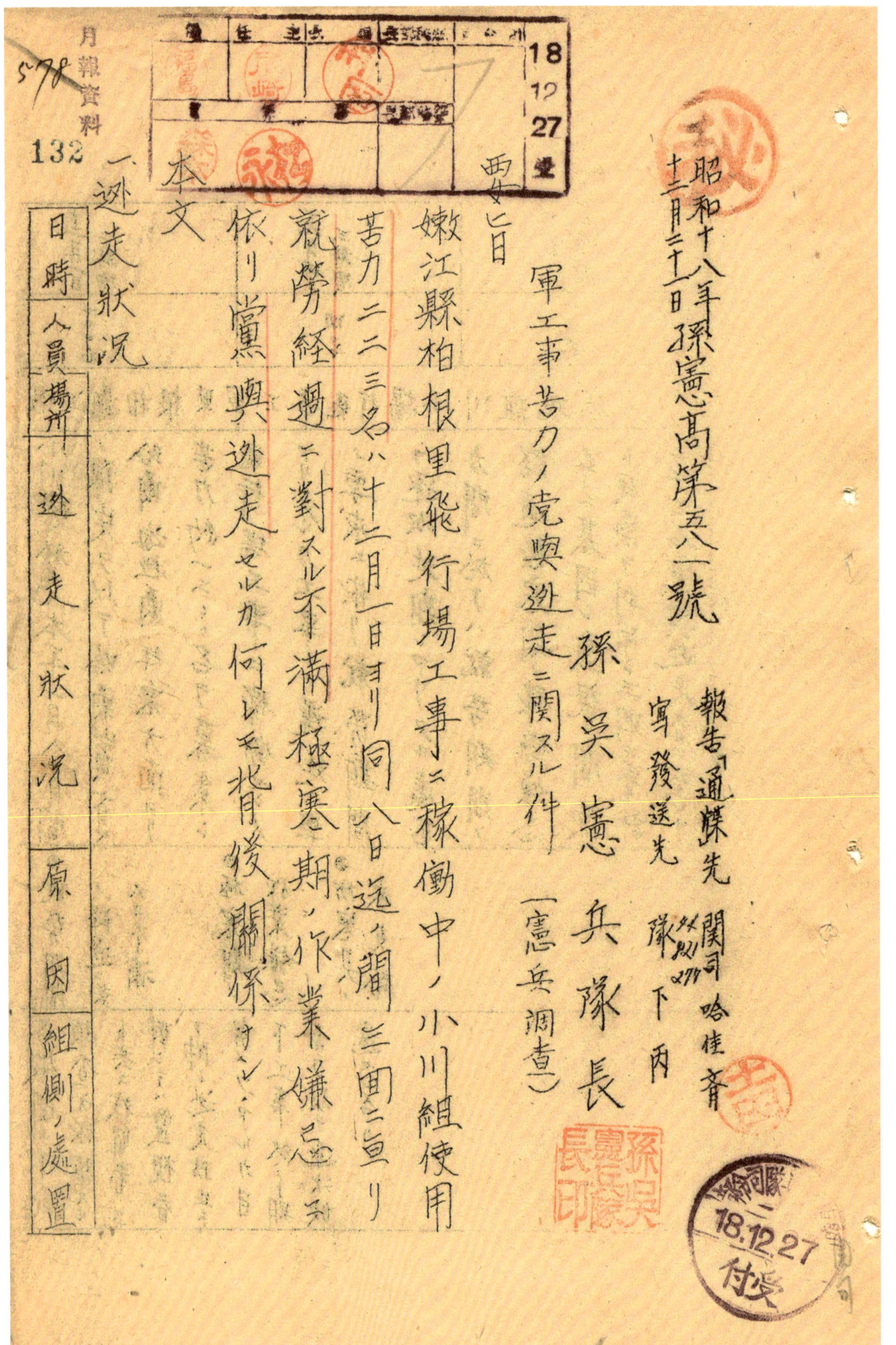

578

月報資料

132

18
12
27
受

昭和十八年十二月二十一日 孫憲高第五八一號

報告「通牒」先 関司 哈佳斉

写発送先 隊下丙

孫呉憲兵隊長

軍工事苦力ノ党與逃走ニ関スル件（憲兵調査）

要旨

嫩江縣柏根里飛行場工事ニ稼働中ノ小川組使用苦力二二三名ハ十二月一日ヨリ同八日迄ノ間三回ニ亘リ就労経過ニ対スル不満、極寒期ノ作業嫌忌等ニ依リ党與逃走セルカ何レモ背後関係ナシ

本文

一、逃走状況

日時	人員場所	逃走状況	原因	組側ノ処置

日時	人員	場所	状況	原因	措置
十二月一日 二時頃	二〇〇名	嫩江縣柏根里軍事工事飛行場小川組現場	小川組ニ於テハ本年一月八ケ月間ノ豫定ヲ以テ哈爾賓、斉々哈爾、海拉爾、拝泉方面ヨリ苦力約一二〇〇名ヲ募集シ飛行場工事ニ稼働セシメアリタルカ工事ノ遅延ト軍ノ要求ニ依リ就勞期間ヲ逐次延期シアリタル處苦力間ニ於テハ就勞期間ノ経過極寒期ノ稼働嫌忌等ニ基因シ監視ノ間隙ト夜蔭ヲ利用シ三回ニ亘リ計二二三名黨與逃走スルニ至レリ	㈠就勞期間ノ経過ニ對スル不滿 ㈡極寒期ノ作業嫌忌 ㈢防寒具ノ未支給	各機關ニ手配捜査方依頼スルト共ニ残留者ニ對シテハ監視者ヲ附シ逃走防止ニ努メツツアルカ目下工事終了期ナルヲ以テ逐次歸還セシメタリ
十二月四日 三時頃	四名				
十二月八日 二時頃	一九名				

间岛宪兵队长关于缉捕军事工程逃跑劳工致日本关东宪兵队司令官的报告（通牒）（一九四四年二月九日）

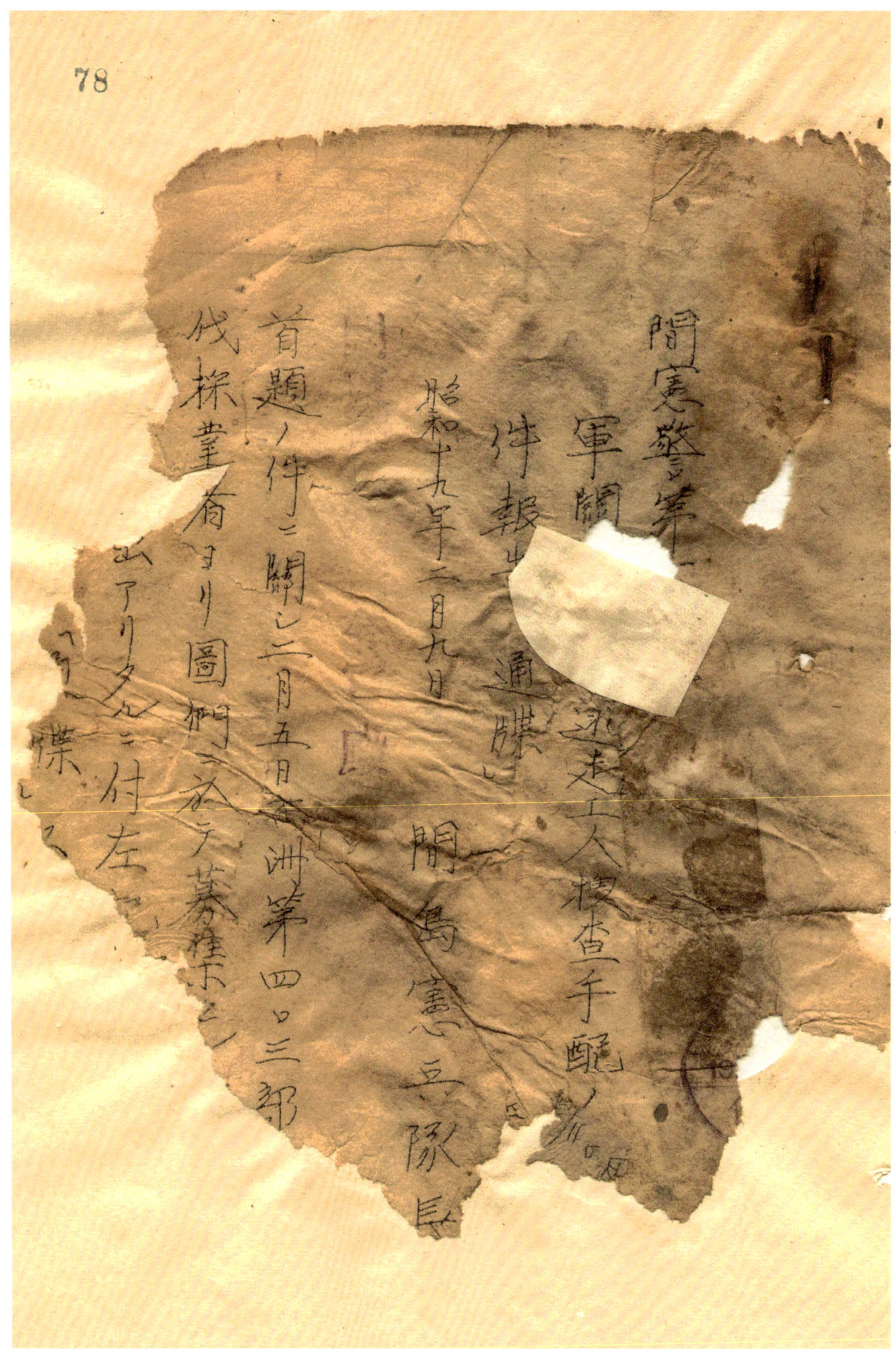
78

間憲警第一

軍關[illegible]逃走工人搜查手配ノ

件報告[illegible]通牒

昭和十九年二月九日

間島憲兵隊長

首題ノ件ニ關シ二月五日[illegible]満洲第四〇三部

伐採業者ヨリ圖們ニ於テ募集

[illegible]アリタルニ付左

牒

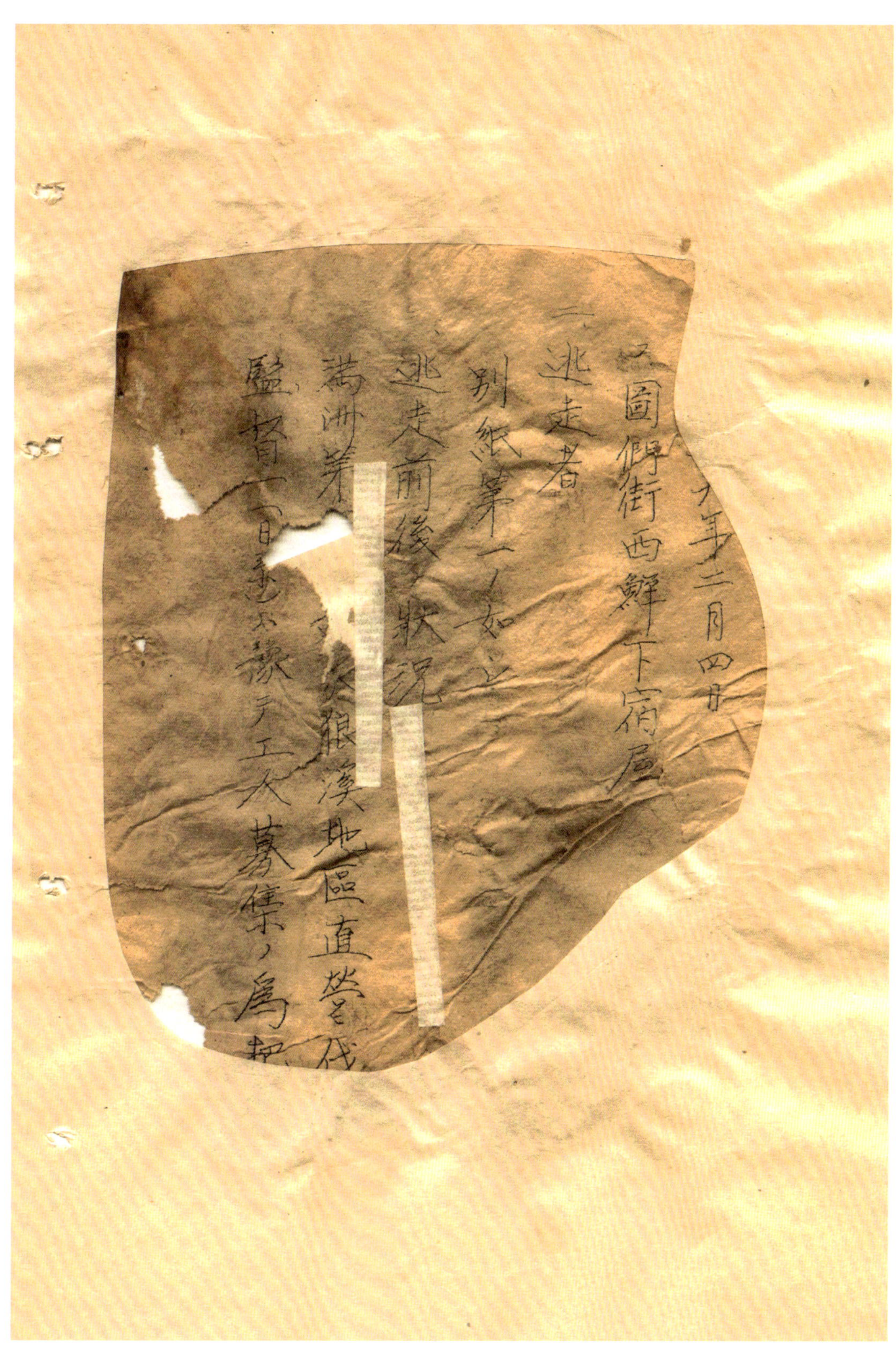
[illegible]年三月四日
圖們街西鮮下宿屋
二、逃走者
別紙第一ノ如シ
、逃走前後ノ狀況
滿洲第[illegible]ハ狼漢地區直營ヲ代
監督一（日手当）ハ豫テ工人募集ノ爲把

79

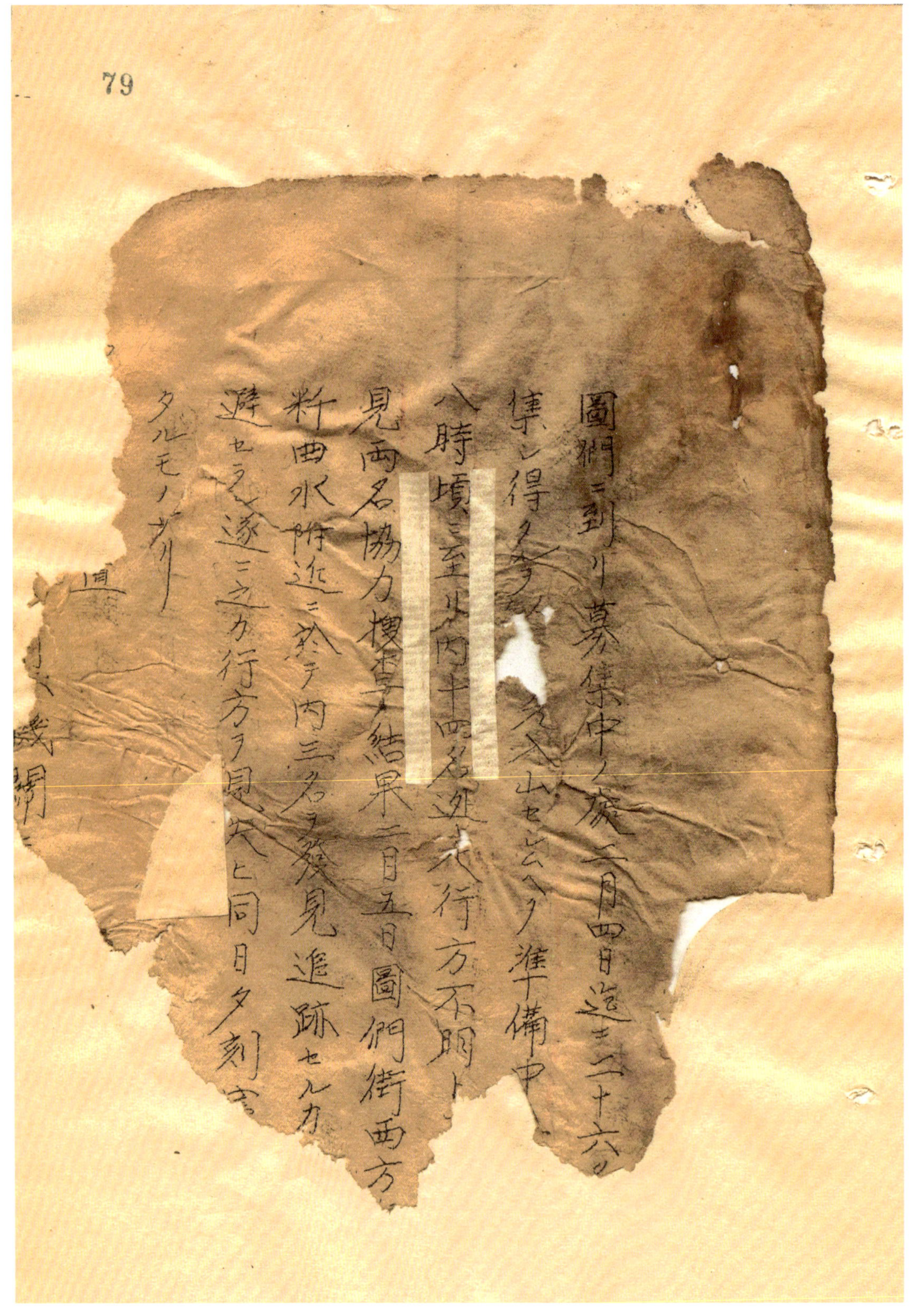

圖們ニ到リ募集中ノ處二月四日迄ニ二十六名
集シ得タ[illegible]名ヲ入山セシムベク準備中
八時頃ニ至リ内十四名逃走行方不明ト
見両名協力捜査ノ結果二月五日圖們街西方
粁西水附近ニ於テ内三名ヲ發見追跡セルカ
避セラレ遂ニ之カ行方ヲ見失ヒ同日夕刻富
タルモノナリ

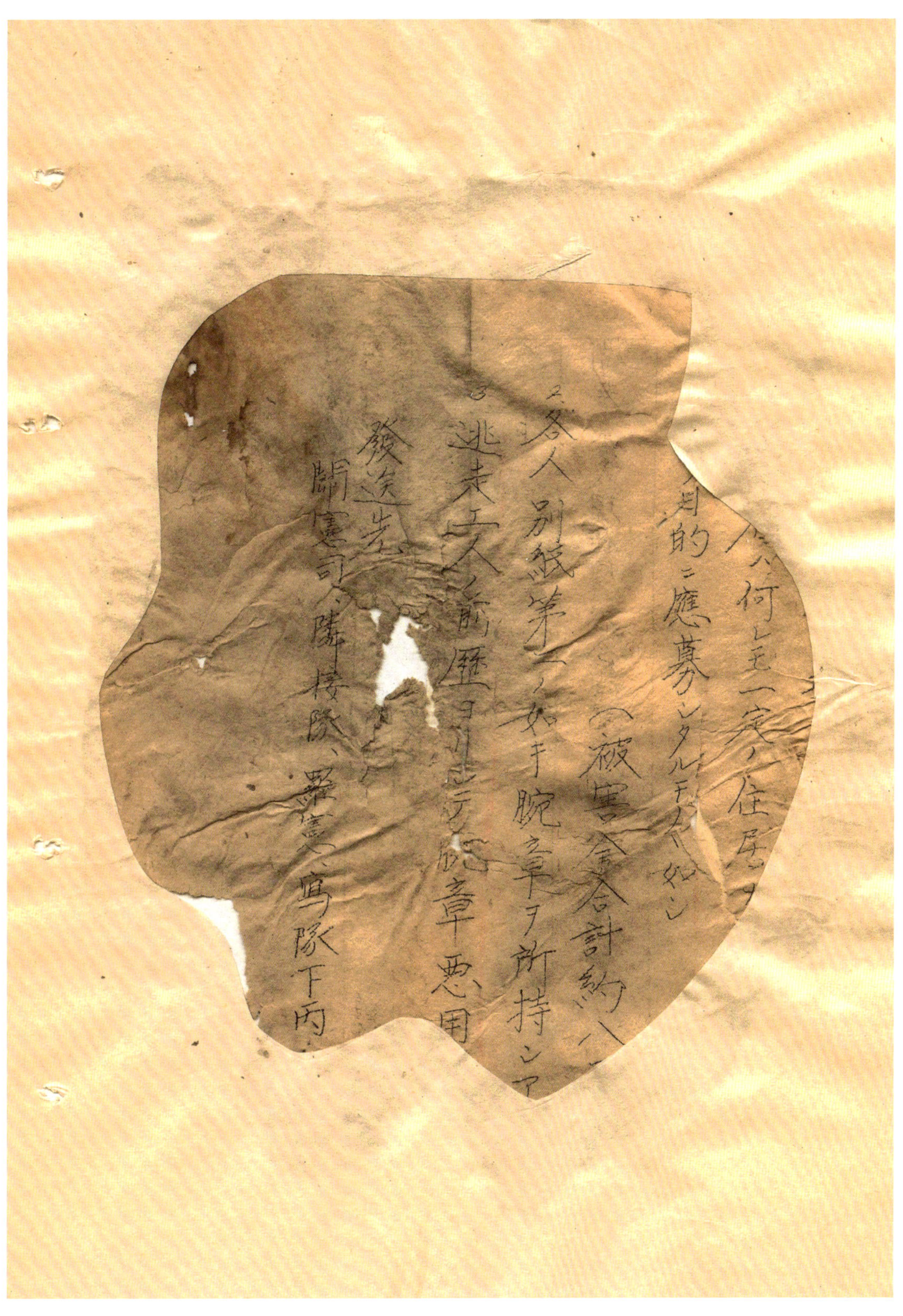

…ハ何レモ一定ノ住居ア
目的ニ應募シタルモノゝ如シ
（ハ）被害金合計約八
ニ、各人別紙第一ノ如キ腕章ヲ所持シア
ホ、逃走ニ入ル前歴ヨリ見テ腕章悪用

發送先
關憲司、隣接隊、聯憲、憲隊下丙

附一：逃跑劳工名簿

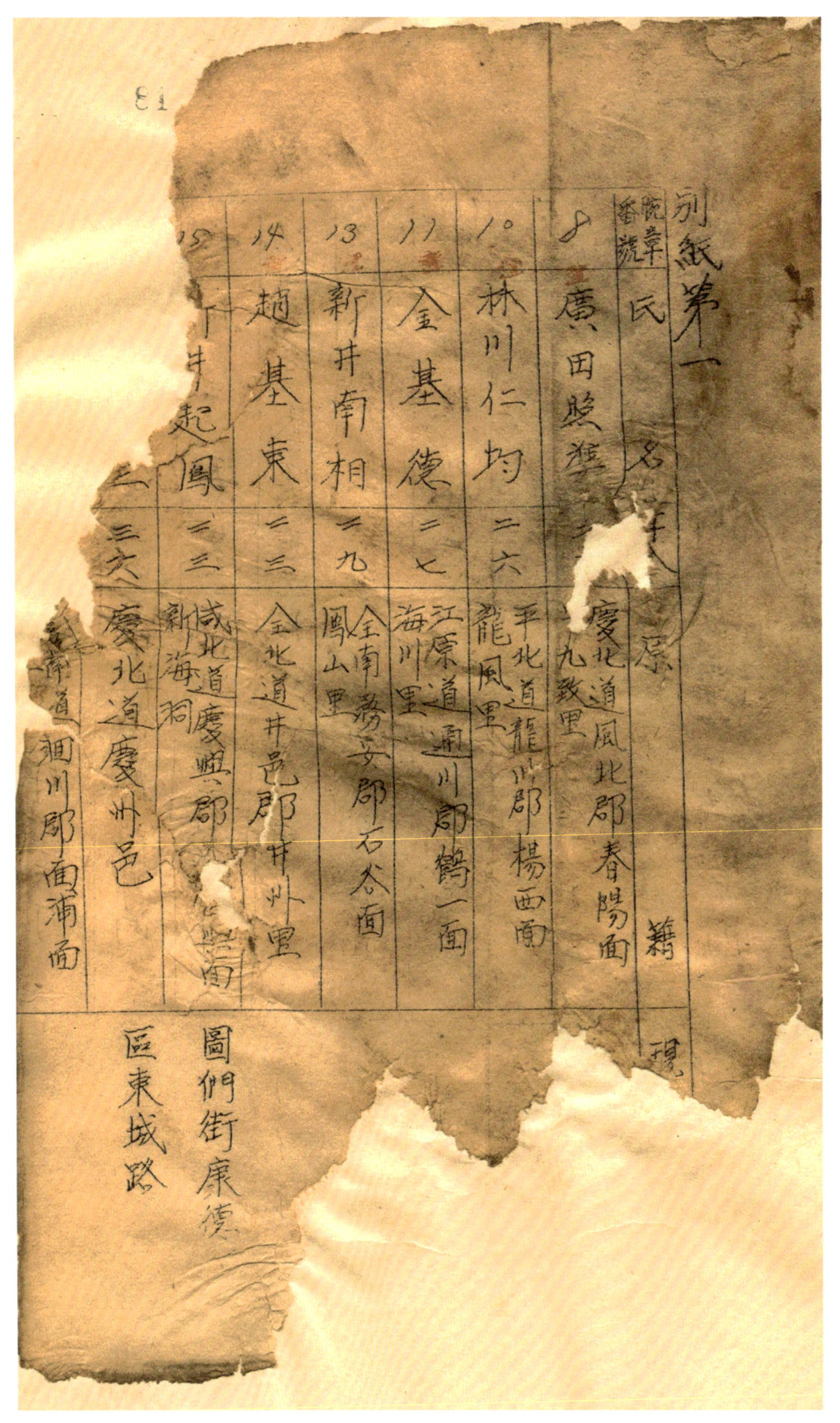

別紙第一

腕章番號	氏名	年	原籍	摘要
8	廣田照準	[illegible]	慶北道凤北郡春陽面[illegible]九致里	
10	林川仁均	二六	平北道龍川郡楊西面龍凤里	
11	金基德	二七	江原道通川郡鶴一面海川里	
13	新井南相	一九	全南務安郡石谷面鳳山里	
14	趙基東	二三	全北道井邑郡井外里	
15	[illegible]井起鳳	二三	咸北道慶興郡[illegible]面新海洞	
	[illegible]二	三六	慶北道慶州邑	
	[illegible]	[illegible]	慶南道陜川郡面浦面	

圖們街康德

區東城路

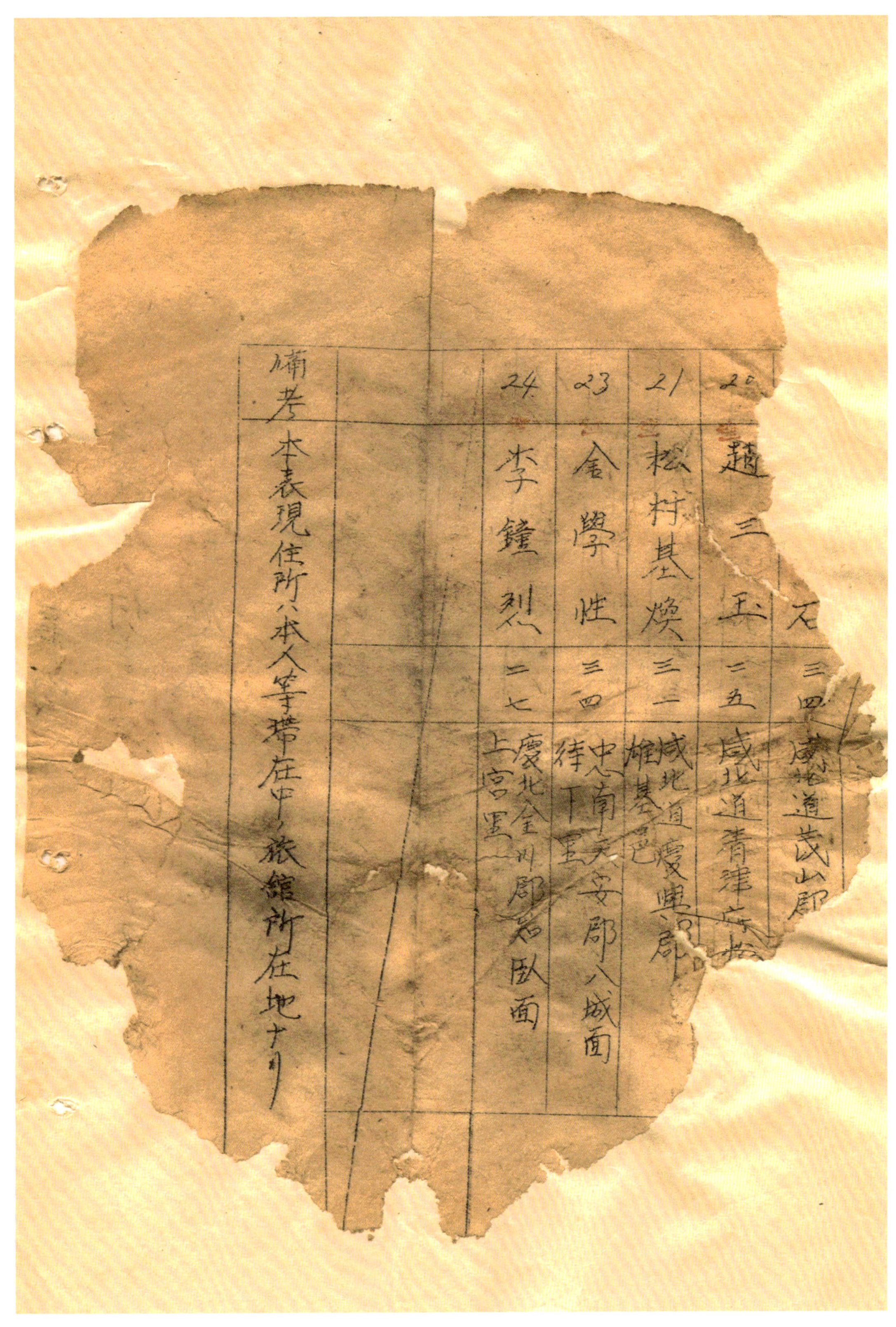

番號	氏名	年齡	住所
[illegible]	……石	三四	咸北道茂山郡
2[illegible]	趙三玉	二五	咸北道清津府松……
21	松村基煥	三一	咸北道慶興郡雄基邑
23	金學性	三四	忠南天安郡八域面待下里
24	李鐘烈	二七	慶北金川郡岩臥面上宮里

備考　本表現住所ハ本人等滯在中ノ旅館所在地ナリ

附二：逃跑劳工臂章实物尺寸

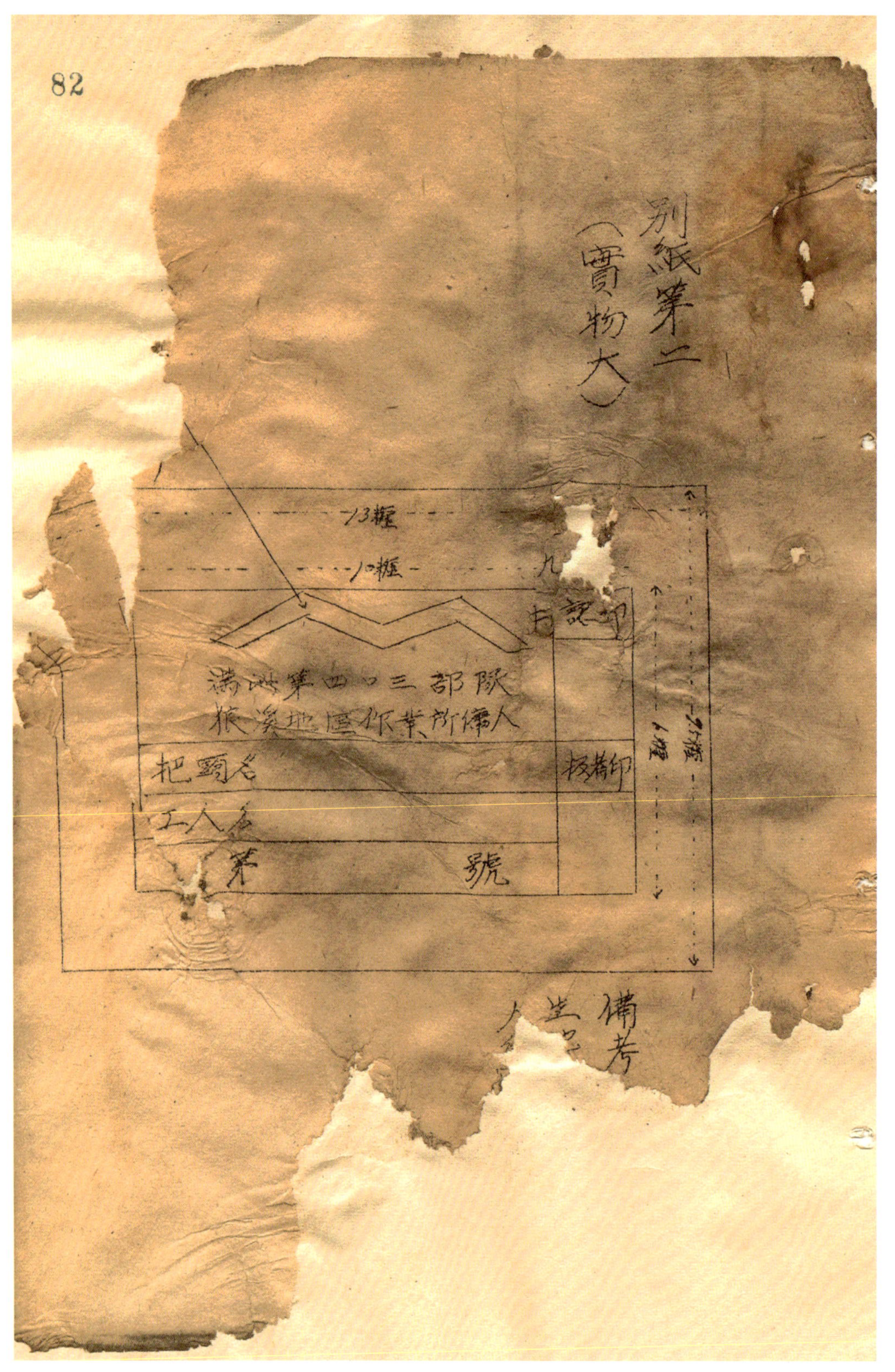
82

別紙第二
（實物大）

13糎

10糎

右記印

滿洲第四〇三部隊
狼溪地區作業所傭人

把頭名　　　　檢稽印

工人名

第　　　　號

備考

日本关东宪兵队司令部关于劳工的逃避状况致日本关东宪兵队各队（至分队）的伪满情报（第二十七号）（一九四四年九月三十日）

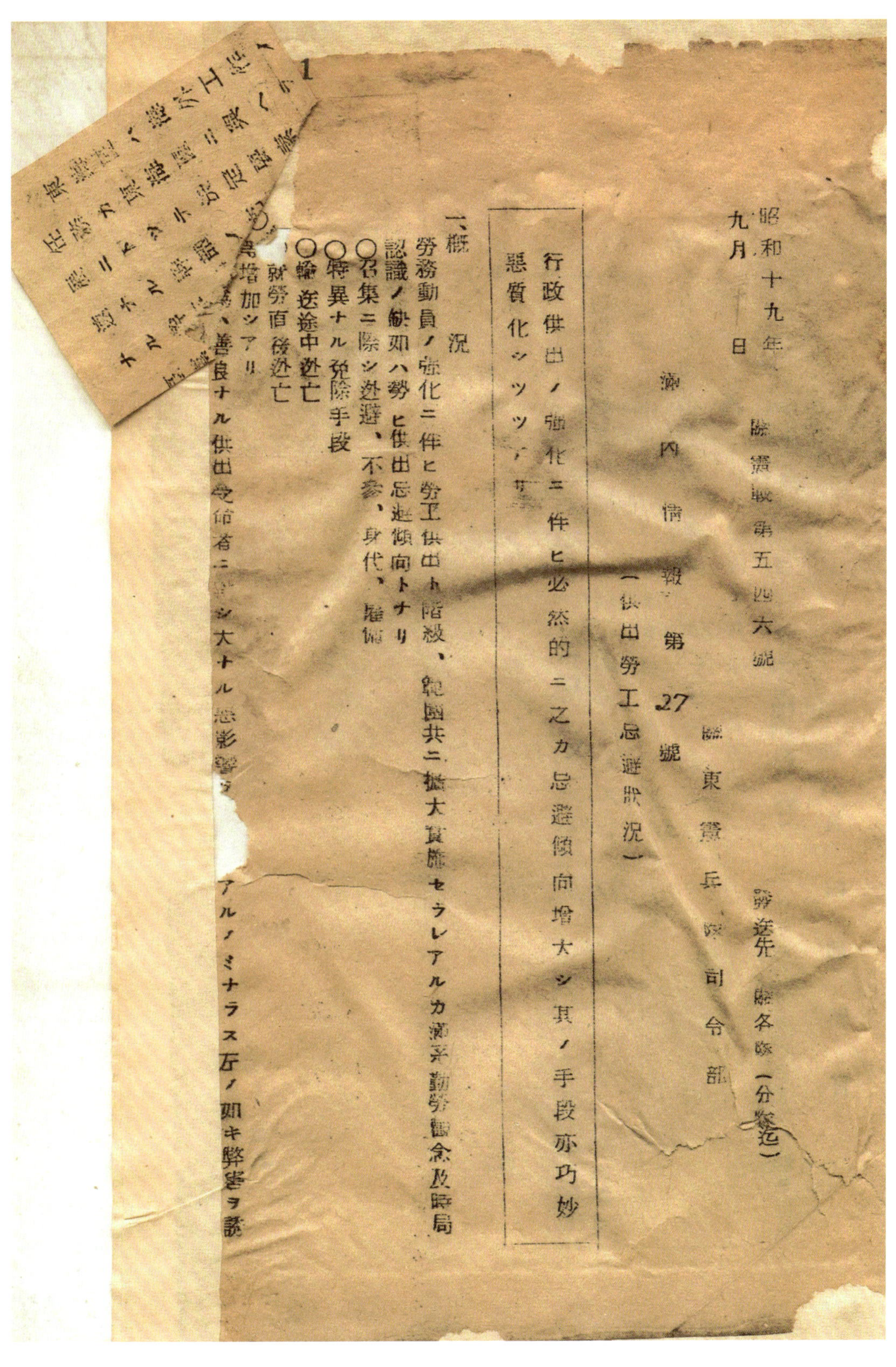

昭和十九年九月　日　關憲報第五四六號

滿內情報第27號　關東憲兵隊司令部

發送先　關各隊（分隊迄）

（供出勞工忌避狀況）

行政供出ノ強化ニ伴ヒ必然的ニ之カ忌避傾向増大シ其ノ手段亦巧妙悪質化シツツアリ

一、概況

勞務動員ノ強化ニ伴ヒ勞工供出ト階級、範圍共ニ擴大實施セラレアルカ滿系勤勞觀念及時局認識ノ缺如ハ勞ヒ供出忌避傾向トナリ

○召集ニ際シ逃避、不參、身代、雇傭

○特異ナル免除手段

○輸送途中逃亡

○就勞直後逃亡

[illegible]増加シアリ、善良ナル供出受命者ニ對シ大ナル悪影響[illegible]アルノミナラス左ノ如キ弊害ヲ誘

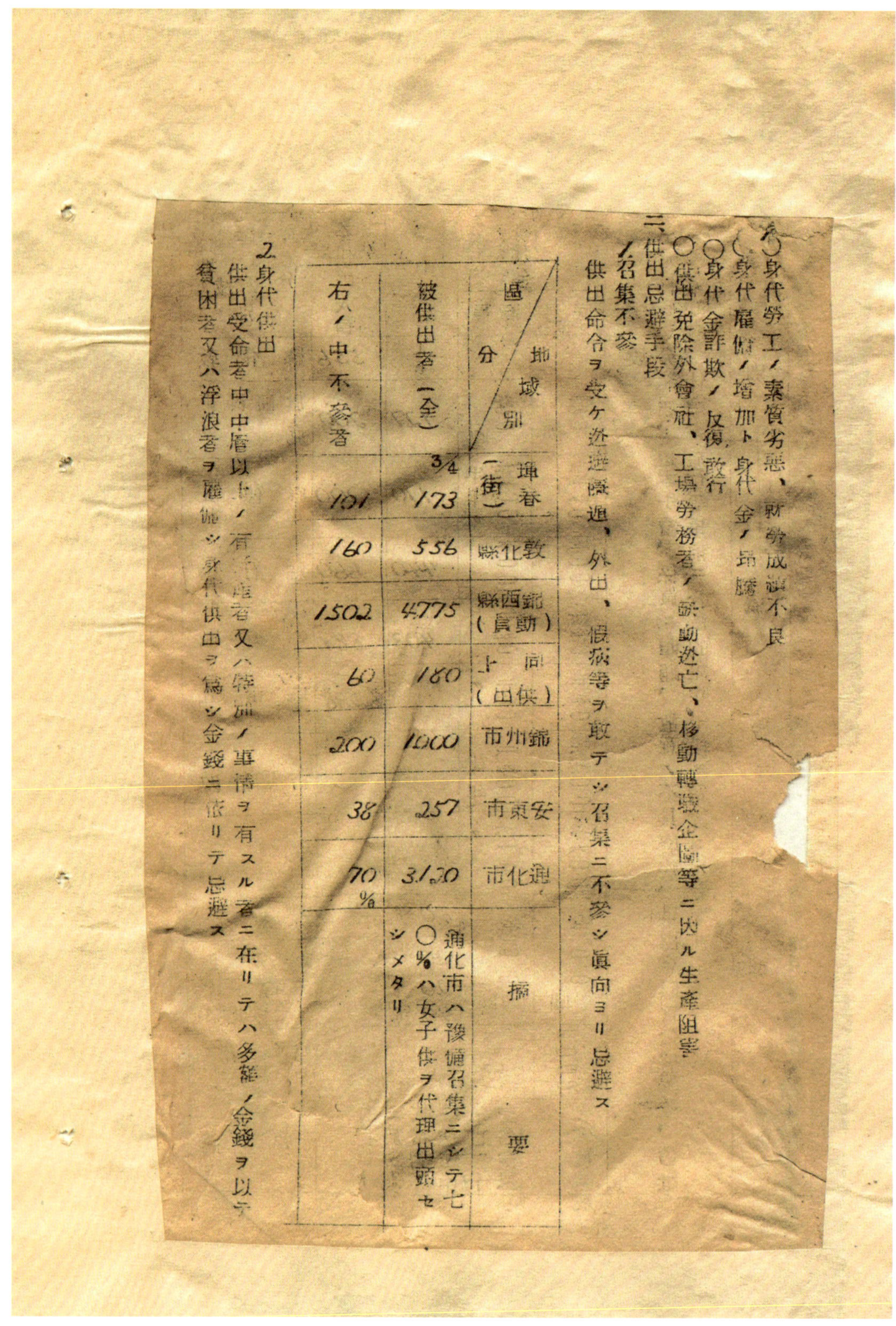

○身代勞工ノ素質劣悪、成績不良
○身代雇傭ノ增加ト身代金ノ昂騰
○身代金詐欺ノ反復敢行
○供出免除外會社、工場勞務者ノ欠勤逃亡、移動轉職企圖等ニ因ル生産阻害

二、供出忌避手段

1.召集不參

供出命令ヲ受ケ逃避隱遁、外出、假病等ヲ取テシ召集ニ不參シ眞向ヨリ忌避ス

地域別 \ 區分	被供出者(全)	右ノ中不參者	摘要
琿春(街)	3/4 173	101	
敦化縣	556	160	
錦西縣(自動)	4775	1502	
同上(供出)	180	60	
錦州市	1000	200	
安東市	257	38	
通化市	3120	70%	通化市ハ豫備召集ニシテ七〇%ハ女子供ヲ代理出頭セシメタリ

2.身代供出

供出受命者中中層以上ノ有産者又ハ特殊ノ事情ヲ有スル者ニ在リテハ多額ノ金錢ヲ以テ貧困者又ハ浮浪者ヲ雇傭シ身代供出ヲ爲シ金錢ニ依リテ忌避ス

地域別／區分	全供出人員	身代人員	身代金 最高	身代金 最底
敦化縣	556	1/3		
東科前旗（務克）	200	127	九〇〇圓	三〇〇圓
懷德縣	200	110	一、五〇〇 半年 〃	五四〇 〃
磐石縣	660	440	六〇〇	五〇〇
樺甸縣	881	403	二五〇 月	[illegible]
五常縣	6,238		二〇〇 〃	[illegible]
四平市			二、四〇〇 半年	一、六〇〇
梨樹縣			一、一〇〇 〃	六〇〇
德都縣		80%	三〇〇圓	二〇〇圓
北安縣		20%	〃	〃
北安省下（除北安縣）		20% 40%	〃	〃
蘭西縣			一、二〇〇	一、〇〇〇
摘要	呼蘭縣下ニ於テ身代常習（輸送途中逃亡）十二名檢擧			

3.特異手段

供出ヲ怖レテ分家居、退去手續、係員ニ贈賄、故意ノ不具廢疾、供出免除官公署學校、會社工場ヘノ就職、休業、旅行等事前ニ合法的免除手段ヲ策謀スル者アリ

區別	手段	概要

縣	種別	內容
楡樹縣	分家	大家族五八戸ヨリ一六九戸ニ分家、適格者六三名供出免除トナル
	故意廢疾	1.阿片麻薬ヲ吸食者トナリタル者一九名 2.中指ヲ切斷 一名 3.右腕ニ阿片液ヲ注射膿腫免除 一名
蛟河縣（同、層）	旅行	大都市[illegible]仕入ニ逃避シ動員完了ト共ニ歸來
	事前逃避	動[illegible]係ニ知己ヲ有シ事前ニ逃避
	休業	適令者便備店舗ノ營業不振ト詐稱動員期間中休業
安東縣	身体檢査時ノ動向	1.白痴ヲ装フ者 八〇％以上ヲ占ム 2.身[illegible]安[illegible]
桓仁縣	自殺	相當ノ資産家一（供出忌避）
和龍縣	逃避	適格者六八被供出ヲ忌避シ旅行ヲ装ヒ親戚或ハ知己方ニ逃避
双遼縣	〃	各隣組（十五戸單位）ニ平均三名程度アリ

43

東科前旗	贈賄	一、國幣一〇〇圓　各一（收賄者公所職員） 一、[illegible]片十九個
營口市	強要	廳長ハ割當人員ノ抽籤拒否希望者ニ、手數料四〇圓ヲ請求シ等濫起
鞍山市	詐欺	市勤員科職員一ハ虚僞ノ供出命令ヲ交付シ市内鐵工業者一一軒ヨリ一、四五〇圓ヲ詐取シ更ニ一、六〇〇圓ヲ要求シ其ノ他（[illegible]）饗應ヲ受ク
吉林市	逃去屆出	一、供出適格者一部ニハ歸農ヲ口實ニ戶口簿ヲ削除シ其ノ大部分ハ市内ニ留リアリ
佳木斯市（一ノミ）	臨時就職	二、重要會社工場等ニ臨時雇傭ヲ願出テ供出ノ終焉ヲ俟ッテ退職スル傾向アリ
錦州市	代理出頭	供出集合時不具者、病人ヲ五—一〇圓ニテ雇傭出頭ス
扶餘縣	移住屆出	他地方ニ移住ノ形式ヲ採リ物資ノ配給停止證明ヲ受ケントスル者多シ

44

4、逃亡

一旦供出ニ應シ輸送途中又ハ就勞直後ニ於テ嫌惡逃亡シ又ハ供出ニ絡ム金圓詐取ノ目的ヲ以テ計畫的逃亡ヲ企ツル者多數ノ傾向アリテ嚴ニ取締ヲ要ス

三、反響

地區別	供出狀況	反響
營口市	勞工供出	營口鹽業一、〇〇〇名ノ臨夫募集應募者多數ニ上レリ
奉[illegible]鐵 吉區	一、〇〇〇名ノ供出實施	一、供出免除事業体 〇新採用並復址增加 〇缺勤者減少 二、供出免除外事業体（供出期間中） 〇外出逃避等續出動搖 〇無屆歸鄉
遼陽市	四、二一第一次供出	滿洲セメント會社ニ供出割當二〇〇名アリタルニ工人動搖移動者六〇名無屆缺勤一〇五名ヲ出シ三日間操業停止（二、〇〇〇瓲ノ生產減）

縣		
扶餘縣		街村職員採用考試 採用一二一名　應募[illegible]五七五名
錦西縣		塔山村漁民共勵會長ハ水産開發ニ伴フ從事員不足ノ故ヲ以テ勞工供出免除方申請
呼蘭縣		警察官採用考試 採用人員三〇名、應募者一五〇名

四、其他參考

緊急供出（含勤奉）忌避逃亡者ノ一齊檢索及之等ノ再訓練ヲ實施シ縣民ニ對シ遵法精神ノ鼓吹並逃亡ニ不利ノ觀念ヲ與ヘ相當效果ヲ揚ケタル事例アリ

實施地	檢擧數	處分概要				
區分	人員	再供出	事件送致	再就勞誓約又ハ說諭釋放	取調中	計

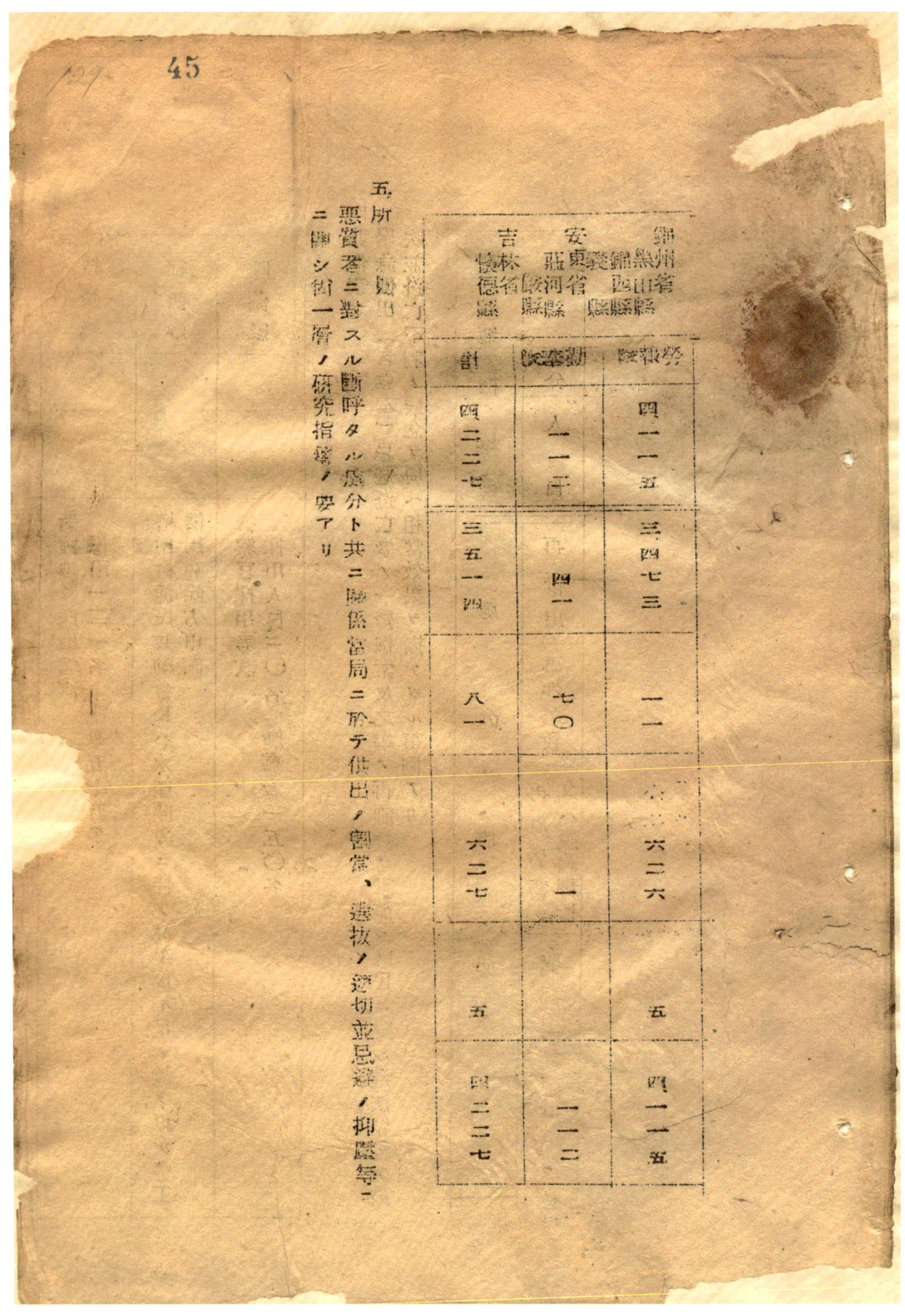

45

	勞報隊	勤奉隊	計
錦州省 黒山縣 錦西縣 義縣 安東省 莊河縣 [illegible]縣 吉林省 懷德縣			
	四一一五	一一二	四二二七
	三四七三	四一	三五一四
	一一	七〇	八一
	六二六	一	六二七
	五		五
	四一一五	一一二	四二二七

五、所

惡質者ニ對スル斷呼タル處分ト共ニ關係當局ニ於テ供出ノ割當、選抜ノ適切並忌避ノ抑壓等ニ

ニ關シ尙一層ノ研究指導ノ要アリ

阿尔山宪兵队长、兴安宪兵队长、日本关东宪兵队司令官关于缉捕结伙逃跑的军事工程「劳动报国」队员及处理「自首」人员的报告（通牒）（一九四四年十月）

阿尔山宪兵队长致日本关东宪兵队司令官的报告（通牒）（一九四四年十月二日）

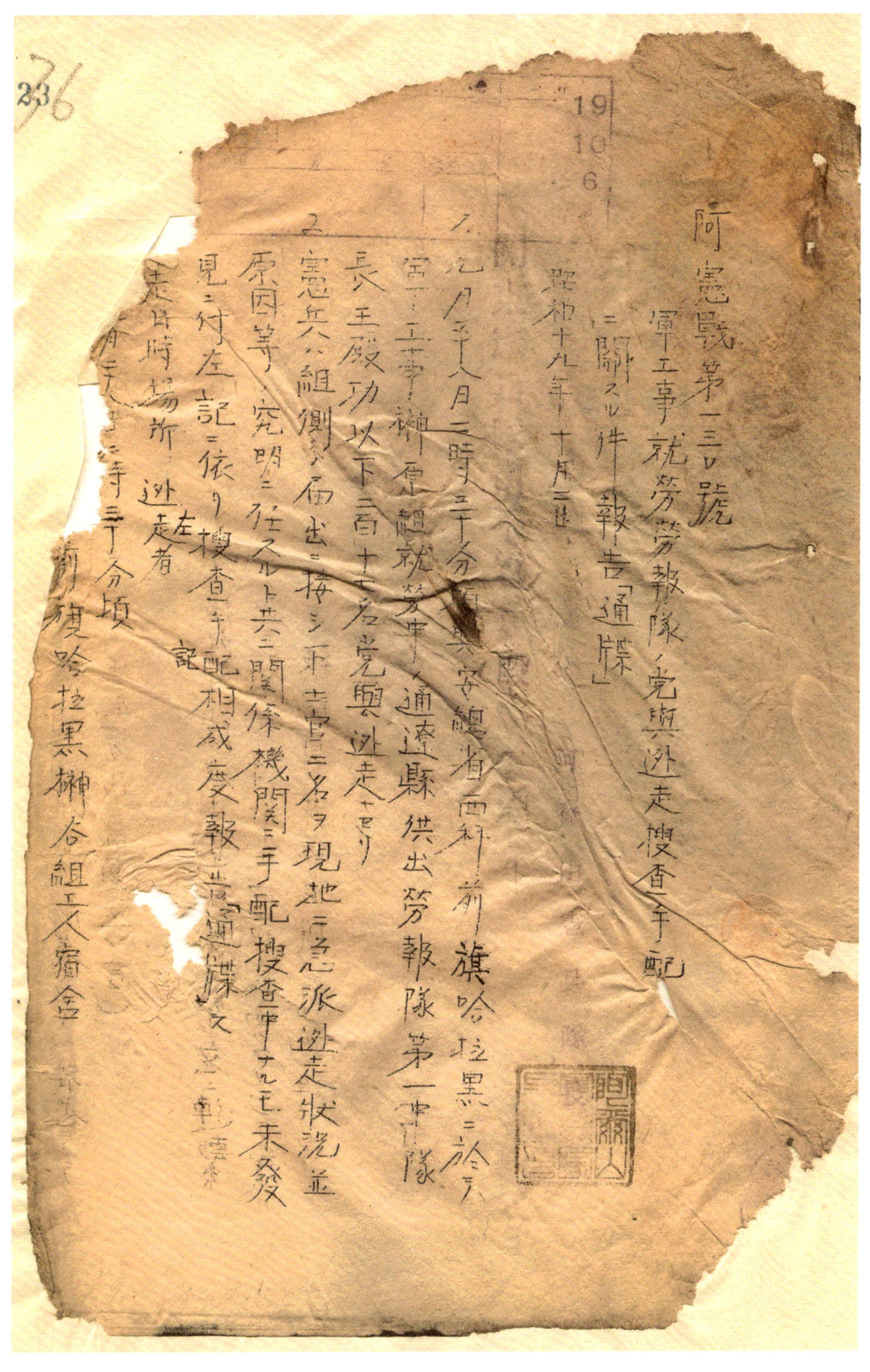

阿憲戰第一三〇號

軍工事就勞勞報隊ノ党與逃走捜査手配
ニ關スル件報告「通牒」

昭和十九年十月二日

1. 九月二十八日二時三十分頃興安總省西科前旗哈拉黑ニ於ケル
軍ノ工事ニ稼働就勞中ノ通遼縣供出勞報隊第一中隊
長王殿功以下百十二名党與逃走セリ

2. 憲兵ハ組側ノ届出ニ接シ下士官二名ヲ現地ニ急派逃走状況並
原因等ノ究明ニ任スルト共ニ關係機関ニ手配捜査中ナルモ未發
見ニ付左記ニ依リ捜査手配相成度報告（通牒）ス

左記

逃走時場所 逃走者

九月二十八日二時三十分頃

西科前旗哈拉黑榊谷組工人宿舎

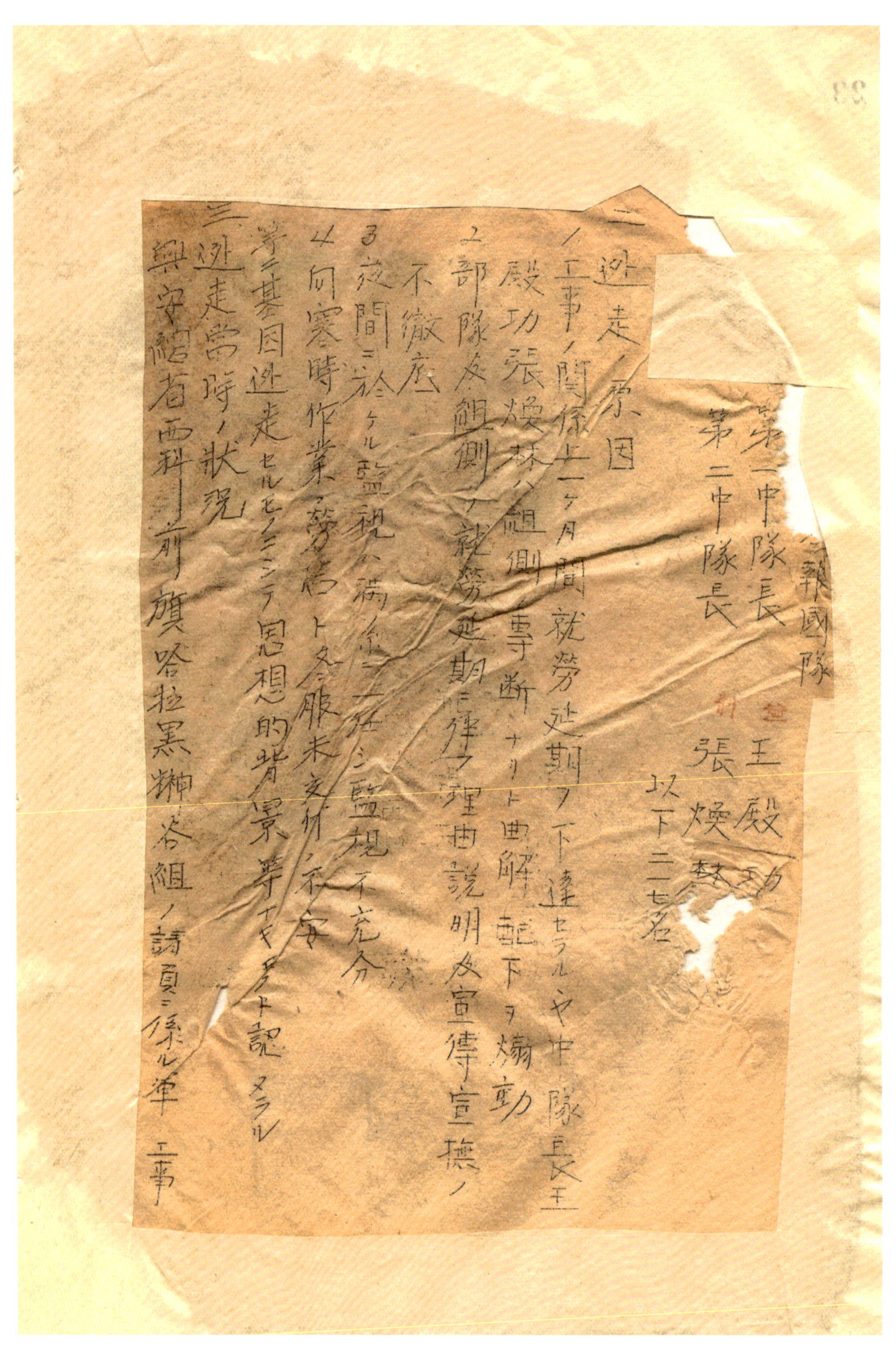

報國隊
第一中隊長 王殿功
第二中隊長 張煥林
以下三七名

二、逃走ノ原因
1 工事ノ関係上一ケ月間就労延期ヲ下達セラルヤ中隊長王殿功張煥林ハ組側ノ專断ナリト曲解部下ヲ煽動
2 部隊及組側ノ就労延期ニ伴フ理由説明及宣傳宣撫ノ不徹底
3 夜間ニ於ケル監視ハ満人ニ委シ監視不充分
4 同寒時作業ノ勞働ト冬服未交付ノ不安
等ニ基因逃走セルモノニシテ思想的背景等ナキモノト認メラル

三、逃走當時ノ状況
興安總省西科前旗喀拉黒[illegible]各組ノ請負ニ係ル準工事

248

ノ遷延ヨリ同工事担任滿洲ノ第九五六部隊ニ於テ隨テ供出地
通遼縣長ト就労延期方交渉中九月二十四日十月一日ヨリ一ケ月
間ノ就労延期ニ決シタルヲ以テ組側ニハ九月二十七日十三時
第一通遼勞報隊幹部ニ此旨口達セルカ中隊長王殿功張
煥林ハ全日二十時頃部下小隊長ヲ集合ノ上ニ就労期間満了ニ
タルニ拘ラス更ニ一ケ月ノ就労延期ハ組側ノ勝手ナル行為
ニシテ向寒期ニ入リ冬服ノ配給モナク就労困難ナルヲ以テ
協力ノ必要ナシ帰郷ノスヘシト逃走ヲ煽動シ翌二十八日二時
頃大隊長包囲香宿舎ヲ包囲企圖ヲ漏洩ヲ防止スル一
方満系夜警ニヲシテ逃走不應諸勞報隊員一名ヲ殴打
セシメタル上糧秣(約三日分)及各自被服寝具等ヲ携行
[illegible]日二時ノ三十分頃党與逃走セルモノナリ
役[illegible]其他

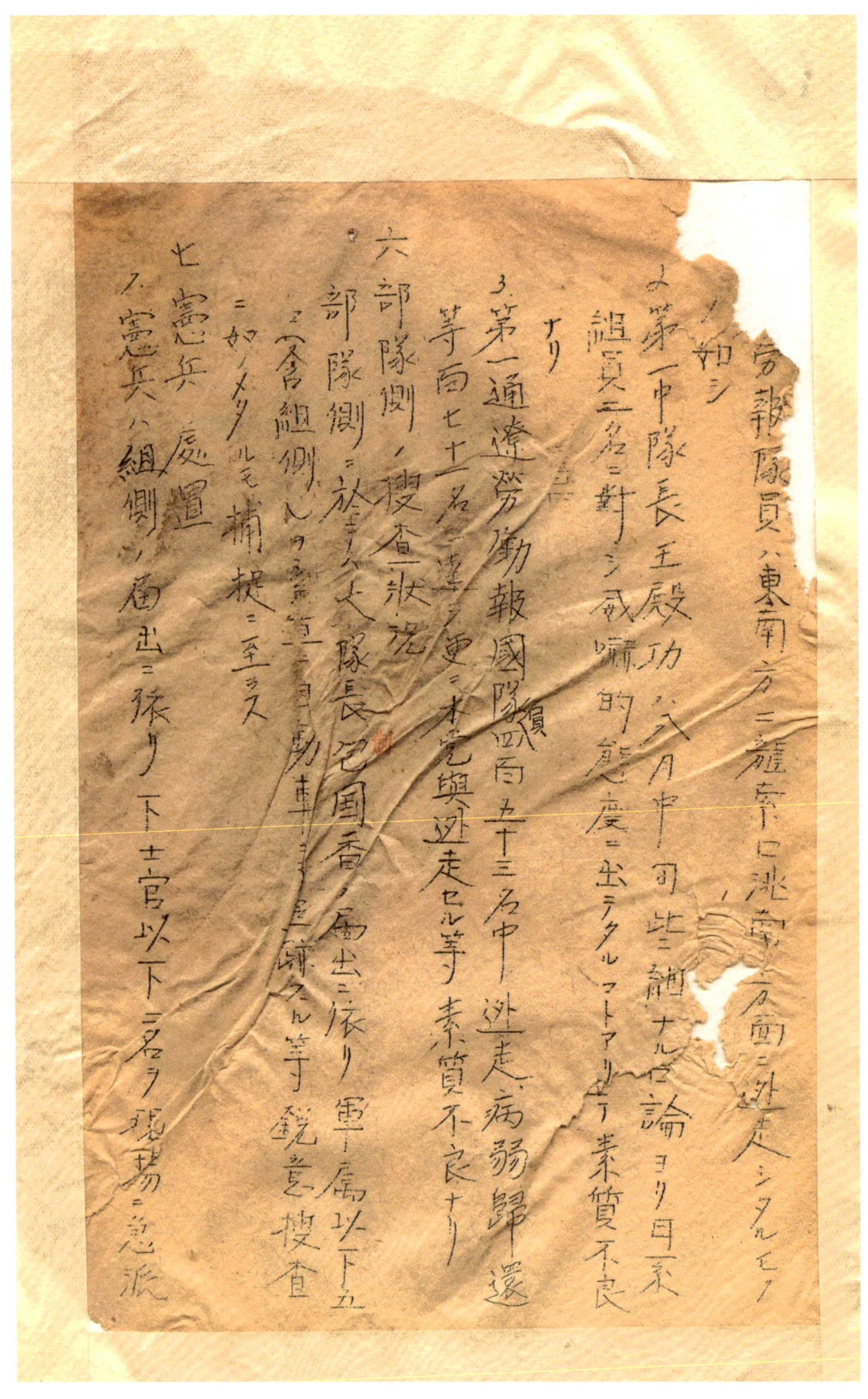

労報隊員ハ東南方ニ離京口逃亡ノ方面ニ逃走シタルモノ
ノ如シ
2.第一中隊長王殿功ハ八月中可呰細ナル口論ヨリ田某
組員二名ニ對シ威嚇的態度ニ出テタルコトアリ且ツ素質不良
ナリ
3.第一通遼勞動報國隊員四百五十三名中逃走、病弱歸還
等百七十一名ヲ出シ更ニ本月與逃走セル等ハ素質不良ナリ
六 部隊側ノ捜査状況
部隊側ニ於テハ大隊長包国香ノ届出ニ依リ軍属以下五
名(各組側ヨリ五名)ヲ自動車ニ分乘セシメ至嚴ナル等鋭意捜査
ニ努メタルモ捕捉ニ至ラス
七 憲兵ノ處置
1.憲兵ハ組側ノ届出ニ依リ下士官以下三名ヲ現場ニ急派

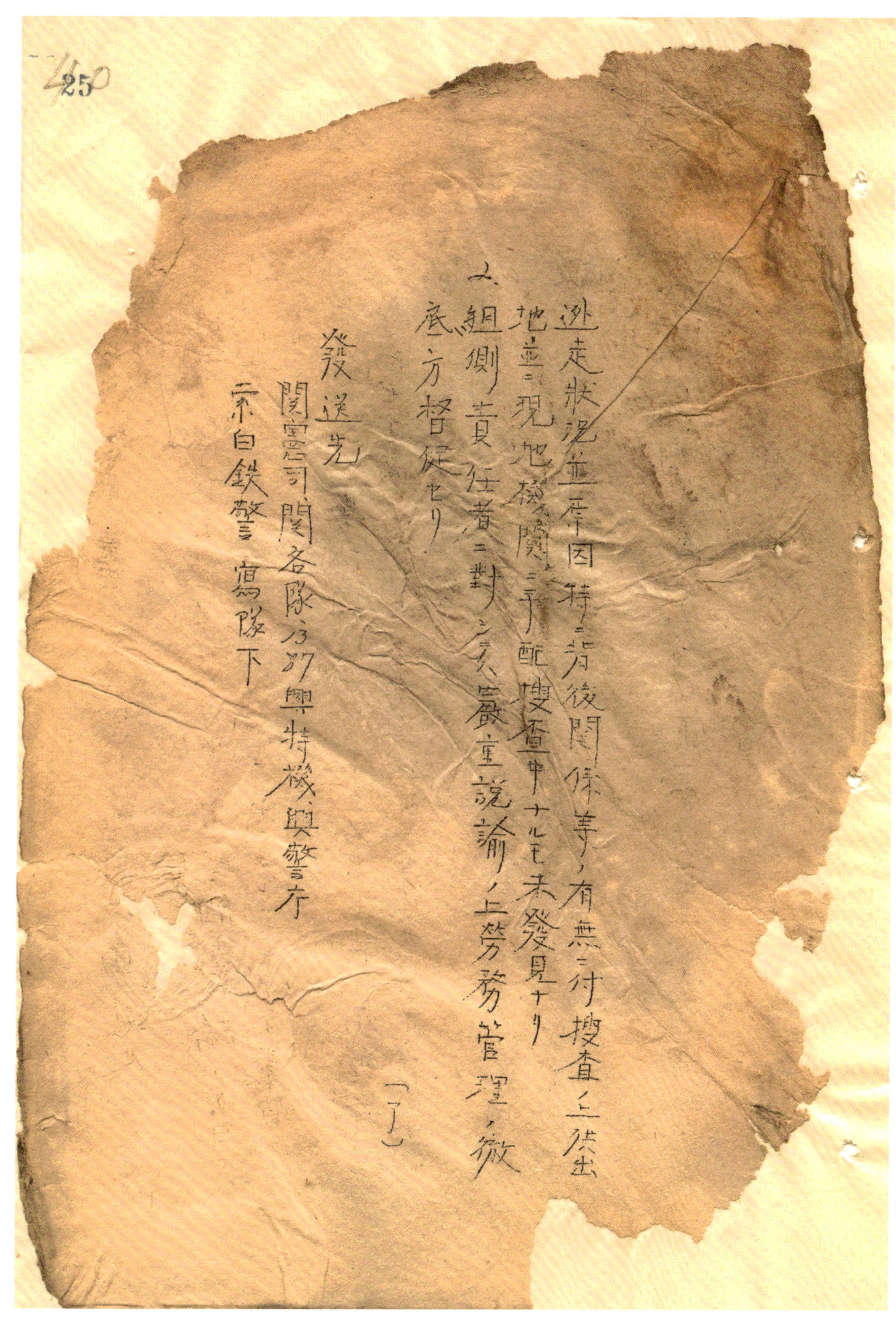
250

逃走状況並ニ原因特ニ背後関係等ノ有無ニ付捜査ト共ニ出
地並ニ現地機関ニ手配捜査中ナルモ未発見ナリ
又組側責任者ニ対シテハ厳重説諭ノ上労務管理ノ徹
底方督促セリ

（了）

發送先
関憲司、関各隊、ろ87、興特機、興警庁
索白鉄警 憲隊下

附：逃跑队员名簿

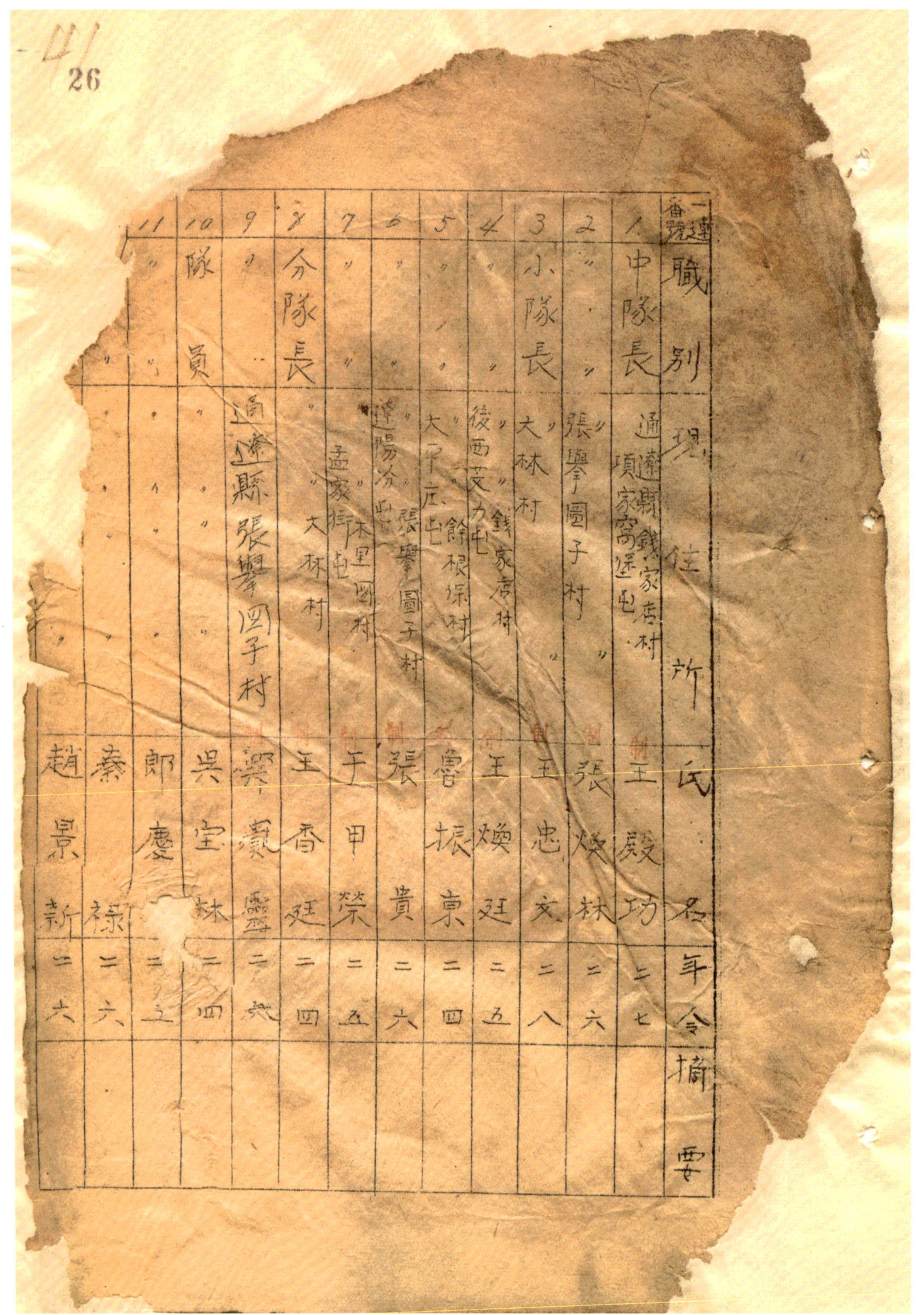

一連番號	職別	現住所	氏名	年令	摘要
1	中隊長	通遼縣錢家店村項家窩堡屯	王殿功	二七	
2	〃	〃張學圖子村	張焕林	二六	
3	小隊長	〃大林村	王忠文	二八	
4	〃	〃錢家店村後西艾力屯	王焕廷	二五	
5	〃	〃餘根保村大平庄屯	魯振京	二四	
6	〃	〃張學圖子村遼陽冷屯	張貴	二六	
7	〃	〃木里圖村孟家街屯	于甲榮	二五	
8	分隊長	〃大林村	王香廷	二四	
9	〃	通遼縣張學圖子村	梁瀛靈	二六	
10	隊員	〃	吳宝林	二四	
11	〃	〃	郎慶	二五	
	〃	〃	秦祿	二六	
	〃	〃	趙景新	二六	

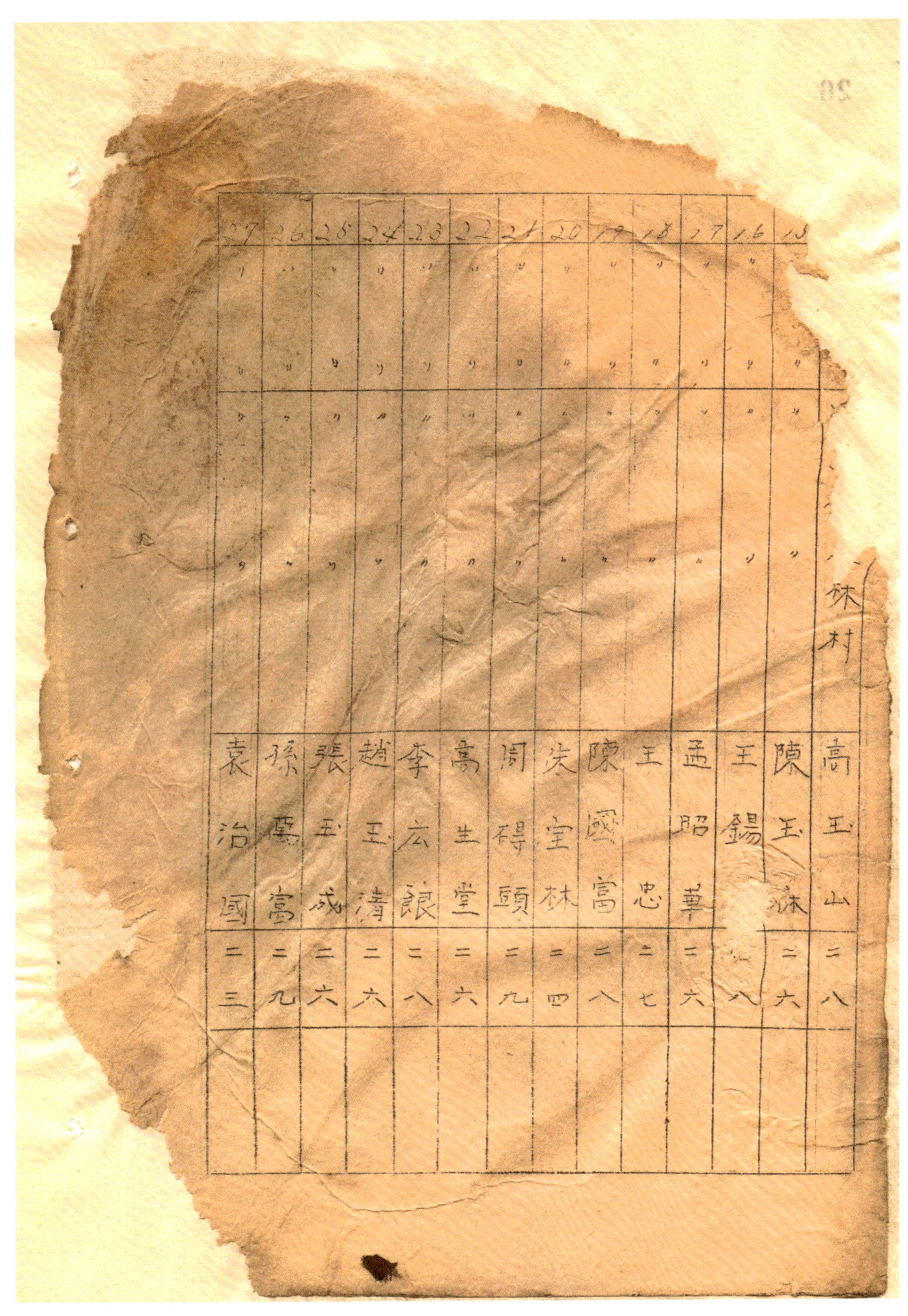

20

No.	Name	Age
林村	高玉山	二八
15	陳玉林	二六
16	王錫	二八
17	孟昭華	二六
18	王忠	二七
19	陳國富	二八
20	朱宝林	二四
21	周碍頭	二九
22	高生堂	二六
23	李広銀	二八
24	趙玉清	二六
25	張玉成	二六
26	孫鳳富	二九
27	袁治國	二三

27 112

27	〃	通遼縣火林村	鄭献財	二八
28	〃	〃	王樹賢	二九
29	〃	〃	孫蔭福	二六
30	〃	〃	殷通	二八
31	〃	〃	劉發	二六
32	〃	〃	高礼福	二四
33	〃	〃	馮振希	三〃
34	〃	〃	高雲財	三〃
35	〃	〃	那耀榮	二六
36	〃	〃	湯福和	二八
37	〃	〃	劉學[illegible]	二[illegible]
38	〃	〃	董國[illegible]	[illegible]
39	〃	〃	李福山	二六
40	〃	〃	趙達成	三〃

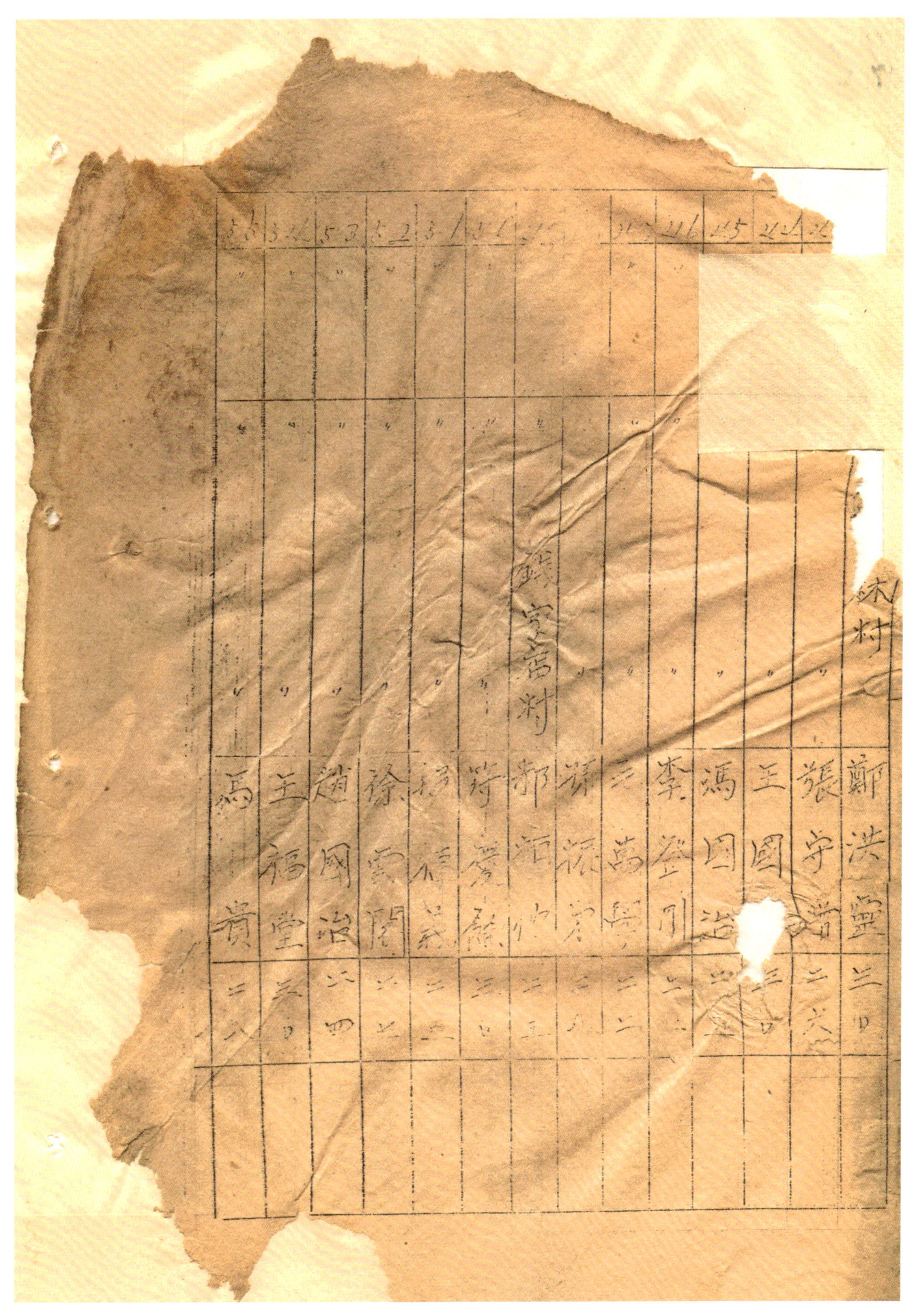

村	姓名	年龄
[illegible]村	鄭洪璽	三四
〃	張守堂	二六
〃	王國[illegible]	三四
〃	馮国治	四三
〃	李登川	[illegible]
〃	王萬興	二二
〃	[illegible]福[illegible]	二八
錢家营村	郝海[illegible]	二五
〃	符[illegible]麟	二四
〃	[illegible]	二二
〃	徐[illegible]閏	二七
〃	趙國治	六四
〃	王福堂	三四
〃	馬[illegible]貴	二八

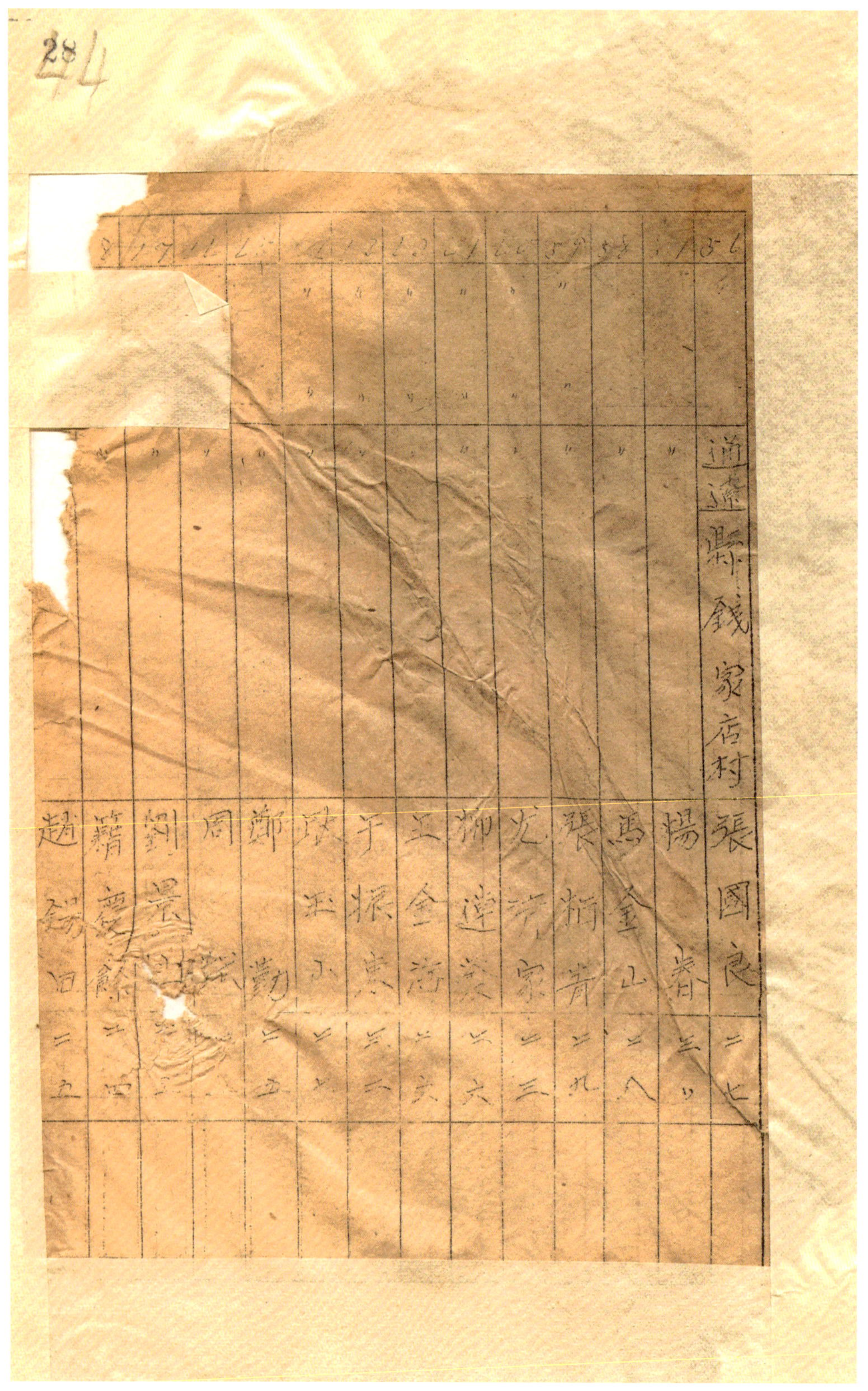

28
44

通遼縣錢家店村

姓名	年齡
張國良	二七
楊[illegible]春	三[illegible]
馬金山	二八
張炳青	二九
[illegible]家	二三
[illegible]達[illegible]	二六
王金海	二六
于振東	[illegible]
[illegible]	[illegible]
鄭[illegible]勤	二五
周[illegible]	[illegible]
劉景[illegible]	[illegible]
[illegible]	二四
趙錫[illegible]	二五

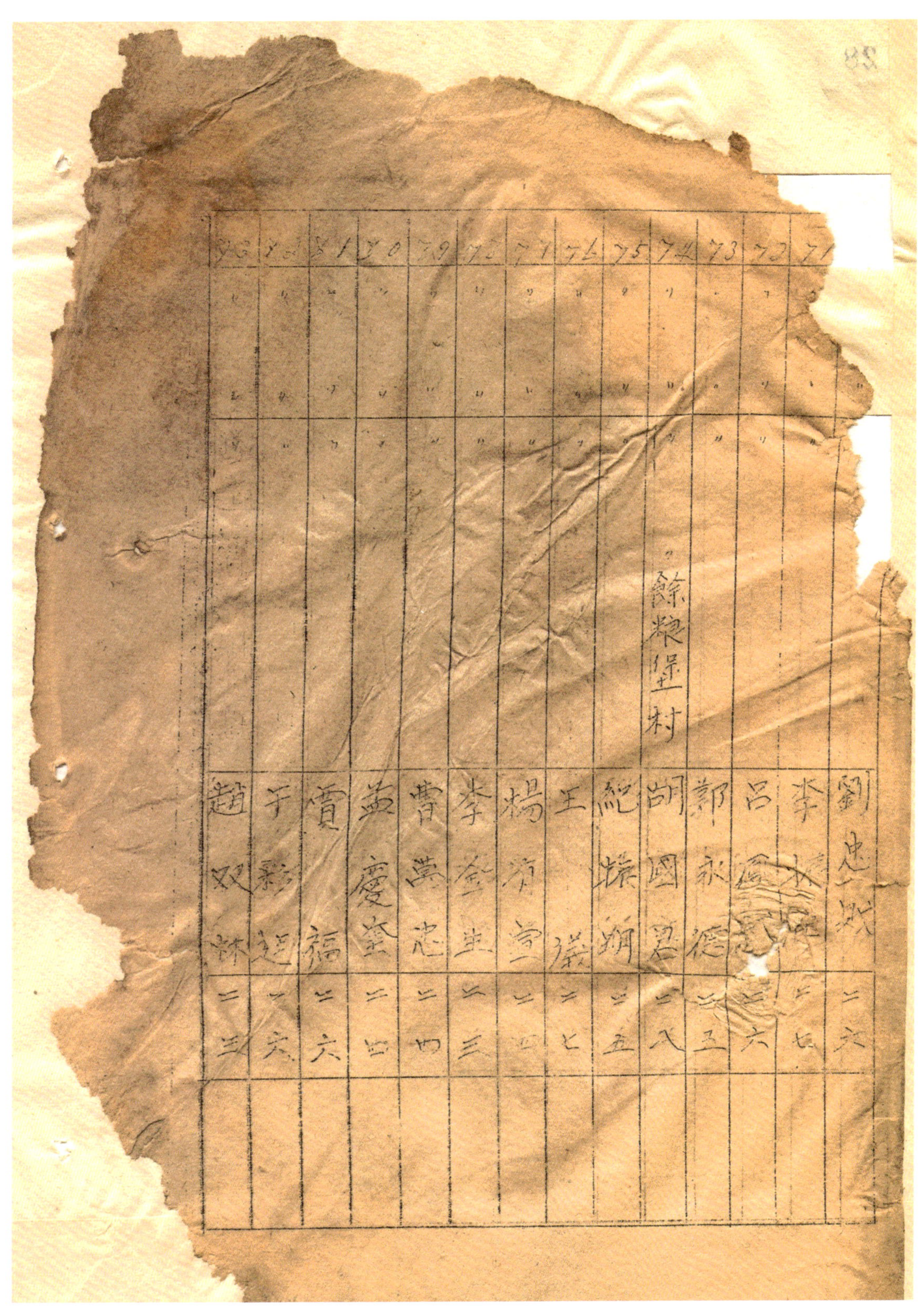

				劉忠[illegible]	二六
71	〃	〃		李[illegible][illegible]	二七
72	〃	〃		呂[illegible][illegible]	二六
73	〃	〃		鄭永德	二五
74	〃	〃	〃餘糧堡村	胡國君	二八
75	〃	〃		紀振炳	二五
76	〃	〃		王[illegible]儀	二七
77	〃	〃		楊[illegible]堂	二四
78	〃	〃		李金生	二三
79	〃	〃		曹萬忠	二四
80	〃	〃		孟慶奎	二四
81	〃	〃		賈[illegible]福	二六
82	〃	〃		于彩起	二六
83	〃	〃		趙双林	二三

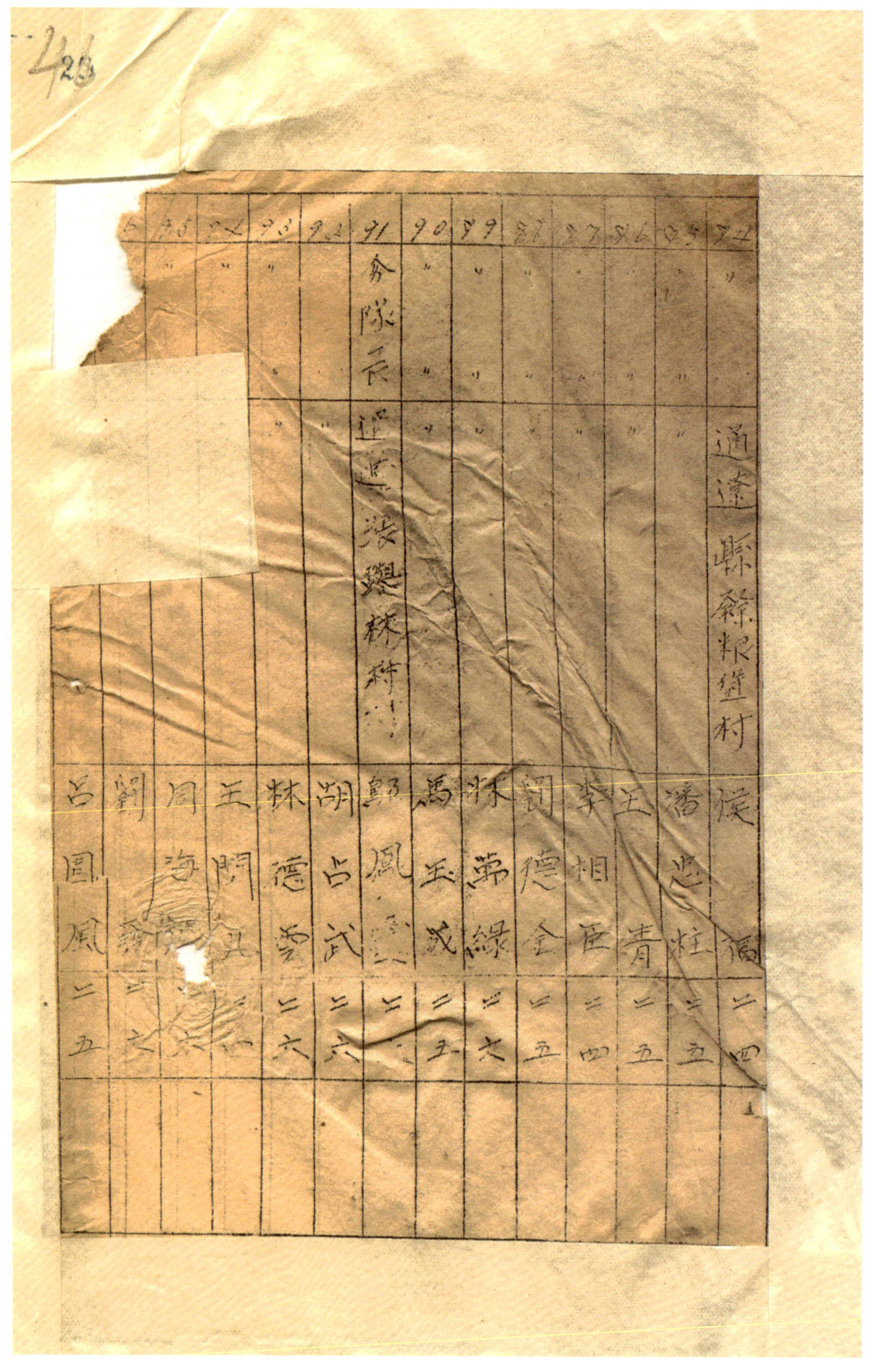

84	〃	通遼縣錢粮營村	侯福	二四
85	〃	〃	潘忠柱	二五
86	〃	〃	王青	二五
87	〃	〃	李相臣	二四
88	〃	〃	閻德金	二五
89	〃	〃	林第緣	二六
90	〃	〃	馮玉成	二五
91	分隊長	遼源縣張興林村	鄭鳳[illegible]	二[illegible]
92		〃	胡占武	二六
93	〃	〃	林德堂	二六
94	〃		王門丑	二[illegible]
95	〃		周海[illegible]	二六
96	〃		劉[illegible]發	二六
			呂國風	二五

姓名	年齡
閻小禿	二五
王準[illegible]	二五
崔[illegible]祥	二六
劉桓臣	二五
楊玉清	二五
楊海山	二五
李雲青	二五
王漢發	二六
宋広財	二六
秦[illegible]祥	二五
馬景芳	二五
王禿子	二五
南萬榮	二四
黃玉山	二五

30

番号			住址	姓名	年龄
112	〃	〃	通遼縣張興業圍子村	任鳳財	二六
113	〃	〃	〃	張慶富	二六
114	〃	〃	〃	高忠陽	二三
115	〃	〃	〃	孫[illegible]財	二三
116	〃	〃	〃	吴洪玉	二四
117	〃	〃	〃	文德生	二五
118	〃	〃	〃	王金德	二五
119	〃	〃	〃	單善普	二六
120	〃	〃	〃	胡忠玉	二六
121	〃	〃	〃	丁國柱	二五
122	〃	〃	〃	董[illegible]貴	二五
123	〃		〃	郜雲[illegible]	[illegible]
124	〃		〃	盧玉林	二六
[illegible]			[illegible]林村	李富還	二六

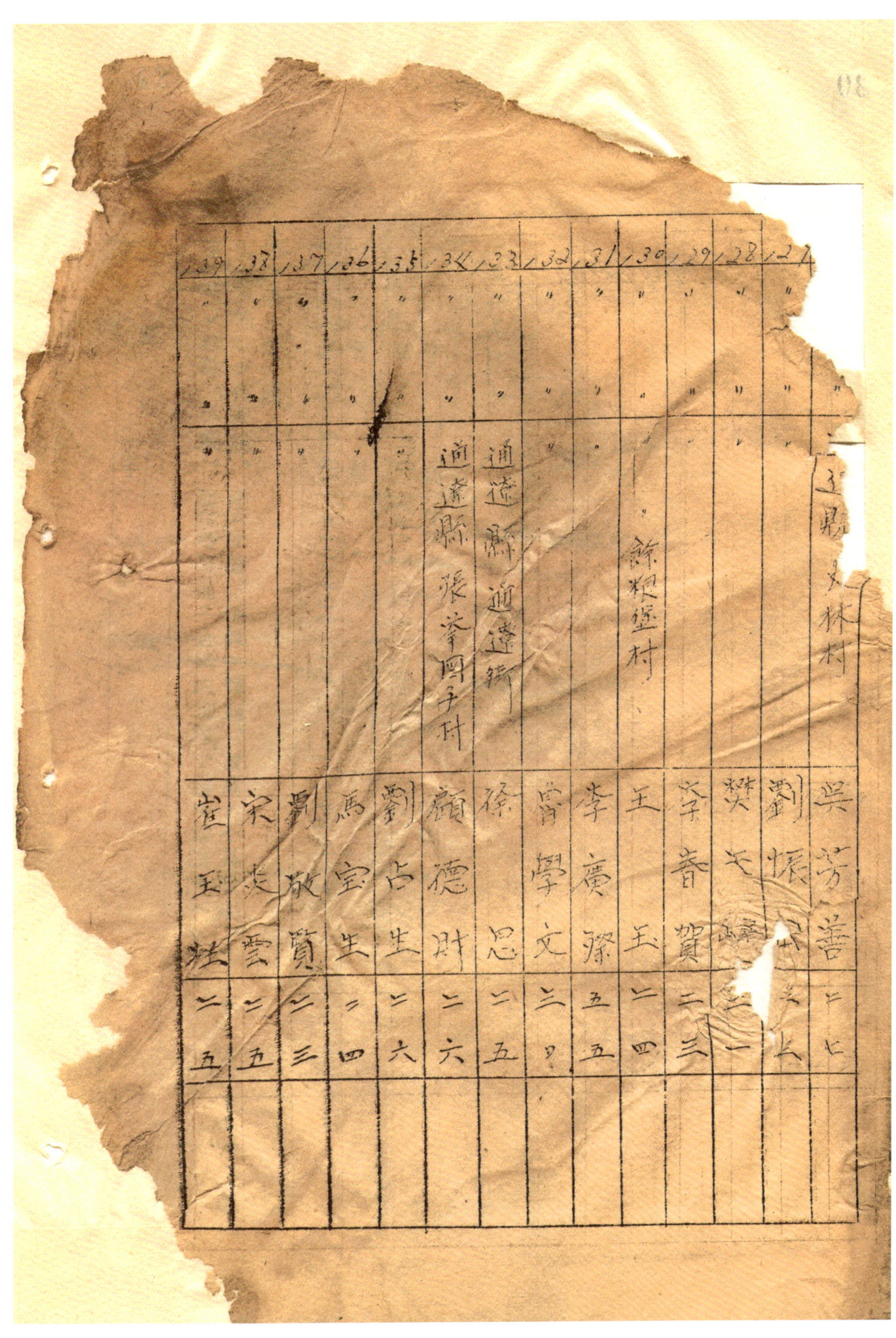

08

號			住址	姓名	年齡
[illegible]	〃	〃	[illegible]遼縣文林村	吴芳善	二七
127	〃	〃	〃	劉振[illegible]	[illegible]
128	〃	〃	〃	樊[illegible][illegible]	二一
129	〃	〃	〃	李春賀	二三
130	〃	〃	餘糧堡村	王玉	二四
131	〃	〃	〃	李廣際	五五
132	〃	〃	〃	曾學文	三[illegible]
133	〃	〃	通遼縣通遼街	徐思	二五
134	〃	〃	通遼縣張[illegible]圍子村	顧德財	二六
135	〃	〃	〃	劉占生	二六
136	〃	〃	〃	馬宝生	二四
137	〃	〃	〃	劉敬賢	二三
138	〃	〃	〃	宋炎雲	二五
139	〃	〃	〃	崔玉柱	二五

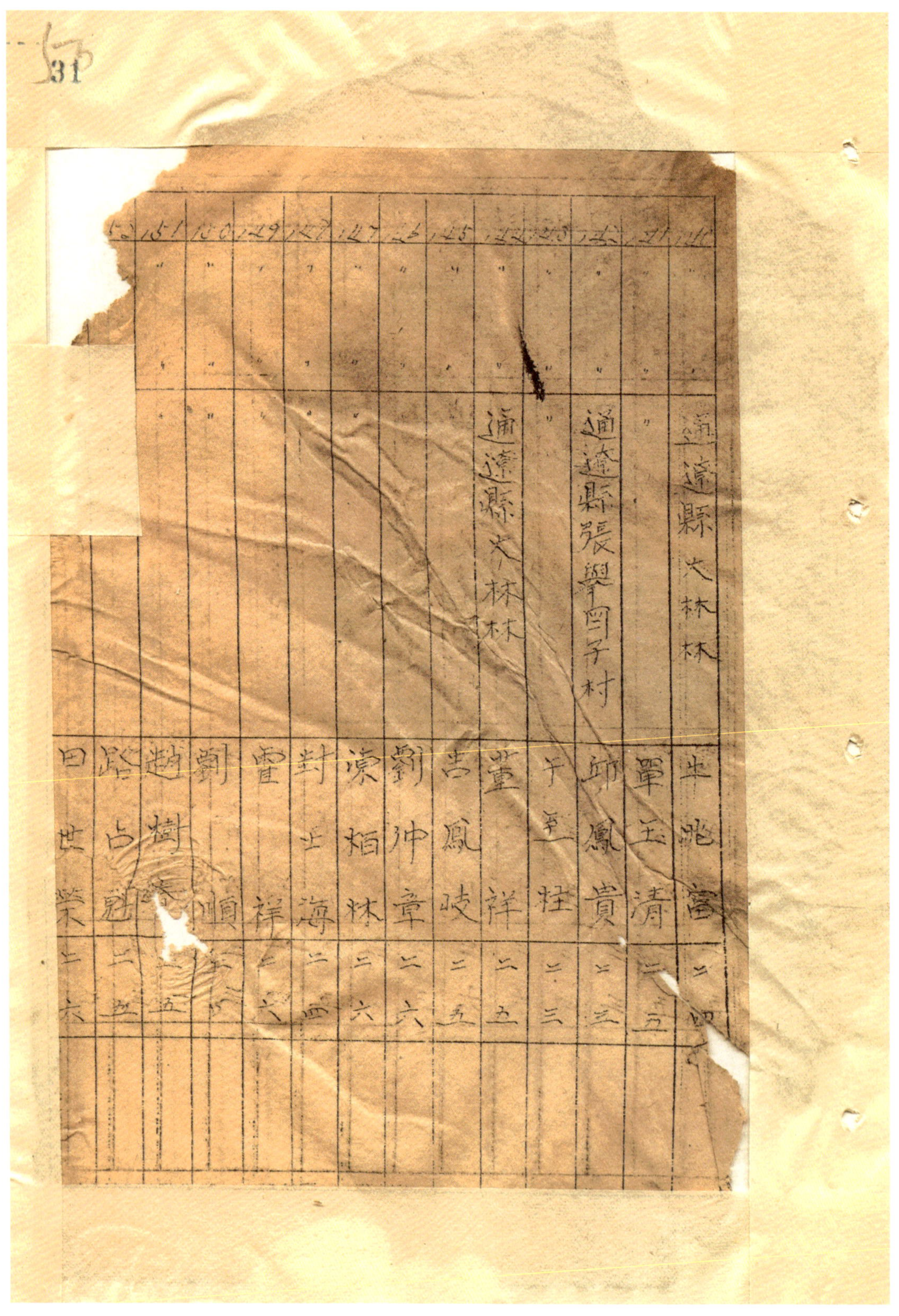

31

編號			住址	姓名	年齡
[illegible]	〃	〃	通遼縣大林林	出兆富	二四
121	〃	〃	〃	單玉清	二五
[illegible]	〃	〃	通遼縣張興四子村	郎鳳貴	二三
123	〃	〃	〃	于[illegible]柱	二三
122	〃	〃	通遼縣大林林	董祥	二五
125	〃	〃	〃	吉鳳岐	二五
126	〃	〃	〃	劉冲章	二六
127	〃	〃	〃	凉栢林	二六
127	〃	〃	〃	封占海	二四
129	〃	〃	〃	曹祥	二六
150	〃	〃	〃	劉順	二[illegible]
151	〃	〃	〃	趙樹春	二五
152	〃	〃	〃	路占魁	二五
				田世榮	二六

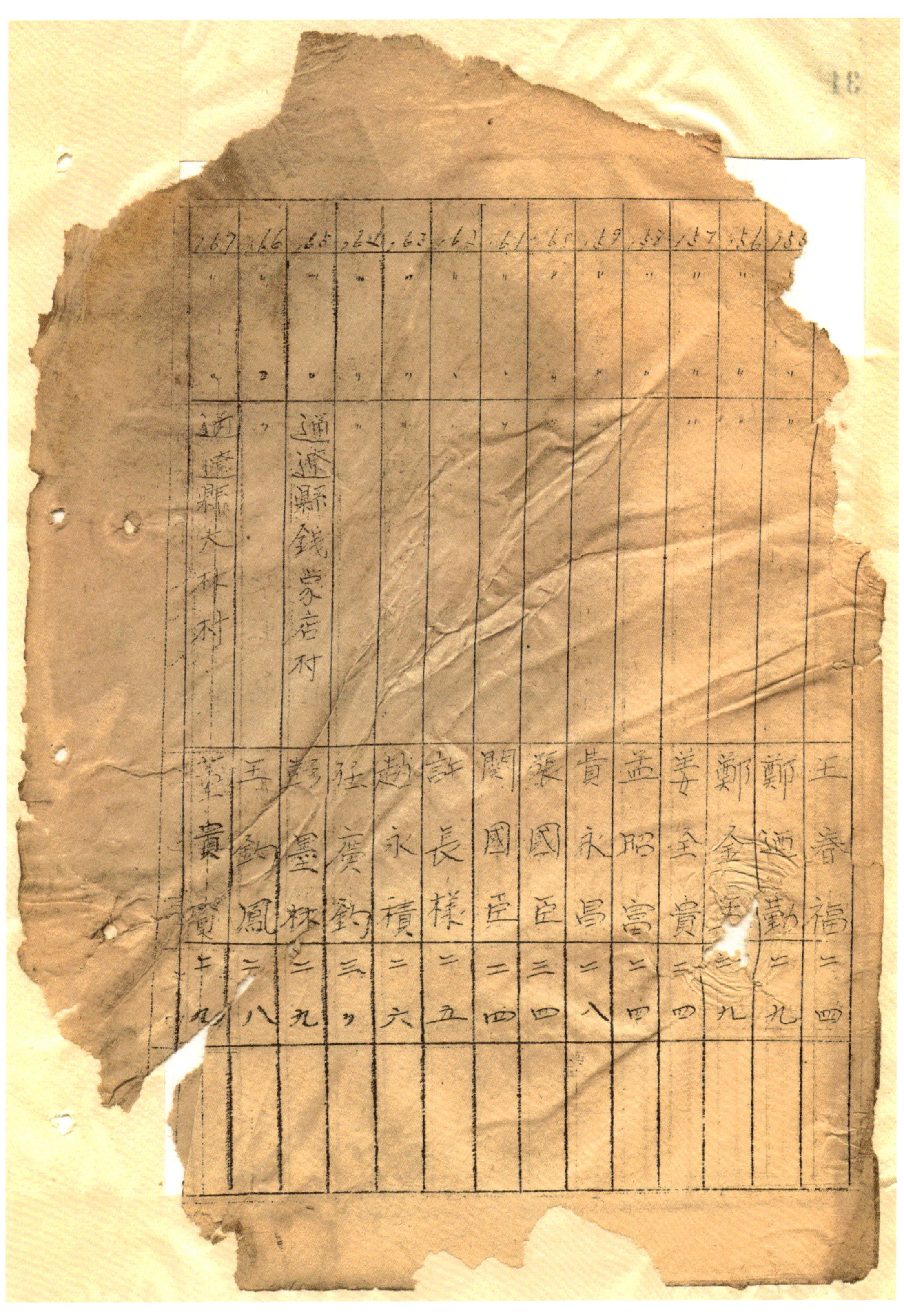

155	〃	〃	〃	王春福	二四
156	〃	〃	〃	鄭通勤	二九
157	〃	〃	〃	鄭金[illegible]	二九
158	〃	〃	〃	姜全貴	二四
159	〃	〃	〃	孟昭富	二四
160	〃	〃	〃	貴永昌	二八
161	〃	〃	〃	張國臣	三四
162	〃	〃	〃	閻國臣	二四
163	〃	〃	〃	許長樣	二五
164	〃	〃	〃	趙永積	二六
165	〃	〃	通遼縣錢家店村	程廣鈞	三〃
166	〃	〃	〃	彭墨林	二九
167	〃	〃	通遼縣大林村	王鈞鳳	二八
				董貴實	十九

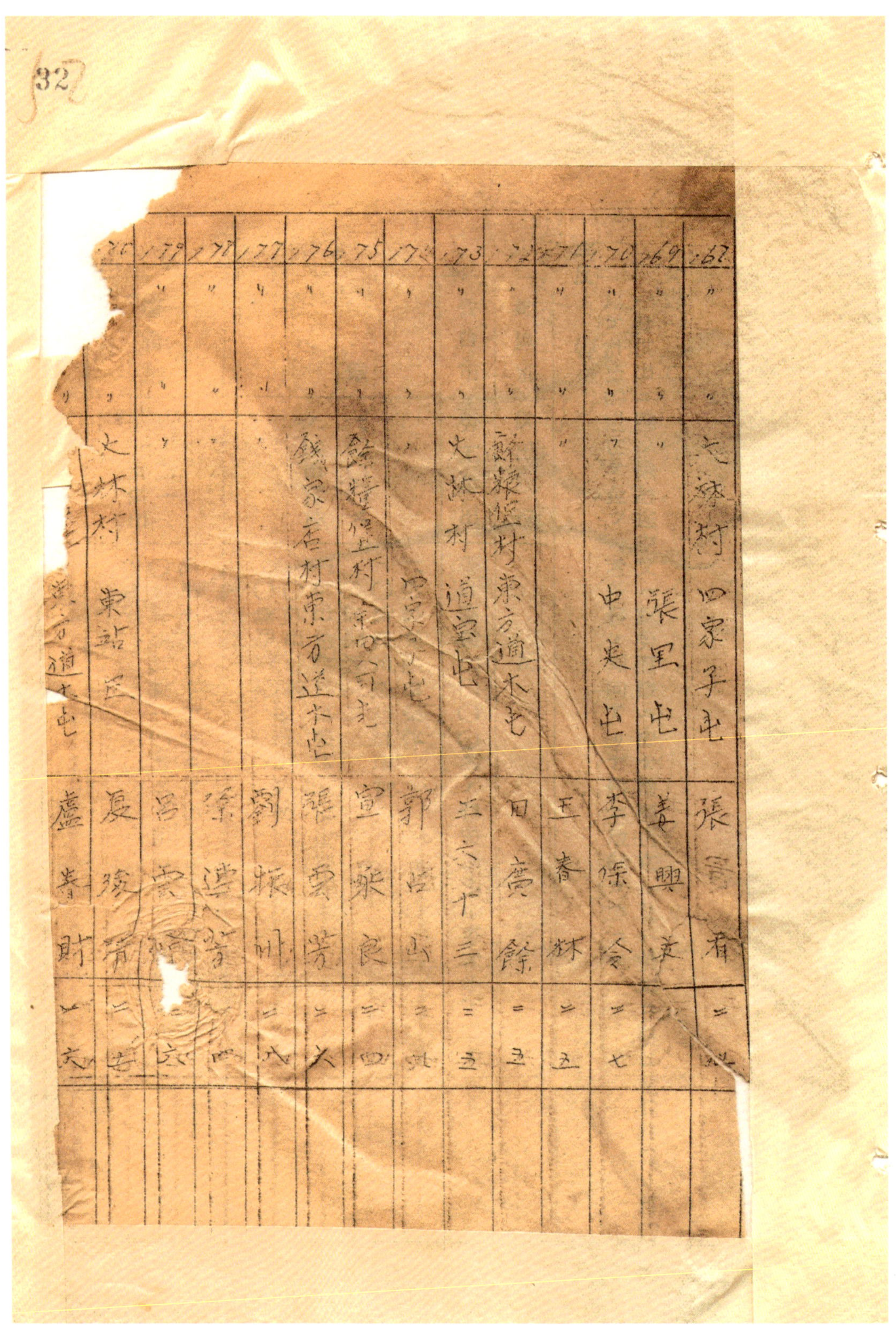

167	〃	〃	七塔村四家子屯	張富有	二[illegible]
169	〃	〃	〃 張里屯	姜興英	[illegible]
170	〃	〃	〃 中央屯	李條令	二七
171	〃	〃	〃	王春林	二五
172	〃	〃	蘇家窪村東方道木屯	田廣餘	二五
173	〃	〃	文林村道家屯	王六十三	二五
174	〃	〃	〃 四家子屯	郭占山	二九
175	〃	〃	蘇家窪村東四方屯	宣乘良	二四
176	〃	〃	錢家店村東方道木屯	張雲芳	二八
177	〃	〃	〃	劉振川	二八
178	〃	〃	〃	梁遇芳	二四
179	〃	〃	〃	呂雲[illegible]	二六
180	〃	〃	文林村東站屯	夏殿有	二七
[illegible]	〃	〃	[illegible]東方道木屯	盧春財	二六

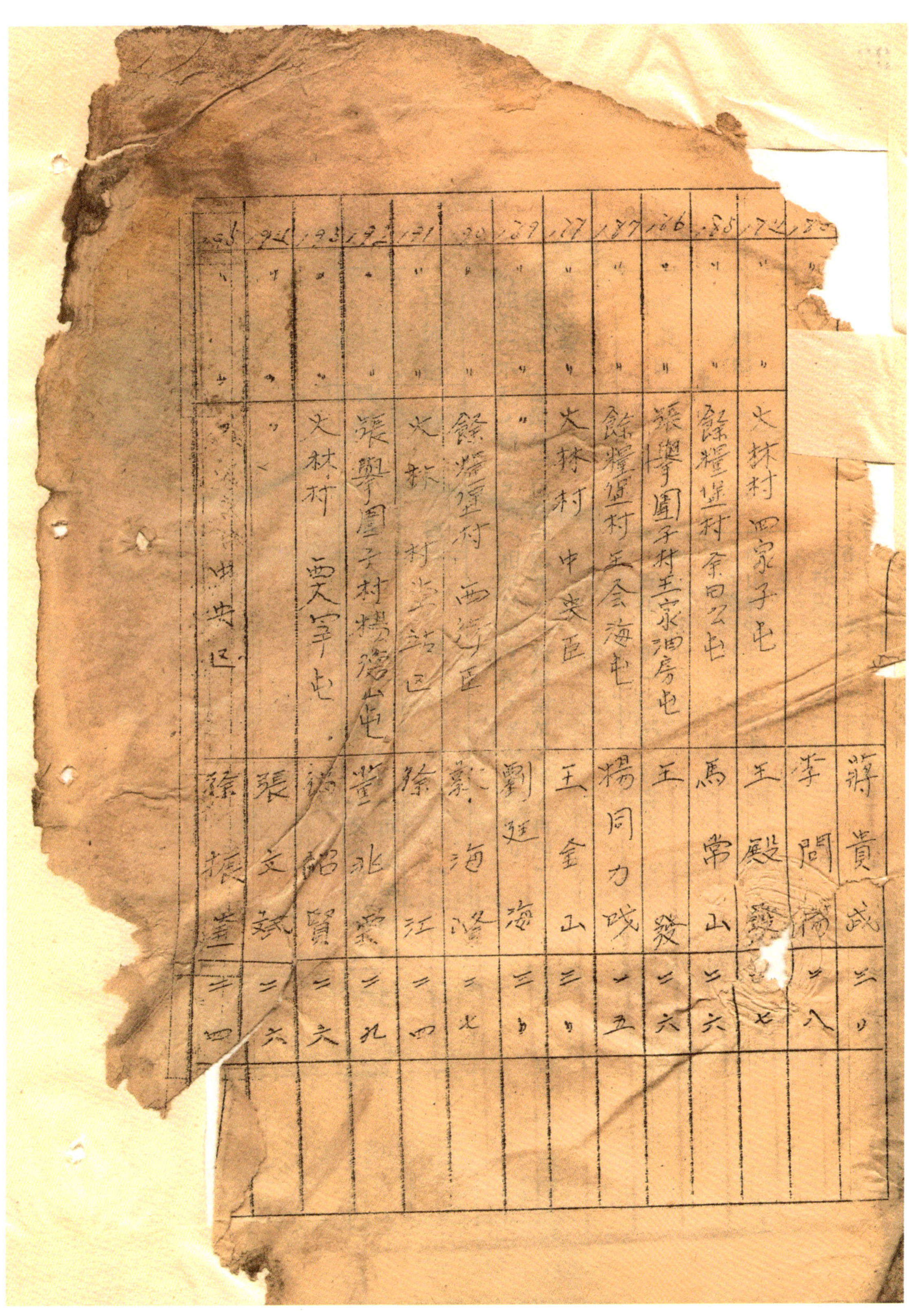

號		住址	姓名	年齡
			蔣貴武	三〃
			李問伟	二八
174	〃 〃	文林村四家子屯	王殿發	二七
185	〃 〃	餘糧堡村余田公屯	馬常山	二六
186	〃 〃	張學園子村王家油房屯	王　發	二六
187	〃 〃	餘糧堡村王会海屯	楊同力戌	一五
177	〃 〃	文林村中央區	王金山	三〃
189	〃 〃	〃	劉廷海	三〃
90	〃 〃	餘糧堡村西街區	蔡海路	二七
171	〃 〃	文林村[illegible]站區	徐　江	二四
192	〃 〃	張學園子村楊窩山屯	董兆[illegible]	二九
193	〃 〃	文林村西大窑屯	谢紹賢	二六
191	〃 〃	〃	張文斌	二六
195	〃 〃	〃[illegible]中央区	徐振堂	二四

196	197	198	199	200	201	202					
〃	〃	〃	〃	〃	〃	〃					
〃	〃	〃	〃	〃	〃	〃					
錢家店村東方道木屯	〃	〃	大林村三家窩堡屯	〃〃公所屯	張家園子村蔡網屯	餘糧堡村東街区	劉家粉房屯	東街区	茶棚村西門外	〃本街	〃中央区	〃	西杜家屯
李春和	劉漢文	張占有	孫國雲	潘景亮	胡金	張永福	姜玉山	王平安	周蔡	鄭有生	邢朝三	紀萬昌	陳振起
二五	二六	一九	五二	三二	四五	四一	三一	二一	二七	二三	一四	四五	二六

	[illegible]閘屯	[illegible]	[illegible]
	大[illegible]屯	[illegible]	三八
水里圍	石氏屯	李[illegible]	四[illegible]
	薛家街屯	張永財	四三
	耿家窩堡屯	田景富	三八
[illegible]村	東街區	李樹玉	三七
[illegible]村	宋家窩堡屯	狄奎發	三四
	李家圍子屯	劉忠喜	四八

兴安宪兵队长致日本关东宪兵队司令官的报告（通牒）（一九四四年十月三十一日）

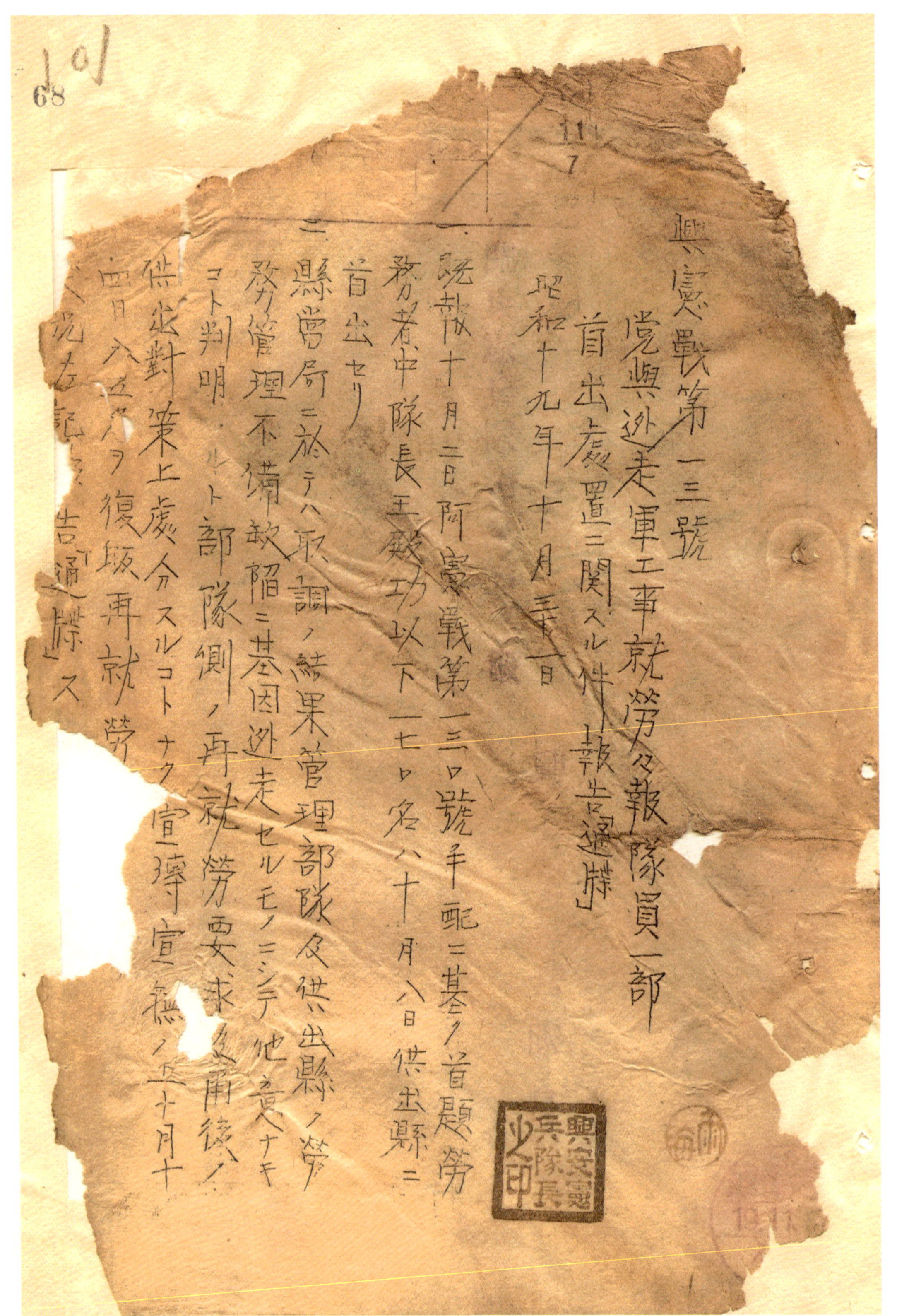
101
68
11
7

興憲戰第一三號

覺興逃走軍工事就勞々報隊員一部首出處置ニ関スル件報告通牒

昭和十九年十月三十一日

一、既報十月二日阿憲戰第一三〇號手配ニ基ク首題勞務者中隊長王殿功以下一七〇名ハ十月八日供出縣ニ首出セリ

二、縣當局ニ於テハ取調ノ結果管理部隊及供出縣ノ勞務管理不備缺陥ニ基因逃走セルモノニシテ他意ナキコト判明セルト部隊側ノ再就勞要求及今後ノ供出對策上處分スルコトナク宣導宣撫ノ上十月十四日八五名ヲ復帰再就勞

況右報告通牒ス

興安憲兵隊長之印

右記

一、逃出者ノ日時場所
1. 勞務隊中隊長王殿功以下七ヶ名 別紙名簿ノ如シ（再就勞者ノミ其ノ餘ハ追報）
2. 昭和十九年十月八日十五時
3. 供出地 通遼縣

二、逃走ノ原因
部隊（側）ノ就勞延期遲延ニヨリ供出縣側措置不能ナリシ爲就勞ヶ務者ヲシテ組側ノ專斷ニヨル延期措置ナリト曲解セシメタルニ因ル

三、縣側ノ處置
供出地通遼縣警務科ニ於テハ逃出ト同時ニ關係機關ノ應援ヲ求メ調査ノ結果ノ逃走原因ハ前述ノ如ク策謀乃至背後關係等ナシ

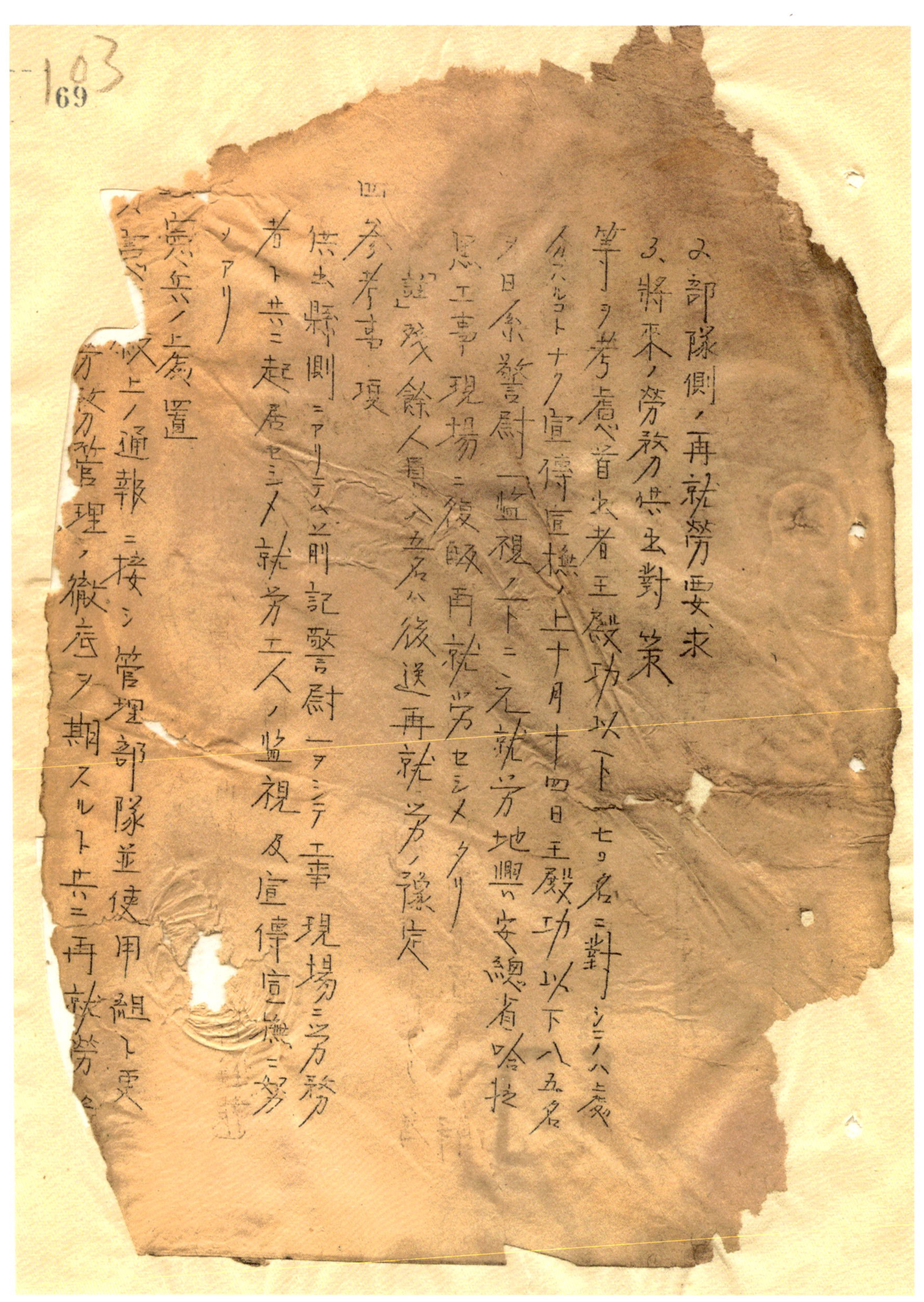

2、部隊側ノ再就労要求
3、将来ノ労務供出對策
等ヲ考慮シ首謀者王殿功以下一七名ニ對シテハ處
分スルコトナク宣傳宣撫ノ上十月十四日王殿功以下八五名
ヲ日系警尉ノ監視ノ下ニ元就労地興安總省哈拉
黒工事現場ニ復帰再就労セシメタリ
「謹」殘餘人員八五名ハ後送再就労ノ豫定
四、参考事項
供出縣側ニアリテハ並前記警尉一ヲシテ工事現場ニ労務
者ト共ニ起居セシメ就労工人ノ監視及宣傳宣撫ニ努
メアリ
五、憲兵ノ處置
憲兵ハ以上ノ通報ニ接シ管理部隊並使用組ト更ニ
労務管理ノ徹底ヲ期スルト共ニ再就労令

69

動向警視中ナルモ眞ハ面目ニ就労シアリ[illegible]

動搖ノ兆ナシ

2.未取押者ニ對シテハ鋭意捜査續[illegible]

發送先、関東憲兵司令部各隊、13 37 寫隊下 [illegible] 了

附：「自首」队员名簿

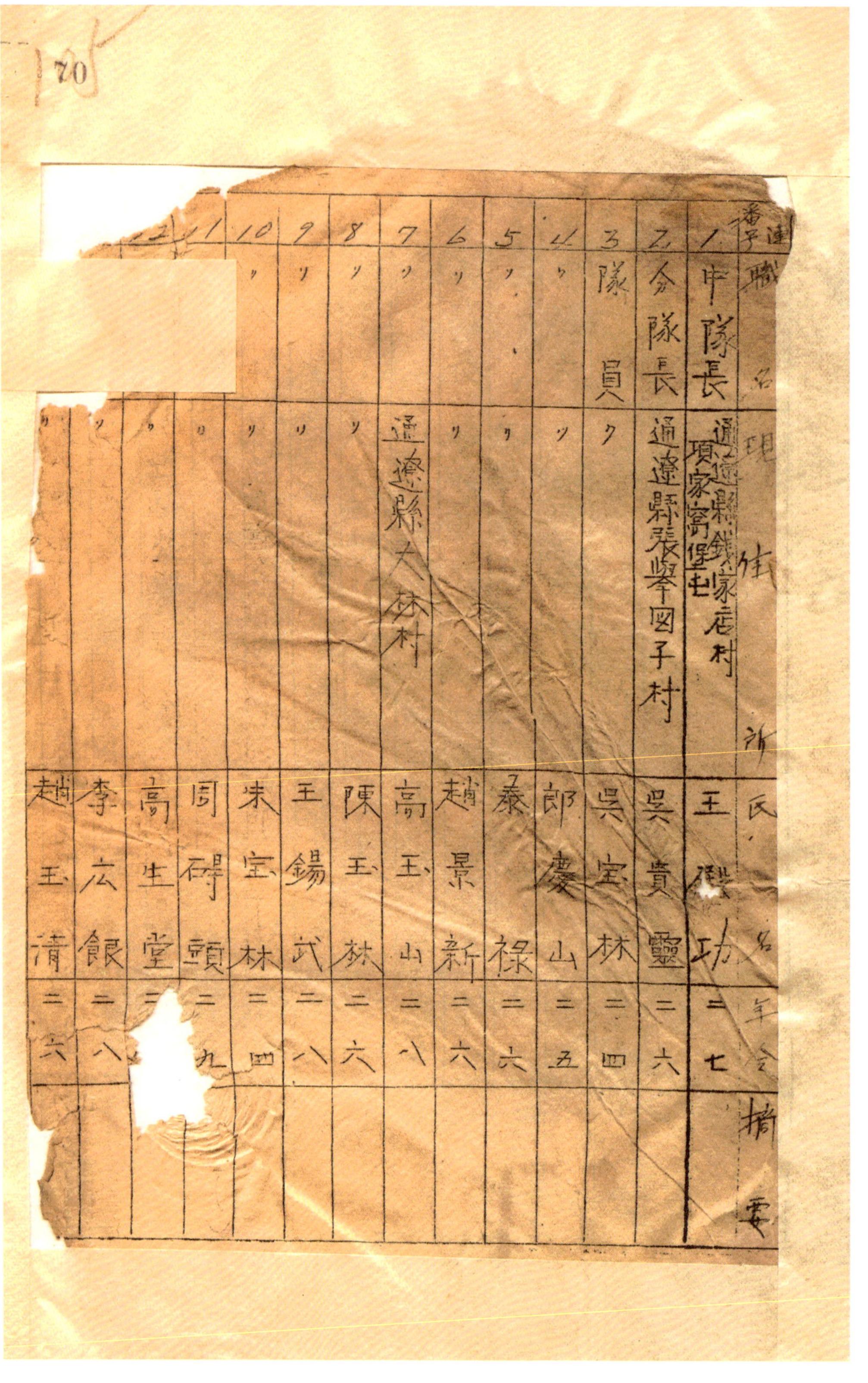

70

番号	職名	現住所	氏名	年令	摘要
1	中隊長	通遼縣錢家店村項家窩堡屯	王殿功	二七	
2	分隊長	通遼縣張峯図子村	吳貴璽	二六	
3	隊員	ク	吳宝林	二四	
4	ク	ク	郎慶山	二五	
5	ク	ク	秦祿	二六	
6	ク	ク	趙景新	二六	
7	ク	通遼縣大林村	高玉山	二八	
8	ク	ク	陳玉林	二六	
9	ク	ク	王錫武	二八	
10	ク	ク	朱宝林	二四	
11	ク	ク	周碍頭	二九	
12	[illegible]	ク	高生堂	[illegible]	
[illegible]	[illegible]	ク	李広餘	二八	
[illegible]	[illegible]	ク	趙玉清	二六	

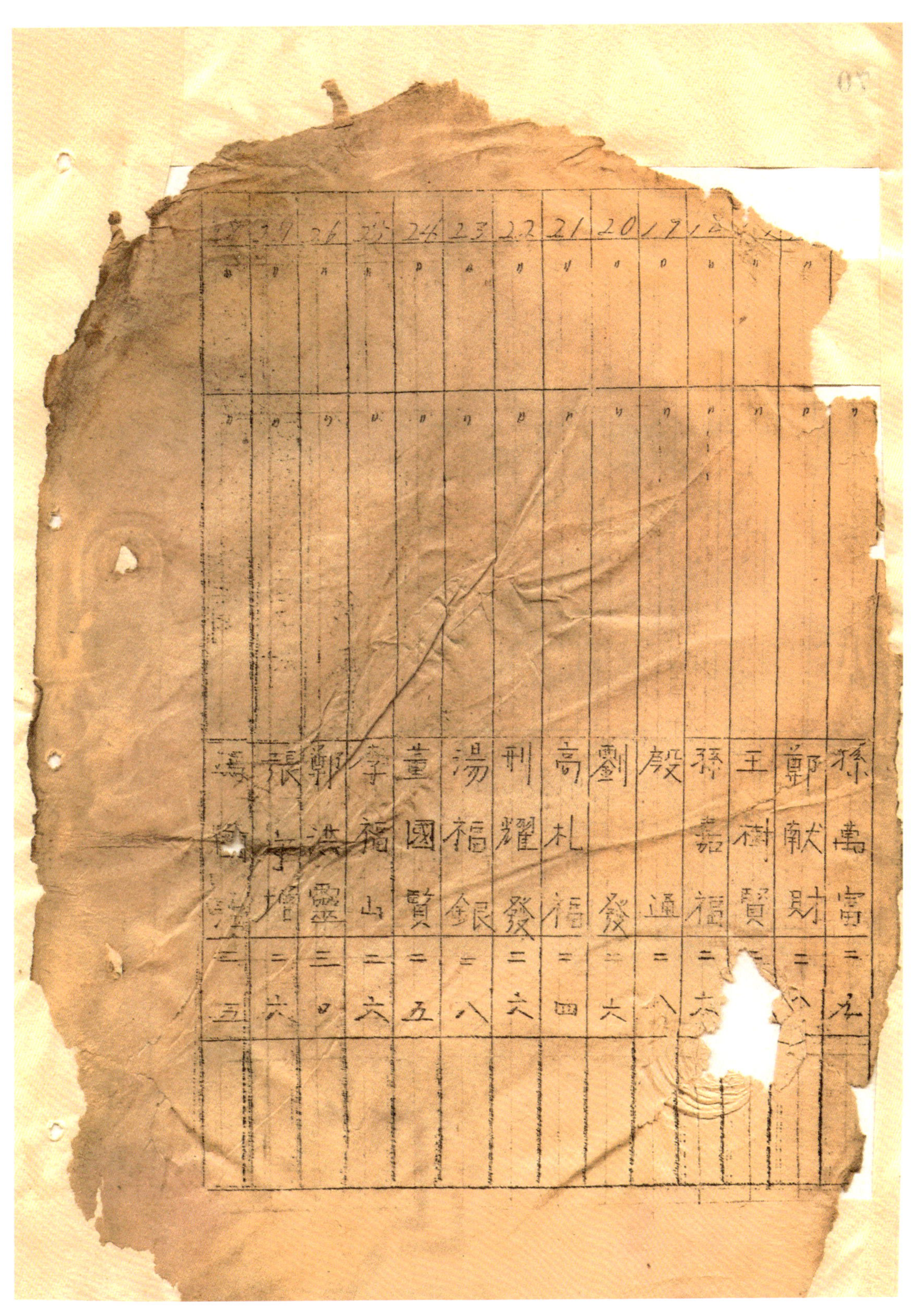

序號			姓名	年齡
[illegible]	〃	〃	孫萬富	二九
[illegible]	〃	〃	鄭献財	二八
[illegible]	〃	〃	王樹賢	二[illegible]
18	〃	〃	孫嘉福	二六
19	〃	〃	殷通	二八
20	〃	〃	劉發	二六
21	〃	〃	高札福	二四
22	〃	〃	刑耀發	二六
23	〃	〃	湯福銀	二八
24	〃	〃	董國賢	二五
25	〃	〃	李福山	二六
26	〃	〃	郭洪靈	三〇
27	〃	〃	張守增	二六
28	〃	〃	馮[illegible][illegible]	二五

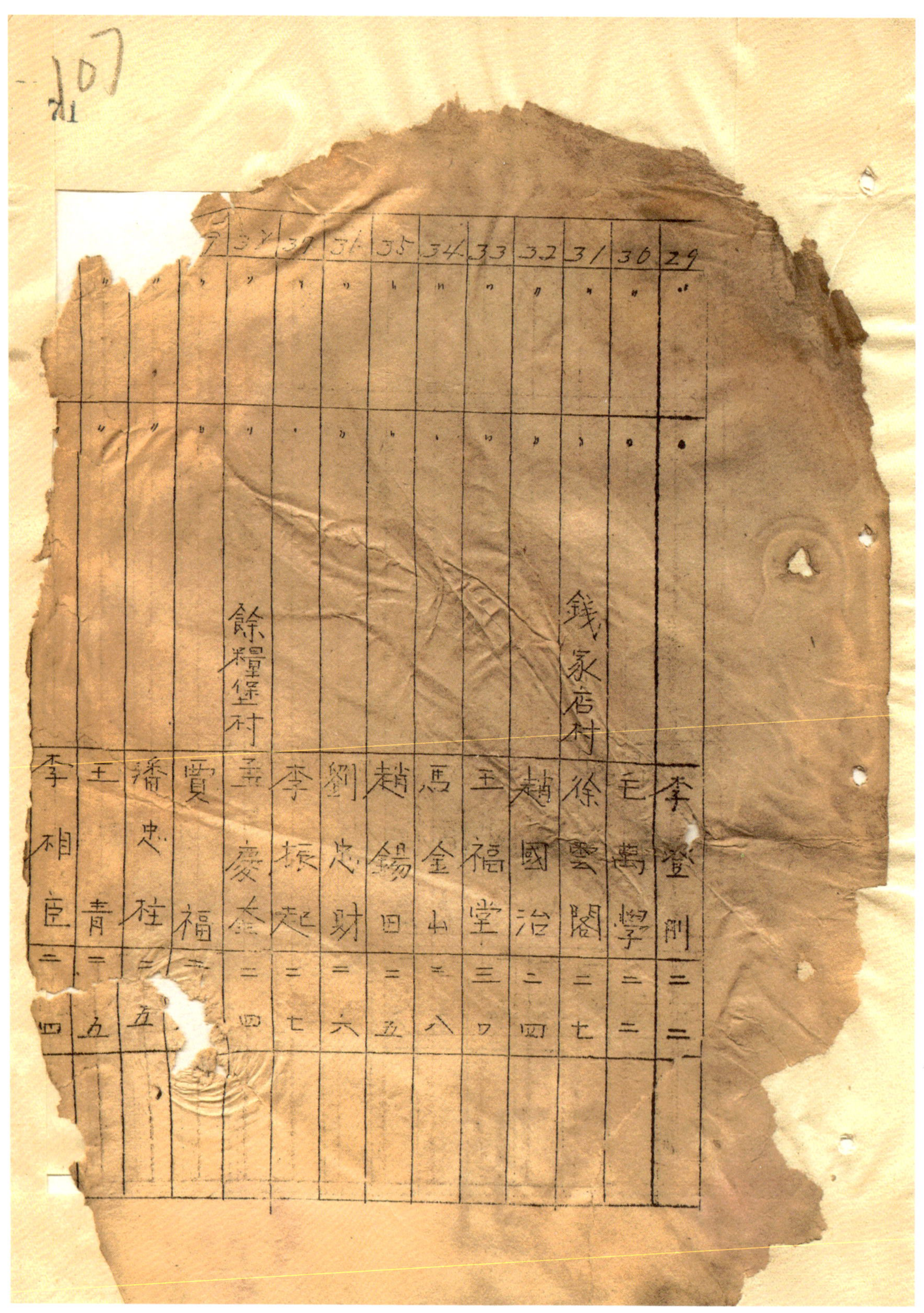

407

71

29	〃	〃		李登剛	二二
30	〃	〃		毛萬學	二二
31	〃	〃	錢家店村	徐雲閣	二七
32	〃	〃		趙國治	二四
33	〃	〃		王福堂	三〇
34	〃	〃		馬金山	二八
35	〃	〃		趙錫田	二五
36	〃	〃		劉忠財	二六
37	〃	〃		李振起	二七
38	〃	〃	餘糧堡村	姜慶春	二四
[illegible]	〃	〃		賈福	二[illegible]
	〃	〃		潘忠柱	二五
	〃	〃		王青	二五
	〃	〃		李相臣	二四

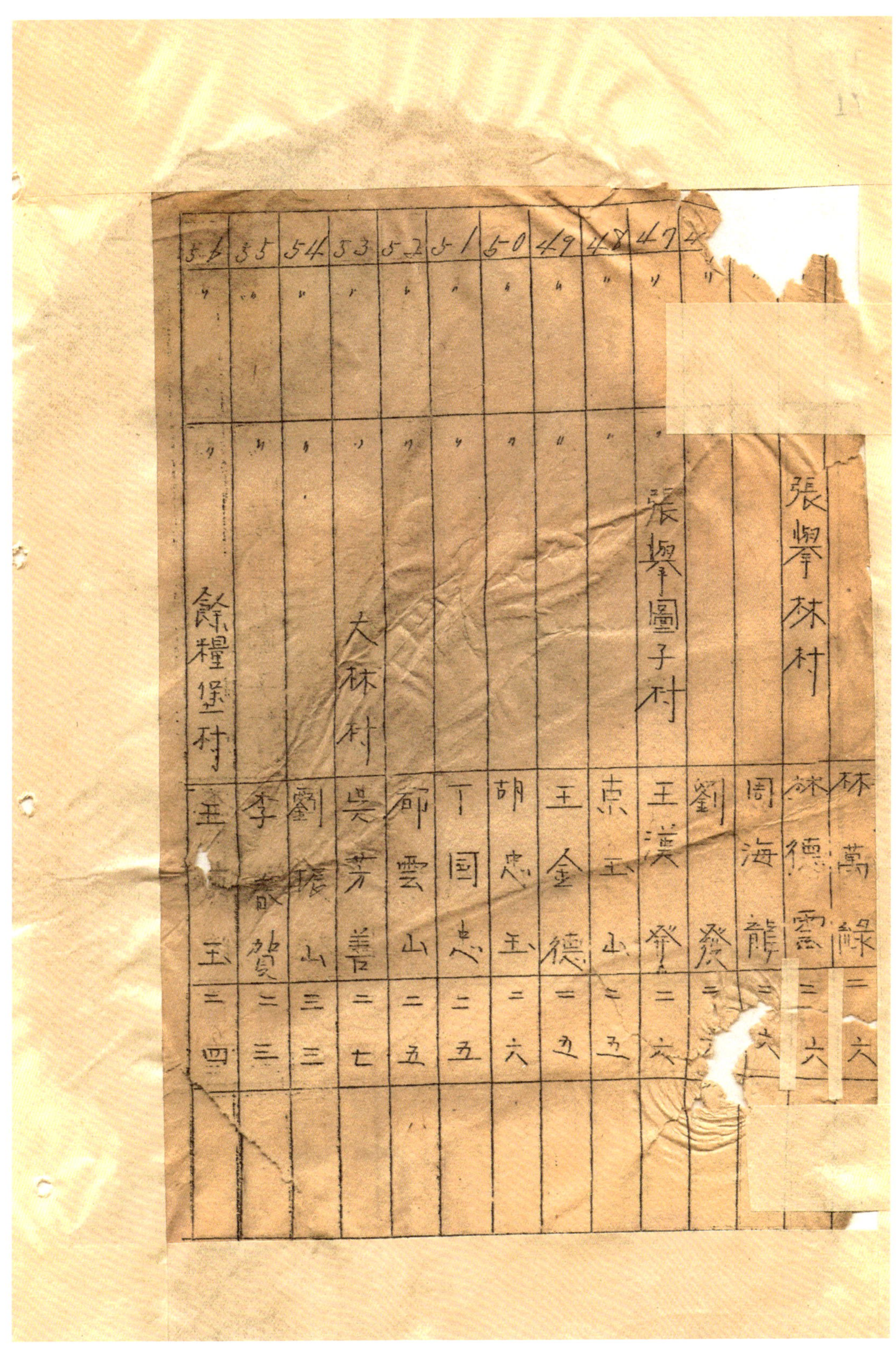

編號			村	姓名	年齡
[illegible]				林萬禄	二六
[illegible]			張擧林村	林德雲	二六
[illegible]				周海龍	二六
4[illegible]	〃			劉發	二[illegible]
47	〃	〃	張擧圖子村	王漢発	二六
48	〃	〃		東玉山	二五
49	〃	〃		王金德	二五
50	〃	〃		胡忠玉	二六
51	〃	〃		丁国忠	二五
52	〃	〃		郝雲山	二五
53	〃	〃	大林村	吳芳善	二七
54	〃	〃		劉振山	三三
35	〃	〃		李献賀	二三
56	〃	〃	餘糧堡村	王[illegible]玉	二四

129

57	〃	〃	李德際	五五
58	〃	〃 張擧圖子村	劉敬賢	二三
59	〃	〃	崔玉柱	二五
60	〃	〃 大林村	朱兆富	二四
61	〃	〃	畢玉清	二五
62	〃	〃 張擧圖子村	郭鳳貴	二三
63	〃	〃	于三林	二三
64	〃	〃 大林村	董祥	二五
65	〃	〃	劉仲貴	二六
[illegible]	〃	〃	封士海	二四
[illegible]	〃	〃	趙樹春	二[illegible]
[illegible]	[illegible]	〃	姜金貴	二四
[illegible]	[illegible]	〃	孟昭富	二四
[illegible]	[illegible]	〃	賈永昌	二八

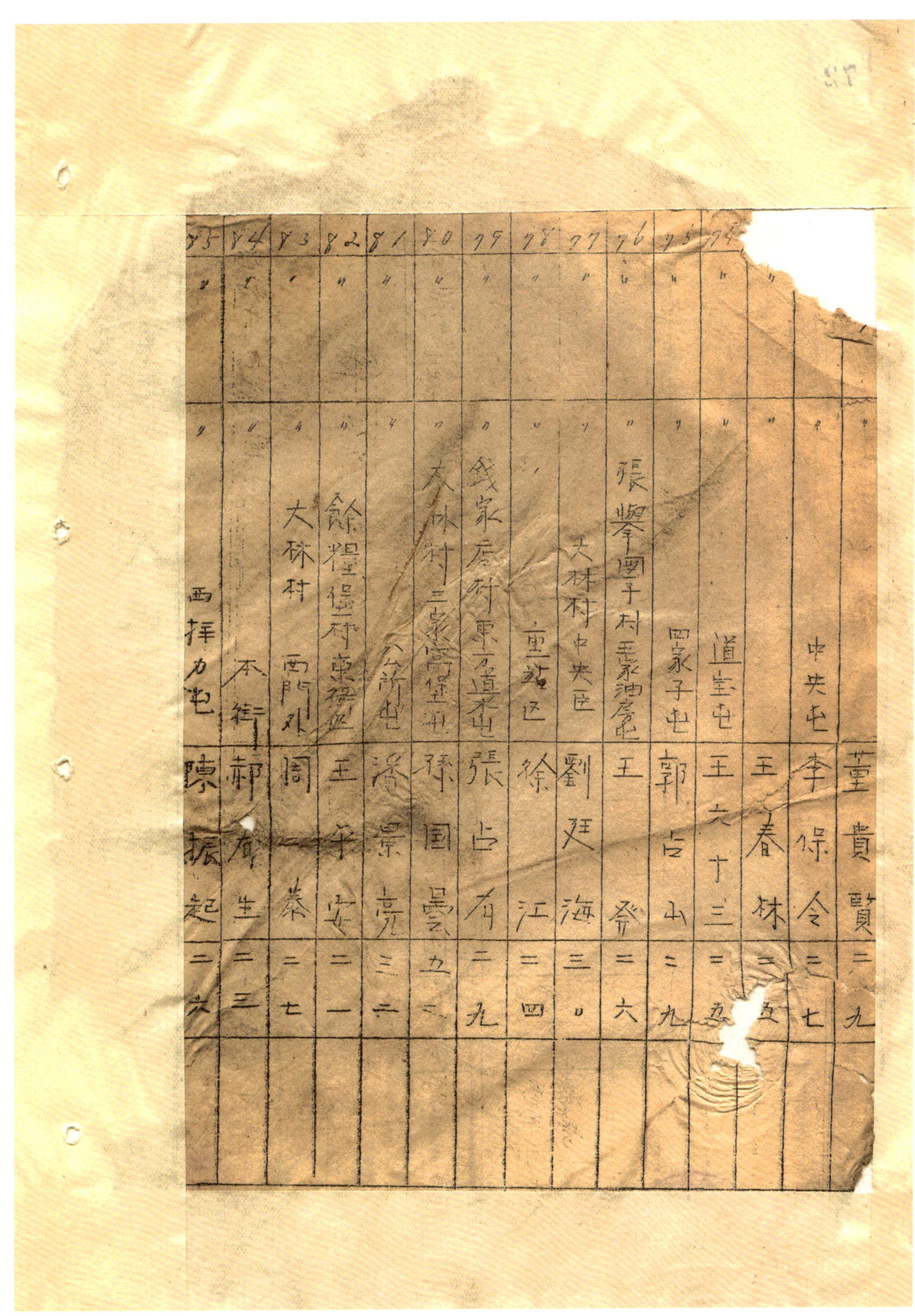

番号			住所	姓名	年齢
	〃	〃		董貴賢	二九
	〃	〃	中央屯	李保全	二七
	〃	〃		王春林	二五
74	〃	〃	道臺屯	王六十三	二五
75	〃	〃	四家子屯	郭占山	二九
76	〃	〃	張擧圍子村王家油房屯	王癸	二六
77	〃	〃	大林村中央屯	劉廷海	三〇
78	〃	〃	車站屯	徐江	二四
79	〃	〃	錢家店村東方道木屯	張占有	二九
80	〃	〃	大林村三家窩堡屯	孫国雲	五二
81	〃	〃	八面前屯?	潘景亮	三二
82	〃	〃	餘糧堡村東徐屯?	王子安	二一
83	〃	〃	大林村西門外	閻恭	二七
84	〃	〃	本街	郝有生	二三
85	〃	〃	西拜力屯	陳振起	二六

鸡宁宪兵队长关于军用「勤劳报国」队员结伙逃跑致日本关东宪兵队司令部等的报告（通牒）（一九四四年十月四日）

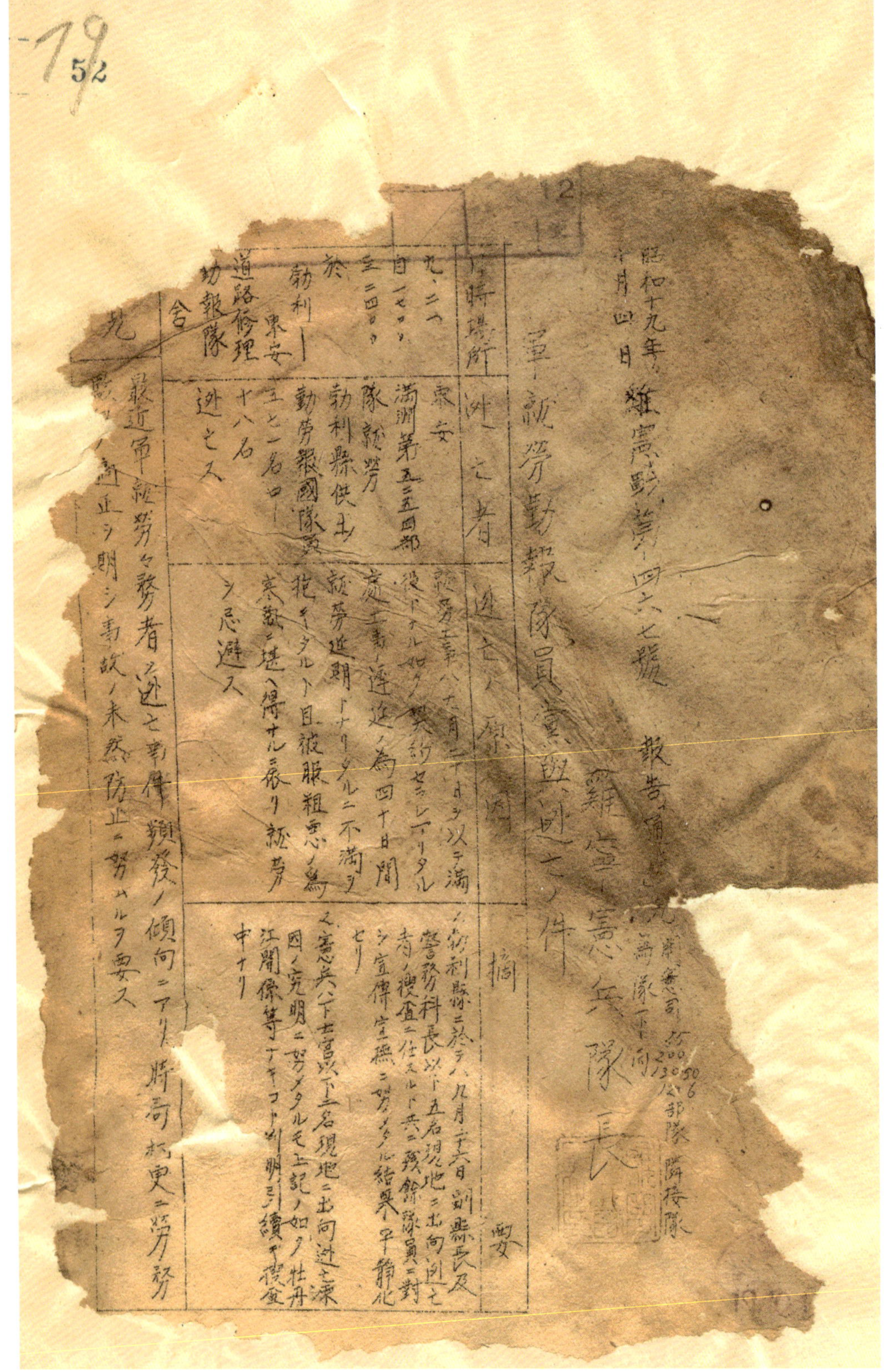

昭和十九年十月四日　雞憲警第四六七號

報告（通牒）

雞寧憲兵隊長

軍就労勤報隊員黨與逃亡ノ件

逃亡ノ時場所	逃亡者	逃亡ノ原因	摘要
九、二〇 自一七〇〇 至二四〇〇 於勃利－東安 道路修理勤報隊	東安満洲第五三五四部隊就労 勃利縣供出勤労報國隊員五七一名中十八名逃亡ス	就労工事ハ九月二十日ヲ以テ満了スルカ如ク契約セシメアリタルモ工事遅延ノ為四十日間就労延期トナリタルニ不満ヲ抱キタルト且被服粗悪ノ為寒気ニ堪ヘ得サルニ依リ就労ヲ忌避ス	勃利縣ニ於テハ九月二十六日副縣長及警務科長以下五名現地ニ出向逃亡者ノ捜査ニ任スルト共ニ残餘隊員ニ對シ宣傳宣撫ニ努メタル結果平静化セリ 之カ憲兵ハ下士官以下二名現地ニ出向逃亡ノ原因ノ究明ニ努メタルモ上記ノ如ク牡丹江間保等ナキコト判明シ續テ捜査中ナリ
所見	最近軍就労々務者ノ逃亡事件頻發ノ傾向ニアリ此ノ時局柄更ニ労務管理ノ適正ヲ期シ事故ノ未然防止ニ努ムルヲ要ス		

佳木斯宪兵队长关于「勤劳报国」队员结伙逃跑致日本关东宪兵队司令部等的报告（通牒）
（一九四四年十月六日）

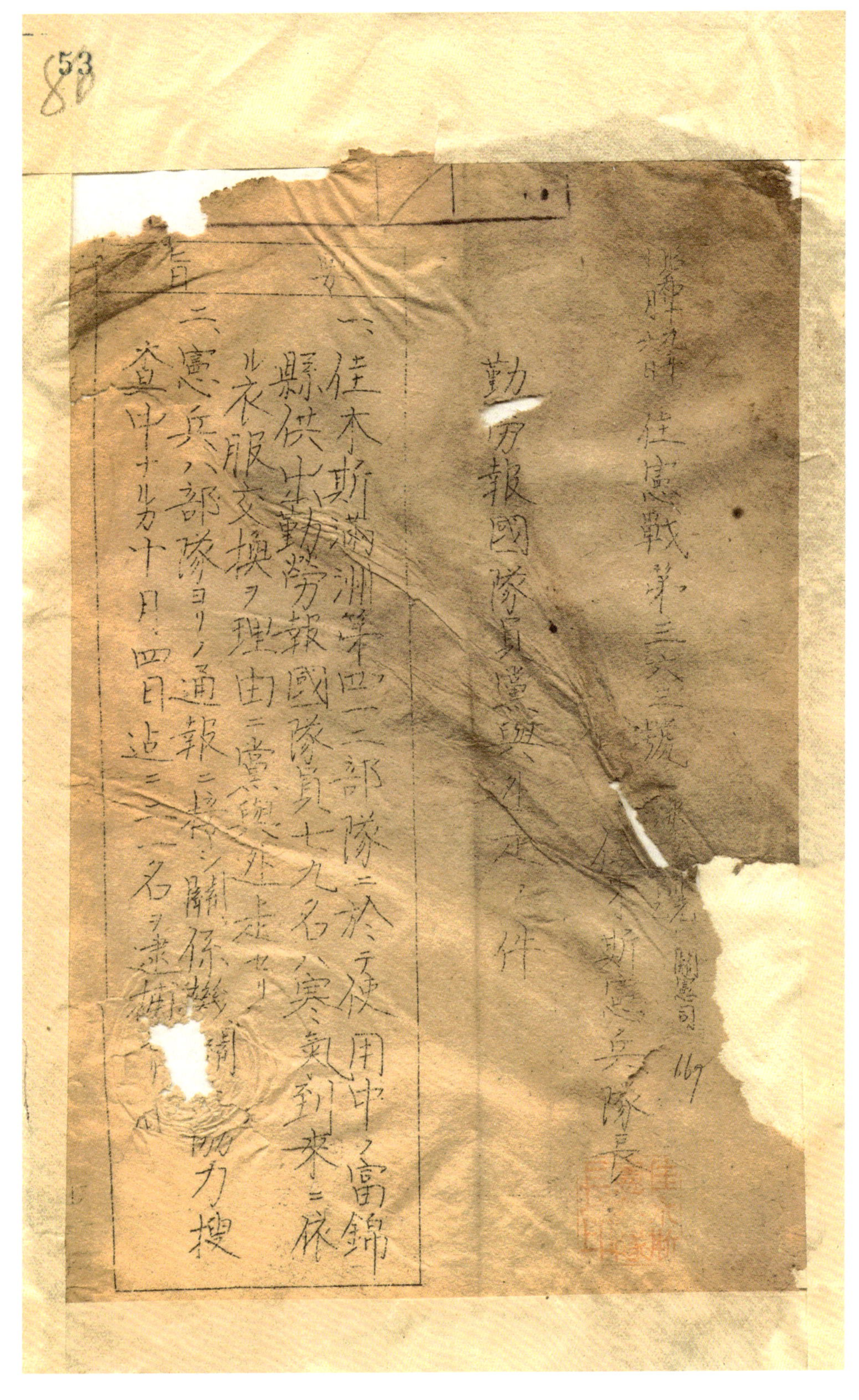

佳憲戰第三六三號

佳木斯憲兵隊長

關憲司 167

勤勞報國隊員黨與逃走ノ件

要旨

一、佳木斯滿洲第四一二部隊ニ於テ使用中ノ富錦縣供出勤勞報國隊員十九名ハ寒氣到來ニ依ル衣服交換ヲ理由ニ黨與逃走セリ

二、憲兵ハ部隊ヨリノ通報ニ接シ關係機關ト協力捜査中ナルカ十月四日迄ニ二名ヲ逮捕セリ

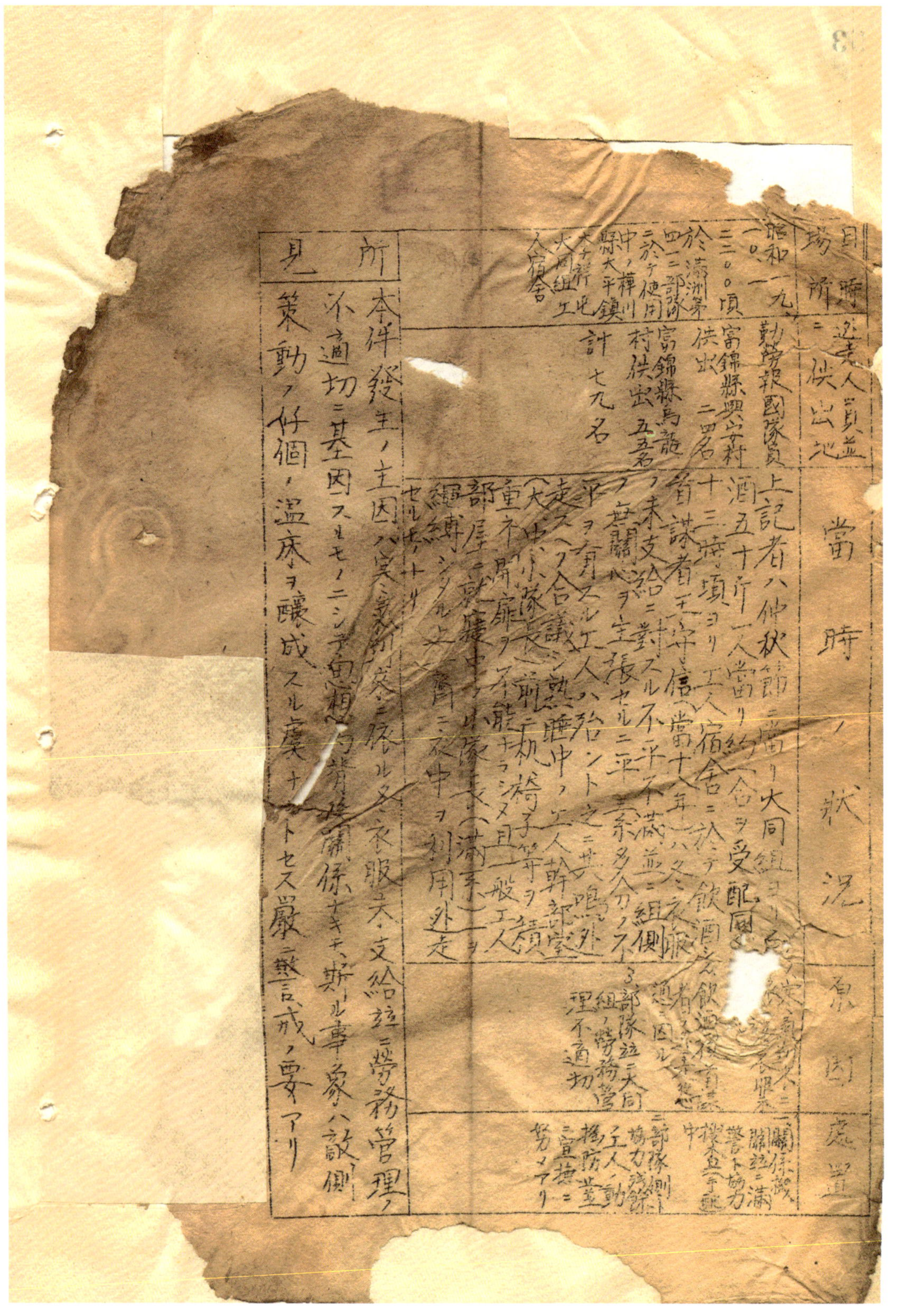

日時場所	昭和一九、一〇、一三 二〇〇頃 於満洲第四一二部隊ニ於テ使用中ノ樺川縣大平鎮大平屯大同組工人宿舎
逃走人員並ニ供出地	勤労報國隊員 富錦縣興山村供出 二四名 富錦縣烏龍村供出 五五名 計七九名
當時ノ状況	上記者ハ仲秋節ニ當リ大同組ヨリ酒五十斤一人當リ約八合ヲ受配シ同十三時頃ヨリ工人宿舎ニ於テ飲酒シ飲酒首謀者王守信（當十八年）ハ冬衣服ノ未支給ニ對スル不平不満並ニ組側ノ無関心ヲ主張セルニ平素多分ニ不平ヲ有スル工人ハ殆ント之ニ共鳴シ逃走スヘク合議シ熟睡中ノ工人幹部（大中小隊長）ノ前ニ机椅子等ヲ積重ネ開扉ヲ不能ナラシメ且一般工人部屋ニ就寝中ノ小隊長（満系）一ヲ緊縛シタル上闇ニ夜中ヲ利用逃走セルモノナリ
原因	[illegible]冬衣服ノ未支給ニ[illegible]飲酒[illegible]首謀者ノ[illegible]ニ因ル 部隊並ニ大同組ノ労務管理不適切
處置	一、関係機関並ニ満警ト協力捜査逮捕中 二、部隊側ト協力残餘工人ノ動揺防止並ニ宣撫ニ努メアリ
所見	本件發生ノ主因ハ冬季衣服未支給並ニ労務管理ノ不適切ニ基因スルモノニシテ白相ノ背後関係ナキモ斯ル事象ハ敵側策動ノ好個ノ温床ヲ醸成スル虞ナシトセス厳ニ警戒ノ要アリ

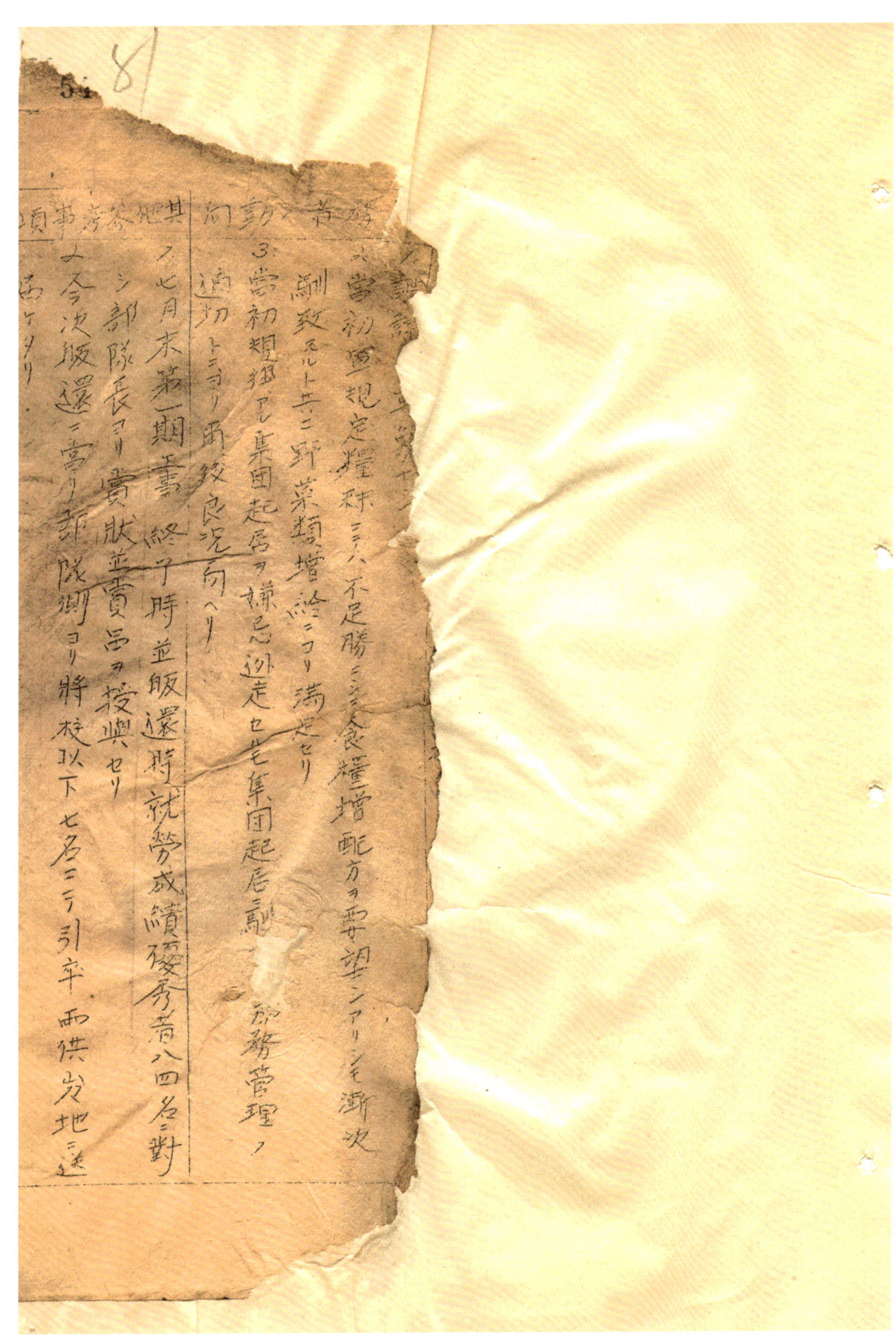

8

勞働者ノ動向

ノ認識

2. 當初宣規定糧秣ニテハ不足勝ニシテ食糧増配方ヲ要望シアリシモ漸次

馴致スルト共ニ野菜類増給ニヨリ満足セリ

3. 當初規律アル集団起居ヲ嫌忌逃走セルモ集団起居ニ馴レ勞務管理ノ

適切トニヨリ両致良況向ヘリ

其他勞務事項

1. 七月末第一期工事終了時並帰還時就勞成績優秀者八四名ニ對

シ部隊長ヨリ賞狀並賞品ヲ授與セリ

2. 今次帰還ニ當リ部隊側ヨリ將校以下七名ニテ引率 西供炭地ニ送

届ケタリ。

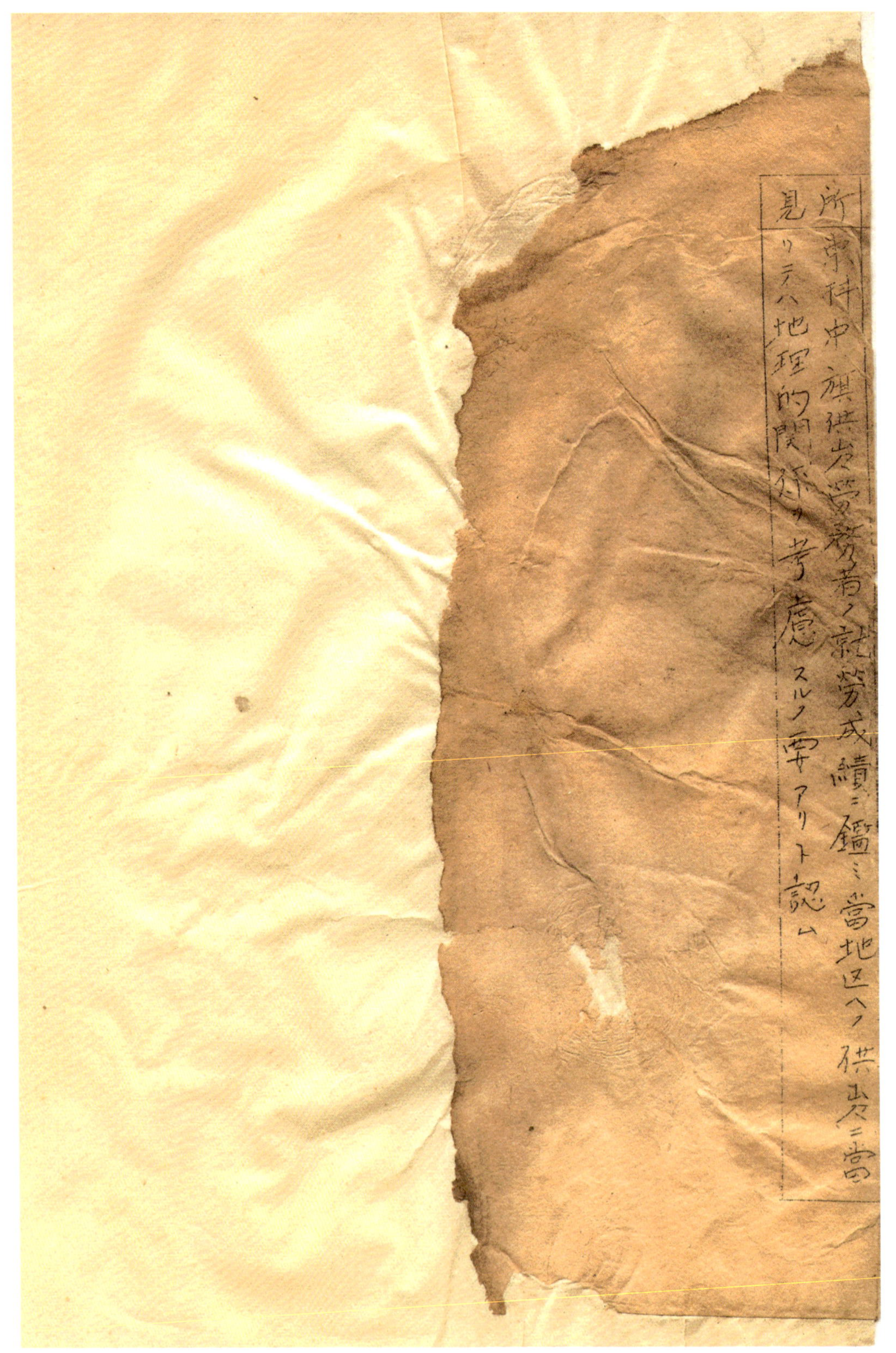

所見

東科中旗供出労務者ノ就労成績ニ鑑ミ當地区ヘノ供出ニ當リテハ地理的関係ヲ考慮スルノ要アリト認ム

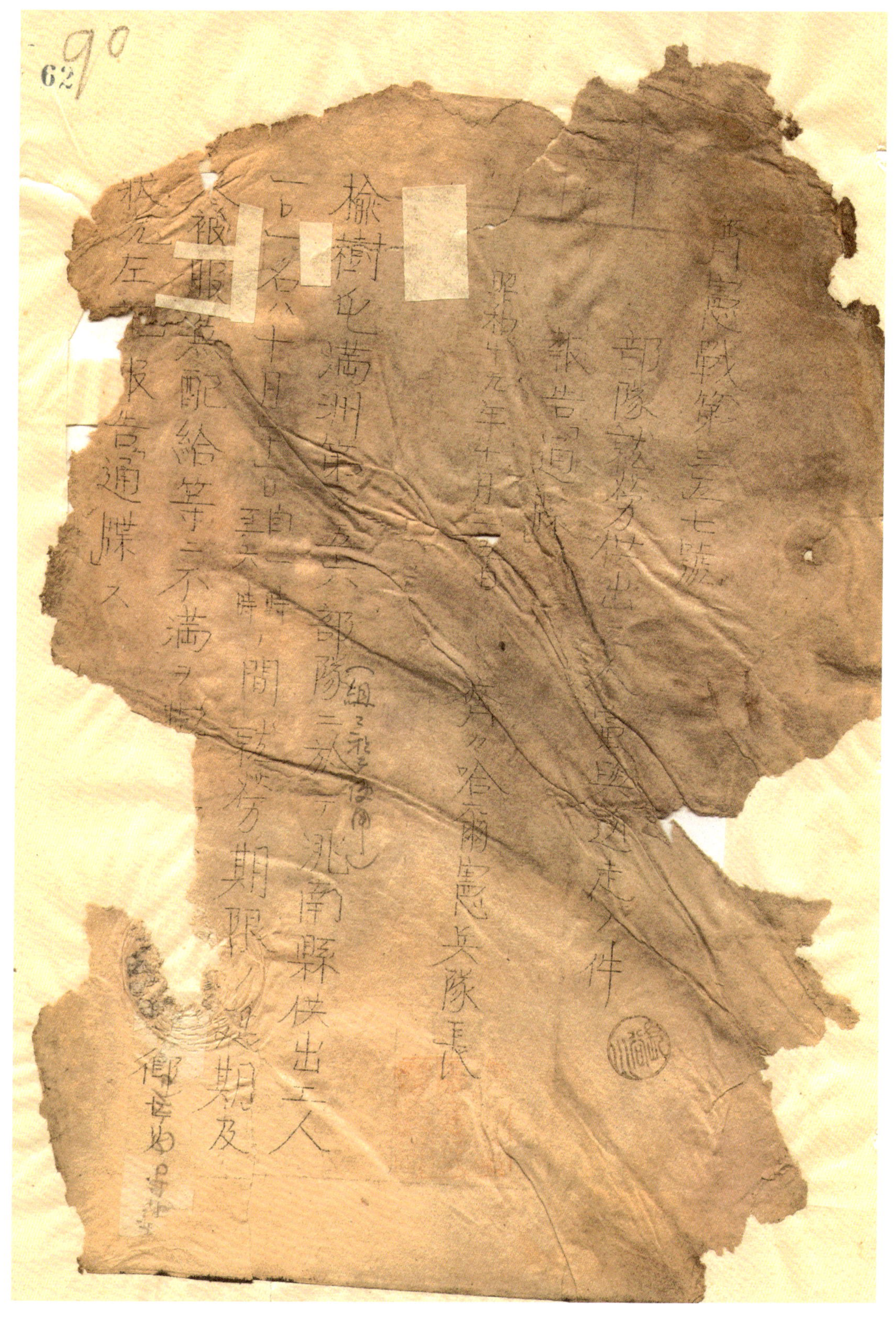
齊憲戦第三五七號

部隊就労供出工人集團逃走ノ件

報告通牒

昭和十九年十月二十五日

齊々哈爾憲兵隊長

楡樹屯満洲第[illegible]部隊（[illegible]）ニ於テ洮南縣供出工人

一〇〇名ハ十月[illegible]日[illegible]時ノ間就労期限ノ延期及

被服其配給等ニ不満ヲ[illegible]

概況左ノ如ク報告通牒ス

齐齐哈尔宪兵队长关于部队的供出工人结伙逃跑致日本关东宪兵队司令官的报告（通牒）（一九四四年十月二十五日）

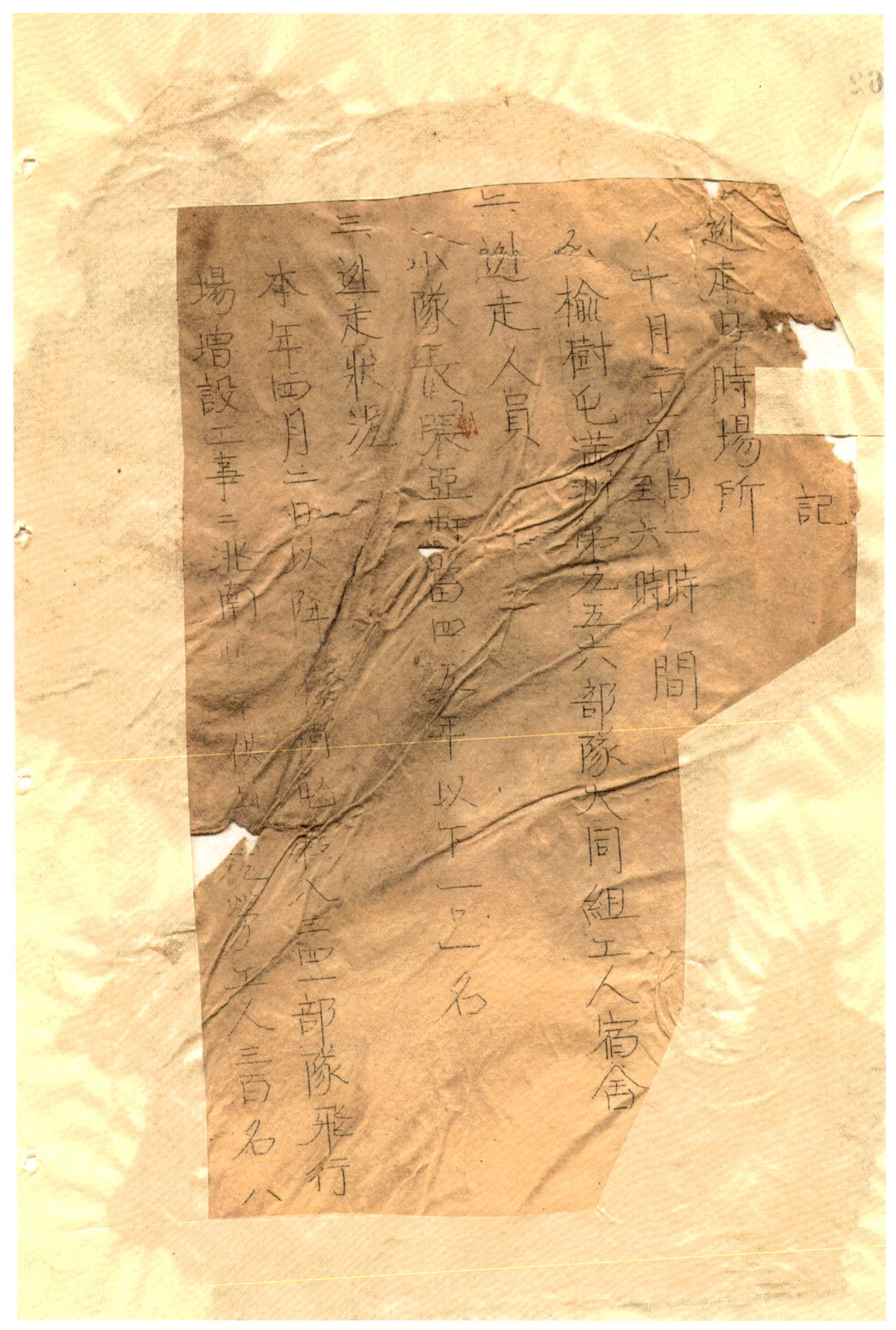

記

一、逃走日時場所

八十月二十二日自一時至六時ノ間

於楡樹屯満洲第九五六部隊大同組工人宿舎

二、逃走人員

小隊長(張亜軒)當四十年以下一七名

三、逃走状況

本年四月二日以降楡樹屯第八三四一部隊飛行

場増設工事ニ洮南県ヨリ供出勤労工人三百名ハ

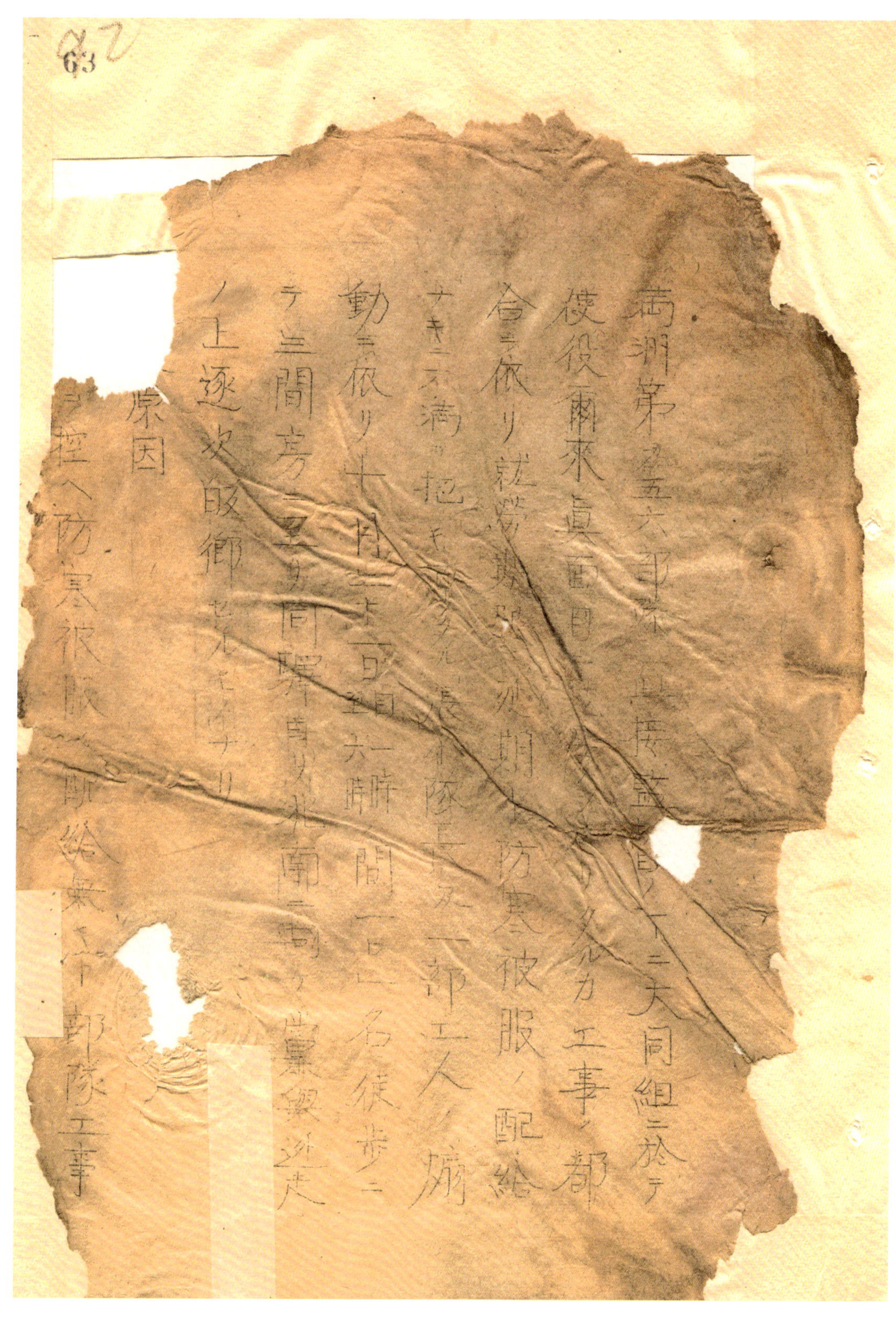

82
63

満洲第五六部隊其後益[illegible]十二月大同組ニ於テ
使役爾来真面目ニ[illegible]タルカ工事ノ都
合ニ依リ就労期延期ト防寒被服ノ配給
ナキニ不満ヲ抱キ居タル[illegible]長[illegible]隊長ヨリ一部工人ノ煽
動ニ依リ十一月二十二日自一時至六時間ニ亘リ[illegible]名徒歩ニ
テ三間房ニ至リ同駅附近ヨリ北南ニ向ケ営業線逃走
ノ上逐次敢御セルモノナリ

原因

ヲ控ヘ防寒被服ノ配給無キト部隊工事

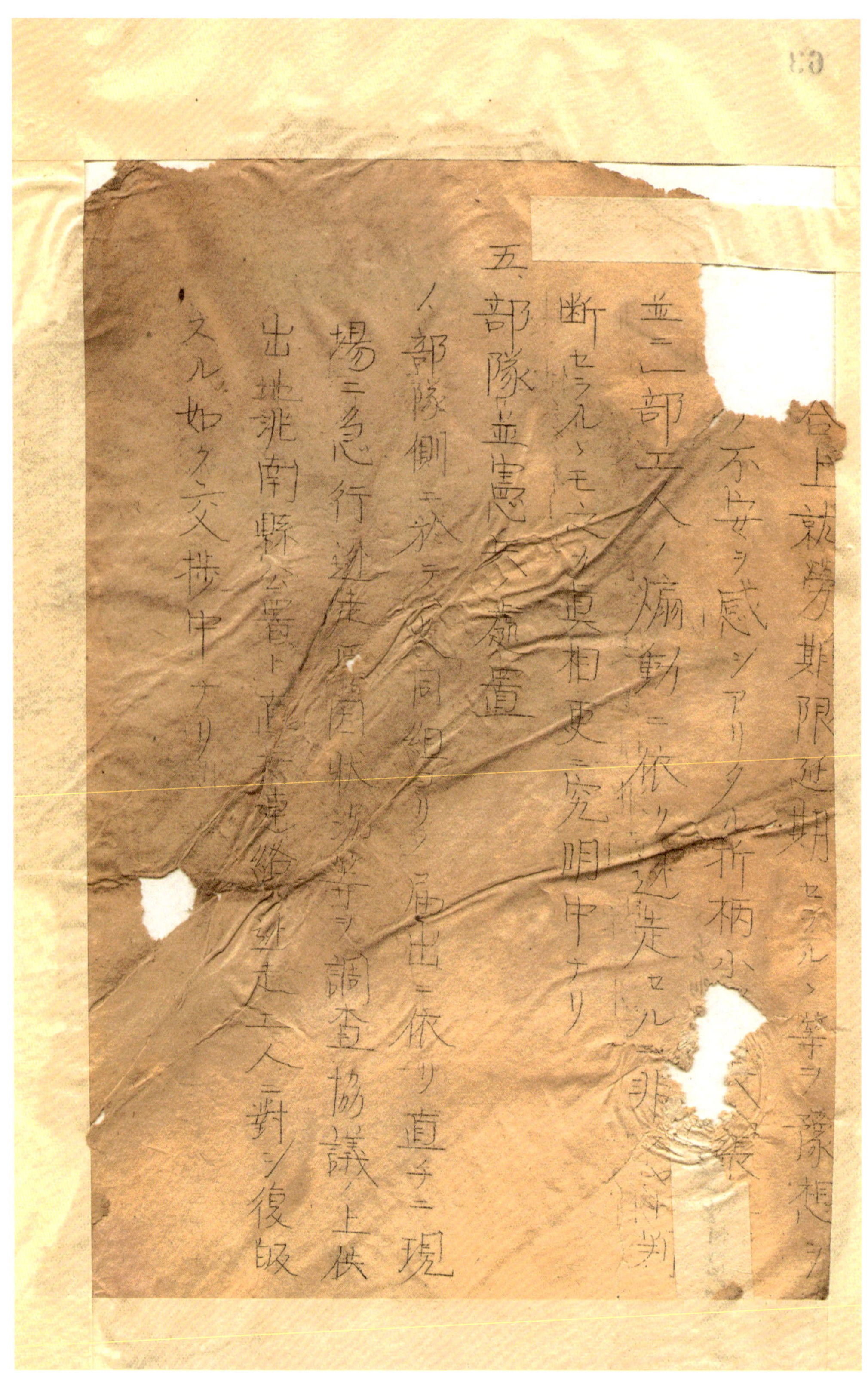

合上就労期限延期セラルル等ヲ豫想シ
ノ不安ヲ感シアリタル折柄小[illegible]
並ニ一部工人ノ煽動ニ依リ逃走セルモノナリト判
断セラルルモ之カ真相更ニ究明中ナリ

五、部隊並憲兵ノ処置

ノ部隊側ニ於テハ同組ヨリノ届出ニ依リ直チニ現
場ニ急行逃走原因状況等ヲ調査協議ノ上供
出地洮南縣公署ト直チニ連絡逃走工人ニ対シ復歸
スル如ク交渉中ナリ

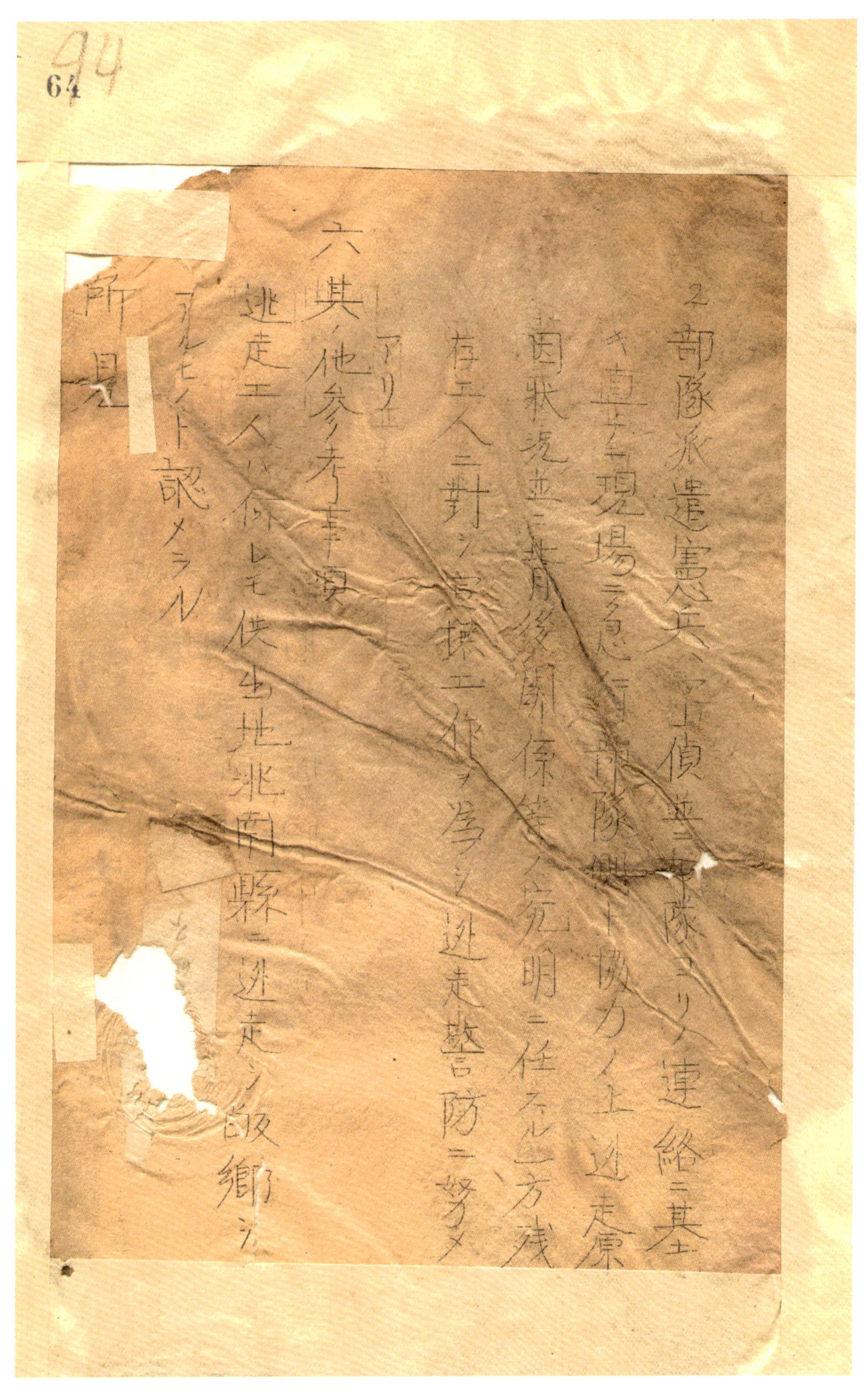

64 94

2

部隊派遣憲兵ハ守備並部隊ヨリノ連絡ニ基キ直チニ現場ニ急行部隊側ト協力ノ上逃走原因状況並ニ其ノ背後関係等ノ究明ニ任ズル一方残存工人ニ對シ宣撫工作ヲ為シ逃走警防ニ努メアリ

六　其ノ他参考事項

逃走工人ハ何レモ其ノ出生地兆南縣ニ逃走シ帰郷シアルモノト認メラル

所見

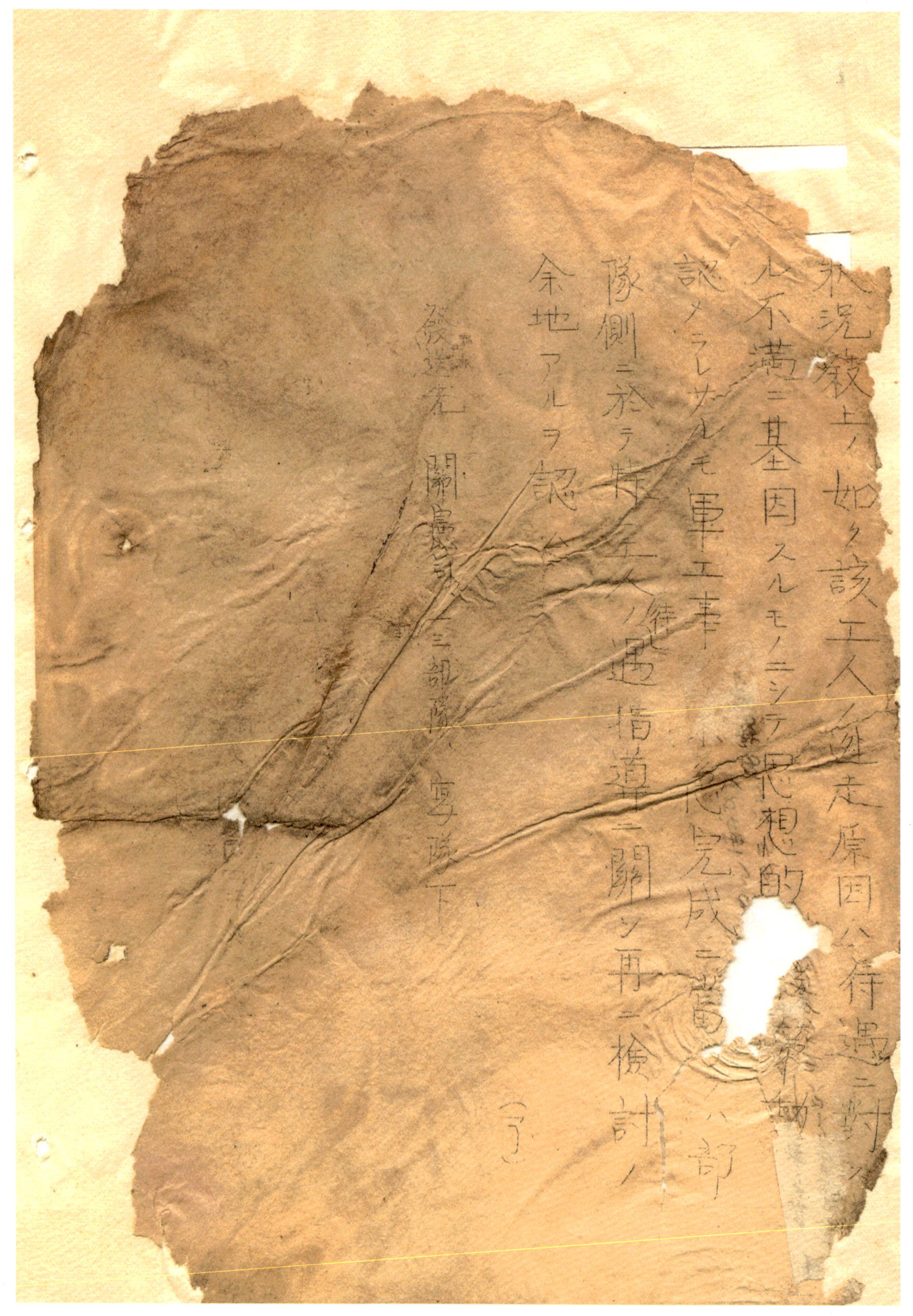

状況被上ノ如ク該工人逃走原因ハ待遇ニ對スル
不満ニ基因スルモノニシテ思想的[illegible]策動ト
認メラレザルモ軍工事ノ完成ニ當[illegible]ハ部
隊側ニ於テ特ニ其ノ待遇指導ニ關シ再ニ検討ノ
余地アルヲ認ム

發送先　關憲高　三部隊　憲兵隊下

（了）

东安宪兵队长关于通缉逃跑特殊工人致日本关东宪兵队司令官的报告（通牒）（一九四四年十一月四日）

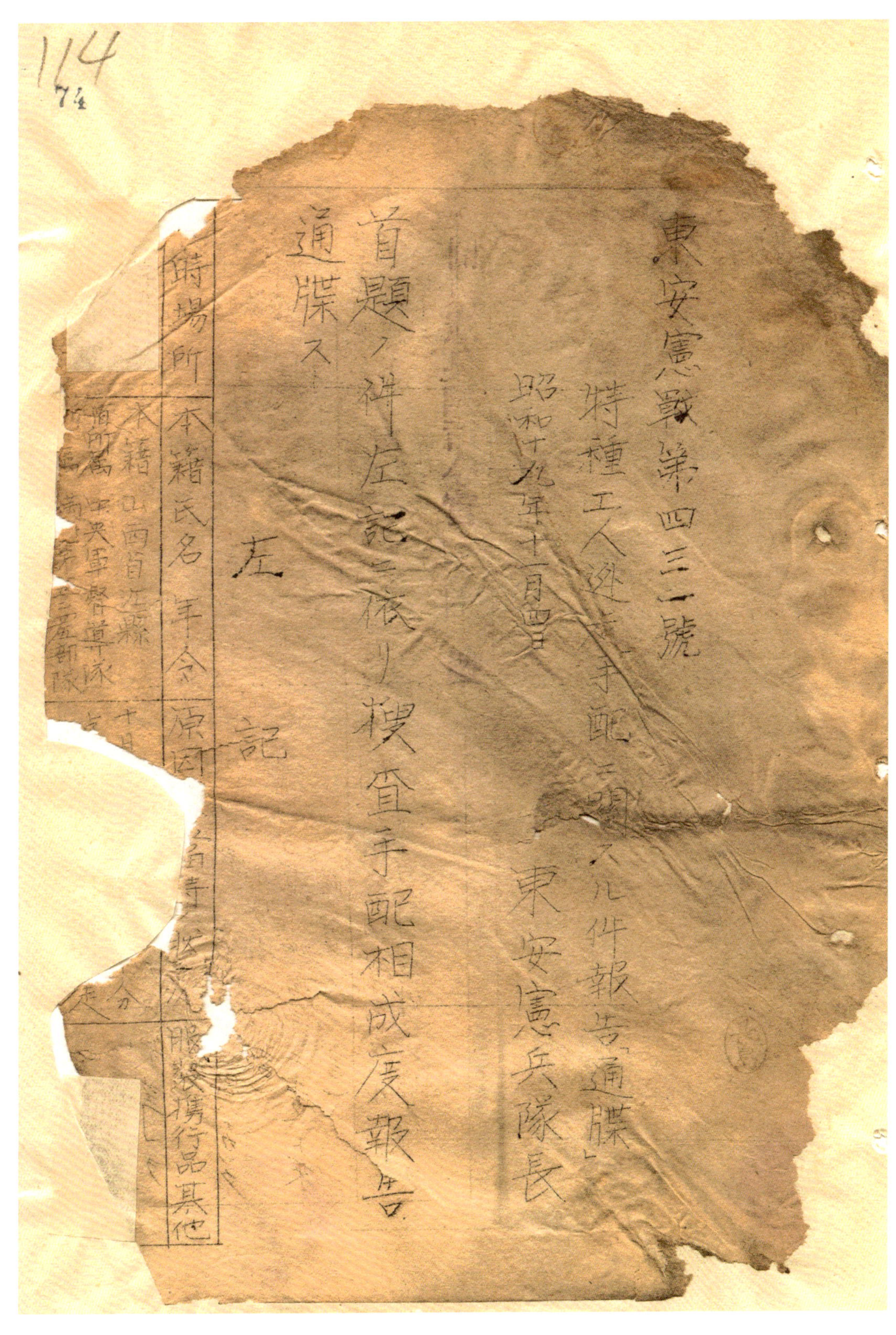
114

東安憲戰第四三一號

特種工人逃走手配ニ關スル件報告「通牒」

昭和十九年十一月四日

東安憲兵隊長

首題ノ件左記ニ依リ手配相成度報告

通牒ス

左記

時場所	本籍氏名	年令	原因	服裝携行品其他
	本籍 山西省[illegible]縣 前所屬 中央軍[illegible]			

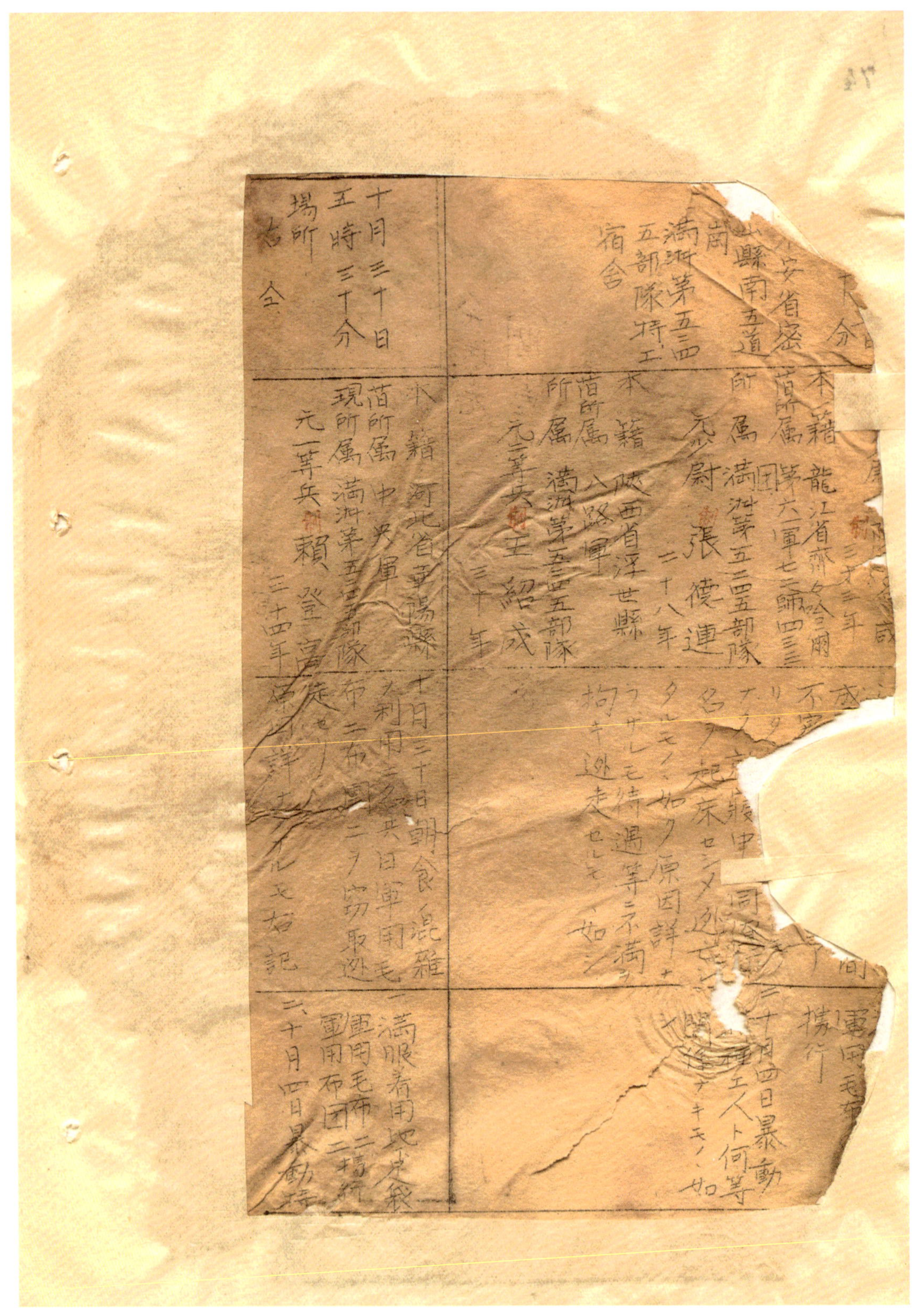
[illegible]分
[illegible]安省[illegible]
[illegible]縣南五道
崗
満洲第五三四五部隊特工
宿舍

十月三十日
五時三十分
場所 右仝

本籍 龍江省齊々哈爾 [illegible]三十三年
苗所属 第六軍七二師四三[illegible]
所属 満洲第五三四五部隊
元少尉 張徳連 二十八年

本籍 陝西省浮世縣
苗所属 八路軍
所属 満洲第五三四五部隊
元二等兵 王紹成 三十年

本籍 河北省[illegible]陽縣
苗所属 中央軍
現所属 満洲第五三四五部隊
元一等兵 頼登富 三十四年

成[illegible]
不安[illegible]
リタ[illegible]
ナル[illegible]服中同[illegible]
名ヲ起床セシメ逃走[illegible]
タルモノノ如ク原因詳ナ[illegible]
ラサルモ待遇等ニ不満ア
拘キ逃走セルモノノ如シ

十月三十日朝食混雑
ヲ利用シ三名共日軍用毛
布二布團二ヲ窃取逃
走セリ
[illegible]詳ナルモ右記

[illegible]間
軍用毛布[illegible]
携行
[illegible]十月四日暴動
[illegible]工人ト何等
関係ナキモノノ如

一 満服着用地下足袋
軍用毛布二
軍用布団二携行
二十月四日暴動[illegible]

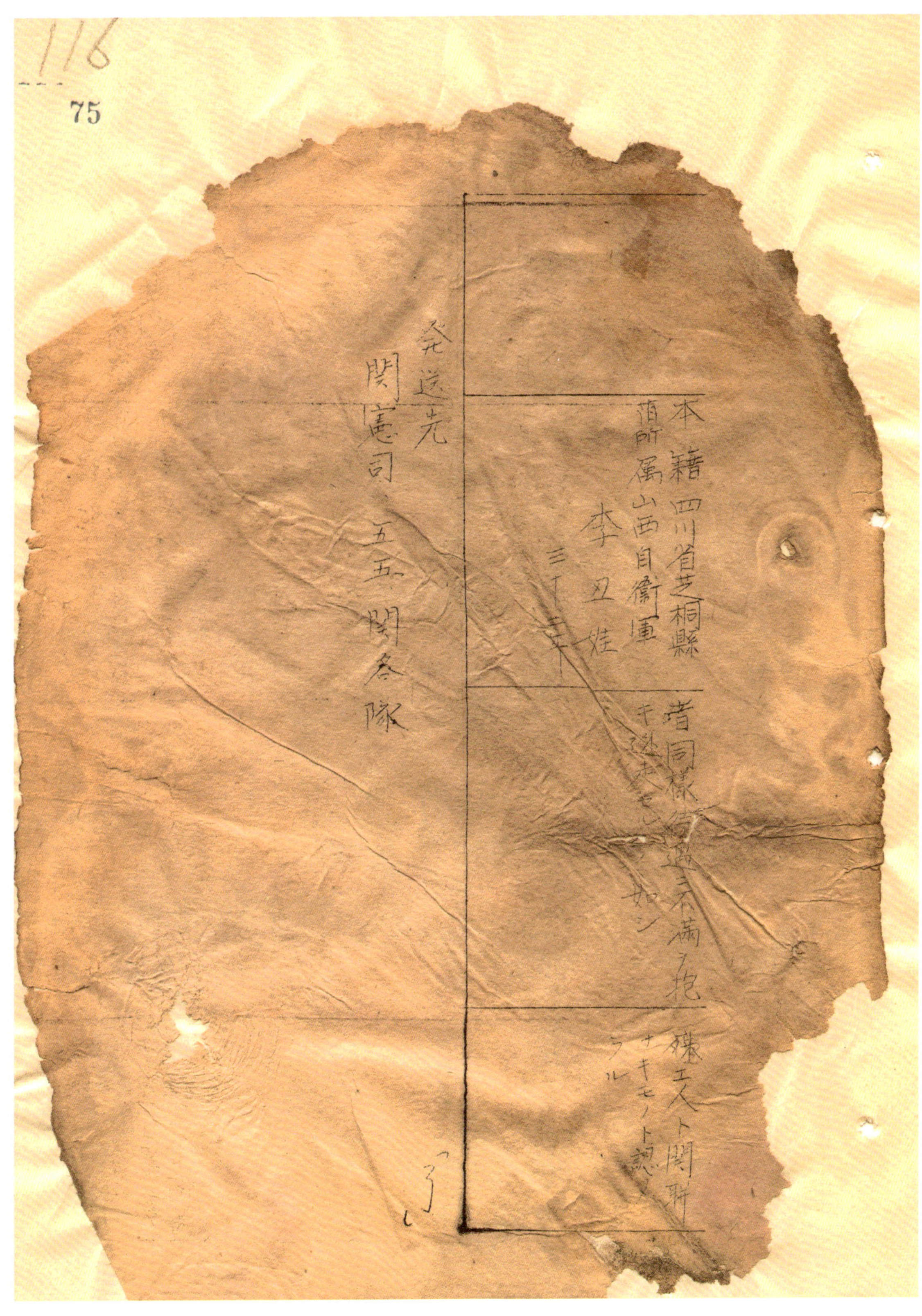

116

75

本籍 四川省芝桐縣

前所属 山西自衛軍

李 丑 娃

三十三年

昔同様待遇ニ不満ヲ抱

キ逃亡セシカシ

殊ニ人ト関聯

ナキモノト認メ

ラル

発送先

関憲司 五五関各隊

关于伪吉林省蛟河县抚顺煤矿蛟河采煤所内特殊工人「危险计划」事件的公诉书（时间不详）

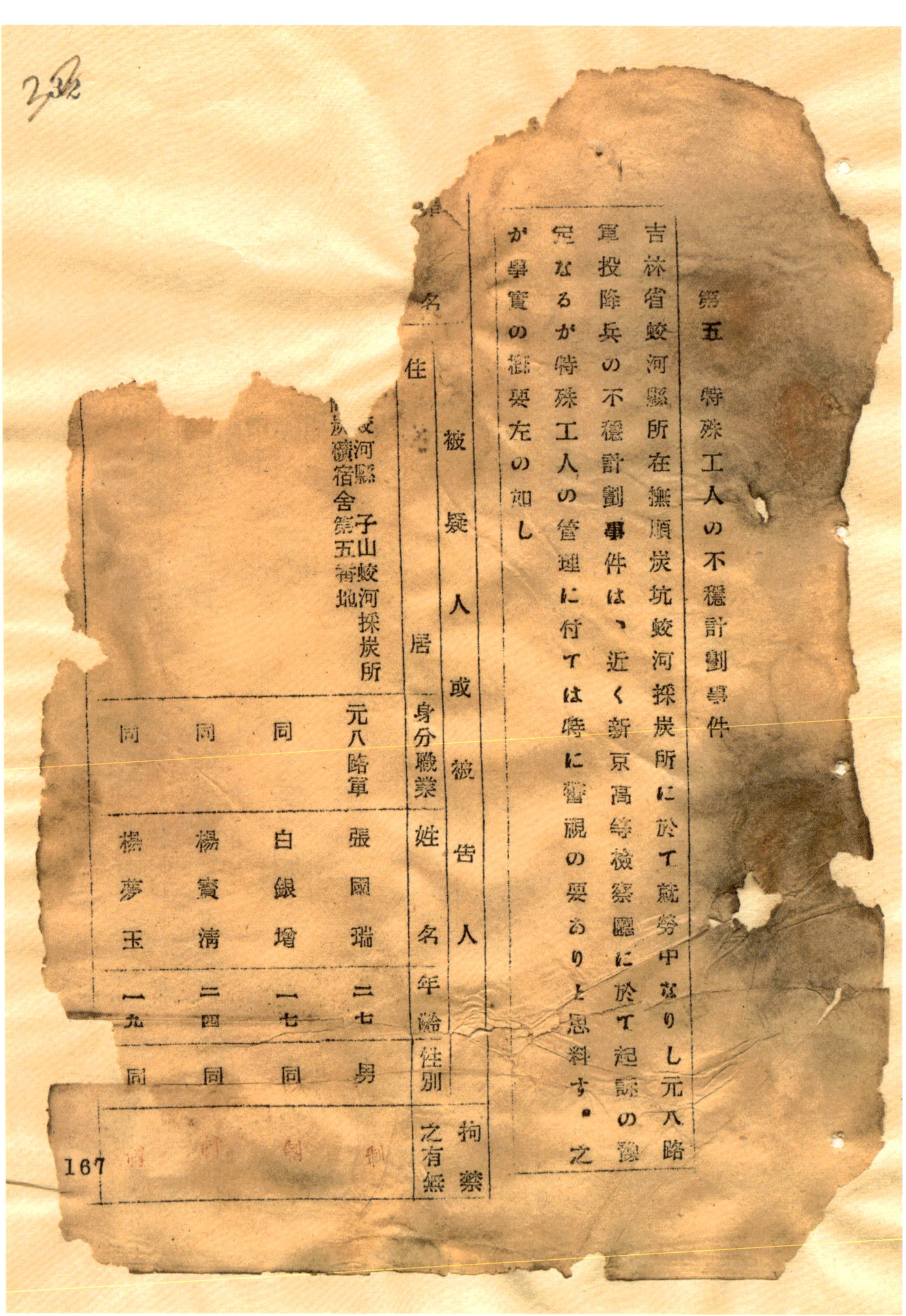

第五 特殊工人の不穩計劃事件

吉林省蛟河縣所在撫順炭坑蛟河採炭所に於て就勞中なりし元八路軍投降兵の不穩計劃事件は、近く新京高等檢察廳に於て起訴の豫定なるが特殊工人の管理に付ては特に審視の要ありと思料す。之が事實の概要左の如し

被疑人或被告人

住居	身分職業	姓名	年齢	性別	拘禁之有無
蛟河縣□子山蛟河採炭所□炭礦宿舍第五番地	元八路軍	張國瑞	二七	男	[illegible]
	同	白銀增	一七	同	[illegible]
	同	楊寶淸	二四	同	[illegible]
	同	楊夢玉	一九	同	[illegible]

167

公訴事實

被告人張國瑞は、民國二十六年五月頃中華民國河北省部鄲縣下に於て、
共產第八路軍に入隊し、同軍冀南軍區第三分區第一遊擊隊第三中隊長
となり、被告人白銀增は、民國二十九年六月頃河北省定縣下に於て、
右共產八路軍に入隊し、同軍冀中軍區國民支隊長馬本齊指揮下の第二
偵探班員となり、被告人楊寶清は、民國三十年二月頃河北省新城縣下
[illegible]て、右八路軍に入隊し、同軍冀中軍區第二十九團第二營第二連第[illegible]
となり、被告人楊夢玉は民國二十九年三月頃河北省安新
[illegible]八路軍に入隊し、同軍冀中軍區第二軍分區第二十二團
第三班第九班員となりたるものにして、被告人等は孰れ
の企圖する中國共產主義革命實現の爲めの抗日民族戰線
[illegible]頃或は日本軍と交戰し或は抗日民衆運動を援助する等、
成の爲め活動し居りたるものなるが、本年二月頃より四
於て、夫々其遊擊地に於て日本軍の爲め捕虜となり、爾

168

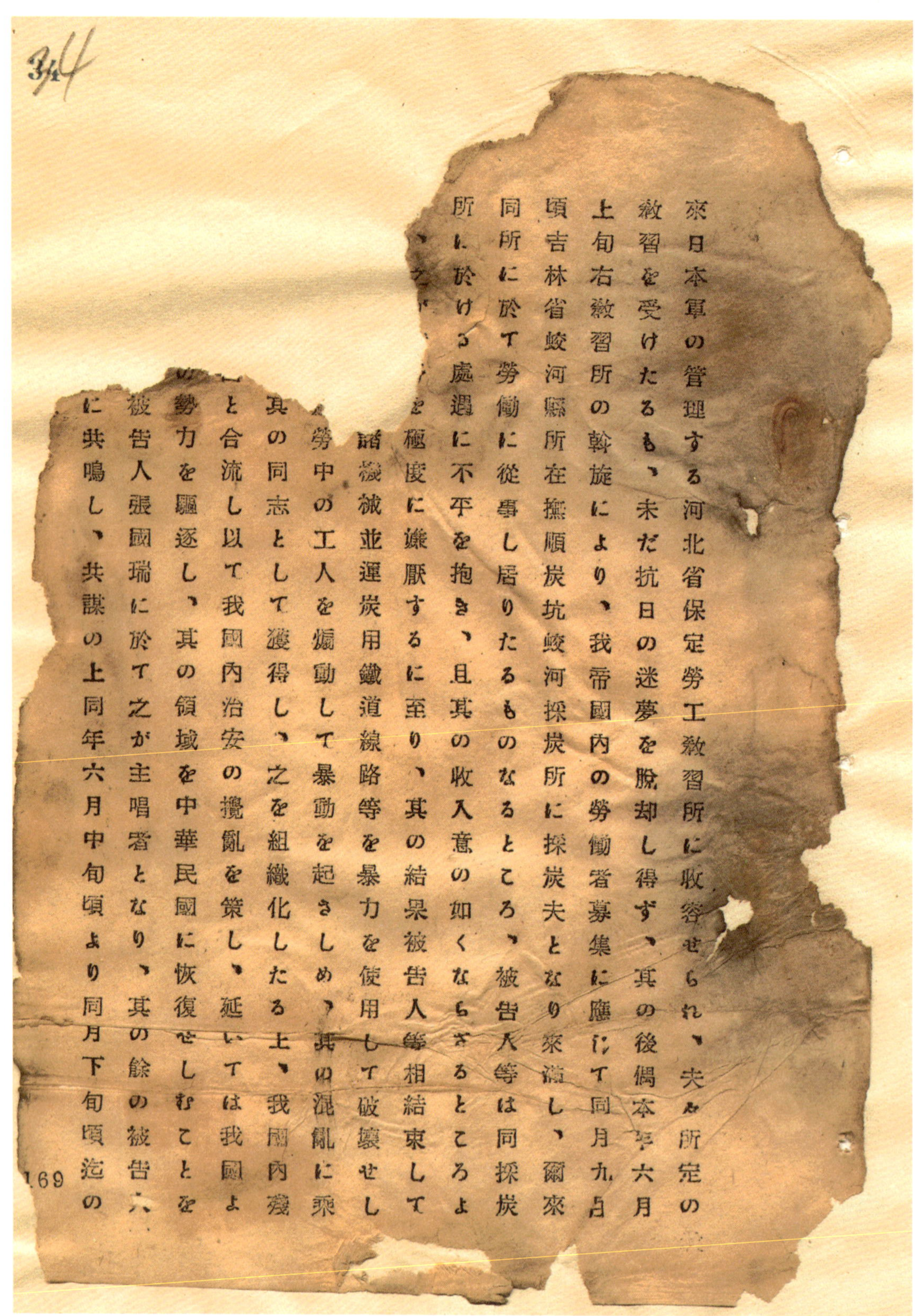

344

來日本軍の管理する河北省保定勞工敎習所に收容せられ、夫々所定の敎習を受けたるも、未だ抗日の迷夢を脫却し得ず、其の後偶本年六月上旬右敎習所の斡旋により、我帝國內の勞働者募集に應じて同月九日頃吉林省蛟河縣所在撫順炭坑蛟河採炭所に採炭夫となり來滿し、爾來同所に於て勞働に從事し居りたるものなるところ、被告人等は同採炭所に於ける處遇に不平を抱き、且其の收入意の如くならざるところよ[illegible]を極度に嫌厭するに至り、其の結果被告人等相結束して諸機械並運炭用鐵道線路等を暴力を使用して破壞せし[illegible]勞中の工人を煽動して暴動を起さしめ、其の混亂に乘其の同志として獲得し、之を組織化したる上、我國內殘[illegible]と合流し以て我國內治安の攪亂を策し、延いては我國よ[illegible]の勢力を驅逐し、其の領域を中華民國に恢復せしむことを被告人張國瑞に於て之が主唱者となり、其の餘の被告人に共鳴し、共謀の上同年六月中旬頃より同月下旬頃迄の

169

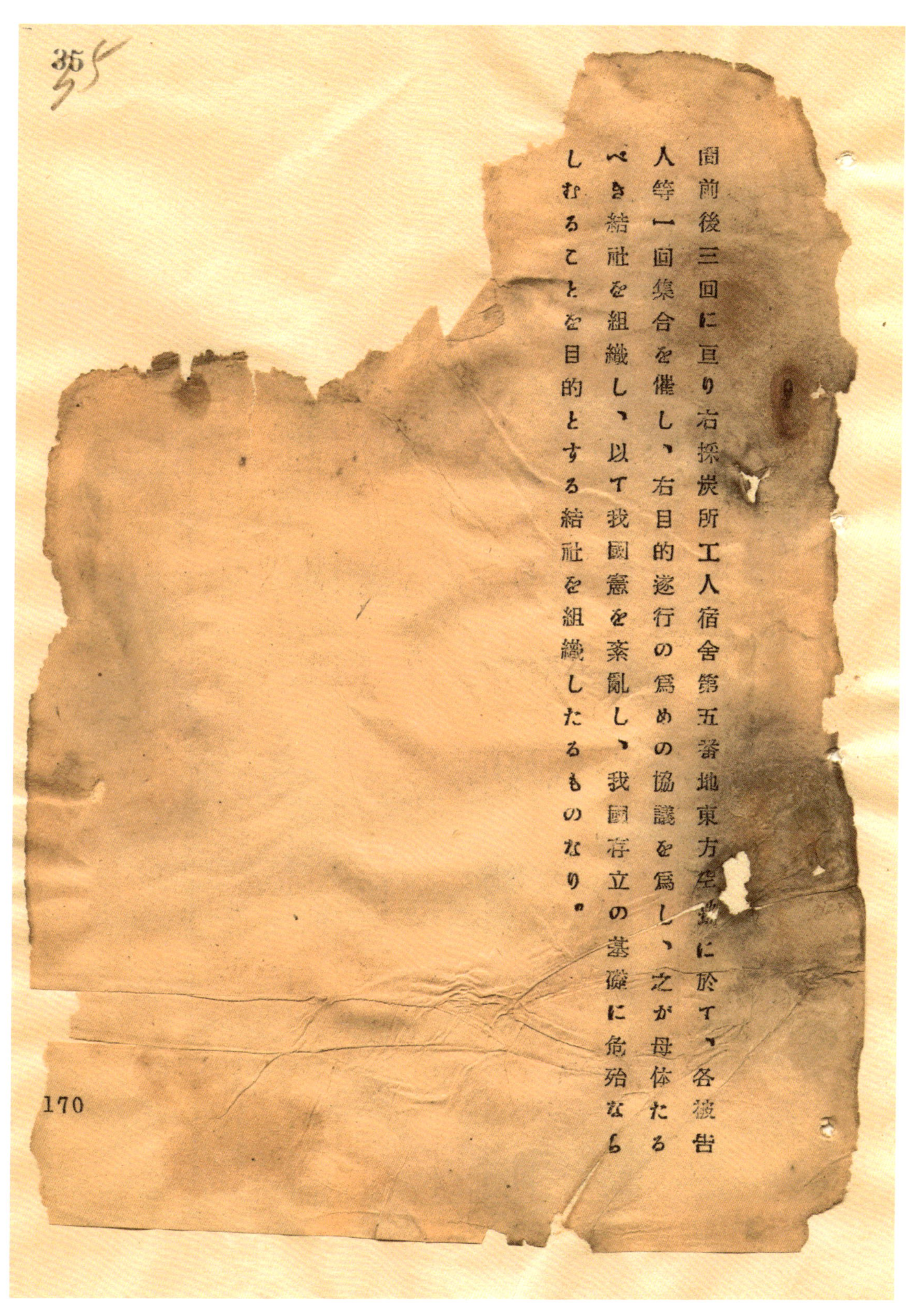
355

間前後三回に亘り右採炭所工人宿舍第五番地東方空地に於て、各被告人等一回集合を催し、右目的遂行の爲めの協議を爲し、之が母体たるべき結社を組織し、以て我國憲を紊亂し、我國存立の基礎に危殆ならしむることを目的とする結社を組織したるものなり。

170

后记

本书编纂工作在《抗日战争档案汇编》编纂出版工作领导小组和编纂委员会的具体领导下进行，编者主要来自吉林省档案科学技术研究所。汇编过程中，吉林省档案馆编研处、信息处等有关同仁为本书立项协调、技术咨询处理、翻译编辑等工作予以了大力支持和帮助，吉林大学东北亚研究院衣保中教授提供了咨询协助，提出重要意见建议，在此一并致谢。

编　者

二〇二一年五月